JOHANNA PAUNGGER
THOMAS POPPE

Das Mondlexikon

Buch

Wann genau ist der richtige Zeitpunkt zum Haare schneiden, Blumen pflanzen und umtopfen oder für Haus- und Renovierungsarbeiten, und wann ist es besonders günstig, eine Fastenkur zu beginnen? Immer mehr Menschen nehmen die Mondbücher genauso bewusst in die Hand wie ihren Terminkalender. Dieses Lexikon ist ein Kompendium aus Hintergrundwissen und praktischen Tipps zur Anwendung des Mondwissens im täglichen Leben. Die Autoren vermitteln traditionelles, altbewährtes und selbst überprüftes Wissen zu Gesundheit und Ernährung, Renovieren und Hausbau sowie zu allseits anfallenden Tätigkeiten in Haus und Garten.

Autoren

Johanna Paungger, geboren 1953 in Walchsee/Tirol, wuchs als eines von zehn Kindern in einer Tiroler Bauernfamilie auf. Das Wissen um die Mond- und Naturrhythmen bekam sie von ihrem Großvater überliefert. Seit nunmehr bald zwanzig Jahren vermittelt sie dieses Erfahrungswissen lebendig und anschaulich in Vorträgen und Veröffentlichungen.

Thomas Poppe, geboren 1952, nach dem Amerikanistikstudium zunächst als Übersetzer tätig, beschäftigt sich seit Jahren mit den Einflüssen der Mondrhythmen im Alltag. Zusammen mit seiner Frau Johanna Paungger hat er seine Erfahrungen niedergeschrieben. Beide gründeten neben ihrer Autorentätigkeit 1998 einen Versandhandel, über den Produkte zu beziehen sind, die zum richtigen Zeitpunkt nach den Mondrhythmen hergestellt werden. Sie leben heute mit ihren drei Kindern in Klosterneuburg bei Wien.

Im Goldmann Verlag ist außerdem erschienen:

Alles erlaubt (HC 30721)
Aus eigener Kraft (13972)
Der Mond im Haus (16278)

JOHANNA PAUNGGER
THOMAS POPPE

Das Mondlexikon

Vom richtigen Zeitpunkt

GOLDMANN

Alle bedruckten Materialien dieses Taschenbuches
sind chlorfrei und umweltschonend.

Der Goldmann Verlag
ist ein Unternehmen der Verlagsgruppe Random House.

Vollständige Taschenbuchausgabe April 2002
Wilhelm Goldmann Verlag, München,
in der Verlagsgruppe Random House GmbH

Zeichnungen: Hildegard Klepper-Paar
Lektorat: Barbara Imgrund
Umschlaggestaltung: Design Team München
Umschlagabbildung: Zefa/Flury (005.4447-18/05)
Satz: Barbara Rabus, Sonthofen
Druck: GGP Media, Pößneck
Verlagsnummer: 15072
KF · Herstellung: Sebastian Strohmaier
Made in Germany
ISBN 3-442-15072-8
www.goldmann-verlag.de

1 3 5 7 9 10 8 6 4 2

Inhalt

11 Vorwort

15 **A**bbeizen
16 Aberglaube
20 Abstillen
21 Aderlass
30 Akupunktur und Mond
31 Alles erlaubt!
33 Amalgamentfernung
35 Aschenlauge
35 Astrologie
36 Atomkraft
37 Aufsteigender Mond
38 Aufheizen, erstmaliges
40 Augengymnastik
41 Ausbessern
41 Aus eigener Kraft

42 **B**acken
46 Bauernregeln
47 Baumspitzen schneiden
48 Beikräuter regulieren
52 Beton und Estrich gießen
56 Betten lüften
58 Biorhythmus
65 Blatttage
65 Bleichen
66 Blütentage
67 Blumen pressen
68 Blutreinigung
69 Bodenbeläge verlegen
71 Brennnesseltee zur Blutreinigung
72 Brunnenbohren
72 Brustregion – Eingriffe an Lunge, Magen, Leber, Galle
74 Bügeln

75 **C**hemische Reinigung
75 Christbaum schlagen

77 **D**achstühle fertigen und aufrichten
77 Dauerwelle legen
78 Dienstag im Wochenrhythmus
79 Dinkel und Grünkern
81 Donnerstag im Wochenrhythmus
81 Drainieren
84 Drei Tage im Monat
87 Düngen

92 Eierfärben zu Ostern
92 Einfrieren
93 Eingewachsene Fußnägel korrigieren
93 Eingriffe, operative
100 Einkochen
102 Eiweißtage
103 Entfärben
103 Enthaaren
104 Entkalken
105 Entschlackungskur
105 Entwöhnen von Kälbern
106 Erde ausheben beim Hausbau
108 Erdtage
108 Erdzeichen
108 Ernährungstyp
116 Ernte, Einkauf auf Vorrat und Lagern
120 Erntezeit

120 Farbwirkung im Mondrhythmus
131 Fasten zur allgemeinen Gesundheitsvorsorge
133 Fenster putzen
135 Fenster verglasen und einsetzen
137 Fett- und Öltage
138 Feuchtetage
139 Feuchtigkeit und Schimmel beseitigen
141 Feuerzeichen
142 Fischetage
144 Frauentag
144 Freitag im Wochenrhythmus
146 Fruchtfolge
146 Fruchttage
147 Frühjahrsputz
147 Fußreflexzonenmassage
150 Fußregion – Eingriffe an den Füßen

151 Gartenanlage
152 Gentechnologie
157 Geschlechtsorgane – Eingriffe an den Geschlechtsorganen
159 Gesichtskorrektur, operative
161 Gesichtspackungen
163 Gespür
167 Getreideanbau

169 Haare färben
169 Haare schneiden und waschen

173 Halsregion – Eingriffe im Halsbereich (Unterkiefer, Mandeln usw.)
175 Hausbau nach dem Mond
178 Hausputz
179 Hautoperationen
180 Hautpilz
180 Hauttiefenreinigung
181 Heckenschnitt
183 Heilkräuter
183 Herzregion – Eingriffe am Herzen
185 Heustock ansetzen
185 Holz und Mond
194 Holz, rechtsdrehend und linksdrehend
194 Holz und seine Verwendung
200 Holzaschenlauge
201 Holzdecken und Holzböden verlegen und pflegen
204 Holzregeln
211 Holztreppen und Dachstühle fertigen und aufrichten
212 Holztüren, -fenster und -wintergärten fertigen
214 Homöopathische Mittel anwenden
215 Hornhautentfernung
216 Hüftregion – Eingriffe an Hüfte, Nieren, Blase
218 Hühnerzucht

219 **I**mpfen
220 Imprägnieren
220 Intimpflege

222 **J**ungfrautage

225 **K**ältetage
225 Kalenderunterschiede
230 Kleidung aufbewahren
231 Knieregion – Eingriffe an den Knien
233 Knochenoperationen
233 Knotenpunkte
234 Körperregionen und Tierkreiszeichen
235 Kohlenhydrat-Tage
236 Kompostieren
240 Kopfregion – Eingriffe im Kopfbereich einschließlich Oberkiefer
242 Kostenwahrheit
248 Krampfadern behandeln

248 Kräuter abfüllen und lagern
250 Kräuter sammeln
256 Kräuterkissen herstellen
257 Kräuterweisheit
258 Krebstage

260 Lackieren
261 Lasieren
261 Laub rechen und mulchen
262 Leserbriefe
264 Lichttage
264 Löwetage
267 Lufttage

267 Malerarbeiten
272 Massagen
276 Meditationsfarben der Tierkreiszeichen
277 Milchverarbeitung
278 Mittwoch im Wochenrhythmus
279 Mondkalender – das einzige Werkzeug
284 Mond-Kur
290 Mondphase
290 Mondstand
290 Montag im Wochenrhythmus

290 Nagelpflege
292 Nahrungsqualität
293 Natur
294 Neuanfang
296 Neumond
298 Neumondzeitpunkt

298 Öltage
298 Oberschenkelregion – Eingriffe an Oberschenkel und Venen
300 Obstbäume schneiden
302 Obst- und Safttage
305 Ölziehen
306 Omega-Typ
306 Operationen
307 Orangenhaut beseitigen
308 Organuhr

308 Peeling
309 Pflanzen
309 Pflanzen gießen
313 Pflanzengemeinschaft
313 Pflanzenrückschnitt
316 Pflanzzeit
316 Pfropfen
316 Pikieren
317 Pyramidenenergie

317 Quellenfassen und Brunnenbohren

322 **R**asen anlegen und mähen
324 Rasieren

325 **S**äen, Setzen und Pflanzen
327 Salztage
328 Samstag im Wochenrhythmus
329 Sauerkraut
329 Schädlinge bekämpfen
333 Schlachten
334 Schnecken bekämpfen
336 Schützetage
338 Schuhe kaufen und pflegen
339 Skepsis
340 Schulter- und Armregion – Eingriffe an Schultergürtel und Armen
342 Schwangerschaftsstreifen vorbeugen
344 Sexualität, Fruchtbarkeit und Mond
345 Sitzbäder
347 Skorpiontage
349 Sonnenbaden
351 Sonntag im Wochenrhythmus
353 Steinbocktage
355 Stiertage
358 Strohdächer errichten

359 **T**agesqualität
360 Tagesrhythmus der Organe
367 Tanzen
369 Tierpflege und -haltung

369 **Ü**bergehender Mond
369 Umtopfen, Umsetzen und Umpflanzen
371 Unkraut entfernen
371 Untergehender Mond
371 Unterschenkelregion – Eingriffe an Unterschenkel und Venen

373 **V**erdauungsorgane – Eingriffe an den Verdauungsorganen
375 Veredeln (Pfropfen)
376 Verputzen und Ausbessern
378 Viehaustrieb auf die Weide
378 Vollmond
380 Vollmondzeitpunkt
380 Vom richtigen Zeitpunkt
382 Vorratskauf

382 **W**aagetage
383 Wärmetage
384 Wäsche waschen
386 Warzenbehandlung
388 Wassermanntage
390 Wassertage
390 Weinbau
393 Wendepunkte
393 Widdertage
396 Wollverarbeitung
397 Wurzeltage

397 **Z**äune, Pflaster und Naturwege anlegen
400 Zahnarztbesuch
403 Zeitpunkt der Berührung
404 Zucker
405 Zunehmender Mond
407 Zwillingetage

411 Zum guten Schluss
420 Tabellen
441 Literatur

Vorwort

Es ist so weit! Viele haben lange darauf gewartet, und nun liegt es in Ihren Händen – das *Mondlexikon,* das Handbuch für das Leben mit dem »richtigen Zeitpunkt« in Harmonie mit Natur- und Mondrhythmen.

Dem Neuling gibt dieses Buch alles Notwendige an die Hand, sodass er sich mühelos mit den wichtigsten Informationen vertraut machen und wertvolle Erfahrungen sammeln kann: Es gibt keinen Bereich des täglichen Lebens, in dem die Kenntnis des richtigen Zeitpunkts nicht von großem Wert wäre. Sie werden es erleben und fühlen: Das Wissen um die Mondrhythmen leistet einen unverzichtbaren Beitrag, um der Weisheit und Vernunft in der Medizin, im eigenen Garten, in Landwirtschaft und Natur und nicht zuletzt im eigenen Haushalt wieder zum Recht zu verhelfen.

Unsere Hoffnung ist, dass der schnelle Erfolg, der sich gewiss bei der Arbeit mit diesem Lexikon einstellen wird, Sie anregt, sich später eingehender mit den tieferen Zusammenhängen zu befassen. Vielleicht erwacht die Neugier auf die vielfältigen Hintergründe und die interessanten Einzelheiten, die in unseren übrigen Büchern beantwortet werden.

Fortgeschrittene Mondfreunde werden sich freuen, jetzt endlich *das* Werkzeug in die Hand zu bekommen, um jederzeit und schnell ihre Fragen umfassend und dennoch konzentriert beantwortet zu finden. Wichtig für Sie ist: Das Buch enthält viele Stichworte, die in unseren anderen Büchern noch nicht behandelt worden sind! Aus zahllosen Zuschriften und Anfragen nach Erscheinen der Bücher haben wir einen Überblick gewonnen über viele Themen, die für unsere Leser zusätzlich von Interesse waren – vom Brotbacken über die Wollverarbeitung bis zum Rezept für die Holzaschenlauge für die Pflege biologischer Holzböden.

Tragende Säule des Lexikons sind alle Tätigkeiten des Alltags, soweit ihr Erfolg vom »richtigen Zeitpunkt« profitieren kann – aus Heilkunde, Garten, Land- und Forstwirtschaft, aus Haushalt, Renovieren und Hausbau. Von A wie Abbeizen und Aderlass über D wie Düngen, F wie Fensterputzen, K wie Kompostieren, M wie Malern bis Z wie Zahnarztbesuch.

Jede Tätigkeit ist begleitet von wichtigen Tipps zu ihrer Ausführung und vor allem von einer übersichtlichen kleinen Tabelle zum Auffinden des richtigen Zeitpunkts. Wer schnell den guten Frisörtermin abgleichen möchte, wer einen günstigen Operationstermin sucht oder sichergehen will, dass das Zahnsteinentfernen auch längere Zeit vorhält – hier finden Sie in Sekundenschnelle, was Sie brauchen. Keine Körperregion bleibt unerwähnt, inklusive einem Verweis zum Eingriff an dem jeweiligen Organ zum richtigen Zeitpunkt – einer der Beweggründe für dieses Lexikon. Und selbstverständlich fehlen nicht zahlreiche Stichworte im weiteren Umfeld des Mondwissens: Von »Astrologie« über »Kalenderunterschiede« bis »Nahrungsqualität«.

Neben der Funktion als reines Nachschlagewerk können Sie sich sowohl von A bis Z durch das Buch lesen als auch es willkürlich hier und dort aufschlagen und sich überraschen lassen. Das Lexikon enthält zwar alle wesentlichen Mond- und Naturrhythmen-Informationen (auch in Tabellenform), aber auch so manche Perle des Wissens um ein kunstvoll geführtes Leben.

Wenn unsere bisherigen Bücher *Vom richtigen Zeitpunkt, Aus eigener Kraft* und *Alles erlaubt!* jeweils wie ein Gastmahl mit vielen Gängen wirken, das sich über mehrere Tage hinzieht und viel Zeit zu seinem intensiven »Genuss ohne Reue« und zu seiner Verdauung braucht, dann ist das *Mondlexikon* ein geräumiger Medizinschrank voller Energiekapseln, die jede für sich in den verschiedensten Lebenssituationen den nötigen Anstoß, das Quäntchen Info, den fehlenden Anhaltspunkt liefern. Mit einem Wort: *Das* notwendige Werkzeug.

Seit dem Erscheinen unseres Buches *Vom richtigen Zeitpunkt* ist das jahrtausendealte Wissen um die Einflüsse der Mondrhythmen auf dem besten Weg, sich seinen rechtmäßigen Platz in unserem Alltag zurückzuerobern – nicht als kurzlebige Modeerscheinung, sondern als unverzichtbares Element. Heute schon leistet seine Wiederentdeckung und Anwendung einen großen Beitrag zu unserer eigenen körperlichen und geistigen Ganzwerdung und Gesundung – und damit zur Gesundung unserer Erde.

Nimm dir Zeit, um zu arbeiten;
es ist der Preis des Erfolges.
Nimm dir Zeit, um nachzudenken;
es ist die Quelle der Kraft.
Nimm dir Zeit, um zu spielen;
es ist das Geheimnis der Jugend.
Nimm dir Zeit, um freundlich zu sein;
es ist das Tor zum Glücklichsein.
Nimm dir Zeit, um zu träumen;
es ist der Weg zu den Sternen.
Nimm dir Zeit, um froh zu sein;
es ist die Musik der Seele.
Nimm dir Zeit, um zu lieben;
es ist die wahre Lebensfreude.
Isländische Weisheit

Die Zukunft kann auf dieses Wissen nicht verzichten, so viel ist sicher. Unser Wunsch ist, dass Ihnen dieses Buch helfen möge, ihr mit ein wenig leichterem Gepäck und frohgemut entgegenzugehen.

Johanna Paungger-Poppe und Thomas Poppe

Abbeizen

So manches schöne Möbelstück, so manche fein gedrechselte und geschnitzte Tür aus massivem Holz kann Jahrhunderte überdauern und nichts von ihrer Schönheit verlieren. In der Natur des Menschen aber liegt es, dass nicht Jahrhunderte vergehen können, ohne stetigen Wandel im Gefühl der Besitzer für Farbe und Form. Das Entfernen alter Farben und Anstriche durch Abbeizen ist daher eine seit Jahrhunderten geübte Fertigkeit, bei der man stets auf den Stand des Mondes achtete, um den Erfolg zu sichern.

Erst seit kurzem bringt sie allerdings größere Probleme mit sich, denn früher genügte oftmals das gründliche Abschrubben zum richtigen Zeitpunkt (bei abnehmendem Mond). Heutige, oft mehrmalige Lackanstriche aus Chemiefarben (Kunstharz, Acryl usw.) erfordern den Einsatz ebensolcher chemischer Stoffe, um die Oberflächen wieder von ihnen zu befreien. Umso wichtiger wäre es, dabei auf den richtigen Zeitpunkt zu achten.

Die Grundregeln für das Abbeizen

Gut: Bei abnehmendem Mond.

Ungünstig: Bei zunehmendem Mond.

Sehr ungünstig: Bei zunehmendem Mond im Löwen.

Wenn Sie den richtigen Zeitpunkt einhalten: Die Arbeit geht müheloser von der Hand, Farben lösen sich leichter. Giftige Dämpfe werden von Lunge und Körper nicht so gut aufgenommen.

Mögliche Folgen des falschen Zeitpunkts: Farbreste lassen sich nur schwer entfernen, verbinden sich möglicherweise sogar noch fester mit dem Untergrund. Holz wird beschädigt, giftige Dämpfe belasten Lunge und Körper.

Besondere Tipps zum Abbeizen: Manchmal gelingt Abbeizen am einfachsten und »gesündesten« mit einer Heißluftpistole, die Lackschichten anlöst, so dass sie mühelos entfernt werden können. Diese Patentlösung ist jedoch abhängig von Alter und Zusammensetzung des Anstrichs.

Aberglaube

Wer sich noch nie mit den Mondrhythmen beschäftigt hat, könnte verständlicherweise auf die Idee kommen, dass es sich dabei um eine Form althergebrachten Volksglaubens handelt, für den in unserer »aufgeklärten« Zeit kein Platz mehr ist – mit einem Wort: um Aberglaube.

Nehmen wir zwei Beispiele: Vielleicht kennen Sie aus unseren Büchern oder aber aus eigener Erfahrung schon die Regel, dass an Skorpiontagen gesammelte Kräuter generell eine hohe Wirksamkeit besitzen, unabhängig davon, für welchen Zweck sie verwendet werden. Seltsam ist, dass die Kräuter sehr viel weniger wirksam sind, wenn sie freitags und sonntags gesammelt werden – selbst wenn ein Skorpiontag herrscht!

Nach einer uralten Regel können Sie problematische Haare (mit Schuppen, zu dünn, zu licht) durch Schneiden und Waschen zu bestimmten Zeiten in gesunde, glänzende Haare verwandeln.

Warum funktionieren diese Dinge? Es ist ein altes Erfahrungswissen, das sich nur durch sich selbst begründet. Manche mögen es als Aberglauben oder »Einbildung« abtun, aber für denjenigen, der sich diese Erfahrung zunutze macht und sie ausprobiert, ist es gültig und sinnvoll.

Ob nun noch unentdeckte Naturgesetze am Werk sind oder Einbildung oder eine Mischung aus beidem: Gehören nicht Einbildung, Phantasie, Träume und Glauben zu den stärksten Kräften überhaupt? Wie oft erleben Ärzte, dass sich jemand von einer als unheilbar geltenden Krankheit erholt, nur weil er das Gottvertrauen hat, dass es ihm gelingen wird? Wenn es so ist, dass ausschließlich »Einbildung« zur besonderen Heilwirkung von an Skorpiontagen gesammelten Kräutern führt, dann hat diese Form der Einbildung Berechtigung und Sinn.

»Wenn ich den Kindern zusehe und in dem kleinen Ding die Keime aller Tugend, aller Kräfte sehe, die sie einmal so nötig brauchen werden; wenn ich in dem Eigensinn künftige Standhaftigkeit und Festigkeit des Charakters erblicke, in dem Mutwillen guten Humor und Leichtigkeit, über die Gefahren der Welt hinzuschlüpfen, alles so unverdorben, so ganz! – immer, immer wiederhol ich dann die goldenen Worte des Lehrers der Menschen: Wenn ihr nicht werdet, wie eines von diesen …
Johann Wolfgang von Goethe

Es ist jedoch sicherlich kein Aberglaube, dem jahrtausendealten Mondwissen wieder eine Chance zu geben und durch persönliche Erfahrung seine Gültigkeit zu bestätigen – einem Wissen, ohne das wir keine Zukunft haben.

Mit anderen Worten: Echter Aberglaube ist es, wenn man der modernen Wissenschaft blind vertraut und ihr manchmal sogar die Verantwortung für die eigenen Gefühle und Gedanken, für das eigene Leben überträgt. Dass beispielsweise Asbest ein ungefährlicher Werkstoff sei, hat sich als Aberglaube herausgestellt. Und in hundert Jahren wird vieles von dem, was uns heute als »neuester Stand« von Wissenschaft und Technik verkauft wird, als Aberglauben der Vorväter belächelt werden. In vielen Fällen zu Recht.

Abnehmender Mond

Der Mond wendet bei seinem Umlauf der Erde stets nur eine Seite zu, er dreht sich nicht um sich selbst. Wandert der Mond – von der Erde aus gesehen – genau hinter die Erde – mit Sonne, Erde und Mond fast auf einer Linie –, dann ist sein Gesicht gänzlich von der Sonne beschienen. Auf der Erde herrscht nun für kurze Zeit Vollmond. Nur wenige Stunden nach Vollmond wandert der Mond langsam weiter, der Schatten »beult« ihn scheinbar – von rechts nach links – aus, und die etwa dreizehntägige Phase des *abnehmenden Mondes* beginnt, auch »III. und IV. Viertel des Mondes« genannt.

Unseren Vorfahren ist die Entdeckung besonderer Einflüsse während dieser Zeit zu verdanken: Operationen gelingen besser als sonst, fast alle Hausarbeiten gehen leichter von der Hand, und selbst wer jetzt etwas mehr isst als gewöhnlich, nimmt nicht so schnell zu.

Viele Arbeiten in Garten und Natur sind jetzt begünstigt – etwa das Aussäen und Pflanzen von unterirdischem Gemüse –, oder aber wirken sich eher ungünstig aus (etwa auf das Veredeln von Obstbäumen).

Über den Körper herrscht eine Kraftwirkung, die bestimmte Absichten und vorbeugende und heilende Maßnahmen unterstützt, andere dagegen eher bremst und ungünstig beeinflusst. Der Merksatz lautet:

Der abnehmende Mond entgiftet und spült aus, schwitzt und atmet aus, trocknet, festigt, schließt und dichtet ab, speichert Wasser in der Erde, fordert zu Einsatz und Energieverausgabung auf. Je näher an Neumond, desto mehr verstärkt sich diese Kraftwirkung.

Alle Maßnahmen beispielsweise, deren Termin frei wählbar ist und die auf eine Entgiftung des Körpers abzielen, sollten Sie stets in die zwei Wochen des abnehmenden Mondes legen.

Ein wichtiger Aspekt des abnehmenden Mondes ist die Tatsache, dass bei abnehmendem Mond die Erfolgschancen von Operationen viel größer und die Heilungsphasen kürzer sind! Wunden bluten nicht so stark, entstellende und den Energiefluss im Körper blockierende Narben bleiben fast nie zurück.

Die entziehende Wirkung des abnehmenden Mondes macht sich übrigens auch im Haushalt bemerkbar: Alles Reinigen, Putzen und Waschen ist viel erfolgreicher und geht leichter von der Hand als bei zunehmendem Mond.

Absteigender Mond

Als *absteigenden Mond* bezeichnet man jene etwa 14 Tage, in denen der Mond die Tierkreiszeichen Zwillinge, Krebs, Löwe, Jungfrau, Waage, Skorpion und Schütze durchwandert. Volkstümlich wird er auch als »übergehender Mond«, »über sich gehender Mond« oder »Pflanzzeit« bezeichnet. Dieser »Zustand« des Mondes hat also nichts mit dem ***abnehmenden Mond*** zu tun.

Der Begriff ist nur in Garten und Landwirtschaft von Bedeutung, wo die Zeit des absteigenden Mondes fast gleich günstige Alternativtage bringt für Arbeiten, für die man in anderen Mondphasen keine Zeit gefunden hat. Bei absteigendem Mond (Zwillinge bis Schütze) ziehen die Säfte nämlich mehr nach unten und fördern die Wurzelbildung. Bei ***aufsteigendem Mond*** dagegen (siehe dort) steigen die

Säfte auf, Obst und Gemüse sind besonders saftig, die oberirdische Entwicklung der Pflanzen wird besonders begünstigt.

Früher nahm man eine Gedächtnisstütze zu Hilfe, um die beiden Impulse unterscheiden zu können, ohne etwa einen Kalender zu Rate ziehen zu müssen: Wenn man den Lauf der Sonne verfolgt, erkennt man, dass die Sonne im Sommer in den nördlichen Breiten mittags höher steigt als im Winter. Die gleiche zuerst hohe und dann flache Bogenbewegung beschreibt der Mond allerdings nicht innerhalb eines Jahres, sondern innerhalb eines Monats.

Bei *absteigendem Mond* sinkt der Mond vom Nordwendepunkt zum Südwendepunkt und sieht wie eine umgedrehte Schüssel aus. Die Schüssel wird geleert – Pflanzzeit. Bei *aufsteigendem Mond* steigt der Mond vom Südwendepunkt zum Nordwendepunkt auf und hat dabei die Form einer Schüssel. Eine Schüssel wird gefüllt – Erntezeit.

Abstillen

Lassen Sie sich beim Abstillen vom Mond helfen: Es kann sehr einfach und ohne Medikamente erfolgen. Man legt einfach das Baby in den Tagen und Wochen vor Vollmond immer weniger an und trinkt selbst nicht mehr so viel. Bei Vollmond legt man das Kind ein letztes Mal an und trinkt an diesem Tag wenig.

Die Grundregeln für das Abstillen

Sehr gut: Bei Vollmond zum letzten Mal anlegen.
Ungünstig: Bei Neumond abstillen.

Wenn Sie den richtigen Zeitpunkt einhalten: Problemloses Abstillen. Das Kind weint nicht mehr nach der Mutter und beginnt problemlos mit der Beikost. Auf ***Ernährungstyp*** (siehe dort) des Kindes achten!

Mögliche Folgen des falschen Zeitpunkts: Gefahr von Brustentzündungen, Knötchenbildung. Die Brust schwillt immer wieder an und schmerzt, die Milch schießt unkontrolliert ein, beim Duschen oder bei Berührung.

Besondere Tipps zum Abstillen: Salbeitee kann den Stillstand der Milchproduktion zusätzlich fördern. Einfach einige Tassen kurz vor dem Abstillen und danach trinken. Salbeitee ist aus diesem Grund für noch stillende Mütter generell nicht geeignet!

Sie stillen Ihr Baby oder haben vor, es zu tun? Lassen Sie sich von nichts und niemandem davon abbringen! Stillen Sie Ihr Kind und lassen Sie es später ganz normal bei Ihnen am Tisch mitessen, wenn sich die ersten Zähnchen zeigen: ganz einfach Ihr Essen ein wenig auf das Kind einstellen und vorher pürieren – und genau beobachten, was es mag und was nicht. Dann können Sie ganz ohne jedes konservierte Produkt der Babykost-Industrie auskommen.

Aderlass

Manchmal geschieht es, dass jahrtausendealtes Wissen so sehr in Vergessenheit gerät, dass seine Bezeichnung zwar nicht im Dunkel der Geschichte versinkt, aber heute das Gegenteil von dem aussagt, was es in Wahrheit bedeutete und bewirken konnte – wie etwa im Fall des Aderlassens. »Aderlass« ist heute ein Begriff, der fast immer gleichgesetzt wird mit Ausbluten, Schwächung und Erschöpfung.

Nichts könnte der Wahrheit ferner sein, wenn es um den echten Aderlass geht, einen geringen, absichtlich herbeigeführten Blutverlust. Denn:

> Wer auf die Regeln und den richtigen Zeitpunkt des Aderlassens achtet, gewinnt damit eine der erfolgreichsten Methoden der Vorbeugung und Heilung, der Entgiftung und Entstrahlung – sinnvoll und hochwirksam bei einer Vielzahl körperlicher und geistig-seelischer Probleme!

Äußerlich geschieht nichts Aufregendes: Mit einem speziellen Messer oder einer Venennadel verursacht ein Heilkundiger bei Mensch oder Tier eine kleine Wunde an einer Vene (beim Menschen meist in der Armbeuge), aus der ein wenig Blut frei fließen kann. Nach kurzer Zeit – abhängig von Menge oder Farbe des Blutes – wird der Aderlass beendet; stets aber dann, wenn das Blut nicht mehr selbstständig fließt. Es darf nicht »herausgezogen« werden.

Sicherlich eine der Hauptursachen für den Verzicht auf den Aderlass liegt darin, dass man – wie bei den Mondrhythmen auch – nicht weiß, *warum* er so gut funktioniert. Warum sollten wohl ein paar Tropfen Blut (meist etwa 100 Milliliter, ein Fünftel der Menge, die beim Blutspenden fließt) solch durchschlagende Wirkung erzielen – eine Wirkung, die weder physikalisch noch chemisch erklärbar ist? Andererseits, warum sollte man auf diese wertvolle Bereicherung unserer Heilweisen verzichten, nur weil die Frage nach der Wirkungsweise noch nicht geklärt ist? Dass es funktioniert, ist unsere persönliche Erfahrung und die Erfahrung vieler Patienten und Heilkundiger früherer und moderner Zeiten.

Die gute Nachricht ist, dass trotz allem heute noch viele Menschen (vor allem zahlreiche Tierärzte, wie sie hinter vorgehaltener Hand zugeben) um die heilenden und lebensrettenden Fähigkeiten des Aderlassens wissen, weil sie oftmals erleben dürfen, wie schwer erkrankte Menschen und besonders Tiere nach dem Aderlassen wieder gesund werden. Manche heute als unheilbar geltende Tierkrankheiten werden gar regelmäßig mit dem Aderlass behandelt und in einer Vielzahl von Fällen völlig geheilt.

Die richtige Methode des Aderlassens

Richtige Methode und richtiger Zeitpunkt sind von absolut entscheidender Bedeutung für den Erfolg des Aderlassens! Wer nur eine der wenigen Regeln außer Acht lässt, verwandelt den Aderlass bestenfalls in eine überflüssige Maßnahme, schlimmstenfalls aber in eine schädliche, den Körper schwächende Behandlung. Ohne genaue Kenntnis der Methode und die genaue Einhaltung bestimmter Regeln ist der Aderlass ein Lotteriespiel!

Wahrscheinlich ist das der Grund, warum die Kunst des Aderlassens ursprünglich sogar eine Geheimwissenschaft war, die ausschließlich von Person zu Person vermittelt wurde, teils mündlich, teils schriftlich. Man muss sich vergewissern, dass sie allzeit korrekt, verantwortungsbewusst und zum richtigen Zeitpunkt ausgeübt wird – mit Ausnahme von Notfällen, deren Zeitpunkt man sich ja nicht aussuchen kann.

Mit allem Nachdruck möchten wir Ihnen ans Herz legen, als Patient auf die Regeln des Aderlassens selbst zu achten, und als Arzt oder Heilpraktiker diese Regeln genau zu befolgen:

Die Grundregeln des Aderlassens

- Die wichtigste Regel: Das Blut muss frei aus der Vene fließen! Es darf weder abgezogen noch in seinem Fließen behindert werden. Erfolgt der Aderlass an einer Vene der Armbeuge, sollte der Arm wie bei einer normalen Blutabnahme abgebunden werden. Das Blut darf dabei auch durch eine Kanüle fließen.
- Die abfließende Blutmenge kann zwischen wenigen Tropfen und bis zu 80 bis 150 Milliliter betragen. Manchmal ist ein leichter Farbwechsel im Blut zu beobachten – beenden Sie danach den Aderlass, unabhängig von der Menge, die schon abgeflossen ist.
- Der Aderlass sollte nüchtern erfolgen, die Tageszeit ist jedoch unwichtig.
- Zur Vorbeugung und allgemeinen Entgiftung sollte der Aderlass höchstens einmal alle zwei Jahre (am besten im Frühling) und im Alter zwischen 35 und 77 Jahren erfolgen. In Krankheits- und Notfällen gelten 28 und 84 Jahre als Altersgrenze.
- Die Atmosphäre während des Aderlassens sollte entspannt und gelassen sein. Man muss dem Blut erlauben, den Körper zu verlassen und mitzunehmen, was man loswerden will. Ohne Druck, ohne Zwang, ohne Hektik, ohne überzogene Erwartungen.
- Ein den Regeln entsprechender Aderlass hat manchmal Nebenwirkungen! Eine davon besteht in einer stärkeren Lichtempfindlichkeit während der zwei oder drei nachfolgenden Tage. Setzen Sie sich in dieser Zeit keiner direkten Sonnenbestrahlung aus und tragen Sie eine Sonnenbrille, überanstrengen Sie sich nicht, körperlich wie geistig, und essen Sie nichts Belastendes, wenig Milch-

produkte und sonstige schleimbildende Nahrungsmittel. Verzichten Sie zwei bis drei Tage lang auch auf ungewohnte Speisen.

Im Aderlassen erfahrene Ärzte und Heilpraktiker kennen mehrere Körperstellen, deren Venen sich für den Aderlass eignen. Generell sind jene Armvenen, die auch bei einer normalen Blutabnahme oder beim Blutspenden verwendet werden, tauglich. Beim Aderlass zur Vorbeugung sollte man bei Männern den rechten Arm, bei Frauen den linken Arm verwenden.

Der richtige Zeitpunkt für den Aderlass

Ganz entscheidend ist: Für den Aderlass und seine Wirkung gibt es gute und schlechte Tage! Aderlässe an schlechten Tagen wirken schwächend auf den ganzen Körper. Wie Sie an der Tabelle auf Seite 27 erkennen können, ist der richtige Zeitpunkt von zentraler Bedeutung, weil manchmal gute und schlechte Tage direkt aufeinander folgen oder sich abwechseln.

Der Neumondtag für die Zählung berechnet sich wie folgt:

- Finden Sie zuerst den Tag und die genaue Uhrzeit des *letzten Neumondes* heraus (beide Informationen sind in unseren Mondkalendern enthalten, siehe Anhang).
- Wenn der letzte Neumond vor 12 Uhr mittags (13 Uhr Sommerzeit) eingetreten ist, zählt der Neumondtag als Tag 1, der folgende Tag als Tag 2 usw.
  Beispiel: Dienstag, 12. 2. 2002, Neumond um 8.41 Uhr = Tag 1, Mittwoch, 13. 2. 2002 = Tag 2 (unsere Kalender *Das Mondjahr* geben den Tag 1 automatisch für Sie an).

- Wenn der letzte Neumond nach 12 Uhr mittags (13 Uhr Sommerzeit) eingetreten ist, zählt der Neumondtag als Tag 0, der nächste Tag als Tag 1, der übernächste als Tag 2 usw.

  Beispiel: Freitag, 12. 4. 2002, Neumond um 20.18 Uhr = Tag 0, Samstag, 13. 4. 2002 = Tag 1.
- Wichtig: Sie werden manchmal feststellen, dass Tag 30 und der nächste Neumondtag auf den gleichen Tag fallen. Wenn an diesem Tag der Neumond vor 12 Uhr mittags eintritt, fällt der 30. Tag gleichsam aus, er zählt dann wieder als Tag 1. Mit anderen Worten: Die Zählung beginnt *immer* bei Neumond!

An der Gültigkeit der folgenden Angaben zur Aderlasswirkung ändert sich nichts, selbst wenn die Neumondzeit sehr nahe an 12 Uhr mittags liegt; zum Beispiel Neumond um 11.58 Uhr = Tag 1, Neumond um 12.02 Uhr = Tag 0. In unserem PC-Programm *Vom richtigen Zeitpunkt* haben wir auf eine Berechnung des Aderlasses für den kommenden Monat verzichtet, wenn der genaue Zeitpunkt zu nahe an 12 Uhr mittags lag – aus Sicherheitsgründen.

Und schließlich: Wenn Sie nicht unsere Mondkalender verwenden, sollten Sie unbedingt nachsehen, ob Ihr Kalender bei der Angabe der Neumondzeiten die Sommerzeit berücksichtigt oder nicht!

Wenn Sie Tag 1 nach diesen Angaben ermittelt haben, können Sie an der Tabelle 1 auf Seite 27 ablesen, welche Tage nach Neumond sich für einen Aderlass eignen. Nach manchen Tagen steht angegeben, wofür sich ein Aderlass an diesem Tag besonders gut eignet.

Wichtig: *Blutspenden* ist kein Aderlass! Die Wirkung auf

Tag	*Eignung*	*Zwecke*
Tag 1	schlecht	
Tag 2	schlecht	
Tag 3	schlecht	
Tag 4	sehr schlecht	
Tag 5	schlecht	
Tag 6	gut	für die Nierentätigkeit
Tag 7	schlecht	
Tag 8	schlecht	
Tag 9	schlecht	
Tag 10	schlecht	
Tag 11	gut	gegen Magersucht
Tag 12	gut	für den ganzen Körper
Tag 13	schlecht	
Tag 14	schlecht	
Tag 15	gut	gegen Magersucht
Tag 16	sehr schlecht	
Tag 17	sehr gut	diesen Tag genau auszählen!
Tag 18	gut	für den ganzen Körper
Tag 19	schlecht	
Tag 20	schlecht	
Tag 21	gut	für den ganzen Körper
Tag 22	sehr gut	
Tag 23	gut	für das Knochengerüst, bei multipler Sklerose und Rheuma
Tag 24	gut	für die Lunge und bei Asthma
Tag 25	gut	für geistige Tätigkeiten
Tag 26	gut	bei hohem Blutdruck, gegen Fieber
Tag 27	sehr schlecht	
Tag 28	gut	
Tag 29	schlecht	
Tag 30	schlecht	

Tabelle 1: **Gute und schlechte Tage für den Aderlass**
(nach Berechnung des Neumondzeitpunkts)

den Organismus ist viel schwächer, zum Guten wie zum Schlechten. Dennoch erklärt die obige Tabelle, warum sich mancher Blutspender einige Tage lang nach der Prozedur wie verjüngt fühlt, während er ein anderes Mal länger Mattigkeit empfindet.

Schlechte Aderlasstage im Jahreslauf

An manchen Tagen im Jahr sollte man generell auf einen Aderlass verzichten, gleichgültig, zu welchem Ergebnis die Auszählung der Tage seit dem letzten Neumond kommt. Es sind so genannte *Schwendtage*, die auch in Landwirtschaft und Gartenbau eine Rolle spielen (siehe unser Buch *Vom richtigen Zeitpunkt*). An den folgenden Tagen also wirkt sich ein Aderlass eher ungünstig aus:

Januar	2 / 3 / 4 / 18
Februar	3 / 6 / 8 / 16
März	13 / 14 / 15 / 29
April	19
Mai	3 / 10 / 22 / 25
Juni	17 (sehr schlecht!) / 30
Juli	19 / 22 / 28
August	1 (sehr schlecht!) / 17 / 21 / 22 / 29
September	21 / 22 / 23 / 24 / 25 / 26 / 27 / 28
Oktober	3 / 6 / 11
November	12
Dezember	1

Anwendungsbereich des Aderlasses

Bei welchen Zuständen nun ist ein Aderlass das Mittel der Wahl – als alleinige Maßnahme oder begleitend zu einer umfassenderen Therapie? Bei welchen Krankheiten kann er Linderung und Heilung bringen? Für alle Menschen, die über 35, noch nicht 77 und bei guter Gesundheit sind, ist ein kundig ausgeführter Aderlass einmal alle zwei Jahre generell eine hervorragende vorbeugende und entgiftende Maßnahme. Schlechtes Blut, ständig erhöhter Cholesterinspiegel, Allergien (oftmals ein Zeichen einer Blutvergiftung im weitesten Sinne), ständige Müdigkeit und Erschöpfungszustände, Rheuma, Depressionen, seelische Problemzustände aller Art, hoher Blutdruck – all diese Störungen und Ungleichgewichte können durch einen Aderlass günstig beeinflusst werden, wobei die Aufzählung bei weitem nicht vollständig ist.

Das Stichwort ist *Entgiftung:* Überall da, wo eine Entgiftung des Blutes vorbeugend oder heilend wirkt, kann sich ein Aderlass als große, in vielen Fällen schnell wirksame Hilfe erweisen. Ebenso sinnvoll ist ein Aderlass, wenn es um eine *Entstrahlung* des Körpers geht, wie wir ausführlich in unserem Buch *Aus eigener Kraft* berichten. Es gibt heute glücklicherweise wieder zahlreiche Heilpraktiker und auch Ärzte, die den Aderlass anwenden. Für diese mutigen Wegbereiter war das Wissen um den richtigen Zeitpunkt und die Methodik eine große Bereicherung.

Wenn Sie glauben, dass ein Aderlass für Sie von Nutzen sein kann, fragen Sie einfach so lange herum, bis Sie einen Heilkundigen finden, der ihn anwendet. Jeder *gute* Arzt und Heilpraktiker ist ein Mensch, mit dem man reden kann. Achten Sie gemeinsam mit ihm auf die wenigen wichtigen Regeln. Alle Beteiligten können dabei nur gewinnen.

Die Natur ist das einzige Buch, das auf allen Blättern großen Gehalt bietet.
Johann Wolfgang von Goethe

Akupunktur und Mond

Die uralte Erfahrungswissenschaft der Akupunktur stützt sich auf die Tatsache, dass unsere Haut wie ein Verstärker wirkt, der alle erhaltenen Informationen aufnimmt und nach innen weitergibt. Zahlreiche, genau festgelegte Punkte und Zonen auf der Haut wirken dabei wie Zugangstore zu bestimmten Meridianen, Energiekreisläufen, Organen und Körperregionen. Ihre Anregung – etwa mit Massage, Druck, Nadeln, elektrischem Strom oder eben Bestrahlung mit bestimmten Farben – wirkt sich günstig auf das jeweilige Organ aus.

Die Farbakupunktur – als Bestrahlung mit Licht, das durch gefärbte Folien wandert, oder mit farbigen Lampen (Rotlicht!) – hat sich besonders bei Schmerzzuständen aller Art bewährt. Sie wird erfolgreich eingesetzt bei Knochen- und Gelenkschmerzen, zur Beschleunigung der Abheilung von Knochenbrüchen, bei Knorpelschäden, zur Nachbehandlung von Operationswunden und nach Transplantationen, bei Verbrennungen und offenen Beinen (offene Beine nur bei abnehmendem Mond behandeln!). Bei fast allen Hautkrankheiten (von Herpes über Ekzeme bis zu allergischen Reaktionen) kann sie lindern und heilend wirken. Als besonders erfolgreich hat sich Farbakupunktur bei Kopfschmerzen und Migräne erwiesen. Ihr Vorteil gegenüber der klassischen Akupunktur mit Nadeln ist, dass keine Schädigung der Haut eintritt und keine Ansteckungsgefahr besteht.

In jedem Falle einer Akupunktur kann sich das Achten auf den richtigen Zeitpunkt als sehr sinnvoll erweisen – je nachdem, welcher Zweck mit ihr verfolgt werden soll: Akupunktur zu Entgiftung und Blutreinigung bei abnehmendem Mond, zu Kräftigung und Aufbau bei zunehmendem Mond. Ebenso kommt es darauf an, welcher Körperteil behandelt werden soll. Dann ist es zweckmäßig, auch noch auf den Stand des Mondes im Tierkreis zu achten – je nach regierter Körperzone. Soll beispielsweise chronische Migräne behandelt werden, geschieht das am besten an Widdertagen (siehe ***Körperregionen und Tierkreiszeichen***).

Alles erlaubt!

Alles erlaubt! lautet (nach *Vom richtigen Zeitpunkt* und *Aus eigener Kraft*) der Titel unseres dritten Buches. Darin beschreiben wir Wirkung und Anwendung der Mond- und Naturrhythmen auf Ernährung, Schönheit und Körperpflege. Wie kann ich mich gesund ernähren, und wie sieht eine natürliche Körperpflege aus, die meinem individuellen Typ entspricht und im Einklang mit den Mondrhythmen steht?

Ein Geheimnis gesunder Ernährung besteht in der Einsicht, dass es zwei grundlegend unterschiedliche Menschentypen gibt: den Alpha- und den Omega-Typ (siehe ***Ernährungstyp***). Butter ist für Sie vielleicht das wichtigste Fett bis ins hohe Alter, während sie einen anderen Menschen belastet, schwächt und ermüdet. Kaffee kann Ihnen den letzten Elan rauben und Sie ermatten lassen, während das Getränk andere belebt und erfrischt. Weizenmehl kann Ihren Körper schleichend schwächen, während es für andere undenkbar ist, den Tag anders als mit einem knusprigen Baguette zu beginnen. Das Buch klärt Sie erstmals über diese Unterschiede auf und über den Gewinn, wenn man sich dem eigenen Typ gemäß ernährt – ohne Diätvorschriften und Essensregeln.

Sie erfahren zudem viel Neues aus alter Zeit über natürliche, weise Körperpflege; vor allem darüber, wie Sie mit einfachen Mitteln die Haut pflegen und ihr geben, was sie braucht, um all ihre Funktionen erfüllen zu können – anstatt sie mit chemischen Kosmetika »schlafen zu legen«.

Zunächst stellen wir das grundsätzliche Mondwissen zusammenfassend dar und beschreiben den Mondzyklus, der sich auch auf Hygiene, Erntezeit, Haltbarmachung und Zubereitung von Speisen auswirkt.

Sodann folgt ein Plädoyer für die allmähliche Abwendung von industriellen Fertigprodukten und künstlich-chemischen Haltbarmachern hin zu einer Rückkehr zu gesunden Lebensmitteln und Naturkosmetik. Wir regen an, gesundes Selbstvertrauen wieder zu entdecken und so die Supermärkte und Hersteller zum Umdenken zu zwingen – der Kunde kann durch die Kraft seiner freien Wahl bestimmen, was in den Regalen stehen soll: Die Nachfrage bestimmt das Angebot.

Auf dem Weg zu einer gesunden Ernährung gilt es zunächst, die Fähigkeiten des Menschen in die eigene Urteilskraft und das eigene Gespür zurückzuerobern – Sehen, Riechen, Schmecken –, wobei sich fast von selbst der erste Schritt ergibt: ohne künstliche Geschmacksstoffe und Zusätze!

Der zweite Schritt, die ***Mond-Kur*** (siehe dort), bei der ein jeweils der Mondphase entsprechender Tee sowie Obst- und Fastentage angesetzt werden, bringt schon Heilung und ein besseres Gespür für echte Lebensmittel, die der jeweilige Typ gut verträgt.

Dann beschreiben wir die zwei Grundtypen – den Alpha- und den Omega-Typ –, in die sich der Leser leicht anhand von Fragen einordnen kann und die dann auf die Tierkreiszeichen im Lauf des Mondes abgestimmt werden. Praktische Küchentipps und zeitlose Ernährungsregeln veranschaulichen den Weg zur Ernährung des neuen Jahrtausends, wobei die Farben der Speisen und die Bedeutung der Kräuter eine herausragende Rolle spielen.

Ein Butterbrot, gerne und ohne die Erwartung einer Gegenleistung gegeben, ist tausendmal gesünder und kraftspendender als das beste Sechs-Gänge-Festmahl, mit dem man die Gäste nur beeindrucken will.

Wer sich in seiner Haut wohl fühlen will, sollte sich zunächst über dieses wichtige Sinnesorgan informieren; dazu gehören die Hauttypen – und das Wissen um die Kraft des Wassers als Körperpflegemittel Nr. 1. Eine ausführliche Wanderung durch Körper und Tierkreis schließt sich an und vermittelt, was wann unserem Körper gut tut. Wussten Sie beispielsweise, dass an Skorpiontagen ein Sitzbad von besonderem Segen ist?

Im Prinzip ist tatsächlich »alles erlaubt«: wenn man den richtigen Zeitpunkt beachtet, auf sein ureigenstes Gespür hört und seinen Gefühlen vertraut. Wenn Sie die von Mensch zu Mensch unterschiedlichen Umstände berücksichtigen, kann nichts mehr schief gehen.

Alpha-Typ siehe: *Ernährungstyp*

Amalgamentfernung

Der Körper kann bei zunehmendem Mond alle ihm zugeführten Stoffe leichter aufnehmen – von Vitaminen und Mineralstoffen über Medikamente bis zu Nikotin und Alkohol. Eine Zahnfüllung mit Quecksilberamalgam beispielsweise hinterlässt bei zunehmendem Mond mehr giftiges Quecksilber im Blut als bei abnehmendem Mond. Allmählich setzt sich glücklicherweise die Einsicht durch, dass Quecksilber im Mund – und damit im ganzen Körper – unserer Gesundheit nicht gerade förderlich ist. Wir wollen hier nicht beweisen, dass Amalgam äußerst schädlich ist; wir *wissen*, dass es so ist: »In den USA muss herausgebohrtes Amalgam in drei ineinander gestellten, luftdicht verschlossenen, mit einem Totenkopf versehenen Metallgefäßen von einer Spezial-Abfallfirma aus der Zahnarztpraxis geholt werden« (aus: *Biologische Medizin*, Heft 6, 1991, Seite 888). Inzwischen kümmern sich auch in Deutschland und Österreich spezielle Entsorgungsfirmen um den giftigen Füllungsabfall.

Wenn Sie die weise Entscheidung treffen, Ihre alten Amalgamfüllungen beseitigen zu lassen, achten Sie auf folgende Punkte:

Die Grundregeln für die Amalgamentfernung

- Lassen Sie die Arbeit *bei abnehmendem Mond* vornehmen. Der Körper nimmt dann alle eingeatmeten und verschluckten Stoffe lange nicht so gut auf wie bei zunehmendem Mond.
- Wenn möglich, nicht viele Füllungen auf einmal und niemals ohne Eindämmung des Zahnes und Schutz gegen das Verschlucken (»Kofferdamm«) herausbohren lassen! Der entstehende »Bohrschlamm« kann nur dann gut abgesaugt werden. Spülen Sie nach dem Bohren so gründlich wie möglich aus. Lassen Sie pro Termin in Absprache mit Ihrem Zahnarzt nur wenige Füllungen beseitigen und erst nach längerer Pause (frühestens nach einem Monat) die nächsten.
- Lassen Sie sich von einem Heilpraktiker oder Arzt Ihres

Vertrauens ein auf Sie zugeschnittenes, homöopathisches Mittel verschreiben, das die freigesetzten Gifte neutralisieren hilft (Ausleitungen, Eigenbluttherapie usw.). Beginnen Sie aber mit der Einnahme dieses Mittels in jedem Fall erst nach dem Auswechseln der letzten Füllung! Das entgiftende oder ausleitende Mittel würde sonst die noch vorhandenen Füllungen »anlösen«, aufspalten und den Körper mit unnötig viel Gift belasten. Wenn Sie vor dem Ersetzen der Füllungen viel *Milch* (nicht pasteurisiert, nicht homogenisiert) trinken, kann das enthaltene Kasein verschlucktes Quecksilber binden.

Aschenlauge siehe: *Holzaschenlauge*

Astrologie

Wer kurz nach Erscheinen unser erstes Buch *Vom richtigen Zeitpunkt* in einem Buchladen suchte, entdeckte es fast ausnahmslos in der Abteilung für astrologische Literatur: Das ist verständlich, denn auf den ersten Blick fand sich eben kein handliches Etikett für ein Buch, das sich im Laufe der Zeit seine ganz eigene Nische erobern würde und heute in mehreren Fachabteilungen zu finden ist – von der Gartenabteilung über die Gesundheitsecke bis zum Platz neben der Kasse.

Um ein wenig Licht in das Dunkel zu bringen: Das Mondwissen hat weder mit Astrologie zu tun noch mit den oberflächlichen »Horoskopen« der Magazine und Tageszeitungen. Letztere stehen zu klassischer, ernsthaft und kompetent betriebener Astrologie wie manchmal die Wettervorhersage zum Wetter: »Morgen wird es wechselhaft oder es bleibt, wie es ist.«

Das Wissen um die Mondrhythmen und ihren Einfluss auf alles Lebendige ist ein altes Erfahrungswissen, von der Menschheit jahrtausendelang angewendet und gelebt als unverzichtbarer und selbstverständlicher Bestandteil des Alltags.

Der einzige Berührungspunkt zur Astrologie ist die Berechnungsweise des Mondkalenders, der unseren Büchern beiliegt – das einzige Werkzeug, das man zur Anwendung des Mondwissens braucht, und zwar jährlich neu. Dieser Kalender wird aus den *Ephemeriden* berechnet, dem Instrumentarium der Astrologie.

Derselbe Kalender wird auch seit Jahrhunderten in Bauern-, Schreib- und Mandlkalendern (siehe Seite 282) abgedruckt, beispielsweise als *Vorarlberger Schreibkalender* oder in den USA als *Old Farmer's Almanac* (dort seit 1786). In manchen Regionen (vor allem in Österreich) gibt es keinen Haushalt, der nicht einen solchen Kalender in der Küche an der Wand hängen hätte – nicht, weil die Bewohner mit Astrologie auf vertrautem Fuß stehen, sondern weil sie in Dankbarkeit das Wissen ihrer Vorfahren schätzen und anwenden.

Das Anliegen, Sie mit einem Stück dieses Wissens vertraut zu machen, wird noch lange Zeit unser Tun begleiten.

Atomkraft

Ein »friedlicher« Atomreaktor ist dasselbe wie eine »friedliche« Atombombe: Atomkraft als Energiequelle ist eine für alle Zeiten unbeherrschbare Technologie. Alle ernsthaften und seriösen Wissenschaftler wissen das, aus verschiedenen Gründen geben sie ihr Wissen jedoch nicht preis.

Viel wichtiger als dieser Umstand jedoch ist dies: Jeder

Landstrich unserer Erde birgt Energie, die sich mit Hilfe der wahren Segnungen von Technik und Wissenschaft nutzen lässt: wo wenig Wind, da viel Sonne; wo wenig Sonnenenergie, da viel Wasser; wo keine Wasserkraft, da Erdwärme; wo keine Erdwärme, da viel Gezeitenenergie; wo keine Ebbe und Flut, da viel Holz, das sich verfeuern lässt. Wo die eine Energieform zu wenig ist, da ist die andere im Überfluss. Überall gibt es *erneuerbare* Energie in Hülle und Fülle. Und überall ist die Technik, um sie wirtschaftlich zu nutzen! »Es rechnet sich noch nicht«, sagen manche? Alles rechnet sich, was uns und der Umwelt keinen Schaden zufügt (siehe ***Kostenwahrheit***).

Was uns fehlt, ist ausschließlich Information. Dann können wir bewusst den richtigen Weg gehen anstatt den »gewohnten«.

Aufsteigender Mond

Als aufsteigenden Mond bezeichnet man jene etwa 14 Tage, in denen der Mond die Tierkreiszeichen Schütze, Steinbock, Wassermann, Fische, Widder und Zwillinge durchwandert. Volkstümlich wird er auch als »untergehender Mond«, »unter sich gehender Mond« oder als »Erntezeit« bezeichnet. Dieser »Zustand« des Mondes hat also nichts mit dem *zunehmenden Mond* zu tun.

Der Begriff ist nur in Garten und Landwirtschaft von Bedeutung, wo die Zeit des aufsteigenden Mondes fast gleich günstige Alternativtage bringt für Arbeiten, für die man bei anderen Mondphasen keine Zeit gefunden hat. Bei aufsteigendem Mond wandern die Säfte nämlich mehr nach oben und fördern die Blatt-, Blüte- und Fruchtbildung, Obst und

Gemüse sind besonders saftig, die oberirdische Entwicklung der Pflanzen wird besonders begünstigt. Bei ***absteigendem Mond*** dagegen (siehe dort) steigen die Säfte zur Wurzel ab und fördern eher die Wurzelbildung.

Früher nahm man eine Gedächtnisstütze zu Hilfe, um die beiden Impulse unterscheiden zu können, ohne etwa einen Kalender zu Rate ziehen zu müssen: Wenn man den Lauf der Sonne verfolgt, erkennt man, dass die Sonne im Sommer in den nördlichen Breiten mittags höher steigt als im Winter. Die gleiche zuerst hohe und dann flache Bogenbewegung beschreibt der Mond, allerdings nicht innerhalb eines Jahres, sondern innerhalb eines Monats.

Bei aufsteigendem Mond steigt der Mond vom Südwendepunkt zum Nordwendepunkt auf und hat dabei die Form einer Schüssel. Eine Schüssel wird gefüllt – Erntezeit. Bei absteigendem Mond sinkt der Mond vom Nordwendepunkt zum Südwendepunkt und sieht wie eine umgedrehte Schüssel aus. Die Schüssel wird geleert – Pflanzzeit.

Aufheizen, erstmaliges

In unseren Breiten naht in jedem Herbst die Zeit, die nach Beheizung der eigenen vier Wände verlangt, weil die Kraft der Sonne dazu nicht mehr ausreicht. Will man dann eine gute und schnelle Durchwärmung des ganzen Hauses erzielen, sollte man Folgendes beachten:

Die Grundregeln für das erstmalige Aufheizen

Sehr gut: Widder und Schütze im abnehmenden Mond.

Sehr ungünstig: Krebs und Fische und vor Vollmond.

Wenn Sie den richtigen Zeitpunkt einhalten: Die Öfen ziehen gut, die Wärme verteilt sich schnell und sanft über die Räumlichkeiten.

Mögliche Folgen des falschen Zeitpunkts: Die Ofenwände können reißen, der Abzug ist schlecht, der Ofen qualmt, stärkere Rußbildung.

Besondere Tipps zum erstmaligen Aufheizen: Diese Regel ist besonders wichtig, wenn es um das erstmalige Heizen etwa eines neu errichteten Kachelofens oder Kamins geht. Der richtige Zeitpunkt kann hier über die Lebensdauer des Ofens entscheiden. Besonders wichtig ist der richtige Zeitpunkt auch für frisch gebackene Bauherren. Ein Neubau sollte in jedem Fall zum richtigen Zeitpunkt erstmals geheizt werden! Das vertreibt nämlich auf sanftem und gründlichem Weg die letzte Feuchtigkeit aus den Wänden.

In den Zeiten, als man Öfen gar nicht anders als mit natürlichen Baustoffen errichten konnte, war das Achten auf den richtigen Zeitpunkt eine Selbstverständlichkeit: Zu groß war die Gefahr, Kacheln, Kalkzementverbindungen und Schamottesteine zum Reißen zu bringen, wenn das »Einfahren« des Ofens zum falschen Zeitpunkt erfolgte, beispielsweise kurz vor Vollmond.

Augengymnastik

Es gibt heute eine Reihe von Möglichkeiten, sich eine gute Sehkraft bis ins hohe Alter zu erhalten – ohne jemals eine Brille zu benötigen. Die wichtigste: die Gegenwart sehen, wie sie ist – wie unglaublich schön und wie unfassbar schrecklich und manchmal beides zugleich; die Zukunft erkennen als selbst gemachte Vorstellung, die nur Wirklichkeit wird, wenn man sie gedanklich einlädt – im Guten wie im Bösen.

Aber auch Augengymnastik und Sehübungen helfen teilweise sehr gut vorbeugend und bei geschwächten Augen – sogar dann, wenn man schon eine Brille trägt. Brillen zementieren oftmals eine Sehschwäche, die mit entsprechenden Übungen und der Fähigkeit, der Wirklichkeit ins Auge zu blicken, mühelos zu beheben wäre.

Ein altes, wirksames Mittel bei erschöpften und angestrengten Augen ist das Benetzen der geschlossenen Augenlider mit dem eigenen Speichel, morgens nüchtern vor dem Frühstück. Sehstörungen sind zudem oftmals Begleiterscheinungen verschobener Halswirbel (2. Halswirbel!). Ein erfahrener Chiropraktiker kann hier oftmals schon nach einer Behandlung Abhilfe schaffen.

Ganz sicher jedoch sollten Sie eine Augengymnastik nicht versäumen, wenn der Mond im Widder steht – in dem Zeichen, das die Augenregion regiert.

Ausbessern siehe: ***Verputzen und Ausbessern***

Aus eigener Kraft

Aus eigener Kraft – Gesundsein und Gesundwerden in Harmonie mit Natur- und Mondrhythmen lautet der Titel unseres zweiten Buches, 1993 erschienen und heute in zwölf Sprachen übersetzt. Gesund bleiben und gesund werden – aus eigener Kraft: Das Buch ebnet dem Leser den Weg zur unmittelbaren Erfahrung dessen, was ihn stärkt und schwächt an Körper, Geist und Seele, mit Hilfe der Grundstoffe für ein gesundes und lebenswertes Leben; uraltes und dennoch zeitloses Wissen – Naturgesetze und Naturrhythmen, die wir vergessen haben oder ignorieren lernten.

Weit über die Hälfte des Materials, auf dem das Buch aufbaut, ist in dieser Form noch nie veröffentlicht worden; vermeintlich Bekanntes – etwa die Kapitel über Biorhythmus, Kräuterkunde, Organrhythmen usw. – erscheint in einer

Ein berühmter Bildhauer arbeitete gerade an einem Marmorlöwen. Voll Bewunderung fragte ihn ein Besucher, worin das Geheimnis seiner Kunst bestehe. Der Meister antwortete: »Das ist gar nicht so schwierig. Ich schlage einfach alles weg, was nicht nach Löwe aussieht.«

um viel Neues erweiterten Bearbeitung, die es zudem für die Leser fasslicher und leichter anwendbar macht als jemals zuvor. Wir greifen zurück auf das, was schon immer funktioniert hat, auf die Grundstoffe und Eckpfeiler eines gesunden, dynamischen und lebenswerten Lebens. Neben einer großen Menge »handfester« Informationen wollen wir mithelfen, die Angst vor einer Medizin zu verlieren, die nur an der Symptombekämpfung interessiert ist und vergessen hat, dass der Mensch des Menschen beste Medizin ist.

Wir zeigen, wie man körperlich und vor allem geistig immun werden kann gegen die zahlreichen negativen Einflüsse aus der Umwelt und vor allem aus den eigenen, »andressierten« Denkmodellen, Überzeugungen und Vorurteilen – immun werden gegen den allgegenwärtigen Versuch, uns unmündig, abhängig und unwissend zu halten. Dieses Buch wird den Leser ein Leben lang begleiten; es ist ein Buch für die Heilkunde der Zukunft: für eine Kunst, die weiß, dass letztlich die Liebe des Menschen beste Medizin ist.

Backen

Vielleicht geht es Ihnen auch wie vielen anderen Familien: So manches Ergebnis eines fröhlichen Backtages landet lange vor seiner Bestimmung im Magen. Je mehr Freude Sie am Backen haben, desto eher wird das geschehen. Aber auch der Mond kann Ihnen zu guten Ergebnissen verhelfen.

Machen Sie einfach einen Versuch: Backen Sie einmal bei abnehmendem Mond in Fische und dann bei zunehmendem Mond in Löwe (unter den gleichen Voraussetzungen) – und dann betrachten Sie den Unterschied. Persönliche Erfahrung sagt mehr als tausend Bücher.

Die Grundregeln fürs Backen

- Brotbacken gelingt am besten an Blütentagen (Zwillinge, Waage, Wassermann) und Fruchttagen (Widder, Löwe und Schütze). Bei zunehmendem Mond geht der Brotteig schneller auf, bei abnehmendem Mond ist es ratsam, etwas mehr Treibmittel (Hefe, Sauerteig) zu verwenden.
  Am wenigsten geeignet sind die Wassertage Krebs, Skorpion und Fische, weil der Teig leichter zusammenfällt (er wird »speckig«).
- Bei Kuchen und Keksen, die ja meist schon bald »vernascht« werden, bringt der zunehmende Mond an Licht- oder Fruchttagen gute Ergebnisse. Der Teig lässt sich gut verarbeiten, das Gebäck wird locker und bleibt lange frisch.
- Und wichtig: Beim Backen sollte der Ofen schon auf große Hitze vorgewärmt sein, dann soll die Hitze langsam zurückgehen.

»Ja, meine Mutter konnte noch einen Hefeteig machen, aber ich traue mich nicht daran« – so oder ähnlich klingen die Entschuldigungen, wenn es darum geht, den für eine gesunde Ernährung so wichtigen Hefeteig nicht selbst machen zu wollen. Wir versichern Ihnen, es gibt kaum etwas Leichteres: Hefeteig geht leicht und schnell, die Arbeitszeit einschließlich Saubermachen beträgt maximal 30 Minuten. Wie so oft im Leben ist auch hier die richtige Einstellung alles.

Hefeteig braucht *Zeit* zum Gehen. Da heißt es bei vielen von uns: »Die haben wir nicht!« Nur die Ruhe – nicht Sie brauchen Zeit, sondern der Hefeteig. Was der Hefeteig vielleicht nicht verträgt, ist, dass Sie kontrollierend daneben stehen, »bis er geht«. Bevor es losgeht: Ob Hefe noch gute Treibkraft besitzt, können Sie so prüfen – steigt die Hefe in heißem Wasser auf, ist sie gut und brauchbar.

Wohlan denn: Geben Sie so viel (am besten frisch gemahlenes) Mehl in eine große Schüssel, wie es Rezept oder Gefühl verlangen, und machen Sie einen kleinen Krater in die Mitte. Bröckeln oder streuen Sie die Hefe in die Mulde, geben Sie eine Prise braunen Rohrzucker, ein wenig lauwarme Milch oder Wasser (je nach Rezept) hinzu und mischen Sie nun vom Muldenrand her ein wenig Mehl dazu, bis ein sehr weicher, aber nicht flüssiger Brei entstanden ist. Ganz wichtig: Fügen Sie nicht jetzt schon das Salz hinzu, das eventuell im Rezept angegeben ist! Salz verhindert immer das »Gehen« des Teigs.

Der Trick ist: In jedem Rezept steht zwar »mit einem Tuch zugedeckt gehen lassen«, aber nirgends steht, dass dies beim Hefeteig der *entscheidende* Punkt ist. Er darf keine Zugluft bekommen! Sein Gelingen hängt davon ab. Wenn sich die Masse etwa verdoppelt hat (je frischer die Hefe, desto schneller, zwischen 5 und 20 Minuten), dann ist der Vorteig fertig.

Und zweitens: Der Teig muss es warm haben, nur dann geht er auf. Wenn Sie anschließend das Tuch heben, sollten alle Fenster und Türen geschlossen sein. Das heißt nicht, dass der ganze Raum warm sein muss. Er sollte aber auch nicht kalt sein und, wie gesagt – kein Luftzug!

Der aufgegangene Teig wird nun mit den restlichen Zutaten vermischt, mit dem Kochlöffel geschlagen oder der Teigrührmaschine geknetet und wieder an einen warmen Ort zum weiteren Aufgehen gestellt – etwa 30 Minuten lang. Sollten Sie nach dem zweiten Aufgehen gerade keine Zeit zur Endverarbeitung haben, schlagen Sie den Teig einfach nochmals klein. Er wird dadurch nicht schlechter, sondern noch besser und lockerer.

Je nach Übung dauert das 5 Minuten; den Teig herzurichten dauert zweimal 5 Minuten. Die Endverarbeitung beansprucht dann je nach Vorhaben etwa 10 Minuten: Alles zusammen macht etwa eine halbe Stunde aus. Die Zeit dazwischen können Sie nach Belieben verbringen. Ergebnis ist ein Brot oder ein anderes Gebäck, das einmalig und gesund ist.

Und zum Schluss ein Tipp: Verwenden Sie zum Reinigen mehliger Küchengeräte immer nur *kaltes* Wasser, warmes Wasser verklebt nur alles. Wenn Sie mit Holzschüsseln und Holznudelbrettern arbeiten, schaben Sie sie einfach mit einem Spachtel ab. Meistens genügt das vollkommen; wenn nicht, dann die Utensilien mit kaltem Wasser reinigen, und zwar *immer beide Seiten* kalt spülen! Gut gelüftet auf einem Rost aufstellen, bis sie trocken sind; auch von unten sollte Luft Zugang haben.

Holzgeräte sollte man niemals der Sonne aussetzen! Gutes Holz regeneriert sich selbst und ist viel hygienischer als Kunststoff, der mit kochendem Wasser überschüttet oder in der Spülmaschine gespült wird. Holz darf allerdings nicht lackiert sein, sonst ist es nicht besser als Kunststoff. Im Gegenteil: Es ist in Sondermüll verwandelt worden, den man nur schwer oder gar nicht mehr in die Kreisläufe der Natur integrieren kann.

Bauernregeln

»Bauernregeln« nennt man auch heute noch jene volkstümlichen, oftmals gereimten Regeln und Merksprüche, die meist dazu dienten, das Wetter oder den Ernteerfolg vorherzusagen. Sie werden heutzutage kaum mehr ernst genommen, aus zwei sehr einfachen Gründen: Diese Gesetzmäßigkeiten besitzen keine ewige Gültigkeit. Fast alle heute bekannten Bauernregeln – in Bezug auf Wetter, Pflanzenbau, Tierhaltung, Heilen, Haushalt usw. – haben sich im Laufe der Zeit geändert, besonders die Wetterregeln. Sie »funktionieren« nicht mehr, und das hat natürlich zur Folge, dass man sie nur noch belächelt.

Zweitens waren ein Großteil aller Regeln nur lokal gültig. Schon einige Täler weiter konnten ganz andere Zusammenhänge herrschen und zu völlig gegensätzlichen Regeln führen. Wird nun eine Regel über ihren Gültigkeitsbereich hinaus verbreitet (etwa durch einen faszinierten Schriftsteller), so verliert das alte Wissen in seiner Gesamtheit schnell an Glaubwürdigkeit – glücklicherweise nur bei denen, die ihrer eigenen Erfahrung zu wenig vertrauen. Denn viele Regeln sind heute gültig wie eh und je.

Ein wenig schade ist, wenn im Gefolge der Wiederbelebung des Mondwissens auch manchmal Bücher und Mondkalender auf dem Markt erscheinen, die mit Sammlungen willkürlich angehäufter Bauernregeln angefüllt sind. Das ist, als ob man einem VW Golf die Bedienungsanleitung für den Pferdeschlitten König Ludwigs II. beilegte.

Das Mondwissen selbst mit »Bauernregeln« gleichzusetzen, würden wohl die vielen Wissenschaftler und Gelehrten vergangener Jahrtausende leise belächeln. Es gehörte nämlich zum unverzichtbaren Bestandteil ihrer Künste.

Baumspitzen schneiden

Das vorsichtige Beschneiden kranker Bäume zum richtigen Zeitpunkt kann eine höchst wirksame Therapie sein. Wir haben jedenfalls oft erlebt, dass ein Radikalrückschnitt sogar todkranke Bäume wieder zum Leben erweckt hat, wenn man einige einfache Regeln beachtet.

Die Grundregeln für das Schneiden von Baumspitzen

Sehr gut: Bei abnehmendem Mond kurz vor Neumond (bei Obstbäumen zusätzlich auf Fruchttage achten!).
Gut: Bei abnehmendem Mond.
Ungünstig: Bei zunehmendem Mond.
Sehr ungünstig: Bei zunehmendem Mond kurz vor Vollmond.

Wenn Sie den richtigen Zeitpunkt einhalten: Die Pflanze erhält einen starken Lebens- und Wachstumsimpuls.

Mögliche Folgen des falschen Zeitpunkts: Die Pflanzen werden stark geschwächt, kümmern, können gar absterben.

Besondere Tipps zum Baumspitzenschneiden: Wir benützen für diese Arbeit manchmal verlängerte Baumscheren. Die Baumspitze sollte knapp über einem Seitenast entfernt werden, der dann nach oben strebt und sich als neue Spitze anbietet. Die Regel ist anwendbar auf alle Pflanzen, die nicht richtig wachsen wollen, auch auf Zier- und Blühpflanzen. Einfach bei Neumond die Spitzen kappen – das Resultat wird Sie überraschen.

Im Tau kleiner Dinge findet
das Herz seinen Morgen
und wird erfrischt.
Khalil Gibran

Zahlreichen kranken Bäumen in unseren Wäldern könnte geholfen werden, wenn man diese einfache Maßnahme anwendete. Bei Blumen, Sträuchern und Obstbäumen muss man allerdings manchmal mehr als nur die Spitze wegschneiden: Wir haben bei Obstbäumen bei Neumond schon radikal alles abgehackt – kurz oberhalb der Veredelungsfläche. Seither blühen sie wieder jedes Jahr und tragen Früchte.

Ob man mit dem Spitzenschnitt bei Neumond das Waldsterben stoppen kann? Da sind wir nicht sicher, weil ja die Ursachen nicht beseitigt werden. Dass der Erfolg aber alle Erwartungen übertreffen würde, ist gewiss: Alle kranken Bäume, die wir bisher auf diese Weise gepflegt haben, sind wieder gesund geworden.

Beikräuter regulieren

Vermutlich wissen Sie, dass fast alle »Unkräuter« eigentlich gar keine sind. Nicht eine einzige Pflanze, ein einziges Lebewesen existiert, das ohne Sinn und Wert wäre, wenn man in großen Zusammenhängen denkt und lebt. Viele »Unkräuter« beispielsweise sind kraftvolle Heilkräuter – von der segensreichen Brennnessel über Löwenzahn und Gänseblümchen bis zum gefürchteten Giersch (Geißfuß). Gleichzeitig tragen sie beim Verrotten mit ihren großen Kräften dazu bei, das biologische Gleichgewicht eines erschöpften Bodens wiederherzustellen. Gerade deshalb tauchen sie ja oft so gehäuft auf – als Notwehrreaktion der Natur. Verantwortungsvolle Landwirte haben daher eine neue Bezeichnung gefunden, die den lebensfeindlichen Terminus »Vernichtung von Unkraut« ersetzen wird: die »Beikräuter-

Regulierung« – eine Wortschöpfung, deren Sinn sofort erkennbar wird.

Immer noch ist es Alltag, dass »Gartenliebhaber« beim Anblick eines Löwenzahns in Panik geraten und mit der chemischen Keule zum Schlag ausholen. Diese Einstellung hat mit dazu beigetragen, dass die Erde von Privat- und Schrebergärten um ein Vielfaches vergifteter ist als landwirtschaftlich genutzter Boden, selbst beim Anbau von Monokulturen. Von den 30 000 Tonnen Pestiziden in 1724 verschiedenen Produkten mit 295 giftigen Inhaltsstoffen, die 1990 auf deutscher Erde landeten (und schließlich *in* der Erde, im Grundwasser, in unseren Muskeln, der Haut und den Organen), wurden allein 2000 Tonnen an Klein- und Hobbygärtner verkauft – meist, um den »ordentlich gepflegten« Rasen zu erhalten. Heute ist die Situation glücklicherweise etwas besser.

Dabei wäre alles so einfach: Wer die Natur nicht erschlagen, sondern harmonisch mit ihr zusammenarbeiten möchte, sollte sich beim Anblick von unerwünschten Kräutern die Frage stellen: Sind es auch wirklich »Unkräuter« – oder ist es vielleicht gerade das Heilkraut, das ich für mich brauche?

Und wenn Sie die Frage mit Hilfe von gesundem Menschenverstand, mit Maß und Ziel beantwortet haben und zu dem Ergebnis gekommen sind, dass Sie dennoch etwas gegen sie unternehmen wollen, erst dann kommt die zweite Frage an die Reihe: Was ist die Ursache des Befalls?

In der Antwort verbirgt sich oft schon die geeignete Maßnahme, zumindest um dem Auftreten der Pflanzen im nächsten Jahr erfolgreich vorzubeugen. So ist beispielsweise die *Fruchtfolge* eine gute vorbeugende Maßnahme. Oberirdisch wachsende Gemüse sollten unterirdisch wachsenden folgen und umgekehrt. Jeder Bauer und Gärtner weiß es: Die richtige ***Pflanzengemeinschaft*** (siehe dort) trägt viel dazu bei, Schädlinge von vornherein abzuwehren; heute nennt man das »Mischkultur«. Es ist ein ungeheurer Vorteil, wenn sich Pflanzen gegenseitig helfen können. Jeder Boden leidet schließlich, wenn auf ihm Pflanzen in Monokultur angebaut werden, das heißt, wenn immer nur eine Pflanzenart gleichzeitig auf ihm wächst. Das Bakterienleben krankt, die Böden ermüden und laugen aus, das tierische und pflanzliche Bodenleben verschlechtert sich, bis allmählich ohne Düngen und Pflanzenschutzmittel keine brauchbare Feldfrucht mehr geerntet werden könnte. Die Bodenermüdung ist dabei nicht nur eine Folge des Mineralstoffmangels, sondern auch bedingt durch Wurzelausscheidungen der angebauten Pflanzen.

Im Zusammenhang mit Begleitpflanzen von Monokulturen hat man eine erstaunliche Beobachtung gemacht, die auch von einigen Biologen und Agrarwissenschaftlern geteilt wird: Oft gehen Feldfrucht und Beikraut eine Art Symbiose zur Erhaltung der Bodenqualität ein. Hafer zum Beispiel macht den Boden sauer; Ackersenf und Hederich etwa, die Begleiter des Hafers, entsäuern jedoch den Boden und bilden ein Gegengewicht zur säuernden Wirkung des Hafers.

Für die Forschung ist sicherlich interessant: Es gibt Hinweise darauf, dass gesundheitliche Schäden durch einseitige Ernährung mit in Monokultur gepflanztem Getreide oder anderen Kulturpflanzen gerade mit ebenjenen »Unkräutern« geheilt werden können, die gemeinsam mit der jeweiligen Feldfrucht auftreten. Denken Sie an diese Beobachtungen, wenn Sie sich an die Beikrautbekämpfung machen. Vielleicht wird sie sogar zur lohnenden Beschäftigung, wenn Sie etwa Brennnesseln sammeln und trocknen, um sich deren große Heilkräfte zunutze zu machen.

Wie gesagt, gibt es oftmals dennoch gute Gründe für den Wunsch, ein Kraut möge nach dem Jäten oder Ausreißen nicht so schnell wiederkehren, deshalb hier die Hilfestellung:

Die Grundregeln für die Beikräuter-Regulierung
Sehr gut: Bei Steinbock im abnehmenden Mond.
Gut: Bei abnehmendem Mond.
Ungünstig: Bei zunehmendem Mond.
Sehr ungünstig: Bei Löwe im zunehmenden Mond.

Wenn Sie den richtigen Zeitpunkt einhalten: Die Beikräuter kommen längere Zeit nicht wieder oder bleiben gar ganz aus. Wurzelwerk lässt sich viel leichter aus dem Boden ziehen. Sie sollten jedoch darauf achten, die Nutzpflanzen nicht zu verletzen, weil sie sonst ebenfalls eingehen können.

Mögliche Folgen des falschen Zeitpunkts: Alle Keime im Boden werden angeregt und gehen auf. Wurzelteile bleiben im Boden und können neu austreiben.

Besondere Tipps zum Beikräuter-Regulieren: Zukünftigen »Mondgärtnern« sei der alte Trick verraten, wie sie die ungünstigste Zeit zur Beikrautbekämpfung, die Löwetage im zunehmenden Mond, zu ihrem Vorteil nutzen können. Bei Löwe schießt und keimt ja alles Beikraut, wenn es »berührt« wird. Hacken Sie daher einfach ein neu angelegtes Beet bei Löwe im zunehmenden Mond um: Jeder noch so schwächliche Beikrautsame geht dann auf und kann bei Steinbock im abnehmenden Mond gejätet werden – und das Beet präsentiert sich für lange Zeit unkrautfrei.

Es gibt keine göttliche Begnadigung, die dir das Werden erspart. Du möchtest sein: Du wirst nur in Gott sein. Er wird dich in seine Scheune einbringen, nachdem du langsam durch deine Handlungen geworden und geknetet sein wirst; denn der Mensch braucht lang zum Geborenwerden.
Antoine de Saint-Exupéry

Im Herbst sollte man alle Beete bei abnehmendem Mond gejätet verlassen. Das ist eine gute Vorbereitung für das kommende Jahr. Zur Erinnerung: Ein besonderer Tag ist der 18. Juni vormittags bis 12 Uhr (13 Uhr Sommerzeit). Alle Stauden und alles Beikraut, die in diesen wenigen Stunden beseitigt werden, wachsen nicht mehr nach, sogar die Wurzeln verfaulen. Die Regel ist kaum erklärbar und beweist sich nur durch sich selbst, durch Ausprobieren.

Beton und Estrich gießen

Jeder Architekt, jeder Baumeister hat schon die Erfahrung gemacht, dass ohne jeden ersichtlichen Grund Betondecken reißen – oder, was noch schlimmer ist, dass Feuchtigkeit in ein Bauwerk tritt, obwohl »wasserdicht« betoniert wurde. Meist werden daraufhin die »üblichen Verdächtigen« dafür verantwortlich gemacht – Wetter, Betonqualität, »Kältebrücken«, Schwarzarbeit usw. Dem Bauherrn nützt die Diskussion wenig, und selbst wenn nach einiger Zeit finanzieller Ausgleich geleistet wird, ist der Schaden nur schwer zu beheben.

Die Hauptursache für gerissene Betonfundamente, -wände und -decken können Sie ausschließen, wenn Sie folgende Grundregeln beachten:

Die Grundregeln für das Gießen von Beton und Estrich

Sehr gut: Bei abnehmendem Mond in den Tierkreiszeichen Stier, Jungfrau, Steinbock.

Gut: Bei abnehmendem Mond, mit Ausnahme der Löwetage.

Ungünstig: Generell bei zunehmendem Mond und in einem Wasserzeichen (Krebs, Skorpion und Fische), aber auch bei abnehmendem Mond im Löwen.

Sehr ungünstig: Generell bei Vollmond, besonders bei Vollmond im Löwen.

Wenn Sie den richtigen Zeitpunkt einhalten: Beton trocknet gleichmäßig und verbindet sich fest mit Untergrund und anderen Flächen. Die Gefahr von Rissbildungen ist sehr gering. Holzverschalungen (möglichst zuvor fachgerecht eingeölt) lassen sich leichter lösen.

Mögliche Folgen des falschen Zeitpunkts: Bei Löwe trocknet der Beton zu rasch, die Gefahr der Rissbildung ist größer. Kurz vor Vollmond betonierte Flächen verbinden sich schlecht mit anderen Stoffen, auch mit schon getrockneten anderen Betonflächen. Selbst die Verwendung von Fugenbändern kann manchmal die Erwartungen nicht erfüllen.

Besondere Tipps zum Betongießen: Wenn beim Betongießen zwar der richtige Zeitpunkt gewählt ist, aber große Hitze herrscht, sollten die Flächen alle paar Stunden mit Wasser besprengt werden, um ein gleichmäßiges Trocknen zu ermöglichen.

Auch beim Aufsetzen der Kellerwände wäre es von Vorteil, auf den richtigen Zeitpunkt zu achten. Wenn die Arbeit bei zunehmendem Mond an einem Wasserzeichen (Krebs, Skorpion, Fische) durchgeführt wird, trocknen die Wände sehr schlecht, was zu hoher Raumluftfeuchte führt – einem ständigen Nährboden für Schimmel.

Bei allen Decken und somit auch bei der Kellerdecke ist dagegen ein langsames Abtrocknen eher wünschenswert, um das Reißen zu vermeiden. Meist behilft man sich zu diesem Zweck durch eine Berieselung mit Wasser (ca. alle 2 bis 3 Stunden die Decke mit einem Schlauch abspritzen). Die Arbeit zum richtigen Zeitpunkt kann das Ergebnis entscheidend verbessern.

Wir sollten an dieser Stelle nicht verschweigen, dass Beton als Baustoff von Wänden und Decken im Wohnbereich eine eher negative Wirkung auf unsere Gesundheit hat, weil Beton »ziehend« wirkt. Was das genau bedeutet, ist schwer zu beschreiben, aber leicht zu erleben und zu fühlen. Es ist eine längerfristige Wirkung, die in erster Linie das jeweils schwächste Organ bzw. bei Gesunden das Immunsystem als Ganzes angreift – ein Effekt, wie wenn aus einem Getreidespeicher so lange unbemerkt Korn rieselt, bis es endlich jemand bemerkt: Dann ist der Schaden aber schon angerichtet. Eines der häufigsten Symptome besteht in einer eher kühlen Nierenregion, während der übrige Körper normal temperiert ist.

Diese ziehende und schwächende Kraft lässt sich neutralisieren, allerdings nur mit Aufwand: Eine 5 Zentimeter dicke Korkschicht würde genügen. Je dünner sie ist, desto geringer die Abschirmwirkung. Über diese Schicht lässt sich streichen, tapezieren, verputzen. Eine kostspielige Lösung, aber was ist Ihnen Gesundheit und Wohlbefinden wert? Eine Holzverkleidung wirkt ebenfalls abschirmend, aber nicht so stark wie Kork. Verzichten Sie von vornherein auf Beton, wo es möglich ist, und verwenden Sie ihn nur, wo es nötig ist und niemandes Gesundheit schädigt.

In manchen Fällen ist die Verwendung von Beton sinnvoll. Zumindest stört er nicht überall; es wird wohl noch sehr lange Zeit dauern, bis statt Beton wieder überall dort Holz verwendet wird, wo es möglich ist. Manche Keller beispielsweise sind nun einmal kaum anders trocken zu halten als in wasserdichten Sperrbeton gegossen. Sollten Sie also Beton benötigen, dann kommt dem richtigen Zeitpunkt für diese Arbeit eine ebenso tragende Bedeutung zu wie in vielen anderen Lebensbereichen – hier sogar im wahrsten Sinne des Wortes.

Ohne Kompromisse geht natürlich ein Hausbau nicht ab. Wenn Sie in der Planungsphase mit verschiedenen Bauunternehmern sprechen, werden auch Sie einen finden, der Ihnen beim Bautermin entgegenkommt. Vergessen Sie nicht, dass fast alle Menschen, die beruflich mit Hausbau, Innenausbau und Holzverarbeitung zu tun haben, die Gültigkeit der Mondregeln erfahren haben – oftmals, ohne es zu wissen. Sie müssten nur das Datum merkwürdiger und unerklärlicher Erfahrungen aus der Vergangenheit mit einem Mondkalender vergleichen: Sehr schnell würden sie den Zusammenhang zwischen Ereignis und Mondstand erfassen. Ein überzeugendes Beispiel ist das Verhalten von Zaunfundamenten: Manchmal lockern sie sich schon nach kurzer Zeit und halten keinem Sturmwind stand, manchmal halten sie bombenfest über Jahrzehnte.

Betten lüften

Das gründliche Bettenlüften, das Hinaushängen des Bettzeugs an Fenster oder Balkon, scheint aus der Mode gekommen zu sein. Besonders in den Städten sieht man nur noch sehr selten bunte Federbetten aus den Fenstern quellen. Das wird verschiedene Gründe haben, etwa, dass man dem Nachbarn ein Stockwerk tiefer nicht den eigenen Staub in die Wohnung blasen möchte, oder weil die Fensterbänke oftmals stark verschmutzt sind. Dabei ist das Bettenlüften zur rechten Zeit eine gute Sache:

Die Grundregeln für das Bettenlüften

Sehr gut: Abnehmender Mond in Widder, Löwe, Schütze.

Gut: Abnehmender Mond, wenn nicht gerade in Krebs, Skorpion, Fische.

Ungünstig: Zunehmender Mond.

Sehr ungünstig: Zunehmender Mond in Krebs, Skorpion, Fische.

Wenn Sie den richtigen Zeitpunkt einhalten: Die Betten werden frisch und duftig, lassen den Körper atmen. Das Bett wird entstrahlt. Zudem ist das Lüften auch ein gutes Gegenmittel, um die Hausstaubmilbe in Schach zu halten.

Mögliche Folgen des falschen Zeitpunkts: Feuchtigkeit bleibt in den Federn. Für Menschen, die zu Rheuma neigen, ist das Gift.

Besondere Tipps zum Bettenlüften: Starke Sonnenbestrahlung vermeiden, weil die Federn Schaden nehmen. In allen Monaten ohne »r« im Namen kann länger gelüftet werden. Hausstaubmilben sind übrigens *notwendig* zum Zersetzen von Hautschuppen und Fett. Also nicht Ausrotten sollte das Ziel sein, sondern das Eindämmen in »gesunde« Bahnen.

Im Zeitalter hermetisch schließender Fenster wird bei uns zu wenig gelüftet, besonders im Winter – verständlich vielleicht, weil man auf den Gedanken kommen könnte, dass die Qualität der Außenluft zu mehr Sorgen Anlass gibt als der häusliche Mief. Dennoch, oft ist es gerade umgekehrt: Heute schon spricht man vom »House Sickness Syndrome«, einem Krankheitskomplex, den wir den giftigen Ausdünstungen moderner Werk- und Baustoffe, Holzschutzmitteln und schlecht funktionierenden Klimaanlagen zu verdanken haben. Regelmäßiges Lüften tut Not und ist alle Mal besser, als gar nicht zu lüften. Der rechte Zeitpunkt: an Luft- und Wärmetagen ausgiebig lüften, an Erd- und Wassertagen nur kurz und schnell.

Ein Tipp noch zum Lüften und Reinigen von Matratzen: Im »zivilisierten« Westen sind Bettmatratzen durchschnittlich viel zu lange im Gebrauch. Allerspätestens nach zehn Jahren sollte das gute Stück ausgetauscht werden, am besten gegen eine Naturmatratze mit hohem Latex- und Rosshaaranteil. Regelmäßige Reinigung und vor allem Lüften können die Lebensdauer verlängern.

Die Grundregeln für die Behandlung von Matratzen
Matratzen sollten bei abnehmendem Mond gereinigt und gelüftet werden, am besten an einem Luft- oder Feuertag. Das schützt vor Ungeziefer und entzieht Feuchtigkeit (wichtig für Rheumatiker und Allergiker). Keinesfalls bei zunehmendem Mond an einem Wassertag lüften! Das zieht Feuchtigkeit an und wäre für Rheumatiker Gift. Auch die Erdtage sind nicht sonderlich gut geeignet.

Biorhythmus

Wer allmählich Erfahrungen mit dem Wissen um die Wirkkräfte der Mondrhythmen sammelt, wird schließlich auch entdecken, welch besonderer Vorteil darin liegt, die Mondregeln mit dem persönlichen Biorhythmus zu kombinieren. Neben Mondrhythmen, Aderlass usw. zählt auch der Biorhythmus zu den lange Zeit vergessenen Elementen der Heilkunst – ein wertvolles Wissen, dessen Anwendung besonders im Umgang mit Kindern Früchte trägt.

Vom Tag der Geburt an wirken die Kräfte des menschlichen Biorhythmus auf Körper, Seele und Geist – Seele im Sinne von Stimmung, Gefühl, Psyche. Sie durchdringen vieles von dem, was wir tun, fühlen und denken. Sich dieser Einflüsse bewusst zu werden, kann in vielen Lebensbereichen, im Berufs- und Privatleben von großem Vorteil sein – in erster Linie deshalb, weil die Auswirkungen in vielerlei Hinsicht vorhersagbar sind. Drei Rhythmen sind es, die uns vom Tag unserer Geburt an lebenslang begleiten, im Takt einer sehr langsamen inneren Uhr:

- der körperliche Rhythmus mit einer Länge von 23 Tagen
- der seelische Rhythmus mit 28 Tagen
- der geistige Rhythmus mit 33 Tagen.

Jeder dieser Rhythmen beschert uns bis zur Hälfte seiner Dauer eine langsam bis zu einem Gipfelpunkt ansteigende Hochphase. Am Gipfelpunkt wechselt er dann scharf und fast senkrecht abwärts in kürzester Zeit zum Ausgangspunkt und geht in eine absinkende Tiefphase über, bis ein Tiefpunkt erreicht ist. Von dort kehrt er ebenfalls scharf senkrecht nach oben zum Anfang zurück, wo der Rhythmus von neuem beginnt.

Die Grafik auf Seite 60 lässt den etwas merkwürdigen Verlauf dieser Kurven erkennen. Sie sehen dort, wie beispielsweise die Kurve des seelischen Rhythmus am 8. April zuerst nach oben strebt, am 22. April – dem ersten Wechseltag – scharf zum »Nullpunkt« absinkt und dann fast 14 Tage lang auf den Tiefpunkt zuläuft. Am 6. Mai, dem zweiten Wechseltag, vollendet sich eine Welle, und der Rhythmus beginnt von vorn. Der Wechseltag im seelischen Rhythmus fällt übrigens immer genau auf den Wochentag der Geburt.

Der körperliche Rhythmus nimmt den gleichen Verlauf, die Hochphase endet jedoch schon nach elf Tagen (der exakte Wechsel ist nach 11,5 Tagen), der gesamte Ablauf ist nach 23 Tagen zu Ende; seine Kurve verläuft also steiler. Der geistige Rhythmus beendet nach 16 Tagen die Hochphase (der exakte Wechsel ist nach 16,5 Tagen) und wechselt dort. Die folgende Tiefphase erreicht nach insgesamt 33 Tagen den Ausgangspunkt eines neuen Zyklus. Von allen Rhythmen hat also diese Kurve die geringste Steigung und das geringste Gefälle.

Die Wechseltage sind bei allen Rhythmen von besonderer Bedeutung. Sie markieren eine fast immer kritische Zeitspanne, die Stunden, manchmal sogar einen Tag oder länger

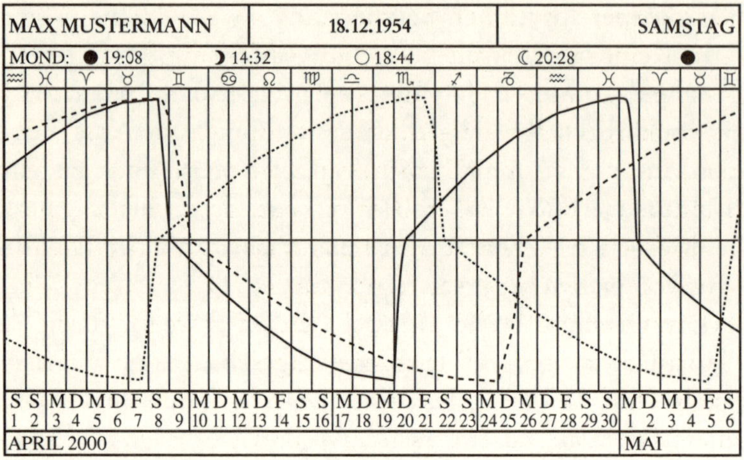

Die drei Biorhythmen des Menschen

——— körperlich
.... seelisch
---------- geistig

dauern kann. Ihre Wirkung auf Körper, Geist und Seele lässt sich mit einem raschen Klimawechsel vergleichen, ähnlich dem Kräftewechsel bei Vollmond.

Diese drei Rhythmen beeinflussen uns pausenlos, durchdringen, verstärken und schwächen sich gegenseitig und treten in Wechselwirkung mit zahlreichen anderen Einflüssen wie Gesundheitszustand, Alter, Umwelteinflüsse, Stress usw. An der Grafik können Sie erkennen, wie die drei Rhythmen miteinander verwoben sind und zur Verstärkung oder Abschwächung der Einflüsse beitragen. Das enge Zusammenspiel von Körper, Gefühlswelt und Geist hat zur Folge, dass sich die Wirkungen der drei Rhythmen nicht eindeutig und für jeden Menschen in derselben Weise bestimmen lassen.

Der körperliche Biorhythmus

Die Kenntnis des eigenen körperlichen Biorhythmus ist besonders für Menschen interessant, die sich in irgendeiner Form körperlich betätigen, ob im Sport oder im Beruf, etwa als Masseur, Tänzer, Bauarbeiter usw. Sie empfinden den Einfluss des körperlichen Biorhythmus deutlicher als andere Menschen. Während der Hochphase fühlt man sich in der Regel vital und ausdauernd, körperliche Arbeiten gelingen mit weniger Mühe, alles geht leichter von der Hand, im Sport ist man generell leistungsfähiger. Beeinflusst werden auch Unternehmungslust und Dynamik, Selbstvertrauen und Mut. Allgemein herrscht an jedem Wechseltag im Körperrhythmus eine kritische Zeit: Gesundheitlich ist man etwas anfälliger als an anderen Tagen; sonst problemlos bewältigte Aufgaben erfordern jetzt höhere Konzentration; beim körperlichen Zusammenspiel von Nerven, Muskeln und Gelenken ist manchmal »Sand im Getriebe«. Die Tiefphase kennzeichnet ein allmählicher Kräfteabfall und verminderte körperliche Spannkraft; größere Anstrengungen machen jetzt längere Erholungspausen nötig. Gerade die letzten Tage im Tief wären gut als Zeit der Erholung und Ruhe, um neue Kräfte sammeln zu können. Zumindest extreme Anstrengungen sollten jetzt vermieden werden.

Der seelische Biorhythmus

Dieser Rhythmus nimmt Einfluss auf unsere innere und äußere Wahrnehmungs- und Empfindungskraft, generell auf unsere Gefühlswelt, auf Intuition und Schöpferkraft. Besonders wichtig ist er für Berufe, in denen man mit Menschen umgeht – für Erzieher, Ärzte, Krankenpersonal, Seelsorger und dergleichen.

In der Hochphase ist man gefühlsmäßig beweglicher, die positiven Seiten des Lebens werden leichter erkannt. Es fällt nicht schwer, eine optimistische Sicht auf das Leben zu gewinnen und zu behalten. Gerade wer in Dienstleistungsberufen – ob Kellner, Lehrer oder Seelsorger – arbeitet, läuft jetzt zu seiner Bestform auf und kann mit der Kraft positiver Gedanken viel Gutes bewirken.

In vierzehntägigem Abstand, immer genau am Wochentag Ihrer Geburt (manchmal auch einen Tag vorher, insbesondere wenn Sie ganz frühmorgens geboren wurden), bringt der seelische Rhythmus einen Wechseltag, eine kurze, manchmal etwas konfuse Zeitspanne: Sie stören sich an Nichtigkeiten. Gefühlsbedingtes Durcheinander, seelische Konflikte – dafür herrscht in diesen Stunden das richtige »Klima«.

Während der Tiefphase verarbeitet man schlechte Nachrichten nicht so gut wie sonst, man rutscht leichter in eine pessimistische, niedergeschlagene und ängstliche Grundstimmung. Die Sinnlosigkeit vieler Dinge im Leben wird jetzt stärker empfunden. Wer dazu neigt, sein Leben von schlechtem Gewissen regieren zu lassen, ist jetzt ein willigeres Opfer als sonst. An diesen Tagen, besonders gegen Ende der Tiefphase, ist erhöhte Selbstdisziplin nötig, um dem Pessimismus nicht zu viel Raum zu geben. Kindern, die gerade ihr seelisches Tief durchlaufen, eine Moralpredigt zu halten, ist ein vergebliches Unterfangen – sie geht zum einen Ohr rein, zum anderen Ohr raus.

Der geistige Biorhythmus

Er berührt vor allem die Fähigkeit, geistig und planend zu arbeiten. Beeinflusste Lebensbereiche sind Logik, Verstand und Lernfähigkeit, vorausschauendes Denken, Kombinationsgabe und innere wie äußere Orientierung – im wahrsten Sinne des Wortes die »Geistes-Gegenwart«. Lehrer aller Fachrichtungen, Politiker, Referenten, Journalisten und Schriftsteller empfinden das Auf und Ab in diesem Rhythmus besonders stark. Sie werden sich wahrscheinlich vorstellen können, welche Wirkung die Hochphase im geistigen Rhythmus hat: Alle verstandesbestimmten Tätigkeiten erfahren Unterstützung, man nimmt intellektuelle Lernstoffe und Informationen leichter auf und kann sie müheloser verarbeiten und wiedergeben. Man konzentriert sich besser: Ein Weiterbildungsseminar, das man in der Hochphase besucht, wird sicherlich mehr Gewinn bringen als an Tagen der Tiefphase. Die Wechseltage im geistigen Rhythmus hemmen die geistige Spannkraft. Die Reaktionsfähigkeit ist nicht auf der Höhe. Alle Teilnehmer am Straßenverkehr sollten sich vorsichtiger als sonst verhalten und darauf gefasst sein, dass auch sie selbst jetzt leichter oder öfter Fehler machen. Diese Zeit blockiert oftmals das Aufnehmen neuen Lernstoffs. Das Meiden komplizierter Aufgaben bzw. eine erhöhte Konzentration ist hier das beste Mittel, um sich auf den geistigen Klimawechsel einzustellen.

Ähnliches gilt für die Zeit etwa zwischen dem 20. und dem 33. Tag im geistigen Rhythmus: In der Tiefphase wird man allmählich geistig unbeweglicher und ist dann leichter mental erschöpft, wenn die Aufgaben allzu heikel sind. Die Lern- und Entscheidungsfreude lässt nach; Ängste werden so greifbar, als ob das Befürchtete schon Wirklichkeit wäre. Mit Kindern, die sich mit dem Lernen schwer tun, sollte man nur bei einem geistigen Hoch neuen Stoff einüben.

Der Biorhythmus im Alltag

Wer den Biorhythmen bei sich selbst nachspürt, wird den Nutzen ihrer Kenntnis sehr bald aus eigener Kraft entdecken. Wenn bei einem Schulkind geistiger und seelischer Rhythmus im Tief sind, ist es oft völlig sinnlos, neuen Lernstoff einzupauken. Die Eltern können auf den Biorhythmus achten und in diesen Tagen nicht auch noch zusätzliche Anforderungen stellen. So manches heikle Unterfangen, dessen Termin Sie auf einen biorhythmisch günstigen Tag legen, verspricht weit mehr Aussicht auf Erfolg: Prüfungen aller Art (besonders auch Fahrprüfungen!), Einstellungsgespräche, Bewerbungen, Gespräche mit Angestellten und Vorgesetzten, schwierige Arbeitsabläufe. Bei Sportlern gleicher Leistungsstärke sollte man vor wichtigen Wettkämpfen diejenigen berücksichtigen, die biorhythmisch im Hoch sind.

Den Biorhythmus kennen zu lernen ist nur dann sinnvoll, wenn Sie den Rhythmus nach und nach erforschen und entdecken – für sich allein, ganz ohne Hilfe von außen –, ihn letztlich annehmen und vor allem ihn nicht als Feigenblatt, als Entschuldigung im Alltag verwenden. Wer Schablonen oder starre Regeln zum Biorhythmus aufstellt (etwa: »Am Wechseltag des körperlichen Rhythmus sollte man besser nicht Auto fahren«), ist mehr daran interessiert, die Menschen in Abhängigkeit zu halten als daran, sie aufzuklären. Wie auch bei den Mondrhythmen gibt es im Biorhythmus des Menschen keine grundsätzlich »guten« und »schlechten« Tage. Es kommt immer darauf an, wie Sie die Kenntnis des jeweiligen Biorhythmus zu nutzen wissen.

Beobachten Sie selbst, nehmen Sie wahr, machen Sie sich

Notizen: Die eigene Erfahrung mit den Biorhythmen ist wichtiger als Information von außen. Information ist zwar notwendig, aber letztlich ist sie nur ein Werkzeug. Der Kopf, die Hand und vor allem das Herz, die sich eines Werkzeugs bedienen, sind auf Erfahrung und Übung angewiesen – und auf die Freude im Umgang damit. Was Sie mit Freude und Liebe tun, führt zu guten Ergebnissen.

Blatttage

Jene Tage, in denen der Mond die Tierkreiszeichen Krebs, Skorpion oder Fische durchwandert. Der Name rührt daher, dass der Mond in diesen Tagen Kräfte anzeigt, die im Pflanzenreich besonders auf die Blätter wirken. Wer beispielsweise in diesen Tagen düngt, fördert damit das Blattwachstum.

Blatttage mit absteigender Kraft sind jene Tage, in denen der Mond die Tierkreiszeichen Krebs und Skorpion durchwandert. Blatttage mit aufsteigender Kraft dagegen sind die Tage, in denen der Mond das Tierkreiszeichen Fische durchwandert; siehe auch ***aufsteigender Mond*** und ***absteigender Mond.***

Bleichen

Wer seine Haarpracht bleichen lassen will, erfährt durch die Mondkräfte Unterstützung.

Stark bleichende Wirkung hat allerdings auch die Sonne an diesen Tagen; Buntwäsche sollte man dann eher im Schatten zum Trocknen aufhängen, während Weiß- und Kochwäsche an Lichttagen kein bleichmittelhaltiges Waschpulver benötigt. Die Sonne erledigt die Aufgabe auf ganz natürliche Weise.

Die Grundregeln für das Bleichen
Sehr gut: Bei zunehmendem Mond an Lichttagen (Zwillinge, Waage, Wassermann), je näher an Vollmond, desto stärker.
Gut: Generell an Lichttagen.
Neutral: Bei abnehmendem Mond.

Wenn Sie den richtigen Zeitpunkt einhalten: Starke Bleichwirkung auf natürlicher Basis.

Besondere Tipps zum Bleichen: Wollen Sie nicht einmal einen Versuch wagen? Wenn die Sonne an einem günstigen Tag scheint, nehmen Sie ein Stück farbigen Stoff, teilen ihn in zwei Hälften und lassen die eine Hälfte länger in der Sonne liegen. Vergleichen Sie das Ergebnis.
Sie müssen sich um Schaufensterdekorationen kümmern? Dann kann diese Regel für Sie besonders wichtig sein, denn an den günstigen Tagen fürs Bleichen ist für Schaufenster der Sonnenschutz am wichtigsten.

Blütentage

Das sind jene Tage, in denen der Mond die Tierkreiszeichen Zwillinge, Waage oder Wassermann durchwandert. Der Name rührt daher, dass der Mond in diesen Tagen Kräfte anzeigt, die im Pflanzenreich besonders auf den Pflanzenteil Blüte wirken. Wer beispielsweise in diesen Tagen düngt, fördert damit die Blütenbildung. Allerdings sollte man nicht zu oft düngen, sonst lockt man Läuse an.

Blütentage mit absteigender Kraft sind jene Tage, in denen der Mond die Tierkreiszeichen Zwillinge und Waage durchwandert. Blütentage mit aufsteigender Kraft dagegen sind die Tage, in denen der Mond das Tierkreiszeichen Wassermann durchwandert; siehe auch ***absteigender Mond*** und ***aufsteigender Mond.***

Blumen pressen

Viele Kinder lieben es, Blumen und Blätter zu sammeln und in ein Album zu pressen. Manchmal macht man die Erfahrung, dass die Blüten und Blätter schon nach kurzer Zeit brüchig werden und zerfallen, während man ein anderes Mal die Alben aufhebt und noch nach Jahrzehnten den eigenen Kindern zeigen kann. Des Rätsels Lösung bringt wie so oft der Mondstand beim Sammeln und Pressen.

Die Grundregeln für das Pressen von Blumen

Sehr gut: Bei zunehmendem Mond, am besten kurz vor oder an Vollmond. An Blütentagen (Zwillinge, Waage, Wassermann) behalten Blüten lange die Farbe.

Ungünstig: Bei abnehmendem Mond.

Wenn Sie den richtigen Zeitpunkt einhalten: Die Blüten behalten lange ihre Form, brechen nicht, die Farben bleiben leuchtkräftig.

Mögliche Folgen des falschen Zeitpunkts: Bei abnehmendem Mond brechen die gepressten Pflanzen schon nach kurzer Zeit beim Berühren und zerfallen. Wenn sie an Blatt- und Wurzeltagen gesammelt wurden, halten generell die Farben nicht gut.

Besondere Tipps zum Blumenpressen: Natürlich sollten Sie Ihren Kindern nicht erlauben, geschützte Pflanzen zu sammeln. Im Handel gibt es inzwischen richtige kleine Blumenpressen.

Nur der ist glücklich und wahrhaft glücklich, der sagen kann: Willkommen das Leben, was immer es bringen möge!
Henry Bolingbroke

Blutreinigung

Siehe auch: ***Brennnesseltee zur Blutreinigung.***

Erinnern Sie sich? Alle Maßnahmen, deren Termin frei wählbar ist und die auf eine Entgiftung des Körpers abzielen, sollten Sie stets in die zwei Wochen eines abnehmenden Mondes legen – so lautet die Grundregel. Eine Blutreinigungskur im Frühjahr (beispielsweise mit Brennnesseltee) besitzt dann starke vorbeugende und reinigende Wirkung und hält manchmal das ganze Jahr vor, während dieselbe Maßnahme bei zunehmendem Mond viel weniger gut oder gar nicht wirkt.

So viele Krankheiten und körperliche wie geistige Ungleichgewichte und Störungen sind ausschließlich Symptome einer Vergiftung oder Verstrahlung des ganzen Körpers, die ihren Ausgang von einem oder mehreren Punkten im Körper oder in der Umwelt nehmen. Sicherlich die Hälfte aller Insassen von Nervenheilanstalten sind Opfer solcher Vergiftungen und könnten ein normales und sinnvolles Leben führen, wenn man ihnen die Wohltat der gründlichen Entgiftung erweisen würde. Und sicherlich die allermeisten unserer »hyperaktiven« Kinder leiden unter einer seelischen Vergiftung (beispielsweise durch die Inhalte des heutigen Fernsehprogramms) und unter körperlicher Vergiftung durch die zahlreichen Suchtmittel und Kunststoffe in Süßigkeiten und Nahrungsmitteln.

Wie jede Blüte welkt und jede Jugend
dem Alter weicht, blüht jede Lebensstufe,
blüht jede Weisheit und auch jede Tugend
zu ihrer Zeit und darf nicht ewig dauern.
Es muss das Herz bei jedem Lebensrufe
bereit zum Abschied sein und Neubeginne,
um sich in Tapferkeit und ohne Trauern
in andre, neue Bindungen zu geben.
Und jedem Anfang wohnt ein Zauber inne,
der uns beschützt und der uns hilft zu leben.
Hermann Hesse

Jeder Arzt – vom Zahnarzt bis zum Orthopäden – sollte daher bei jedem seiner Patienten auch an entgiftende Maßnahmen denken, zumindest als Begleitung zu seiner am jeweiligen Körperteil orientierten Therapie. Wer käme schon auf die Idee, bei seinem Auto jahrelang neues Öl auf altes zu schütten oder mit einer Autowäsche Rost zu beseitigen? Verlassen Sie sich weniger auf andere und mehr auf Ihr eigenes Gespür und Ihren gesunden Menschenverstand: Entgiften Sie sich – am besten und erfolgreichsten bei abnehmendem Mond. Viele Möglichkeiten und Methoden dazu können Sie in unseren Büchern kennen lernen; zudem gibt es in unserer kleinen Palette mit Produkten vom richtigen Zeitpunkt einen besonders guten Blutreinigungstee für den abnehmenden Mond (siehe Seite 419).

Bodenbeläge verlegen

Ganz in Ihrer Nähe gibt es bestimmt einen kleinen Betrieb, der natürliche Bodenbeläge – Wollteppichböden, Linoleum, Kork usw. – ohne jede Chemie anbietet; fast alle derartigen Betriebe machen sicherlich keine Riesenumsätze, sind eher idealistisch orientiert und bieten allerbeste Kundenberatung und -betreuung. Würde überall ***Kostenwahrheit*** herrschen, dann wären Wolle, Kork, Sisal, Linoleum nicht nur die gesündesten, sondern auch die erschwinglichsten Grundstoffe für Bodenbeläge aller Art und Farbe. Selbst wenn kein Holz im Spiel ist, kann auch das Verlegen aller übrigen Bodenbeläge vom Mondstand profitieren.

Die Grundregeln für das Verlegen von Bodenbelägen

Gut: Bei abnehmendem Mond.

Ungünstig: Generell bei zunehmendem Mond, besonders bei Vollmond.

Wenn Sie den richtigen Zeitpunkt einhalten: Gute Anpassung an den Untergrund, kein Faltenwerfen, keine Fugenbildung bei Naturstoffen. Der Belag wölbt sich auch bei starken Schwankungen von Temperatur und Luftfeuchte nicht auf. Kleber und Leim halten besser.

Mögliche Folgen des falschen Zeitpunkts: Gefahr der Fugen-, Wellen- und Faltenbildung durch stärkeres Zusammenziehen und Ausdehnen. Kleber und Leim halten nicht so gut.

Besondere Tipps zum Verlegen: Randleisten, ob aus Holz oder anderen Materialien, lösen sich nicht, wenn sie bei abnehmendem Mond angebracht wurden. Jede Hausfrau weiß, dass man sich beim Putzen von hölzernen Randleisten verletzen kann, wenn die kleinen Nägel herausstehen. Das passiert nicht, wenn man auf den abnehmenden Mond achtet. Achten Sie darauf, dass das Verlegen unbedingt bei *Raumtemperatur* erfolgen sollte, gleichgültig, um welches Material es sich handelt.

Brennnesseltee zur Blutreinigung

Eine Blutreinigungskur mit Brennnesseln kann sehr viel Gutes bewirken und bei einer Vielzahl körperlicher Gebrechen Linderung und Heilung bringen. Jedem gesunden Menschen wird eine Frühjahrskur mit Brennnesseltee die Frühjahrsmüdigkeit rasch aus den Gliedern treiben. Die Kur regt Blase und Nieren an, fördert die Tätigkeit aller Verdauungsorgane und führt dem Körper eine Vielzahl von Mineralstoffen und Vitaminen zu. Wenn Sie die Kur machen, um eine körperliche Störung oder Krankheit in den Griff zu bekommen, bereiten Sie sich darauf vor, dass es – wie bei der Homöopathie und vielen anderen natürlichen Therapieformen – zu einer Erstverschlechterung der Symptome kommen kann: Für kurze Zeit nach der Behandlung verschlimmern sich Schmerzen oder andere Symptome oder es kommt gar zu einer Verschiebung der Störung auf andere Organe oder Körperzonen. Dieses gute Zeichen sollten Sie nicht zum Anlass nehmen, den Mut sinken zu lassen – im Gegenteil! Ähnlich wie bei der Impfreaktion signalisiert der Körper, dass Sie sich auf dem richtigen Weg befinden, dass er auf die Maßnahme anspricht und die gestörte Zone mit neuer Kraft versehen will. Stärkere Symptome und Schmerzen sind ja letztlich nur ein Zeichen dafür, dass der Körper größere Kraft aufwendet, um die Blockaden in der Energieleitung vor der kranken Zone zu durchbrechen – ähnlich wie der steigende Druck, der auf einem Staudamm lastet, je mehr Wasser er zurückhalten muss.

Trinken Sie bei abnehmendem Mond (wenn möglich nachmittags zwischen 15 und 19 Uhr) so viel Brennnesseltee wie möglich oder 3 Esslöffel Brennnesselsaft in Buttermilch gemischt (aus dem Reformhaus, nur für Gesunde geeignet). Hören Sie bei Neumond auf, warten Sie 14 Tage und wiederholen Sie nach dem nächsten Vollmond die Kur, bis sich das Leiden gebessert hat oder verschwunden ist. Als Kur für gesunde Menschen sind zweimal 14 Tage bei abnehmendem Mond ausreichend, zur Entgiftung bei Krankheiten oder Hautstörungen dreimal 14 Tage.

Die Brennnesseln sammeln Sie am besten ebenfalls bei abnehmendem Mond. Verwenden Sie nur junge Blätter, trocknen und lagern Sie sie bei abnehmendem Mond. Die Pflanzen dürfen vor dem Trocknen nicht gewaschen werden (ein Tipp: Wenn Sie die Blätter frisch verwenden wollen, etwa als Salat, rollen Sie mehrmals mit dem Nudelholz darüber: Die Stechkapseln der Pflanze platzen und brennen dann nicht mehr).

Sollte der Mond beim Sammeln gerade in einem Erdzeichen stehen (Jungfrau, Stier, Steinbock), sammeln Sie mehr, als für die tägliche Anwendung nötig, und trocknen Sie die Blätter für den Winter. Ihre Anwendung wirkt sich sehr gut auf das Blutbild aus. Für Gesunde ist jedoch eine richtige Blutreinigungskur im Winter nicht nötig. Ein Brennnesseltee ab und zu nach einer ausgiebigen, schweren Mahlzeit (etwa in der Weihnachtszeit) ist dagegen eine gute Sache.

Brunnenbohren siehe: *Quellenfassen und Brunnenbohren*

Brustregion – Eingriffe an Lunge, Magen, Leber, Galle

Haben Sie schon das Stichwort *Eingriffe, operative* gelesen? Es wäre sinnvoll, dort kurz nachzusehen, bevor Sie den Termin für den richtigen Zeitpunkt einer Operation eruieren.

Wir möchten Sie erinnern: Vieles entscheidet über den Erfolg eines chirurgischen Eingriffs – von der Kompetenz des Arztes über den allgemeinen Gesundheitszustand des Patienten bis hin zur Verfügbarkeit der nötigen Instrumente. Und nicht zuletzt spielen auch schicksalhafte Umstände eine Rolle. Der Ausgang von Notoperationen beispielsweise gehorcht sicherlich höheren Gesetzmäßigkeiten.

Manche Umstände und Faktoren bei Operationen sind beeinflussbar, manche nicht. Sicher ist aber: Auch Mondstand und Mondphase zum Zeitpunkt chirurgischer Eingriffe beeinflussen deren Erfolg oder Misserfolg. Die Grundregel ist sehr einfach: Man sollte jeglichen Eingriff im Körper möglichst bei *abnehmendem Mond* vornehmen – je schwieriger und umfassender der Eingriff, desto wichtiger die Regel.

Die Grundregeln für Eingriffe in der Brustregion

Gut: Bei abnehmendem Mond, allerdings nicht in Zwillinge, Krebs, Löwe.

Ungünstig: Bei zunehmendem Mond.

Sehr ungünstig: Bei zunehmendem Mond in Zwillinge, Krebs, Löwe sowie drei Tage vor Vollmond bis einschließlich Vollmond, gleichgültig in welchem Zeichen.

Wenn Sie den richtigen Zeitpunkt einhalten: Geringere Blutungsneigung und geringere Narbenbildung. Schnellerer Heilungsverlauf, geringere Gefahr von Komplikationen.

Mögliche Folgen des falschen Zeitpunkts: Komplikationen und Infektionen nach Operationen kommen bei zunehmendem Mond häufiger vor, Heilungs- und Genesungsphasen dauern in der Regel länger. Gegen Vollmond kommt es häufiger zu stärkeren, schwer stillbaren Blutungen. Auch die Vernarbung verläuft nicht ungestört, die Gefahr hässlicher, bleibender Narben ist viel höher. Manchmal sind mehrfach Operationen nötig, um ein einigermaßen befriedigendes Ergebnis zu erzielen. Größere Gefahr von Nerven- und Phantomschmerzen.

Und nicht vergessen: Wichtig ist die Frage, ob der Eingriff überhaupt nötig ist! Bedenken Sie, dass bestimmte, nicht lebensrettende Operationen (an Gallenblase, Blinddarm, Mandeln usw.) bei Ärzten und Rechtsanwälten bis zu 80 Prozent seltener vorgenommen werden als im Durchschnitt an der übrigen Bevölkerung: sicherlich nicht deshalb, weil diese Berufsgruppen gesünder leben. Holen Sie deshalb vor größeren Eingriffen immer eine zweite Meinung ein. Das kann nicht schaden.

Bügeln

Sogar »heiße Eisen« packt der Mond an. Das Ergebnis von Bügelarbeit hängt nicht nur von Fähigkeiten und Freude an ihr ab, sondern auch vom Mondstand. Hier die zwei wichtigsten Regeln und Tipps:

- Bei zunehmendem Mond sollten Sie Wäsche sehr sorgfältig zum Trocknen aufhängen und durch großzügigen Gebrauch von Wäscheklammern Hängefalten vermeiden. Das kostet ein bisschen mehr Zeit, aber die sparen Sie leicht beim Bügeln wieder ein. Bei zunehmendem Mond getrocknet sind diese Falten nämlich viel schwerer herauszubügeln als bei abnehmendem Mond. Soweit irgend möglich, verzichten wir bei Steinbock ganz auf das Wäschewaschen, weil sogar die Abdrücke der Wäscheklammern beim Bügeln sichtbar werden.

- Viele Hausfrauen und -männer nehmen jene glänzenden Streifen und Flächen als unvermeidlich hin, die sich manchmal nach dem Bügeln schwarzer Kleidungsstücke einstellen. Nahtstellen sind dafür extrem anfällig. Ein einfacher Tipp von uns: Verzichten Sie an Steinbock auf das Bügeln schwarzer Kleidung und Seidenkleidung. Und bügeln Sie beides niemals auf der rechten Seite (außen). Am besten schwarze und empfindliche Kleidungsstücke schon vor dem Waschen nach links wenden.

Chemische Reinigung

Wertvolle und empfindliche Kleidungsstücke – Lammfell, Leder, Daunen, Seide usw. – sollte man nur bei *abnehmendem Mond* in die chemische Reinigung geben. Das Gewebe nimmt dann keinen Schaden, die Kleidung bleibt haltbarer und die Farben bleichen nicht aus.

Wenn möglich, sollten Sie an Steinbock auf eine chemische Reinigung generell verzichten – es sorgt für den gefürchteten »Glanz« auf den Kleidungsstücken.

Christbaum schlagen

Die alte Regel lautet: »Tannen soll man drei Tage vor dem elften Vollmond des Jahres schlagen.« Sie behalten dann ihre Nadeln sehr lange Zeit. Früher erhielten diese Bäume vom Förster einen »Mondstempel«. Auch Fichten nadeln nicht, sie sollten aber wie die Tannen auch bis Weihnachten kühl gelagert werden. Ein Verwandter von uns besitzt einen

solchen Christbaum seit 1962; seine Nadeln trägt der Baum bis heute.

Zum richtigen Zeitpunkt Zweige für Adventsgestecke zu sammeln wäre ebenfalls eine gute Idee, weil dann die schön gedeckten Adventstische nicht ständig mit Nadeln übersät sind.

Natürlich kann man Christbäume nicht immer genau drei Tage vor dem elften Vollmond geschlagen bekommen. Deshalb noch der Hinweis, dass Christbäume und Gestecke auch dann länger halten und weniger rasch nadeln, wenn generell auf den zunehmenden Mond kurz vor Vollmond als Termin geachtet wird. Auch Trockengestecke aus Blumen, die sich zum Trocknen eignen, haben – bei zunehmendem Mond gepflückt – eine größere Haltbarkeit; das Tierkreiszeichen spielt dabei keine große Rolle. Der abnehmende Mond lässt Zweige, Bast, Stroh usw. zu schnell brüchig werden.

Dachstühle fertigen und aufrichten siehe: ***Holztreppen und Dachstühle fertigen und aufrichten***

Dauerwelle legen

Das gute Gelingen einer Dauerwelle ist für viele Frisöre immer wieder ein kleines Abenteuer, und für den Misserfolg gibt es tausend Entschuldigungen. Manchmal hält sie nicht gut und nur kurze Zeit oder sie wird zu kraus. Wählen Sie den richtigen Zeitpunkt, so haben Sie alle Voraussetzungen für den Erfolg.

Die Grundregeln für das Dauerwellenlegen

Sehr gut: Bei Jungfrau, gleichgültig, ob der Mond ab- oder zunimmt.

Gut: Nicht in Krebs, Fische, Wassermann oder Skorpion.

Ungünstig: Manchmal bei Löwe, weil die Haare dann zu kraus werden.

Sehr ungünstig: Bei Krebs, Fische, Wassermann.

Wenn Sie den richtigen Zeitpunkt einhalten: Das Haar wird auf Dauer nicht so spröde und strapaziert, bleibt länger schön gewellt.

Mögliche Folgen des falschen Zeitpunkts: Belastetes Haar, wird schneller brüchig, farblos und stumpf.

Besondere Tipps zum Dauerwellenlegen: Früher gab man dem letzten Spülwasser der Haare einen kleinen Schuss Essig zu, dadurch wurde das Haar schön glänzend. Diese Wirkung hat Essig auch heute noch und wäre sicher weniger umweltbelastend als all die chemischen Produkte. Gerade dauergewelltes Haar wäre sehr dankbar für diese Spülung.

Sie wollen von einer Kurzhaar- auf eine Langhaarfrisur umsteigen, scheuen sich aber vor der Übergangszeit, in der die Haare manchmal nur schwer in Form zu bringen sind? Das Rezept lautet: Beginnen Sie etwa im März eines beliebigen Jahres und schneiden Sie sechs Monate lang die Haare immer nur bei Jungfrau, die dann immer im zunehmenden Mond steht. Spätestens dann hat Ihr Haar eine ansehnliche Länge, die Zeit der manchmal schwierigen Übergangsfrisuren ist vorbei.

Dienstag im Wochenrhythmus

In unseren Büchern haben wir Sie auch mit ganz besonderen Rhythmen vertraut gemacht: mit Regeln zu den Wochentagen und zu festen Terminen im Jahr (siehe auch ***Holzregeln***), die vom Mondstand völlig unabhängig sind. Wir vertrauen darauf, dass es interessierte und neugierige Leser gibt, die diese Dinge ausprobieren, denn sie sind so gültig wie alle anderen vorgestellten Regeln auch. Hier die Regeln für den Dienstag:

Die Grundregeln für den Dienstag

- Niemals heute das Vieh zum ersten Mal auf die Weide treiben! Auch ist dieser Tag generell ungeeignet, um Tiere an andere Orte zu bringen oder nach dem Kauf heimzuholen. Die Tiere bleiben unruhig, fühlen sich nicht heimisch und entwickeln sich manchmal nicht gut.

Dinkel und Grünkern

Dinkel ist eine anspruchslose, winterharte Weizenart, die früher in ganz Europa verbreitet war, bis in die jüngste Zeit nur noch vereinzelt angebaut wurde und heute ganz allmählich wieder häufiger zu finden ist. Noch grün geerntet und getrocknet, wird der Dinkel als »Grünkern« bezeichnet. Der Markt bietet Dinkel in Form von verschiedengradig ausgemahlenem Mehl an, als Schrot und Kornflocken, als Dinkelpuffer, Grünkernfladen usw.

»Über Gott nachzudenken, scheint mir wenig sinnvoll«, meinte einmal der Besucher eines Heiligen aus unserer Zeit. Jener erwiderte: »Zweifellos, die Welt ist da ganz Ihrer Meinung. Aber ist die Welt damit glücklich? Wer Gott, den Inbegriff der Glückseligkeit, verlässt, sucht vergebens nach echter Freude. Wirkliche Gottsucher leben schon auf Erden im inneren Himmel des Friedens. Wer Ihn vergisst, verbringt seine Tage in einem selbstgemachten Schattenreich der Ungewissheit und Enttäuschung. Wahrhaft sinnvoll handelt daher, wer mit Gott Freundschaft schließt.«

Über viele Jahrtausende hinweg hat sich der Mensch von diesem wertvollen Getreide ernährt. Hildegard von Bingen (1098–1179), die große Naturkundlerin und Mystikerin des Mittelalters, nannte es sogar »das Getreide für den Menschen«. Wir möchten Ihnen empfehlen, in der Küche, wo es nur möglich ist, statt anderer Mehle Dinkelmehl zu verwenden!

Einige Informationen sollten genügen, um Sie für dieses natürliche »Medikament« zu begeistern. Teilweise stammen sie von einem Bauern aus unserer Bekanntschaft, der sich intensiv mit Dinkel befasst hat:

Dinkel enthält so gut wie alle Nährstoffe, die der Mensch braucht, in einem harmonisch ausgewogenen Mengenverhältnis – und dies nicht nur in der Kornhülle, sondern fein verteilt im ganzen Korn. Das bedeutet, dass er seinen überragenden Nährwert selbst bei hohen Ausmahlungsgraden behält. Wenn man Kleinkinder ausschließlich mit Dinkelmehl und Wasser füttert, zeigen sie keinerlei Mangelerscheinungen – im Gegensatz zur Milchnahrung. Als Diätergänzung für Kranke ist Dinkel in höchstem Maße geeignet.

Dinkel ist – im Gegensatz zu den meisten gezüchteten Getreidearten – genetisch gesund, sein Gesundheitswert und seine innere Kraft sind ungleich höher. Das geerntete Korn kann als Saatgut verwendet werden, während das bei den üblichen Getreidearten nicht mehr möglich ist (die Landwirte sollen schließlich von den Saatgutherstellern abhängig sein). Dinkel ist gegen Radioaktivität und Umweltgifte noch resistent, weil das Korn von mehreren Schichten (Spelzen) fest umschlossen ist. Er war nach dem Atomunglück von Tschernobyl die einzige Erntefrucht, die gegen die Strahlung immun blieb.

Die Dinkelsuppe beispielsweise ist die ungekrönte Königin unter den Suppen, das Aschenputtel, aus dem die Prinzessin wird, das hässliche Entlein, in dem der Schwan verborgen ist. Die Dinkelsuppe ist reine Medizin, sie kann bei vielen Beschwerden lindernd und heilend wirken. Zur Vorbeugung einmal in der Woche oder zweimal im Monat auf den Tisch gebracht, ist sie unschlagbar.

Das Rezept ist ganz einfach: Dünsten Sie 2 kleine oder 1 große gewürfelte Zwiebel in etwa 2 Esslöffel Butter (Alpha-Typ) oder Pflanzenfett (Omega-Typ) an und geben Sie etwa 8 Esslöffel Dinkelschrot dazu. Rühren Sie mit dem Schneebesen fortwährend um und gießen Sie 1 bis 2 Liter Wasser dazu. Geben Sie gleichzeitig einen Bio-Gemüsebrühwürfel hinzu, 1 Esslöffel Liebstöckel, etwas Salz, nach

Geschmack auch Pfeffer. Die Suppe sollte nun etwa 20 Minuten lang leicht köcheln. Fertig!

Diese Suppe bringt jeden wieder auf die Beine, was auch immer ihn niedergedrückt hat.

Donnerstag im Wochenrhythmus

In unseren Büchern haben wir Sie auch mit ganz besonderen Rhythmen vertraut gemacht: mit Regeln zu den Wochentagen und zu festen Terminen im Jahr (siehe auch ***Holzregeln***), die vom Mondstand völlig unabhängig sind. Wir vertrauen darauf, dass es interessierte und neugierige Leser gibt, die diese Dinge ausprobieren, denn sie sind so gültig wie alle anderen vorgestellten Regeln auch. Hier die Regeln für den Donnerstag:

Die Grundregeln für den Donnerstag

- Niemals heute das Vieh zum ersten Mal auf die Weide treiben! Auch ist dieser Tag generell ungeeignet, um Tiere an andere Orte zu bringen oder nach dem Kauf heimzuholen. Die Tiere bleiben unruhig, fühlen sich nicht heimisch und entwickeln sich manchmal nicht gut.

Drainieren

Wenn es mit der richtigen Einstellung geplant ist, kann sich ein Haus in die Umgebung so harmonisch und schön einfügen wie ein Vogelnest in eine Rosenhecke. In gewisser Weise ist das Drainieren eines Gebäudes gleichbedeutend mit dem Versuch, den »Fremdkörper Haus« mit den vorhandenen natürlichen Gegebenheiten in Harmonie zu bringen.

Drainieren bedeutet, mit Hilfe bestimmter Techniken ein Gebäude von Bodenfeuchte und Grundwasser zu befreien.

In der Regel geschieht dies durch das Verlegen von feingelochten Kunststoffröhren mit etwa 12 Zentimeter Durchmesser, etwa 50 Zentimeter unterhalb der Fundamentplatte und um das ganze Haus herum. Sie weisen ein Gefälle auf und sind so eingebracht, dass das Wasser an der tiefsten Stelle abgeleitet wird, im Idealfall zum Versickern im Grundstück oder auch in den Regenwasserkanal. Eingehüllt werden diese Röhren meist in groben Kies, damit sich das Wasser ungehindert einen Weg zu ihnen bahnen kann. Erde würde die Röhren verstopfen und unbrauchbar machen.

Das Drainieren selbst dauert in der Regel nur wenige Stunden, die Qualität dieser Arbeit jedoch kann sich jahrzehntelang auswirken. Sie gehört zu den wichtigsten Arbeitsschritten beim Hausbau und sollte sehr sorgfältig ausgeführt und kontrolliert werden.

Eine gute Drainage kann auch schwierigste Hauslagen ausgleichen, Keller und Wände bleiben trocken für die Lebensdauer des Hauses. Eine schlechte Drainage, nach unserer Erfahrung im Hausbau leider eher die Regel als die Ausnahme, kann unter Umständen dazu führen, dass das Haus im Laufe von Jahrzehnten mehrfach den Besitzer wechselt. Wir haben erlebt, wie nach der Drainage eine Stampfmaschine den Kies über dem Drainagerohr feststampfte – und damit das Drainagerohr platt walzte.

Fast möchten wir Ihnen raten: Bleiben Sie anwesend, während die Drainage eingebaut wird. Zu wichtig sind die Folgen der guten oder schlechten Ausführung dieser Arbeit. Die Drainage ist in Minutenschnelle zugeschüttet und kann nachträglich nur noch unter hohem Aufwand kontrolliert oder saniert werden.

Wenn Sie die Möglichkeit haben, Vögel beim Bau ihrer

Nester zu beobachten, werden Sie entdecken, dass sie sich dabei peinlich genau nach dem Mondstand richten, damit die Nester nach einem Regen rasch abtrocknen. Von der Ausführung beim richtigen Mondstand kann also auch der Erfolg des Drainierens in besonderem Maße profitieren.

Die Grundregeln für das Drainieren

Sehr gut: Bei zunehmendem Mond in den Tierkreiszeichen Krebs, Skorpion und Fische.

Ungünstig: Bei zunehmendem Mond, wenn der Mond gerade nicht in einem Wasserzeichen (Krebs, Skorpion und Fische) steht.

Sehr ungünstig: Generell bei abnehmendem Mond.

Wenn Sie den richtigen Zeitpunkt einhalten: Das Wasser findet seinen Weg in die Röhren und nimmt die Umleitung weg vom Haus an – ein Freundschaftsangebot an das Wasser.

Mögliche Folgen des falschen Zeitpunkts: Drainieren bei abnehmendem Mond ist vergleichbar mit einem stauenden, blockierenden Impuls. Das Wasser sucht sich dann oft nach dem Prinzip des geringsten Widerstands einen neuen Weg, wie bei einem verunglückten Tennisschlag: Der Ball landet entweder bei den Zuschauern oder auf der eigenen Nase – das Wasser wandert vom Haus weg, oder der Druck erhöht sich. Röhren können verstopfen oder versanden.

Besondere Tipps zum Drainieren: Wenn Sie beginnen, ein Haus zu bauen, dann sollten Sie nicht in einem Wasserloch arbeiten müssen. Deshalb ist es notwendig, beim Aushub auf den Mond zu achten. Wenn Sie bei zunehmendem Mond beginnen, lassen Sie die Drainage sofort legen. Beginnen Sie in der abnehmenden Phase, dann warten Sie mit der Drainage, bis der Rohbau fertig ist.

Drei Tage im Monat

Einfach zum Nachdenken: Während einiger Tage im Monat üben Mondphase und Mondstand im Tierkreis einen Einfluss aus, der zu diesem Zeitpunkt geerntete oder verarbeitete Feldfrüchte, Lebensmittel, Kosmetika, Naturheilmittel usw. schneller verderben lässt als an allen anderen Tagen, besonders aber an zwei bis drei *ganz bestimmten Tagen* – je nachdem, was Sie herstellen. Früher achtete man genau auf diese Zeit und ging ihr aus dem Weg. Es wurde einfach gar nichts produziert bzw. nur für den sofortigen Verbrauch.

Aus vielen Gründen ging das Wissen um diese besonderen Einflüsse verloren, und die Produzenten sahen sich mit negativen Ereignissen konfrontiert, ohne zu begreifen, warum ein Teil ihrer Waren schneller verdarb als der große Rest. Wie haben nun die Hersteller verderblicher Waren – von Marmelade über Kräutercreme und Milchprodukte bis hin zu eingelegter Paprika – auf diese Geschehnisse reagiert? Sie erhöhten den Anteil von Konservierungsmitteln in ihren Produkten – so lange, bis sie durch Prüfung und Beobachtung herausfanden, dass nunmehr die Haltbarkeit *ausnahmslos* akzeptabel war und ein rentables Wirtschaften sicherte. Und so funktioniert die Sache am konkreten Beispiel:

Ein Großbäcker stellt fest, dass ein kleiner Prozentsatz seiner in Plastik verpackten Toastbrotscheiben nach viel kürzerer Zeit verschimmelt als der überwiegende Teil seiner Produktion. In »weiser Voraussicht« erhöht der Bäcker daraufhin den Anteil der Konservierungsstoffe im Toastteig in der Grundrezeptur der *gesamten* Produktion.

Damit erhöht sich auch die Häufigkeit von chronischen Krankheiten und Allergien in seiner Kundschaft – allerdings langsam und schleichend, so dass später niemand den Anstieg der Krankheiten auf die Erhöhung des Anteils der Haltbarmacher im Toast des Bäckers zurückführen kann.

Dieses Beispiel lässt sich auf fast jede produzierende Berufsgruppe übertragen: Landwirte mischen Gifte zu Pflanzen und in den Ackerboden (der uns am Leben erhält durch das Geschenk der echten Lebensmittel, die aus ihm gedeihen) – nur weil einige Tage im Monat ein Einfluss herrscht, der Saat und Ernte stärker gefährdet als alle anderen Tage im Monat.

Kosmetikhersteller mischen Gifte in das, was unseren Körper frisch und fit, ansehnlich und wohlriechend halten soll, nur weil zwei bis drei Tage im Monat ein Einfluss herrscht, der die Pflegemittel schneller verderben lässt als die übrige Produktion.

Babykosthersteller mischen Konservierungsmittel in das, was unsere Kleinsten »groß und stark« werden lassen soll, nur weil einige Tage im Monat ein Einfluss herrscht, der die Nahrung schneller verderben lässt als die übrige Produktion. Vertrauen Sie der Aufschrift »biologisch«, die Sie auf Produkten finden, nicht einfach blind. Das bedeutet oftmals nur, dass *nicht kennzeichnungspflichtige* Konservierungsmittel darin enthalten sind: Davon gibt es eine ganze Menge, und viele sind langfristig nicht weniger gefährlich als die kennzeichnungspflichtigen.

Bauholz- und Möbelhersteller verwandeln Holz mit Schutzanstrichen und Imprägnierungsmitteln in giftigen, ausgasenden Sondermüll, nur weil ihnen jene Zeitpunkte im Jahr unbekannt sind, an denen frisch geschlagenes Holz dieser Mittel nicht bedarf und ohne jeden Schutz Jahrhunderte überdauern würde.

Lebensmittel und auch Holz werden sogar radioaktiv bestrahlt, um sie haltbarer zu machen. Schon längst steht fest, dass das absolut sinnlos ist, die Nahrungsmittel aber schädlich verändert. Kräuterverarbeiter, Medikamentenhersteller, Lebensmittelfabrikanten, Baufirmen – überall werden Millionen Tonnen Chemiegifte ausgestreut und eingearbeitet, nur um dem negativen Einfluss von wenigen schlechten Tagen im Monat zu begegnen. Man könnte das auch »mit Kanonen auf Spatzen schießen« oder die »Rundumschlag-Methode« nennen. Wer sollte also ein Interesse an diesem Wahnsinn haben? Wer könnte sich wünschen, dass das Wissen um die Wirkung der Mondrhythmen weiterhin nicht angewendet wird?

Wir sind uns absolut sicher: 90 Prozent *aller* chemischen Schutz- und Konservierungsstoffe wären überflüssig, wenn sich die Hersteller von Lebensmitteln und Kosmetika nach dem richtigen Zeitpunkt richten würden. Nur an wenigen Tagen im Monat, die ihre Produkte schneller verderben lassen als alle anderen Tage, müssten sie die Produktion entweder einstellen oder die Produktion dieser Zeit für den »sofortigen Verbrauch bestimmt« kennzeichnen und vermarkten.

Welch ein Segen, jene besonderen Tage im Monat kennen zu lernen und durch ihre Kenntnis den richtigen Weg beschreiten zu können! Die Zukunft wird uns auf diesen Weg zwingen. Sie können ihn jetzt schon beschreiten – freiwillig und fröhlich pfeifend. Die Lösung für dieses weltweite Problem ist nämlich denkbar einfach: Sie müssen nur Ihre Kaufentscheidungen – die zweitstärkste Macht der Welt – ab heute auf der Basis Ihrer Einsicht in die Zusammenhänge treffen. Denn der Kunde bestimmt den Lauf der Dinge. Positiv oder negativ.

Düngen

Seid niemand irgend etwas schuldig, als nur einander zu lieben; denn wer den anderen liebt, hat das Gesetz erfüllt. Denn die Gebote: »Du sollst nicht ehebrechen, du sollst nicht töten, du sollst nicht stehlen, du sollst nicht begehren« sind in diesem Wort zusammengefaßt: »Du sollst deinen Nächsten lieben wie dich selbst.« Die Liebe tut dem Nächsten nichts Böses. So ist nun die Liebe die Erfüllung des Gesetzes.
Brief des Apostels Paulus an die Römer 13,8–10

Was würde aus Ihnen, wenn Sie doppelt so viel äßen, wie nötig wäre? Sie kennen die Antwort, und sie gilt auch für das Pflanzenreich: Jede Überdüngung – sie ist heute eher die Regel als die Ausnahme – verhindert eine normale Wurzelbildung und erzeugt Pflanzen, denen jede innere Lebenskraft fehlt. Mit großem Aufwand müssen diese »Schwächlinge« gegen die Angriffe von Schädlingen aller Art geschützt werden. Die Düngermengen sollten sich stets nach dem Bedarf der Pflanze richten, und der ist in der Regel weit geringer, als auf der Packung steht – erst recht, wenn man auf den richtigen Zeitpunkt des Düngens achtet.

Natürlich gibt es dennoch viele gute Gründe, um das Stichwort Düngen hier aufzunehmen und unsere Leser mit den Regeln der Pflanzenernährung vertraut zu machen. Jeder Landwirt, jeder Gärtner hat es in seiner Alltagsarbeit schon festgestellt: An manchen Tagen hat das Düngen verheerende Wirkungen – Grasnarben verbrennen, Wurzeln bilden sich zurück oder sterben ab. An anderen Tagen bringt das Düngen den gewünschten Erfolg, schädliche Begleiterscheinungen bleiben aus.

Achten Sie deshalb beim nächsten Düngen einmal auf den Mondstand und beobachten Sie, wie gut die Erde bei abnehmendem Mond das jeweilige Düngemittel aufnimmt; das gilt auch für alle Zimmer- und Balkonpflanzen. In der Zeit des abnehmenden Mondes, beginnend mit dem Vollmond, kann die Erde nämlich viel mehr Flüssigkeit aufnehmen als bei zunehmendem Mond. Beobachten Sie selbst, wie mühelos sich Grasschnitt bei abnehmendem Mond in die Erde einarbeitet, während er bei zunehmendem Mond liegen bleibt und verfault.

Dass die Erde unterschiedlich aufnahmefähig ist, lässt sich auch indirekt feststellen: Ist Ihnen schon einmal aufgefallen, dass Überschwemmungen bei zunehmendem Mond viel häufiger vorkommen? Die Erde kann in dieser Zeit nicht so viel Wasser aufnehmen. Andererseits kommt es auf schrägen Hängen bei abnehmendem Mond häufiger zu Erdrutschen, weil die Erde schwer und vollgesaugt ist – besonders, wenn gesunde Bäume die Erde nicht fest im Wurzelwerk verankern oder der Bergwald krank ist. Dieser Zusammenhang ist gerade für die moderne Landwirtschaft und Forstwirtschaft und für den Grundwasserschutz von großer Bedeutung und sollte unbedingt wieder Beachtung finden.

Der rechte Zeitpunkt: Düngen sollte man, wenn möglich, bei Vollmond oder bei abnehmendem Mond.

Sie werden überrascht sein über die positive Wirkung, die von der Wahl des richtigen Zeitpunkts ausgeht. Ignorieren Sie getrost die Anwendungsvorschriften der Präparate und entwöhnen Sie Ihre Pflanzen langsam von der übertriebenen Düngung. Sie werden sehen – der Erfolg gibt Ihnen Recht.

Die Grundregeln für das Düngen zur Blattentwicklung

Sehr gut: Bei Vollmond und bei abnehmendem Mond in Krebs, Skorpion und Fische und in Stier, Jungfrau und Steinbock.

Gut: Bei Vollmond und bei abnehmendem Mond.

Ungünstig: Bei zunehmendem Mond.

Sehr ungünstig: Bei Löwe im zunehmenden Mond und immer bei Neumond.

Die Grundregeln für das Düngen zur Fruchtentwicklung

Sehr gut: Bei Vollmond und bei abnehmendem Mond in Widder, Löwe und Schütze und in Stier, Jungfrau und Steinbock.

Gut: Bei Vollmond und bei abnehmendem Mond.

Ungünstig: Bei zunehmendem Mond.

Sehr ungünstig: Bei Löwe im zunehmenden Mond und immer bei Neumond.

Besondere Tipps zum Düngen zur Fruchtentwicklung: Die Löwetage sind insgesamt nicht ganz so gut geeignet zum Düngen, weil dann der Boden und die Pflanzen stärker austrocknen. Kunstdünger sollten Sie jedoch niemals bei Löwe anwenden; Erde und Saatgut verbrennen leicht, besonders auf ohnehin trockenen Böden.

Die Grundregeln für das Düngen zur prächtigen Blüte

Sehr gut: Bei Vollmond und bei abnehmendem Mond, selten in Zwillinge, Waage, Wassermann.

Ungünstig: Bei zunehmendem Mond.

Sehr ungünstig: Bei Löwe im zunehmenden Mond und immer bei Neumond.

Besondere Tipps zum Düngen zur prächtigen Blüte: Später keinesfalls bei Zwillinge, Waage, Wassermann gießen. Damit locken Sie Läuse an!

Die Grundregeln für das Düngen zur Wurzelentwicklung

Sehr gut: Bei Vollmond und bei abnehmendem Mond in Stier, Jungfrau und Steinbock.

Gut: Bei Vollmond und bei abnehmendem Mond.

Ungünstig: Bei zunehmendem Mond.

Sehr ungünstig: Bei Löwe im zunehmenden Mond und immer bei Neumond.

Die Grundregeln für das Düngen in der Landwirtschaft

- Dünger oder Mist sollte, wenn möglich, bei abnehmendem Mond ausgefahren werden. Bei Getreide, Gemüse und Obst am besten an Fruchttagen (Widder, Löwe, Schütze), ansonsten an Jungfrau oder an einem anderen Erdtag (Stier, Steinbock).
- Jauche und Gülle sollte, wenn möglich, bei Vollmond ausgefahren werden, andernfalls zumindest im abnehmenden Mond. Dann bleibt das Grundwasser geschützt.
- Kunstdünger niemals bei Löwe ausbringen! Die Pflanzen verbrennen, weil Löwe eine stark austrocknende Wirkung hat. Bei guter, sinnvoller Bodenpflege ist Kunstdünger grundsätzlich überflüssig.
- Das Ansetzen eines Misthaufens bei abnehmendem Mond ist eine große Hilfe.

Vielleicht kann man argumentieren, dass es eine starke Geruchsentwicklung gäbe, wenn jeder Bauer gleichzeitig Jauche ausfahren würde. Besser ist es jedoch, einen Tag lang diese Belästigung auszuhalten, als das Grundwasser zu vergiften – die Erde saugt die Jauche auf. Bei zunehmendem Mond ausgebrachte Jauche stinkt erbärmlich. Das kann jeder bestätigen, der viel über Land fahren muss.

Bei zunehmendem Mond zu düngen, ist generell sinnlos und belastet nur das Grundwasser, das nach der sauberen Luft unser wertvollstes Gut darstellt. Sogar Trinkwasser kann man Babys in manchen Gegenden wegen des hohen Nitratgehalts nicht mehr gefahrlos geben: Und dafür ist nicht nur die Landwirtschaft verantwortlich, sondern jeder, der zu viel und zum falschen Zeitpunkt düngt.

Natürlich lässt sich der richtige Zeitpunkt oftmals nur schwer mit den vielfältigen Arbeitsabläufen von Gärtnern und Landwirten vereinbaren. Für viele »Kleingärtner« dürfte es aber kein Problem sein, ihn zu beachten – und der Zeitraum des abnehmenden Mondes ist lang genug, um ihn auch in größeren Betrieben ausnützen zu können.

Wie gesagt, urteilen Sie beim Düngen mit Gefühl und gesundem Menschenverstand. Auch Düngemittelhersteller sind nicht frei von Eigeninteresse und übertreiben oft bei den Mengenangaben. Guter Kompost und Stallmist sind immer noch unübertroffene Dünger, besonders bei Obstbäumen.

Eierfärben zu Ostern

Der Erfolg des Färbens von Ostereiern ist kaum vom Mond abhängig. Bei zunehmendem Mond hält der Farbstoff manchmal etwas besser, aber nur unwesentlich. Dennoch hier einige Tipps, weil wir oft danach gefragt worden sind:

Um zu verhindern, dass die Eier springen, dürfen sie gar nicht erst im Kühlschrank landen. Die Eier sollten vor dem Kochen Zimmertemperatur haben und dann ins kalte Wasser gelegt werden. Das Wasser langsam zum Kochen bringen, nicht zu viel sprudeln lassen. Anschließend länger als die üblichen Frühstückseier in kaltem Wasser liegen lassen. Übrigens: Am Gründonnerstag gelegte Eier faulen nicht.

Einfrieren

Zahlreiche Anfragen erreichten uns, ob der Mond nicht auch beim Einfrieren von Lebensmitteln helfen kann: Einfrieren ist ja eine sehr gute Konservierungsmethode, heutzutage vielleicht sogar von allen die beste.

Alles in allem haben wir wenig Erfahrung mit dem Einfrieren; insgesamt deutet sie aber darauf hin, dass es sinnvoll ist, Früchte an Fruchttagen (Widder, Löwe und Schütze) und Blattgemüse an Blatttagen (Krebs, Skorpion und Fische) einzufrieren. Wieder Aufgetautes schmeckt dann besser, wird nicht so wässrig oder zerfällt nicht gleich. Weiter reichen unsere Erfahrungen bisher nicht.

Eingewachsene Fußnägel korrigieren

Eingewachsene Nägel sollten immer bei *zunehmendem Mond* korrigiert oder geschnitten werden; bei abnehmendem Mond wachsen sie immer wieder falsch nach. Die Ausnahme von dieser Regel bildet die gänzliche Entfernung des Nagels: Der kleine Eingriff verläuft bei abnehmendem Mond erfolgreicher (möglichst dabei die Fischetage meiden).

Im Kosmetikstudio werden eingewachsene Nägel manchmal »geschient«: Nach Entfernen der betreffenden Nagelecke lässt man zuerst die Entzündung abklingen und polstert dann die Seitentasche aus. Auch so kann man dem Nagel helfen, normal nachzuwachsen.

Eingriffe, operative

Siehe auch: ***Brustregion, Fußregion, Geschlechtsorgane, Halsregion, Herzregion, Hüftregion, Knieregion, Körperregionen, Kopfregion, Oberschenkelregion, Schulter- und Armregion, Unterschenkelregion, Verdauungsorgane*** (unter diesen Stichworten finden Sie die Grundregeln für Eingriffe in der jeweiligen Körperregion).

Lassen Sie uns an dieser Stelle einige Worte zum Thema Mondstand und Operationen sagen, die für jeden körperlichen Eingriff gültig sind. Der berühmte griechische Arzt Hippokrates (um 460 bis um 370 v. Chr.) war vielleicht der Erste, der dieses Thema auch schriftlich behandelte: »Berühre nicht mit Eisen jenen Teil des Körpers, der von dem Tierkreiszeichen regiert wird, das der Mond gerade durchquert.« Er brachte damit unmissverständlich zum Ausdruck, dass ein Arzt keine chirurgischen Eingriffe an jener Körperregion vornehmen soll, die von dem gerade herrschenden Tierkreiszeichen regiert wird. Also zum Beispiel: keine Herzoperationen an Löwetagen, keine Hüftgelenksoperationen an Waagetagen, keine Operation an einem Kniegelenk an Steinbock usw. (siehe auch Tabelle 3 auf Seite 422).

Nur auf den ersten Blick sind chirurgische Eingriffe eine Ausnahme von der Grundregel, die da lautet: »Alles, was man für das Wohlergehen jener Körperregionen und Organe tut, die von dem Zeichen regiert werden, das der Mond gerade durchwandert, ist doppelt sinnvoll.« Operationen dienen zwar langfristig dem Wohlergehen des jeweiligen Organs oder des ganzen Körpers, wirken sich aber im Augenblick der Operation und in der ersten Zeit danach stark belastend aus.

Was die Mondphase betrifft, so hat fast jeder Chirurg im Laufe seiner Praxis entsprechende Erfahrungen gesammelt: Komplikationen und Infektionen nach Operationen sind bei zunehmendem Mond weit häufiger, Heilungs- und Genesungsphasen dauern in der Regel länger. Gegen Vollmond kommt es häufiger zu stärkeren, schwer stillbaren Blutungen. Bei zunehmendem Mond verläuft auch die Vernarbung nicht ungestört, die Gefahr hässlicher, bleibender Narben ist viel höher. Besonders für die plastische Chirurgie

(Schönheitschirurgie) ist diese Information interessant (siehe auch: ***Gesichtskorrektur, operative***).

Die wichtigste Regel ist und bleibt also, chirurgische Eingriffe, wenn möglich, bei abnehmendem Mond vorzunehmen – obwohl diese Information in der Regel noch nicht in die durchorganisierten Abläufe in den Krankenhäusern passt. Andererseits sind Sie jetzt im Besitz dieses Wissens und können selbst entscheiden, wie Sie damit umgehen wollen. Das Wissen, dass sich ein Geburtshelfer vor der Arbeit die Hände waschen sollte, brauchte auch Jahrzehnte, um sich in der Praxis durchzusetzen.

Zur Erklärung der Regeln für Eingriffe in den einzelnen Körperregionen sei gesagt: Der Übergang der Einflüsse zwischen zwei Tierkreiszeichen erfolgt sanft, denn der tatsächliche Kräftewechsel lässt sich nicht auf die Stunde genau festlegen. Wenn im Kalender etwa zwei Fischetage angegeben sind, mischt sich am ersten Tag morgens vielleicht noch der Wassermanneinfluss in die Tagesqualität, während sich am zweiten Tag abends manchmal schon der Widder ankündigt, mit dem Einfluss auf den Kopfbereich. Dauert der Fischeeinfluss laut Kalender drei Tage, dann ist der erste Tag bis etwa um die Mittagszeit noch stark vom Wassermann gefärbt, während am dritten Tag der Widderimpuls wahrscheinlich schon stark einfließt. Deshalb haben wir immer angegeben, dass Sie bei freier Terminwahl auch den Nachbarn des Zeichens, das eine bestimmte Körperregion regiert, aus dem Weg gehen sollten.

Sie müssen diese simplen Naturgesetze nicht einfach unkritisch übernehmen, wenn Sie hier zum ersten Mal davon hören. Passen Sie auf und verfolgen Sie von jetzt an in den Medien, wann eine prominente Persönlichkeit oder besser noch ein Sportler einen Unfall oder eine größere Operation hatte. Notieren Sie, ob es bei abnehmendem Mond oder bei zunehmendem Mond geschah, und beobachten Sie dann, wie sich der Heilungsverlauf gestaltet. So gewinnen Sie die Erfahrung, die Sie brauchen, um Vertrauen zu dem uralten, wertvollen Wissen unserer Vorfahren zu fassen. Zwei Beispiele: Der spektakuläre Autounfall des Tennisspielers Thomas Muster mit der nachfolgenden schnellen Heilung geschah bei abnehmendem Mond kurz vor Neumond, der Polounfall von Prinz Charles bei zunehmendem Mond, ebenso fast alle folgenden Operationen. Und wie geht es den beiden heute?

Möglicherweise stehen Sie irgendwann vor der Frage: »Wie wird mein Arzt reagieren, wenn ich meinen Termin nach dem Mond richten oder ändern will, weil er auf einen ungünstigen Tag fällt?« Oder ganz allgemein »Ist er offen für dieses Wissen?«

Seit dem Erscheinen unseres Buches *Vom richtigen Zeitpunkt* hat sich vieles geändert. Die Zahl der Ärzte, die offen für das Wissen um die Natur- und Mondrhythmen sind, ist gewachsen. Viele von ihnen konnten die Erfahrung machen, dass sich seine Anwendung gerade bei chronischen Krankheitsbildern segensreich auswirkt – eine Erfahrung, die sie immun gegen jede Form der Ablehnung gemacht hat. Diese Ärzte sind nicht mehr überrascht, wenn Sie darum bitten, eine Blutuntersuchung zu einem bestimmten Termin machen zu lassen oder einen Termin zu verschieben; noch gehören sie allerdings zu einer Minderheit.

Was also tun, wenn Sie selbst aufgrund eigener Erfahrung nach und nach Vertrauen zu diesen Regeln gewonnen haben, Ihr Arzt aber einen zeitlich ungünstigen Eingriff vornehmen möchte oder andere Maßnahmen, die ungünstig liegen?

Wenn Sie feststellen, dass Ihr Arzt kein Verständnis für die Gründe Ihres Wunsches nach Verschiebung etwa eines Operationstermins hat, wenn er seine Diagnose und seine Absichten und Therapiemethoden nicht in für Sie verständlichen Worten erklärt, dann wechseln Sie am besten den Arzt und suchen sich stattdessen einen Freund der Menschen!

Rechtfertigen Sie sich nicht, begründen Sie nicht: Sie sind dazu nicht verpflichtet. Ihr Arzt wird eben noch einige Zeit brauchen, bis er sich dem Offensichtlichen öffnet. Halten Sie sich einfach immer vor Augen: Ein Arzt kann Ihnen immer nur dabei helfen, dass Sie sich selbst helfen; er ist kein Gott. Das Wissen um die Natur- und Mondrhythmen in den heutigen Medizinbetrieb zu integrieren, ist wohl nicht von heute auf morgen machbar. Dennoch: Ihnen persönlich steht es von Anfang an zu, nicht unter der Uneinsichtigkeit anderer Menschen oder unter »Sachzwängen« leiden zu müssen – weder im Krankheitsfall noch in einem anderen Lebensbereich.

Nur Mut: Viele Ärzte und Zahnärzte arbeiten heute mit uns zusammen, selbst ganze Krankenhäuser lassen sich von uns beraten. Sogar in den USA mit ihren strengen Haftungsgesetzen und den zahlreichen (und oftmals erfolgreichen!) Kunstfehlerprozessen hüten sich die Chirurgen vor Operationen in den Tagen kurz vor Vollmond. Wir wissen, dass sich viele Heilkundige heute wieder darauf besinnen, was »Heilen« wirklich bedeutet. Sie haben gelernt, dass die Natur nicht durch Maschinen, Chemie und Gentechnik perfektioniert werden muss: Sie ist schon vollkommen, und wir würden es auch erfahren, wenn wir ihre Geschenke annehmen würden. Nur ein Teil der Schulmedizin braucht noch ein wenig, bevor die Studenten an den Universitäten wieder lernen dürfen, was jedes Kind intuitiv fühlt.

Wenn Sie persönlich damit beginnen, den eigenen Körper und die eigene Gedankenwelt kennen zu lernen, ihre ureigenen Rhythmen und Notwendigkeiten, ihre Schwächen und ihre Schönheit, wenn Sie beginnen, sich selbst anzunehmen, wie Sie sind – von Kopf bis Fuß –, und wenn Sie sich selbst lieben, dann werden Sie niemals Probleme haben, den guten Arzt in Ihrer Nähe, den Freund der Menschen zu entdecken. Und das allein zählt letztlich! Es ist für Sie unwichtig, in welchem naturfernen und lebensfremden Zustand sich unsere heutige Medizin in weiten Bereichen befindet. Auf die Schulmedizin herabzublicken, ist zwar Mode geworden, aber das nützt Ihnen persönlich nichts; sie hat immerhin auch sehr viel Gutes hervorgebracht.

Sinnvoll ist einzig Ihr persönliches Aufwachen für Ihren Körper und für die Gedanken, mit denen Sie ihn zum Guten wie zum Schlechten hin beeinflussen. Dann werden Sie keine Probleme haben, die guten Ärzte und Heiler zu finden – es gibt sie überall.

Ein Wort noch zu dringlichen und Notoperationen: Den Termin von Operationen nach Unfällen oder akuten Zuständen, die ein sofortiges Handeln erfordern, können Sie sich natürlich nicht selbst aussuchen. Wenn ein durchbrochener Blinddarm droht, interessiert es niemanden, wie der Mond gerade steht. Und das ist gut so.

So vieles im Leben eines Menschen unterliegt glücklicherweise seiner freien Entscheidung – viel mehr, als es uns unsere Ängste einreden wollen. Und so vieles ist schicksalhaft bedingt, verurteilt uns zum Zuschauen, ist uns aus der Hand genommen – ebenfalls viel mehr, als wir manchmal befürchten, weil uns das Vertrauen fehlt und vor allem die Einsicht in den Sinn vieler Geschehnisse zwischen Himmel und Erde.

Wenn Ihnen Ihr Arzt zu einem schnellen Eingriff rät, hören Sie auf ihn und sehen Sie einfach nicht in den Kalender (bei Unfällen haben Sie ohnehin nicht die Zeit dazu). Üben Sie Vertrauen, überlassen Sie sich der Situation und der Weisheit derjenigen Macht, die Ihnen diese Situation als Chance zum Lernen und Wachwerden geschickt hat. Und wenn Sie vorher oder nachträglich feststellen, dass das Ereignis mondrhythmisch gesehen zum »falschen« Zeitpunkt eintrat – haben Sie keine Angst. Atmen Sie tief ein und aus und sagen Sie zu sich selbst: »Mond hin oder her, ich vertraue meinen Selbstheilungskräften, ich vertraue denen, die mir helfen, und dem, der mir das hier geschickt hat, und ich werde früher oder später dem Sinn dieser Sache auf die Spur kommen.« Dann haben Sie mehr erreicht als mancher andere, der sich zum richtigen Zeitpunkt operieren lässt und sich dabei in der Illusion wiegt, ihm könne »nichts passieren«. Garantien gibt es im Leben nicht – mit einer Ausnahme: Wir alle erhalten garantiert alle Lektionen, die wir brauchen. Wenn nicht heute, dann morgen.

»Die Zeit, die du für deine Rose verloren hast, sie macht deine Rose so wichtig.«
»Die Zeit, die ich für meine Rose verloren habe ...«, sagte der kleine Prinz, um es sich zu merken.
»Die Menschen haben diese Wahrheit vergessen«, sagte der Fuchs. »Aber du darfst sie nicht vergessen. Du bist zeitlebens für das verantwortlich, was du dir vertraut gemacht hast. Du bist für deine Rose verantwortlich ...
Antoine de Saint-Exupéry, Der kleine Prinz

Einkochen

Selbst gemachte Marmelade, Konfitüre und Gelees sind oftmals ein Gedicht – nicht zu vergleichen mit den Zuckerprodukten der Industrie, die meist auch noch das letzte bisschen Geschmack aus den Früchten vertrieben hat. Dies gilt auch für eingekochte und eingelegte Gemüse – von Roten Beten über Knoblauch bis zu eingelegten Pfefferonis.

Für Allergiker führt am Selbermachen kein Weg vorbei. Die vielen Konservierungsmittel in gekauften Produkten wären nicht nötig, weil diese nur an wenigen Tagen im Monat anfällig für schnelles Verderben sind (siehe ***Drei Tage im Monat***). Die übrige Zeit führt zu einem »normal« haltbaren Produkt, und an ein bis zwei Tagen im Monat ist sie sogar besonders gut und hält besonders lange – ohne jeden Haltbarmacher.

Probieren Sie es aus: einmal nach Ihrer gewohnten Methode, dann ohne Zusätze und zum richtigen Zeitpunkt. Da wir häufig auf den Erntezeitpunkt von Obst keinen Einfluss haben, muss der Sachverstand eingreifen und beim Einkauf auf gute Qualität achten. Das »Berühren der Ware«

ist ja inzwischen nicht mehr verboten, Selbstabwiegen erlaubt und erwünscht.

Die Grundregeln für das Einkochen

Sehr gut: An Widder, Löwe – oder Schütze, wenn im abnehmenden Mond.

Gut: Bei abnehmendem Mond, jedoch nicht in Krebs, Jungfrau und Fische.

Neutral: Bei Widder, Löwe und Schütze im zunehmenden Mond.

Ungünstig: Bei zunehmendem Mond, jedoch nicht in Widder, Löwe und Schütze.

Sehr ungünstig: Bei Jungfrau und Fische im zunehmenden Mond bis einschließlich Vollmond.

Wenn Sie den richtigen Zeitpunkt einhalten: Obst ist viel saftiger und auch das Aroma viel besser. Die Haltbarkeit steigert sich enorm, auf künstliche Geliermittel können Sie weitgehend verzichten (gilt auch für das Einkochen und Einmachen anderer Lebensmittel).

Mögliche Folgen des falschen Zeitpunkts: Geringe Haltbarkeit, Gefahr frühzeitiger Schimmelbildung, fader Geschmack.

Besondere Tipps zum Einkochen: Früchte werden am besten an Fruchttagen geerntet und eingemacht, Wurzelgemüse dagegen an Steinbock und Stier, Blattgemüse an Skorpion oder Krebs zum alsbaldigen Verbrauch. Äpfel sind ein natürliches Geliermittel und schmecken als Zusatz bei fast allen Früchten neutral.

Ein Tipp für selbst gemachte Marmelade: Normalerweise nimmt man hierfür zu gleichen Teilen Früchte und Gelierzucker. Wenn Sie bei fast allen Früchten einige klein geschnittene, entkernte und geschälte Äpfel mitkochen, gelingt die Marmelade auch mit viel weniger Zucker gut. Wählen Sie die Mengen nach Gefühl, kochen Sie Gelierzucker, Früchte und Äpfel etwa 5 Minuten lang unter ständigem Rühren und füllen Sie dann die kochende Marmelade in saubere Gläser. Bis zum Aufkochen müssen Sie nicht ständig umrühren, es darf jedoch nichts anbrennen. Selbst gemachte Marmelade macht Spaß, geht schnell und schmeckt sehr gut. In schöne, kleine Gläser abgefüllt, ist sie ein kleines Mitbringsel, das von Herzen kommt.

Eiweißtage

Siehe auch: ***Nahrungsqualität***. Die Tierkreiszeichen Widder, Löwe und Schütze bezeichnet man auch als »Eiweißtage«, weil an diesen Tagen eiweißhaltige Speisen entweder besonders gut oder besonders schlecht vertragen werden. Diese Tage sind gleichzeitig Fruchttage, weil der Pflanzenteil Frucht besonders begünstigt wird – im Wachstum wie in der Wirkung auf uns Menschen. Je nach ***Ernährungstyp*** können Sie mit der Wirkung von tierischem oder pflanzlichem Eiweiß, von Kernobst oder Steinobst Erfahrungen sammeln. Beobachten Sie, ob Ihr Speiseplan auffällig viel oder wenig Eiweiß oder Früchte enthält und wie das auf Sie wirkt.

Wenn Sie »Ihr« Obst an diesen Tagen gut vertragen, dann nützen Sie die gute Gelegenheit und legen Sie bei Widder, Löwe oder Schütze zwei oder drei Obst- oder Safttage ein. Säfte sind niemals so wirksam wie Obst in seiner Ganzheit, aber oftmals sind Säfte bequemer zu gebrauchen. Bevor man ganz auf eine solche Minikur verzichtet, sollte man auf Säfte zurückgreifen.

Zusammengefasst: An Frucht-/Eiweißtagen vertragen und brauchen Sie entweder mehr Eiweiß und Früchte als sonst oder weniger. Beobachten Sie und ziehen Sie Ihre eigenen Schlüsse.

Entfärben

Siehe auch: ***Abbeizen.*** Für das gute Gelingen von Entfärben gelten die gleichen Regeln wie beim Abbeizen.

Enthaaren

Sollten Sie sich regelmäßig von störenden Körperhaaren befreien wollen, dann kann der richtige Mondstand behilflich sein. Bitte erwarten Sie aber nicht, dass dann die unerwünschten Haare für alle Zeiten verschwinden. Es ist in Wahrheit ein Segen, dass die Natur nicht unseren künstlichen Vorstellungen von Vollkommenheit entspricht: Sie ist absolut perfekt, nur eben nicht nach jener eng begrenzten Vorstellung, die wir uns von Perfektion zusammenbasteln. Wahre Schönheit bedeutet, die Vollkommenheit der Natur zu unterstreichen, an sie zu erinnern und sie zu fördern. Hier nun – dennoch – einige Tipps fürs Enthaaren.

Erinnern Sie sich an die Regel vom 18. Juni aus unseren früheren Büchern? An diesem Tag vormittags ausgejätetes Beikraut kehrt nicht zurück. Es gab aber einige Leser, die das missverstanden haben: Es war nicht als »Empfehlung« gedacht, geschweige denn als Garantie dafür, dass Körperhaare *nicht* mehr nachwachsen. Es ist im Gegenteil eine gute Sache, dass der 18. Juni mit seiner »Beikrautregel« nur in ganz seltenen Fällen auch bei Körperhaaren funktioniert:

Moden ändern sich, und mancher wäre vielleicht irgendwann froh, wenn es nicht so gründlich funktioniert hätte …

Die Grundregeln für das Enthaaren

Sehr gut: Bei abnehmendem Mond im Steinbock.

Gut: Bei abnehmendem Mond ohne Löwe und Jungfrau.

Neutral: Bei abnehmendem Mond in Widder und Stier.

Ungünstig: Bei zunehmendem Mond und generell bei abnehmendem Mond in Löwe und Jungfrau.

Sehr ungünstig: Bei zunehmendem Mond in Löwe und Jungfrau.

Wenn Sie den richtigen Zeitpunkt einhalten: Für längere Zeit wachsen die Haare nicht mehr so rasch nach.

Mögliche Folgen des falschen Zeitpunkts: Die Haare wachsen schnell nach und können sogar kräftiger und dichter werden. Besonders lästig ist das bei Nasenhaaren, die dann auch noch zu stechen anfangen.

Besondere Tipps zum Enthaaren: Verzichten Sie auf alle chemischen Enthaarungsmittel. Langfristig schaden sie Haut und Körper. Nasenhaare am besten bei Fische schneiden, sie werden dann dünn und stören nicht so.

Entkalken

Manchmal kann das Entkalken von Kaffeemaschinen, Bügeleisen und dergleichen Probleme bereiten. Das gilt auch für schwierige Kalkränder in Duschkabinen usw. Jeder hat die Erfahrung, dass es manchmal gut funktioniert, manchmal ist nach kurzer Zeit wieder alles mit weißen Schichten überzogen. Unser Rat: Arbeiten Sie immer bei abnehmendem Mond, nie bei zunehmendem Mond! Dann können Sie getrost auch auf sanfte Mittel (Essigreiniger usw.) zurückgreifen.

Entschlackungskur siehe: ***Mond-Kur***

Entwöhnen von Kälbern

Leider ist es heute in der Landwirtschaft unmodern geworden, Kälber von der Mutter säugen zu lassen. Vielleicht auch deshalb, weil der richtige Zeitpunkt der Entwöhnung in Vergessenheit geraten ist. Es ist wie bei uns Menschen auch: Lange Zeit war Stillen verpönt, man verließ sich auf »saubere«, industriell gefertigte Babynahrung und hielt sie für der Weisheit letzten Schluss. Heute ist man klüger, und allmählich setzt sich die Erkenntnis durch, dass selbst belastete Muttermilch immer noch viel wertvoller ist als ein Fläschchen. Wenn aber Muttermilch belastet ist, ist es jede andere Milch auch.

Die Grundregeln für das Entwöhnen

Sehr gut: Kurz vor Vollmond mit dem Entwöhnen von Kälbern beginnen und am Vollmondtag selbst das Kälbchen zum letzten Mal trinken lassen.

Ungünstig: Bei Vollmond im Löwen oder Krebs oder Jungfrau und grundsätzlich im abnehmenden Mond.

Wenn Sie den richtigen Zeitpunkt einhalten: Leichtes, problemloses Entwöhnen. Ruhige Kälbchen, ruhige Kuh.

Mögliche Folgen des falschen Zeitpunkts: Bei Löwe werden es schreiende Tiere, bei Krebs möchten sie immer wieder zurück zur Mutter, bei Jungfrau stieren sie später oft und werden durch unruhiges Verhalten und Raufereien mit anderen Kühen zur Gefahr für die ganze Herde, besonders in den Bergen.

Erde ausheben beim Hausbau

Der Zeitpunkt aller Erdarbeiten – vom Ausheben für Fundament- und Kellerbau bis zum Anlegen von Gräben und Kanälen – entscheidet in hohem Maße über das gleichzeitige und vor allem spätere Verhalten des Grundwassers am Haus und in der näheren Umgebung. Wenn es um den Bau von Wohnhäusern geht, nimmt oftmals schon der Baubescheid Rücksicht auf besondere Verhältnisse, Quellen usw. und schreibt Drainagen oder andere Sicherungsmaßnahmen vor.

Zur persönlichen Erfahrung zahlreicher Architekten und Baumeister gehört es, dass in ein und demselben Siedlungsgebiet bei Erdaushebungen ganz unterschiedliche Wasserverhältnisse herrschen. Einmal bleibt die Baugrube trocken, nur wenig Erde rutscht nach, und Probleme bleiben später aus, ein anderes Mal füllt sich die Baugrube rasch mit Wasser, und das Kellermauerwerk ist später nur mit viel Mühe, perfekter Isolierung und Drainage trocken zu bekommen – obwohl die Grundstücke nahe beieinander liegen. In solchen Fällen ist fast immer der Zeitpunkt der Erdaushebung im Mondrhythmus für diese widersprüchliche Erfahrung verantwortlich.

Letztlich muss jeder für sich selbst entscheiden, wann er

Erdarbeiten vornehmen lässt: Oftmals richtet sich ja der Baubeginn nach dem Zeitplan der Baufirma oder nach dem Wetter. Wichtig ist nur: Sollte die Arbeit, aus welchen Gründen auch immer, bei zunehmendem Mond geschehen, dann *bestehen* Sie darauf, dass Drainage und eventueller Anschluss eines Regenwasserkanals *sofort* gelegt werden. Lässt sich absehen, dass eine gute Drainage keinesfalls gleich nach dem Erdaushub gelegt werden kann (was der Normalfall sein dürfte), dann sollte man unbedingt bei *abnehmendem Mond* mit der Arbeit beginnen.

Die Grundregeln für das Ausheben von Erde

Sehr gut: Bei abnehmendem Mond, jedoch nicht in Krebs, Skorpion und Fische.

Gut: Bei abnehmendem Mond.

Ungünstig: Generell bei zunehmendem Mond.

Sehr ungünstig: Bei zunehmendem Mond in Krebs, Skorpion und Fische.

Wenn Sie den richtigen Zeitpunkt einhalten: Die Baugrube bleibt trocken, besondere Maßnahmen zum Schutz vor Wassereinbrüchen sind meist nicht nötig. Nach stärkeren Regenfällen trocknet alles schneller ab.

Mögliche Folgen des falschen Zeitpunkts: Drückendes Grundwasser kann leichter in die Baugrube strömen und sich später besser einen Weg durch Fundament und Kellerwände bahnen. Die Baugrube muss oft aufwändig abgestützt werden. Stärkere Regenfälle hinterlassen große Pfützen.

Besondere Tipps zum Ausheben von Erde: Für die spätere Gartenanlage lassen Sie den Humus zuerst abtragen und zur Seite schieben. Die darunter liegende lockere Schicht nützen Sie zum späteren Auffüllen. Die tiefste, grobe (oftmals lehmige) Schicht kann abtransportiert werden.

Wenn Sie bei zunehmendem Mond Erde ausheben, kann das einen gewissen Vorteil haben: Die Wassersituation am Grundstück wird rasch erkennbar. Maßnahmen zum Fangen und zu Ableitung sind Erfolg versprechend.

Erdtage siehe: ***Erdzeichen***

Erdzeichen

Die Tierkreiszeichen Stier, Jungfrau oder Steinbock. Der Name rührt daher, dass diese Tierkreiszeichen dem Element Erde zugeordnet werden; siehe auch: ***Tagesqualität.***

Ernährungstyp

Eine Ernährung nach den Mondrhythmen gehört zum Fundament für eine gesunde Lebensweise, wie heute viele unserer Leser wissen, denen der Schritt ins einfache und geradlinige Leben gelungen ist. Eine zweite Säule gesunder Lebensweise haben wir in unserem Buch *Alles erlaubt!* vorgestellt: die Ernährung nach dem persönlichen Ernährungstyp.

Dazu müssen Sie herausfinden, ob Sie ein »Alpha-Typ« oder ein »Omega-Typ« sind. Diese Begriffe haben wir uns ausgedacht, weil es nach unserem Kenntnisstand keine populären und eingeführten Bezeichnungen für diesen Unterschied gibt. Die Ernährungswissenschaft ist zu der jahrtausendealten Erkenntnis der Existenz zweier Grundtypen noch nicht vorgedrungen – zumindest nicht in einer für unsere Regionen und Breitengrade verwertbaren Form. In anderen Kulturen begegnet man manchmal bestimmten Typunterscheidungen, aber bisher fehlt jede »Übersetzung« der Erkenntnisse anderer Völker in eine für uns *im Alltag* verwendbare und einleuchtende Form.

Die wenigen Jahre deines Lebens sind nur ein paar Sekunden, verglichen mit den Äonen, die vergangen sind, bevor du geboren wurdest, und verglichen mit den endlosen Zeiträumen, die kommen werden, wenn du diese Welt schon längst verlassen hast. Warum also allzu sehr kleben an diesem kurzen materiellen Zwischenspiel? Das hier ist nicht »dein« Körper, »deine« Familie, »dein« Land. Du bist hier nur ein Besucher. Deine Heimat ist die Unendlichkeit. Deine wahre Lebenszeit ist die Ewigkeit.
Paramahansa Yogananda

Die einzige uns bekannte Restüberlieferung betrifft mündlich übertragene Kochrezepte aus alter Zeit, in denen ausnahmslos jedes Rezept auf den einen *oder* anderen Typ zugeschnitten ist! Selbst in diesen Überlieferungen fehlt jeder Hinweis auf die unterschiedlichen Typen – das Wissen darum wurde als selbstverständlich vorausgesetzt. Der grundlegende Unterschied zwischen beiden Typen kann nach Tabelle 2 ermittelt werden.

Berücksichtigen Sie bei der Lektüre der Tabelle und beim Experimentieren, was »Verträglichkeit« eigentlich bedeutet. Lassen Sie uns hier zum besseren Verständnis klären, was wir unter »ein Lebensmittel nicht vertragen« verstehen; denn es besteht durchaus die Möglichkeit, dass Sie seit Jahrzehnten regelmäßig ein bestimmtes Nahrungsmittel oder Getränk zu sich nehmen, obwohl es Ihnen grundlegend schadet! Eine Unverträglichkeit äußert sich nämlich in verschiedenen Formen, die noch an keiner Universität gelehrt werden. Hier ist die »Checkliste«:

Sie vertragen ein bestimmtes Lebensmittel wahrscheinlich nicht,

- wenn sein Genuss Sie *regelmäßig ermüdet.* Das Gefühl, nach jedem Essen am liebsten ein Schläfchen machen zu wollen, ist ein relativ sicheres Zeichen, dass Sie etwas im Essen nicht vertragen haben und dass es Ihnen langfristig sehr schadet. So verrückt sind die normalen Ansichten über unser Essen und unsere Nahrungsmittel, dass sogar schon Ärzte uns weismachen wollen, man *müsse* sich nach dem Essen müde fühlen. Vollwertige Lebensmittel, ausgesucht nach Ihrem Typ, machen nicht müde, selbst wenn Sie ein wenig mehr davon essen, als der Körper verlangt! Wenn allerdings Konservierungsmittel, Farbstoffe, Geschmacksverstärker und künstliche Aromastoffe enthalten sind, macht das Nahrungsmittel *immer* müde.
  Die Ausnahme: Die leichte Mattigkeit zwischen 13 und 15 Uhr, unabhängig davon, ob man gegessen hat oder nicht, ist etwas ganz Natürliches und hängt mit dem Tagesrhythmus der Organe zusammen (siehe *Aus eigener Kraft* und Tabelle 11, Seite 440).
- wenn Sie regelmäßig unter *saurem Aufstoßen, Sodbrennen, Völlegefühl, Blähungen oder Kopfschmerzen* zu leiden haben. Kopfschmerz und Migräne sind eine sehr häufige, allergische Reaktion auf nicht vertragene Nahrungsmittel oder Getränke. Oftmals wird diese Reaktion nicht in Verbindung mit untauglicher Nahrung gebracht, weil sie verzögert eintreten kann, manchmal sogar erst am nächsten oder übernächsten Tag.
- wenn sich etwa 15 Minuten bis eine halbe Stunde nach seiner Aufnahme Ihre *Laune stark verschlechtert* oder Sie *generell unruhig oder nervös* werden. Diese Reaktion

	vertragen:	*werden geschädigt durch:*
Alpha-Typen	tierisches Fett in Form von Butter, Vollmilch, Sahne, Speck, Milch, Käse usw., Roggenbrot, Roggenmehl, Vollkornnudeln, Dinkelnudeln, gebratenes Fleisch, gebratenen Fisch, Tee (besonders biologischen Grüntee, weniger Schwarztee), Kernobst, Zitrusfrüchte, Gurken und Karotten, scharfe und starke Gewürze, zwei bis drei große Mahlzeiten am Tag, nicht zu kalt trinken, dafür aber viel	pflanzliches Fett und Öl, Weißmehle, Weißbrot, Kuchen, gekochtes Fleisch, gekochten Fisch, Zucker (Dickmacher für den Alpha-Typ), Steinobst, Tomaten und Bananen, Kaffee, süße Säfte, manchmal auch Honig, zu wenig trinken, zu kalt trinken, mehrere Mahlzeiten täglich; **grundsätzlich:** durch ein Zuviel an Kohlenhydraten
Omega-Typen	pflanzliches Fett und Öl (kaltgepresste Öle aus Sonnenblumen, Disteln, Oliven, Mais usw.), pflanzliche Margarine aus dem Reformhaus, säurearme Nahrungsmittel, Vollkorn-Weizenmehl, Weißbrot, Kuchen, Nudeln, gekochtes Fleisch, gekochten Fisch, viel vollwertiges Eiweiß, Magermilch, Magerkäse, Zucker (Rohrzucker, naturreinen Honig usw.), süße Säfte, Kaffee, Steinobst, Tomaten und Bananen, mehrere kleine Mahlzeiten am Tag, milde Gewürze	tierisches Fett, Butter usw. (Dickmacher für den Omega-Typ!), Roggenmehl, Karotten, Kernobst, Zitrusfrüchte, scharfe und starke Gewürze, zu heiße Getränke; **grundsätzlich:** durch ein Zuviel an Fett
Alle Typen	Dinkel und Dinkelprodukte, Gerste, Sesam, Naturreis, Feigen, grüne Salate, Feldsalat	weißen Zucker, polierte Getreide, Weißmehl, zuviel Salz

Tabelle 2:
Nahrungsmittelverträglichkeit von Alpha-Typ und Omega-Typ

tritt besonders bei Kindern auf, wenn sie Süßigkeiten gegessen haben – aber auch bei Erwachsenen, etwa nach der Aufnahme von Mehlspeisen mit Weißmehl. Kinder brauchen manchmal 24 und mehr Stunden, um sich von bestimmten Süßigkeiten zu entgiften.

- wenn Sie *Mund- und/oder Körpergeruch* haben oder bekommen. Mundgeruch (Mundgeruch aufgrund schlechter Zahnpflege ist hier nicht gemeint) beruht in vielen Fällen auf schlechter Verdauung und einem belasteten Magen. Körpergeruch ist so gut wie immer ein Zeichen einer Nahrungsmittelunverträglichkeit oder eines gestörten Stoffwechsels – eine automatische Folge »falscher« Ernährung. Das gilt auch für den Genuss von Knoblauch. Die Körperausdünstung nach Knoblauchgenuss ist kaum wahrnehmbar, wenn Sie sich gesund ernähren.
- wenn sich bei Ihnen ein *Pilz* findet, innerlich oder äußerlich. In der Tat: Sogar Hautpilz ist Signal für eine gestörte Verdauung, weil gestörte Verdauung die Hautfunktionen durcheinander bringt.
- wenn Sie öfter *Fieberbläschen (Herpes)* entwickeln. Fieberbläschen bedeuten fast immer einen seelischen oder körperlichen Ekel vor etwas (oder jemandem).
- wenn Sie unter unbestimmbaren *Rückenschmerzen* leiden, besonders im Kreuz (also im Bereich des Kreuzbeins). Rückenschmerzen sind eine sehr häufige allergische Reaktion auf polierten, »toten« Weizen (der Normalfall), weil überlastete Nieren über Nervenbahnen in die Wirbelsäule ausstrahlen! Fachärzte behandeln leider meist jenes Organ, das das letzte Glied in der Kette der Schwächung ist, wenn es sich zu melden oder zu versagen beginnt. Kaum ein Orthopäde kommt beispielsweise auf

die Idee, Rückenprobleme auf Weizenmehl-Unverträglichkeit zurückzuführen, obwohl das die häufigste Ursache ist. Kaum ein Urologe fragt nach Ihrem Weizenkonsum, wenn Ihre Niere nicht richtig arbeitet. Typisches Zeichen sind Kreuzschmerzen vor dem Aufstehen früh am Morgen.

Haben Sie durch Ausprobieren (am besten bei zunehmendem Mond) Ihren Typ gefunden und die ersten Erfolge darin erfahren dürfen, sich Ihrem Typ gemäß zu ernähren, so können Sie sich hin und wieder einen kleinen Spaß machen: Alpha-Typ und Omega-Typ sind nämlich auch äußerlich, an ihrem Verhalten und an ihren Alltagsinteressen erkennbar. Versuchen Sie im Alltag, im Café, im Büro, wo auch immer, ob Sie Omega- und Alpha-Typen identifizieren können. Beobachten Sie die Essgewohnheiten anderer Menschen, beobachten Sie Gewicht und Gesundheitszustand, achten Sie auf das, was die Leute im Supermarkt in ihre Einkaufswagen packen und wie sie aussehen.

Der *Alpha-Typ* ist in der Regel der »Macher«. Mit nach vorn gebeugten Schultern und federndem Gang marschiert er durchs Leben; auch am Tisch zeigt sich eher ein runder Rücken, der sich gern anlehnt, der nach oben in breite Schultern ausläuft, nach unten in schmale Hüften. Viele Sportler und Handwerker zählen zu diesem Typ. Häufiger als der Omega-Typ haben sie kräftiges Haar. Das »Neue« und das kleine oder große Abenteuer reizt sie, sie scheuen sich nicht vor eigenen Ideen und einer eigenen Meinung. Nach außen wirken sie manchmal nicht sehr zuverlässig, gerade wegen der eigenen Ideen und der häufigen Weigerung, etwas als sinnlos Erkanntes auszuführen.

Manchmal bleiben sie in ihrer »ewigen Skepsis« stecken. Sie brauchen zwar keine wissenschaftlichen Beweise, vertrauen aber nur dem eigenen Gefühl, bevor sie etwas ernst nehmen. Alpha-Typen verdauen kräftig und stark, wenn sie satt sind, brauchen allerdings starken Hunger, um gesund zu verdauen und gesund zu leben. Sie wollen deshalb oft nicht frühstücken, weil sie ohne Hunger aufwachen.

Für Alpha-Typen ist das auch völlig in Ordnung! Bei ihnen ist der Magen vielmehr schnell eingeschnappt, wenn er pausenlos »zwischendurch« gefüttert wird. Diese kleinen Häppchen machen ihn launisch und gereizt.

Den *Omega-Typ* erkennt man an der geraden Körperhaltung, auch im Sitzen, an der in der Regel schmalen Silhouette. Zarte Hände, breite Hüften, schmaler Oberkörper, oftmals feineres Haar – all das sind Merkmale von Omega-Typen. Sie lieben eher das Verlässliche, Gewohnte, sind weniger unternehmungslustig. In der Ausführung von angeordneten Arbeiten sind sie präzise und gewissenhaft. Eigene Vorstellungen treten in den Hintergrund, auch wenn sie klar empfunden werden; dadurch bleiben Omega-Typen etwas unbeweglicher, verzetteln sich aber nicht so häufig, wie es dem Alpha-Typ geschehen kann.

Auf wissenschaftliche Beweise legen sie mehr Wert als der Alpha-Typ. Werden Beweise erbracht, dann nehmen sie leichter an, was bewiesen worden ist. Omega-Typen verdauen pausenlos, und ihr Magen ist beleidigt, wenn er lange nichts bekommt.

Wie lässt sich nun die Erfahrung, ein Alpha- oder Omega-Typ zu sein, mit der ***Nahrungsqualität*** (siehe dort) des jeweiligen Mondstandes im Tierkreis in Harmonie bringen? Ein Beispiel: Angenommen, der Mond steht heute im Zeichen Zwillinge, herrscht also ein Öltag (wie auch an Mond in Waage und Wassermann).

Alpha-Typ: Wenn Sie ein Alpha-Typ sind (der tierisches Fett gut verträgt und pflanzliches Fett eher schlecht verarbeitet), bedeutet das, dass Sie heute tierisches Fett entweder besonders gut oder ausnahmsweise nicht so gut wie sonst vertragen.

Omega-Typ: Wenn Sie ein Omega-Typ sind (dessen Körper pflanzliches Fett am besten aufnimmt und auf tierisches Fett sogar mit Stoffwechselstörungen und typisch erhöhtem Cholesterinspiegel reagieren kann), dann bedeutet das, dass Sie heute pflanzliches Fett entweder besonders gut oder ausnahmsweise nicht so gut wie sonst vertragen. Einmal kurz notiert, und schon wissen Sie für das nächste Mal Bescheid.

Dieser Zusammenhang der Verstärkung und Abschwächung gilt auch für die anderen Nahrungsqualitäten Eiweiß/Frucht, Kohlenhydrate und Salz. Auf den ersten Blick erscheint es kompliziert, aber das tut auch das Autofahren vor der ersten Fahrstunde. Nichts an diesem Wissen müssen Sie künstlich auswendig lernen und krampfhaft zu behalten versuchen: Ihr Körper kennt die Zusammenhänge schon lange; er wartet nur darauf, dass Sie ihm die Chance geben, sich wieder an das zu erinnern, was seine Natur ist. Erfreuen Sie sich an diesem Abenteuer, an dessen Ende Ihr untrügliches Gespür für Ihren individuellen Typ steht, der sich gesund ernähren kann ohne Rücksicht auf Dogmen und Diätzwang.

Aus den zahllosen Zuschriften unserer Leser wissen wir, dass *Alles erlaubt! Ernährung und Körperpflege in Harmonie mit den Mondrhythmen* – das Buch, in dem wir die Er-

»Was du siehst, das wirst du«, sagt das Sprichwort. Nütze deshalb den freien Willen, um zu sehen, was du werden möchtest.

nährungstypen ausführlich vorstellen – eine große Bereicherung war und für viele eine Offenbarung. Kürzlich erhielten wir einen Brief von einem unserer Leser – mit Zeitungsausschnitten und Fotos. Er hatte am Athener Marathon teilgenommen und war Bester seines Heimatlandes geworden! Erst ein Jahr zuvor hatte er erstmals von der Ernährung nach dem Mond gehört. Er war damals 45 Jahre alt und wog – als Büroangestellter mit überwiegend sitzender Tätigkeit – etwa 25 Kilo über seinem Normalgewicht. Nach einem Monat mit der neuen Ernährungsweise hatte er so viel Mut und Inspiration gewonnen, dass er nicht mehr davon loskam und wieder Freude daran gewann, ohne Selbstkasteiung auf seinen Körper zu achten. Mit beeindruckendem Ergebnis.

Ernte, Einkauf auf Vorrat und Lagern

Siehe auch: ***Einkochen***. Machen Sie doch einmal einen Versuch: Teilen Sie einen Apfel mit dem Messer in zwei Hälften und lassen Sie ihn irgendwo mit den Schnittflächen nach oben in Ihrer Wohnung liegen – bei normaler Zimmertemperatur. Tun Sie das zweimal – einmal einen Tag vor Neumond und ein zweites Mal einen Tag vor Vollmond. Beobachten Sie, was mit den Schnittflächen geschieht. Diese persönliche Erfahrung erklärt Ihnen vieles von dem, was der Mond an Kräften zu bieten hat – in vielen Bereichen des Lebens. So zum Beispiel auch beim Ernten und Lagern.

Was nützt alles Geschick beim Pflanzen, Säen und Pflegen unserer Gewächse, wenn Schädlinge, Schimmel oder Fäulnisbakterien alle Mühe zunichte machen? Schon seit Menschengedenken sind beim Lagern der Früchte aus Gar-

ten, Feld und Wald Methoden angewandt worden, die sie haltbar machten und unsere Vorfahren harte Winter überstehen ließen – darunter Gären, Einsalzen, Räuchern, Kochen, Braten, Trocknen, Kühlen und vieles mehr. Vor allem aber auch: das Achten auf den *richtigen Zeitpunkt der Ernte und des Konservierens.*

So oft führen Lager- und Konservierungsmaßnahmen zu unterschiedlichen Ergebnissen, obwohl stets die gleichen Reinlichkeitsregeln eingehalten wurden. Bestes Beispiel: Fast jede Hausfrau hat schon erlebt, dass geöffnete Marmelade bisweilen schon nach kurzer Zeit verdirbt; manchmal aber steht sie wochenlang auf dem Frühstückstisch und schmeckt wie am ersten Tag. Auch in verschlossenem Zustand halten eingeweckte Früchte oder selbst gemachte Marmelade unterschiedlich lange. Des Rätsels Lösung findet, wer die Regeln für das Ernten und Lagern beherzigt.

Die Grundregeln für das Ernten, den Einkauf auf Vorrat und das Lagern

Sehr gut: Bei abnehmendem Mond in Widder, Löwe und Schütze. Zum Ernten und Einlagern von Getreide, Gemüse und Kartoffeln sind die Widdertage am besten geeignet.

Gut: Bei abnehmendem Mond mit Ausnahme von Krebs, Jungfrau und Fische.

Ungünstig: Bei zunehmendem Mond und bei abnehmendem Mond in Krebs, Jungfrau und Fische.

Sehr ungünstig: Bei zunehmendem Mond in Krebs, Jungfrau und Fische.

Wenn Sie den richtigen Zeitpunkt einhalten: Obst und Gemüse stehen besser im Saft, der beim Ernten erhalten bleibt und die besten Voraussetzungen für guten Geschmack und Haltbarkeit bietet. Die Schale schließt das Obst sorgfältig ab, damit eine einzelne faule Frucht nicht alle anderen »ansteckt«.

Mögliche Folgen des falschen Zeitpunkts: Es besteht Fäulnisgefahr, alles bekommt schon bald einen faden Geschmack. Unbedingt meiden sollten Sie für das Ernten, Lagern und Konservieren die Jungfrautage. Eingemachtes beispielsweise fängt dann leicht zu schimmeln an. Was zu ungünstigen Zeitpunkten geerntet wird, sollte generell zum sofortigen Gebrauch bestimmt sein.

Besondere Tipps zum Ernten und Lagern: Früchte, Obst und Kräuter, die zum *Trocknen* bestimmt sind, sollten Sie stets bei abnehmendem Mond sammeln und ernten. Kel-

lerregale für die Obstlagerung nur bei abnehmendem Mond reinigen (bei einem Luft- oder Feuerzeichen). Das hält sie trocken und verhindert zusätzlich die Schimmelbildung.

Erntezeit siehe: *Aufsteigender Mond*

Farbwirkung im Mondrhythmus

Siehe auch: *Meditationsfarben der Tierkreiszeichen*. Die Wirkung der Farben von Nahrungsmitteln und auch der Kleidung, die Sie täglich tragen, lassen sich besonders sinnvoll im Laufe der Wanderung des Mondes durch den Tierkreis einsetzen. Die Grundregel lautet: Bestimmte Farben wirken auf besondere Weise anders oder stärker, wenn man sie in dem Tierkreiszeichen verwendet, dem sie zugeordnet sind. Die Zusammenhänge können Sie den Tabellen 4 und 5 auf den Seiten 121 und 122 entnehmen.

Wenn Sie beispielsweise Farben als begleitende »Medizin« bei bestimmten Krankheiten und Störungen anwenden wollen, dann wählen Sie eine passende Farbe oder Kontrafarbe für das Kleidungsstück, das Sie in diesem Fall tragen wollen – am besten auf der betroffenen Körperregion. Dabei ist es gleichgültig, ob Sie es direkt auf dem Körper, etwa als Unterhemd, oder über andersfarbigen Kleidungsstücken tragen. Die Wirkung ist direkt auf der Haut etwas größer, doch die Farbstrahlung, die das Auge aufnimmt, wirkt sich ebenfalls günstig bei der jeweiligen Störung aus.

Damit Sie Farbe und Kontrafarbe kennen lernen und dieses Wissen in die Praxis umsetzen können, beschreiben wir die Farbwirkung und unternehmen eine kurze Wanderung durch einen Mondmonat:

Rot

Rot regt schöpferische, vitale, erdhafte Energien an und fördert Leidenschaft und spontanes, mutiges Handeln; es muntert auf, bringt Schwung und den Mut, neue Ideen um-

Tierkreiszeichen	*Körperzone*	*Grundfarbe*	*Kontrafarbe*
Widder	Kopf, Gehirn, Augen, Nase	Rot	Gelb/Blau
Stier	Kehlkopf, Sprachorgane, Zähne, Kiefer, Hals, Mandeln, Ohren	Blau	Rot (Gelb)
Zwillinge	Schulter, Arme, Hände, Lunge	Gelb	Rot/Blau
Krebs	Brust, Lunge, Magen, Leber, Galle	Grün	Violett oder Orange
Löwe	Herz, Rücken, Zwerchfell, Blutkreislauf, Schlagader	Rot	Gelb/Blau
Jungfrau	Verdauungsorgane, Nerven, Milz, Bauchspeicheldrüse	Blau	Rot (Gelb)
Waage	Hüfte, Nieren, Blase	Gelb	Rot/Blau
Skorpion	Geschlechtsorgane, Harnleiter	Grün	Violett oder Orange
Schütze	Oberschenkel, Venen	Rot	Gelb/Blau
Steinbock	Knie, Knochen, Gelenke, Haut	Blau	Rot (Gelb)
Wassermann	Unterschenkel, Venen	Gelb	Rot/Blau
Fische	Füße, Zehen	Grün	Violett oder Orange

Tabelle 4: **Die Farbzuordnung der Tierkreiszeichen**
Zur genauen Anwendung: Das Violett sollte ein bläuliches Rot sein; mit anderen Worten, die Farbe Rot sollte in der Mischung von Blau und Rot überwiegen. Das Orange sollte ein gelbliches Rot sein. Also auch hier sollte in der Mischung von Gelb und Rot das Rot überwiegen.

zusetzen. Rot in Kleidung und Nahrung aktiviert die Leber und unterstützt die Produktion roter Blutkörperchen. Als Farbe der entgiftenden, ausscheidenden Kraft befreit es von Verstopfungen und Verschleimungen und ist günstig bei Eisenmangel. Zu viel Rot kann Unruhe, Hektik, Nervosität auslösen.

Farbe	*Eigenschaft*	*Nahrungsmittel*
Rot	durchblutungsfördernd, blutbildend, energieliefernd, ermutigend	Tomaten, rote und schwarze Johannisbeeren, Himbeeren, Erdbeeren, rote und schwarze Kirschen, Rote Bete, rote Paprika, Preiselbeeren, Radieschen, rote Apfelsorten
Blau/ Violett	entzündungshemmend, schmerzstillend, beruhigend, schlaffördernd, ausgleichend	Heidelbeeren, Blaubeeren, Holunderbeeren, schwarze Johannisbeeren, schwarze Kirschen, blaue Weintrauben, Zwetschgen, Pflaumen, Blaukraut, Auberginen
Gelb/ Orange	nervenstärkend, inspirierend, schleimhautaktivierend	gelbe Paprika, Aprikosen (Marillen), Karotten, Äpfel, Birnen, Mais, Kohlrabi, Bananen, gelbe Erbsen, Zwiebeln, Sellerie, Knoblauch, weiße Weintrauben, Zitronen, Orangen, Mandarinen, Grapefruit, Ananas, Pfifferlinge
Grün	beruhigend, ausgleichend, wachstumsfördernd	Spinat, Brennnessel, Bohnen, grüne Erbsen, Lauch, Artischocken, Zucchini, Kräutergewürze wie Liebstöckel, Salbei, Dill, Bärlauch, Schnittlauch, Petersilie u. v. a.

Tabelle 5: **Farbwirkungen und Farben verschiedener Lebensmittel**

Orange

Orange, die Mischung von Rot und Gelb, wirkt harmonisierend. Besonders geeignet ist es gegen Nervosität, Angst, Depressionen, sinnvoll für das Drüsensystem und die Lunge. Negative Einflüsse von zu viel Orange sind selten, außer wenn die Farbe ausschließlich verwendet wird. Zu viel

Orange kann die Abhängigkeit von anderen Menschen fördern. Verdauungs- und Hautprobleme und schlechter Stuhlgang werden durch Orange günstig beeinflusst, besonders in den Jungfrautagen. Orange wirkt appetitanregend und unterstützt deshalb gut bei Magersucht. Die wärmende Wirkung von Orange entkrampft und entspannt.

Gelb

Gelb ist die Farbe der geistigen Inspiration, macht munter, unterstützt die Drüsenfunktion, stärkt die Nerven, aktiviert die Schleimhäute, baut auf, unterstützt Denkprozesse. Es regt die Verdauungssäfte an und hilft bei Verdauungsstörungen und Darmträgheit, wirkt nervenberuhigend und gegen geistige und nervöse Erschöpfungszustände – also eine gute Farbe in Klassen- und Studierzimmern. Gelb ist ein Beruhigungsmittel für die Milz, aktiviert das Lymphsystem und hilft bei Leberschäden.

Grün

Grün wirkt ausgleichend und neutralisierend, es ist die Farbe der Hoffnung, Harmonie, der Heilung und des natürlichen Reifens. Grün beeinflusst die Hirnanhangdrüse (Hypophyse) und greift damit regulierend in den Stoffwechsel ein, führt ein Gleichgewicht zwischen Leber und Milz herbei und wirkt regenerierend auf Muskeln und Bindegewebe. Für die Augen ist es wohltuend und beruhigend. Grün wirkt auf das vegetative Nervensystem und fördert das Wachstum. Zu viel Grün hat kaum negative Wirkungen. In seltenen Fällen wirkt es allzu dämpfend, fördert Unentschlossenheit. Manchmal reagiert man zu langsam, zu geduldig.

Im Alter von achtzig Jahren erhielt Mulla Nasrudin, der weiseste Narr des Orients, Besuch von einem seiner Bewunderer. »Wie wunderbar«, begann der von weither Gereiste, »daß Sie ein solch ehrwürdiges Alter erreicht haben und weithin und zu Recht für Ihren enthaltsamen Lebenswandel gerühmt werden. Welches sind die wichtigsten Merkmale Ihrer Lehre?« – »Zuallererst«, sagte der Mulla würdevoll, »bin ich strikter Vegetarier, zweitens bleibe ich allezeit heiter, bleibe in jeder Lebenssituation und bei allen Menschen stets gelassen, ich verliere niemals meine Ruhe …« Da tönte plötzlich lautes Gebrüll und Geschrei aus der Küche, und der Besucher blickte sich erstaunt um. »Oh, achten Sie nicht darauf«, sagte der Mulla ungerührt, »das ist nur mein berühmter Vater, der gerade den Kaufmann verprügelt, weil er die Bierkisten und das Fleisch so spät geliefert hat.«

Blau

Blau wirkt beruhigend, ausgleichend, schmerzstillend, schlaffördernd und entzündungshemmend. Generell hat ein Übermaß an Blau ähnlich wie bei Grün kaum negative Wirkungen. Nur in Ausnahmefällen kann es stark ermüden und zu Langeweile, Lustlosigkeit und auch zu niedrigem Blutdruck führen. Zu viel Blau in der Nahrung allerdings ist nicht günstig, weil es zu stark dämpft – daher auch die ermüdende Wirkung von Rotwein, während Weißwein als Muntermacher bekannt ist. Blau wirkt kühlend, kann also bei Fieber und auch bei Verbrennungen eingesetzt werden. Wer viel mit Menschen zu tun hat, kann sich mit Blau in der Kleidung seelisch besser abschirmen. Blau macht ruhig und gelassen und öffnet den Geist für schöpferische Gedanken ohne Beeinflussung von außen.

Indigo/Violett

Diese Farbe wirkt beruhigend, regt die Milztätigkeit an, wirkt entspannend und schmerzstillend, der Lymphkreislauf wird unterstützt, die Wahrnehmungskraft gefördert.

Negative Einflüsse von zu viel Violett in der Nahrung kommen kaum vor. Violett in der Nahrung wirkt blutreinigend und bremst die Esslust.

Hier nun einige Tipps, wie Sie aus eigener Kraft den Nutzen von Farbwirkungen im Laufe eines Mondmonats – von Widder bis Fische – für Ihren Alltag erschließen können:

In den Widdertagen regieren die Grundfarbe Rot und als Kontrafarben Gelb/Blau

Wenn der Mond im Tierkreiszeichen Widder steht, wirkt die Farbe Rot in Kleidung und Nahrung besonders stark, gleichgültig ob als Getränk (roter Johannisbeersaft usw.) oder etwa als Gemüse (Tomaten usw.). Rot hat immer die oben beschriebene Wirkung, besonders stark aber an Widder, Löwe und Schütze.

Andererseits wirken sich eine generell schlechte Durchblutung und ein belasteter Kreislauf besonders auf den Kopfbereich aus. Kopfschmerzen und Migräne kommen an Widder häufiger vor. Mit gezielter Anwendung von rot gefärbten Lebensmitteln können Sie viel Gutes bewirken und Ihren Kreislauf in Schwung bringen.

Wenn das Gegenteil der Fall ist und Blutdruck sowie Durchblutung eher zu hektisch sind, kommt die Kontrafarbe zum Zug und kann als »Gegenmittel« eingesetzt werden. An Widder sind das die Farben Gelb oder Blau. Alle gelben und blauen Lebensmittel wirken sich dann günstig aus, dämpfen und beruhigen.

Also bei Blutfülle im Kopf – Gelb oder Blau. Diese Farben verengen die Gefäße. Bei Blutleere im Kopf – Rot. Rot erweitert die Gefäße.

In den Stiertagen regieren die Grundfarbe Blau und als Kontrafarbe Rot (Gelb)

Alle blau gefärbten Speisen entwickeln im Tierkreiszeichen Stier eine starke Kraft. Blau in Nahrungsmitteln wirkt immer stärkend, aber besonders an Stier, Jungfrau und Steinbock.

Auf der Kontraseite herrscht an Stier eine ideale Zeit für alle, die weniger Rot essen sollten, beispielsweise Menschen mit zu hohem Blutdruck. An Stier wirkt Rot nicht so stark und ist deshalb nicht so schädlich. Es ist nämlich wichtig, alle Farben zu sich zu nehmen, aber eben nicht alle Tage in der gleichen Dosis.

Im Halsbereich – »zuständig« ist hier das Tierkreiszeichen Stier – ist Grün immer gut. Blau eignet sich besonders zur Unterstützung bei entzündeten Mandeln oder Problemen im Mundbereich, bei Schilddrüse und Zunge. Wenn Sie bei einer Unterfunktion der Schilddrüse rote Lebensmittel und bei einer Überfunktion blaue oder grüne Lebensmittel verstärkt berücksichtigen, hat das eine besonders günstige Wirkung an Stier.

In den Zwillingetagen regieren die Grundfarbe Gelb und als Kontrafarben Rot/Blau

Gelbe Lebensmittel haben bei Zwillinge, Waage und Wassermann ihre größte positive Wirkung, und zwar besonders auf Leber und Galle, aber auch auf Magen und Milz. Zwillinge ist zwar nicht direkt mit Leber und Galle verbunden, unterstützt aber wegen des gelben Farbeinflusses diesen Bereich. Rot und Blau als Kontrafarbe zu Zwillinge-Gelb wirkt genau an diesen Tagen nicht so stark. Zwillingetage mit dem Einfluss Gelb sollten auch zur Nervenstärkung und Unterstützung der Drüsenfunktionen genützt werden.

In den Krebstagen regieren die Grundfarbe Grün und als Kontrafarben Violett/Orange

Grün unterstützt besonders den Brustbereich. Die Zeit, wenn der Mond im Krebs steht, sollte deshalb genützt werden, um das vegetative Nervensystem mit der Farbe Grün zu stärken. Gerade bei Grün mangelt es ja nicht an Angeboten im Lebensmittelbereich. Aber auch Grün in der Kleidung und Spaziergänge im Grünen haben an Krebs eine besondere Kraft (auch an Skorpion und Fische). Schützen Sie also den Brustbereich und dann hinaus in die Natur!

Einen guten Dienst leisten Sie Ihrem Körper, wenn Sie speziell an Wassertagen (Krebs, Skorpion und Fische) Ihrem Nervenkostüm mehr Vitamine der B-Gruppe zukommen lassen. Sie sind wasserlöslich und beispielsweise in den Schalen der Getreidekörner enthalten, in Reishäutchen, Hefe und Kartoffeln.

In den Löwetagen regieren die Grundfarbe Rot und als Kontrafarben Gelb/Blau

Bei Neigung zu Herzbeschwerden und hohem Blutdruck sollten Sie besonders an Löwe alles Rote meiden, in der Ernährung wie in der Kleidung. Gut geeignet ist dagegen die Kontrafarbe Gelb oder Blau, um für Ausgleich zu sorgen – beispielsweise tonangebend in der Tischdecke. Auch Grün ist geeignet, es wirkt immer harmonisierend.

In den Jungfrautagen regieren die Grundfarbe Blau und als Kontrafarbe Rot (Gelb)

Alle Verdauungsorgane können Sie an Jungfrau optimal unterstützen. Wenn sie ein wenig verrückt spielen, dann beruhigen Sie sie mit Blau, das in den Jungfrautagen eine hebende Wirkung hat. Wenn andererseits Magen, Darm usw. nicht so gut arbeiten, dann regen Sie alles mit der entgegengesetzten Farbe an – mit Rot in Kleidung und Lebensmitteln.

Bei Leber- und Gallenleiden, bei Magen- und Milzproblemen arbeiten Sie mit der Farbe Gelb – entweder in Form von Umschlägen mit gelben Tüchern, mit gelben Nahrungsmitteln usw. Daneben wirken saure Nahrungsmittel ausgleichend auf Leber und Galle, sind erfrischend und verringern oftmals Hitzeempfindungen, Heißhunger und Schlafstörungen. Kein anderes Tierkreiszeichen bringt es so deutlich an den Tag, ob Sie sich richtig oder falsch ernähren.

In den Waagetagen regieren die Grundfarbe Gelb und als Kontrafarben Rot/Blau

Was auch immer Sie an Waagetagen für das Drüsensystem tun, es wirkt besser als an allen anderen Tagen. Gelb in Kleidung und Lebensmitteln regt nicht nur die Inspiration an, sondern unterstützt auch Galle und Leber. Sie können damit ruhig schon an Jungfrau beginnen. Der weit verbreitete Vitamin-C-Mangel lässt sich an Waage besser ausgleichen als an allen anderen Tagen. Am besten, Sie decken den Vitamin-C-Bedarf aus Wildkräutern, die teilweise zehnmal mehr Vitamin C enthalten als die gleiche Menge Grüngemüse.

In den Skorpiontagen regieren die Grundfarbe Grün und als Kontrafarben Violett/Orange

Die Geschlechtsorgane brauchen Vitamin E für ihre Gesundheit, und man sollte die Skorpiontage nicht versäumen, um viel Grünes zu essen. Auch in Weizenkeimen, Milch,

Butter und Salaten ist Vitamin E zu finden. Die Farbe Grün fördert das Wachstum, und zu wenig Grün oder Vitamin E kann zu Früh- und Fehlgeburten führen. Vitamin E unterstützt die Fortpflanzung, ein Mangel daran kann sogar zu Sterilität führen.

Ein Tipp am Rande: Frauen, die zu Fehlgeburten neigen, sollten Liebstöckel und Thymian lieber meiden, obwohl sie auch grün sind. Sie würden das Ungeborene gerade an Skorpiontagen ungünstig beeinflussen. Früher wandte man diese Kräuter gegen unerwünschte Schwangerschaften an!

In den Schützetagen regieren die Grundfarbe Rot und als Kontrafarben Gelb/Blau

Die Schütze-Energie schärft die Sinnesorgane und unterstützt mit der Kraft der Farbe Rot die Durchblutung im ganzen Körper. Der besondere Einfluss auf die Venenregion sollte unbedingt genutzt werden: Nicht selten spürt man an Schütze diese Region unangenehm. Umso wichtiger ist es, sämtliche Körperenergien zum Fließen zu bringen und Stauungen aufzulösen. Eine Massage wirkt da oft Wunder, allerdings nicht nur an Schütze.

Die Eiweiß- und Fruchtqualität an Schütze sollten Sie ebenfalls nützen. Sämtliche roten Früchte und Gemüsesorten besitzen an Fruchttagen (Widder, Löwe, Schütze) mehr Kraft als an anderen Tagen. Rot im Übermaß ist für hektische Menschen jedoch ungünstig.

In den Steinbocktagen regieren die Grundfarbe Blau und als Kontrafarbe Rot (Gelb)

Die Steinbocktage mit der blauen Farbenergie sind die besten Tage für jede Form der Hautpflege. Unreine Problemhaut können Sie auch von außen kräftigen und heilend unterstützen. Vitamin H ist für eine gesunde Haut sehr wichtig; man findet es in Hefe, Bananen, Kartoffeln und in Innereien wie Leber, Niere und Hirn. Besonders wenn Steinbock im zunehmenden Mond steht, nimmt der Körper dieses Vitamin gut auf – ebenso alle Nährstoffe aus blauen Lebensmitteln.

In den Wassermanntagen regieren die Grundfarbe Gelb und als Kontrafarben Rot/Blau

Die Grundfarbe Gelb an Wassermann lässt vieles beschwingter, aktiver und leichter erscheinen. Die Farbe hemmt manchmal aber die Durchblutung, was sich beispielsweise durch Belastung der Unterschenkel und in Krampfadern äußern kann. Die Kontrafarbe Rot würde hier vorbeugend und lindernd wirken, weil sie die Gefäße erweitert. Wenn Sie allerdings schon Krampfadern haben und sie entfernen wollen, meiden Sie die Wassermanntage und wählen Sie einen Termin im abnehmenden Mond (siehe auch ***Unterschenkelregion***). Die eigentliche Ursache von Krampfadern und Venenproblemen ist allerdings »schlechtes« Blut, das man nur durch Entgiften und gesunde Ernährung in den Griff bekommt. Alle Lebensmittel mit gelber Farbe wirken an Wassermann unterstützend für Ihren Körper, ebenso Gelb in der Kleidung oder gelbe Umschläge.

In den Fischetagen regieren die Grundfarbe Grün und als Kontrafarben Violett/Orange

Grün ist zwar die Farbe des Tierkreiszeichens Fische, doch in den Füßen kommen so viele Einflüsse und Energielinien zusammen, dass Grün gar keine so große Rolle mehr spielt.

Vielleicht liegt es daran, dass die Füße Endpunkte aller Körpermeridiane enthalten, dass praktisch jede Körperzone, jedes Organ über die Reizung bestimmter Punkte an den Füßen vorbeugend, lindernd und heilsam angeregt werden kann. Die Fußreflexzonenmassage kann von größtem Nutzen für eine erfolgreiche Entgiftung des Körpers sein. Die Kraft der Fischetage unterstützt die gute Wirkung dieser Massageform sehr. An diesen Tagen sollte man jedoch mit besonderer Vorsicht massieren, weil man empfindlicher ist.

Wer mit den Hunden schlafen geht, wacht mit Flöhen auf. Wer Rosen schenkt, bringt Gesichter zum Leuchten. Lebenskunst heißt auch, nicht überrascht zu sein, wenn wir ernten, was wir gesät haben.

Fasten zur allgemeinen Gesundheitsvorsorge

Gegen Fasten – also einen kürzeren oder längeren Zeitraum ohne jede feste Nahrung – ist grundsätzlich wenig einzuwenden, besonders wenn es als Kur gedacht ist, um dem Körper Gelegenheit zur Entgiftung und Regeneration zu geben. Als Mittel zur Gewichtsabnahme ist es auf Dauer fast nie erfolgreich. Nachteilige Essgewohnheiten lassen sich nur selten mit Gewalt ablegen. Ein über Jahre und Jahrzehnte durch Fehlernährung belasteter Körper kann nicht durch einige Wochen Fasten in »jungfräulichen« Zustand versetzt werden.

Eine langsame Regeneration ist nötig, gleichsam ein Hinessen zum Ausgangspunkt. Dabei sollte auf alle Medikamente verzichtet werden. Das Geheimnis besteht nicht im Hinzufügen von Wertvollem, sondern im langsam Weglassen dessen, was einem schadet. Man sollte dazu einen Heilpraktiker aufsuchen, der dieser »Sanierung« auf natürlichem Wege assistiert; denn die Reihenfolge ist wichtig: Zuerst muss sich der Dünndarm regenerieren, danach die Nieren, die Leber und die Haut. Erst danach ist Heilfasten sinnvoll.

Gelegentliches Fasten im Sinne einer merklichen Reduzierung der konsumierten Mengen hat aber oft auch schon eine sehr positive, vorbeugende Wirkung. Nicht ohne Grund folgt auf den Karneval die Fastenzeit, übrigens ein mondabhängiger Zeitraum. Dann beim Essen Maß zu halten ist eine sehr gute Sache, weil der Körper in dieser Zeit besonders gut entgiftet und sich regeneriert. Er wird es Ihnen mit gesteigerter Abwehrkraft und größerem Wohlbefinden lohnen. Aber auch das Einhalten der Grundregeln zum Fasten zur allgemeinen Gesundheitsvorsorge hat diese Wirkung.

Die Grundregeln für das Fasten zur allgemeinen Gesundheitsvorsorge

Gut: Drei Tage vor Vollmond bis einschließlich Vollmond. Drei Tage vor Neumond und an Neumond sowie an den Jungfrautagen.

Wenn Sie den richtigen Zeitpunkt einhalten: Kurz vor und an Neumond entgiftet der Körper besonders wirkungsvoll; Fasten unterstützt diesen Prozess. Kurz vor und an Vollmond speichert der Körper besonders wirkungsvoll. Fasten verhindert dann ein stärkeres Zunehmen.

Besondere Tipps beim Fasten zur allgemeinen Gesundheitsvorsorge: Warum nicht einmal geistig statt körperlich fasten? Die drei Affen, von denen sich einer das Maul zuhält, der andere die Augen bedeckt, der Dritte die Ohren – diese drei sind ein altes buddhistisches Symbol für die Entschlusskraft des Geistes, in seiner Umgebung das Negative im besten Sinne des Wortes zu ignorieren: Nichts Böses sprechen, nichts Böses sehen, nichts Böses hören. Das heißt nicht, blind zu sein gegenüber dem Bösen, sondern im Gegenteil: Das Schlechte kann man nicht bekämpfen, dadurch wird es nur stärker. Das Negative ist eitel. Es weicht zurück, wenn man es ignoriert – beispielsweise dadurch, dass man sich mit dem Guten beschäftigt.

Wenig bekannt ist übrigens die Adventsfastenzeit (1. Advent bis 24. Dezember), ebenfalls eine sehr günstige Zeit, um ein wenig enthaltsamer zu leben. Das ist heutzutage selbstverständlich kaum zu verwirklichen, doch vielleicht kann Ihnen diese Information dennoch von Nutzen sein. Eins ist jedenfalls sicher: Gebäck, das vor Weihnachten gegessen wird, macht viel dicker als in den Weihnachtstagen genaschte Plätzchen.

Fenster putzen

Vielleicht haben Sie es schon bemerkt: Oftmals bleiben beim Fensterputzen Streifen und Schlieren zurück, obwohl Sie nach genau derselben Methode vorgegangen sind wie sonst. Probieren Sie es einfach aus: Wenn Sie auf den richtigen Zeitpunkt achten, genügen schon Wasser mit einem Schuss Spiritus und Zeitungspapier, um freie Sicht zu gewähren. Scharfe oder hochkonzentrierte Mittel sind überflüssig.

FENSTER

Die Grundregeln für das Fensterputzen
Sehr gut: Bei abnehmendem Mond an Zwillinge, Waage, Wassermann oder Widder, Löwe und Schütze.
Gut: Bei abnehmendem Mond.
Ungünstig: Bei zunehmendem Mond.
Sehr ungünstig: Bei Vollmond.

Wenn Sie den richtigen Zeitpunkt einhalten: Die Arbeit geht leicht von der Hand, das Ergebnis hält lange vor. Auch wenn es anschließend regnet, bleibt das Fenster sauber.

Mögliche Folgen des falschen Zeitpunkts: Man plagt sich ab, Streifen und Schlieren bleiben oftmals trotzdem zurück. Manchmal genügt nur ein Regenguss ans Fenster, und schon ist alles wieder schmutzig.

Besondere Tipps zum Fensterputzen: Bei der Reinigung stark verschmutzter Fensterrahmen würden Sie bei abnehmendem Mond und gleichzeitig einem Wassertag (Krebs, Skorpion, Fische) noch bessere Ergebnisse erzielen. An diesen Tagen sollten Sie das Holz jedoch hinterher sehr gut trocknen. Fensterstöcke keinesfalls bei zunehmendem Mond reinigen und immer von beiden Seiten, damit nicht einseitige Quellungen entstehen. Früher wurden die Fenster ausgehängt und von beiden Seiten mit dem Wasserschlauch abgespritzt.

Fenster verglasen und einsetzen

Manche Familien müssen sich ständig über trübe, angelaufene Fenster ärgern, obwohl die Fenster scheinbar wie ein Ei

Kümmert Euch nicht um die Fehler anderer. Nehmt den Scheuersand der Weisheit und haltet damit die Räume Eures Geistes licht und sauber. Euer Beispiel wird andere dazu anregen, ihr eigenes Haus zu reinigen.
Paramahansa Yogananda

dem anderen denen des Nachbarn gleichen und womöglich noch bei derselben Firma hergestellt sind. Diese Firma könnte in Zukunft der Gefahr von Regressforderungen aus dem Weg gehen. Waren klar bleibende Doppelfenster einige Jahrzehnte lang Glücksache, so haben Sie es heute selbst in der Hand. Der Zeitpunkt des Verglasens und Einsetzens ist in hohem Maße ausschlaggebend dafür, ob Sie Freude an Ihren Fenstern haben oder nicht. Wer später zusätzlich auch noch beim Putzen auf den richtigen Zeitpunkt achtet, wird für seine Fenster immer Bewunderung ernten. Warum Fenster dadurch schöner, klarer und sauberer werden, können auch wir Ihnen nicht begründen. Wir bekräftigen, dass es so ist, und möchten Ihnen nur raten, es einfach auszuprobieren.

Zum falschen Zeitpunkt verglaste Holzfenster und Wintergärten können sich verziehen, schlecht schließen und durch eindringende Feuchte vorzeitig morsch werden. Dafür sind schlicht Naturgesetze verantwortlich; solche Schäden zeigen gleichzeitig, dass man Holz nicht als lebendiges Wesen betrachtet hat. Es darf nicht einfach zu beliebigen Zeiten geerntet, gewaltsam getrocknet und in Form gebracht werden. Holz ist dann in gewissem Sinne »beleidigt« und versucht, aus seiner misslichen Lage auszubrechen. So entstehen unruhige, nicht schließende, angelaufene Fenster.

Wenn Sie sichergehen wollen – und vor allem, wenn Sie nicht wissen, ob das Holz für Türen und Fenster zum rechten Zeitpunkt geschlagen wurde –, achten Sie auf die Regeln.

Die Grundregeln für das Verglasen und Einsetzen von Fenstern

Sehr gut: In den Tierkreiszeichen Wassermann und Zwillinge.

Gut: Bei abnehmendem Mond, mit Ausnahme von Krebs, Skorpion und Fische.

Ungünstig: Bei abnehmendem Mond in Krebs, Skorpion und Fische und bei zunehmendem Mond.

Sehr ungünstig: Bei zunehmendem Mond in Krebs, Skorpion und Fische und bei Vollmond.

Wenn Sie den richtigen Zeitpunkt einhalten: Die Fenster bleiben klar und verziehen sich nicht so leicht.

Mögliche Folgen des falschen Zeitpunkts: Bei Krebs, Skorpion und Fische faulen die Fenster. Bei zunehmendem Mond bewegen sie sich stärker.

Besondere Tipps für das Verglasen und Einsetzen von Fenstern: Auch beim Wiedereinsetzen herausnehmbarer Winterfenster entscheidet der Zeitpunkt darüber, ob sie im Winter ständig schwitzen oder beschlagen. Es gelten die gleichen Regeln wie für das Einsetzen neuer Fenster.

Fett- und Öltage

Siehe auch: *Nahrungsqualität*. Die Tage in den Tierkreiszeichen Zwillinge, Waage und Wassermann bezeichnet man auch als Öltage mit besonderer Wirkung auf fett- und ölhaltige Speisen. Sie haben es vielleicht schon erlebt: Mancher liebt und verträgt fettreiche Speisen gerade an den Öltagen, während anderen Menschen in diesen Tagen schon der Geruch von Gebratenem missfällt. Achten Sie genau darauf, was Ihnen in dieser Zeit besonders schmeckt und wie es auf Sie wirkt. Und stellen Sie es in Beziehung zu Ihrem Typ: Als Alpha-Typ vertragen Sie alle tierischen Fette und als Omega-Typ (siehe ***Ernährungstyp***) alle pflanzlichen Fette und Öle. Auf Dauer sollten beide Fettarten niemals gemeinsam gegessen werden.

Ausnahmen sind nicht so schlimm, wie immer bei der wirklich gesunden Ernährung. Lassen Sie sich also niemals ein schönes Mittagessen oder Abendessen mit Freunden verderben, nur weil nicht »Ihr« Fett auf den Tisch kommt. Ausnahmen machen den Körper wach und stabil: Er lernt so, sich auch auf Ungesundes einzustellen und damit umzugehen. Auch Sie selbst bekommen dann ein unbestechliches Gefühl dafür, was Ihnen bekommt und was nicht.

Wenn Sie schon wissen, ob Ihr Körper an Öltagen Fett gut oder fast gar nicht abbaut, haben Sie es jetzt gut. An Öltagen können Sie ab jetzt Fett möglichst ganz meiden oder »Ihr« Fett genießen. Beides ist möglich, aber wenn Sie es herausgefunden haben, dann ändert es sich nicht mehr. Auch als »Anfänger« kommen Sie schnell dahinter.

Zusammengefasst: An Öltagen vertragen und brauchen Sie entweder mehr Fett (tierisch oder pflanzlich, je nach Typ) als sonst oder weniger. Beobachten Sie und ziehen Sie Ihre eigenen Schlüsse.

Feuchtetage

Das sind jene Tage, an denen der Mond die Tierkreiszeichen Krebs, Skorpion und Fische durchwandert; siehe: ***Tagesqualität.***

Feuchtigkeit und Schimmel beseitigen

Stellen Sie sich einmal vor, Sie haben vergessen, den Wasserhahn Ihrer Badewanne zuzudrehen. Sie bemerken es erst beim angeregten Telefonat im Wohnzimmer, wenn das kühle Nass schon sanft Ihre Strümpfe durchfeuchtet.

Was tun Sie jetzt, um das Problem zu lösen? Laufen Sie zuerst zum Auto, fahren in den nächsten Baumarkt und kaufen dort eine Pumpe, um das Wasser aus Ihrem Wohnzimmer abzusaugen? Klingeln Sie zuerst beim Nachbarn einen Stock tiefer, um sich für die Überschwemmung zu entschuldigen? Rufen Sie als Erstes einen Psychologen an, der herausfinden soll, welches Kindheitserlebnis »schuld« daran ist, dass Sie vergessen haben, den Hahn rechtzeitig zuzudrehen? Oder sind Sie vor Schreck so gelähmt, dass Sie sich am Ende gar nicht bewegen?

Lachen Sie nicht – solche oder ähnliche Reaktionen sind unglaublich weit verbreitet. Besonders Akademiker neigen dazu, sich zuerst mit Symptomen zu befassen, bevor wahre Ursachen interessant werden. Nein, Sie marschieren zuerst zum Sicherungskasten, drehen die Sicherungen heraus, waten dann zum Wasserhahn, schließen ihn und beseitigen dann Wasser und Schaden, nicht wahr?

Diese Form des Umgangs mit einem Problem – zuerst Ursachen beseitigen, dann die Folgen beheben – sollte auch das Vorgehen sein, wenn es um einen der gefürchtetsten Schäden am Bau geht – eindringende Feuchtigkeit. Üblicherweise wird damit so verfahren, wie manche Schulmediziner mit Krankheit umgehen: Sie wird »bekämpft«, zugesprüht, zugekleistert. Wer Feuchtigkeit erfolgreich beseitigen will, muss sich jedoch den Ursachen zuwenden.

Der Hauptgrund für feuchte Wandecken, ob in Neu-

oder Altbauten, ist Betonieren, Aufmauern und Verputzen zum falschen Zeitpunkt (siehe auch ***Beton und Estrich gießen*** und ***Verputzen und Ausbessern***). Auf Feuchte wirkt der falsche Zeitpunkt wie ein Magnet. Das ist der Grund, warum die folgenden Tipps zur Trockenlegung solcher oft hartnäckiger Feucht- und Schimmelstellen gut funktionieren.

Die Grundregeln für das Beseitigen von Feuchtigkeit und Schimmel

Sehr gut: Bei abnehmendem Mond in den Tierkreiszeichen Zwillinge, Waage, Wassermann und Widder, Löwe und Schütze, je näher an Neumond, desto besser.

Gut: Bei abnehmendem Mond, mit Ausnahme der Wassertage Krebs, Skorpion und Fische.

Ungünstig: Generell bei zunehmendem Mond und Vollmond, aber auch bei abnehmendem Mond an Krebs, Skorpion und Fische.

Sehr ungünstig: Bei zunehmendem Mond an Krebs, Skorpion und Fische.

Wenn Sie den richtigen Zeitpunkt einhalten: Die Maßnahmen sind erfolgreich, oftmals sogar dann, wenn sanfte Methoden angewendet werden – Trockenföhnen usw.

Mögliche Folgen des falschen Zeitpunkts: Der Erfolg der Maßnahmen hat keinen langfristigen Bestand.

Besondere Tipps zum Beseitigen von Feuchtigkeit und Schimmel: Manchmal hilft es schon, feuchte Stellen und den Schimmel mit Essigwasser und einer Wurzelbürste zu schrubben und dann gut zu trocknen, eventuell sogar heiß zu föhnen! Das gilt auch für vom Schimmel befallenes Holz: Es verzieht sich nicht, wenn Sie auf den richtigen Zeitpunkt achten. Der Erfolg der Prozedur ist physikalisch nicht erklärbar, aber bei uns und vielen anderen Menschen hat es fast immer gut funktioniert.

Räume, die Gefahr laufen, dauerhaft feucht oder schimmelig zu werden (Keller, Speisekammer, Feuchträume), sollten Sie niemals bei zunehmendem Mond oder bei Krebs, Skorpion und Fische gründlich nass wischen und putzen. Das käme gleichsam einer Einladung an die Feuchtigkeit gleich, sich dort niederzulassen.

Moderne, dicht schließende Fenster sind übrigens nicht der Hauptgrund für die Bildung feuchter Raumecken und für hartnäckige Schimmelbildung. Das ist nur eine Hilfsbehauptung der Wissenschaft, weil sie den wahren Grund nicht kennt. Würde diese Behauptung stimmen, dann wären Hunderttausende von Wohnungen feucht geworden, dann hätten Millionen unter Schimmel an den Wänden zu leiden, und vor allen Dingen: Dann hätte es einen Riesenskandal gegeben, der längst zum ausschließlichen Einsatz von Fenstern mit »Zwangsbelüftung« geführt hätte. Solche Fenster gibt es zwar, ihr Markterfolg ist aber eher gering einzuschätzen. Der Hauptgrund für Feuchtigkeit und Schimmel ist wie so oft ein zum falschen Zeitpunkt eingesetztes Fenster.

Feuerzeichen

Dies sind die Tierkreiszeichen Widder, Löwe und Schütze. Der Name rührt daher, dass diese Tierkreiszeichen dem Element Feuer zugeordnet werden (siehe auch: ***Tagesqualität***).

Fischetage

Als Fischetage bezeichnen wir jene zwei oder drei Tage im Monat, in denen der Mondkalender das Tierkreiszeichen Fische angibt. Auf der Erde machen sich besondere Kräfte bemerkbar, die man sich in fast jedem Lebensbereich zunutze machen kann. Einige Beispiele und Grundregeln sollen hier als Anhaltspunkt und Anregung dienen.

Was an Fische in der Luft liegt

Die Schwingungen der Fischetage lassen manchmal die Umrisse der Dinge verschwimmen, der Blick hinter die Kulissen der harten Wirklichkeit fällt leichter. So mancher feste Standpunkt ist schon an Fische ins Wanken geraten. Andererseits macht es Fische manchmal schwerer, Willensstärke zu zeigen.

Die Tagesqualität der Fischetage ist feucht-kühl, die ***Meditationsfarbe*** (siehe dort) ist ein bläuliches Weiß. Wer an freundlichen Fischetagen einen Ausflug plant, sollte Regenzeug nicht vergessen und sich nicht auf den Boden setzen. Die Erde trocknet dann nämlich nicht vollständig ab.

Gesundheit und Körpereinflüsse an Fischetagen

Die Fischetage berühren zwar nur eine relativ kleine Körperzone, nämlich die Füße und Zehen, doch diese hat es im wahrsten Sinne des Wortes in sich:

- Was Sie in den zwei bis drei Fischetagen für die Füße tun, wirkt doppelt wohltuend, vorbeugend und heilend, nicht nur für die Füße (besonders beispielsweise eine Fußreflexzonenmassage); Ausnahme: Eingriffe und Operationen in diesem Bereich.

- Alles, was die Füße in den Fischetagen stärker belastet, wirkt schädlicher als an anderen Tagen.
- Wenn Sie den Termin von Eingriffen und Operationen an den Füßen selbst bestimmen können, meiden Sie die Fischetage und die Zeit vom 18. Februar bis zum 20. März und wählen Sie für den Eingriff die Zeit des abnehmenden Mondes.

Alles, was Sie in diesen Tagen Ihrem Körper zuführen, wirkt viel stärker als sonst – Nikotin, Alkohol, Nahrung, Medikamente usw. Eine feuchtfröhliche Feier an Fische kann durchaus – wenn alle Gäste das gewohnte Quantum konsumieren – zu einem denkwürdigen Ereignis werden, mit etwas ungewohntem Ausgang. Der Grund für diese Wirkung ist nicht sicher bekannt. Vielleicht liegt es daran, dass die Füße Endpunkte aller Körpermeridiane enthalten, dass praktisch jede Körperzone, jedes Organ über die Reizung bestimmter Punkte an den Füßen vorbeugend, lindernd und heilsam angeregt werden kann. Fußreflexzonenmassage nennt man die entsprechende Technik, und einen Könner dieses Fachs aufzusuchen ist eine wahre Wohltat. Jedenfalls sind die Fischetage dafür ideal geeignet.

Wer unter Rheuma leidet, sollte besonders an Fischetagen die Bettwäsche nicht draußen am Fensterbrett oder am Balkon lüften. Die Feuchtigkeit nistet sich sonst in den Federn ein.

Die Fischetage in Garten und Landwirtschaft

Fischetage sind ***Blatttage*** mit der Kraft des ***aufsteigenden Mondes.*** Alles an diesem Tage Geerntete sollte zum sofortigen Verbrauch bestimmt sein.

Günstig an Fischetagen:

- Setzen und Säen von Blattgemüse
- Gießen von Zimmer- und Balkonpflanzen
- Rasen mähen
- Blumen düngen
- Kartoffeln setzen bei abnehmendem Mond.

Ungünstig an Fischetagen:

- Ausschneiden von Obstbäumen und -sträuchern (bei zunehmendem Mond, besonders im Frühjahr)
- Konservieren, Einkellern und Lagern (Ernten nur zum sofortigen Gebrauch).

Alle Weisheit der Welt lässt sich in zwei Zeilen zusammenfassen:
Was für dich getan wird – lass zu, dass es getan wird.
Was du selbst tun musst – tue es.

Frauentag

Hohe Marienfeiertage werden in manchen Regionen auch als »Frauentage« oder »Frautage« bezeichnet. Unter anderem sind sie sehr bedeutsam im Bereich des Holzerntens, weil an diesen Tagen eine besondere Holzqualität erzielt werden kann (siehe auch ***Holzregeln***). Ein hoher Frautag ist der 15. August, an dem traditionell in vielen Regionen die Kräuterweihe stattfindet. Der 8. bis 15. August ist die beste Zeit zum Sammeln von Heilkräutern, gleichgültig, wie der Mond in dieser Zeit steht.

Freitag im Wochenrhythmus

In unseren Büchern haben wir Sie auch mit ganz besonderen Rhythmen vertraut gemacht: mit Regeln zu den Wochentagen und zu festen Terminen im Jahr (siehe auch ***Holzregeln***), die vom Mondstand völlig unabhängig sind.

Wir vertrauen darauf, dass es interessierte und neugierige Leser gibt, die diese Dinge ausprobieren, denn sie sind so gültig wie alle anderen vorgestellten Regeln auch. Hier die Regeln für den Freitag:

Die Grundregeln für den Freitag

- Besonders günstig freitags: ***Nagelpflege*** abends nach Sonnenuntergang (siehe dort).
- Freitag ist generell ein guter Tag für die Einnahme von homöopathischen Globuli. Diese kleinen Kügelchen, die meist pflanzliche Informationen tragen, wirken heute besonders gut. Sie werden über die Mundschleimhäute aufgenommen und regen die Selbstheilungskräfte des Körpers an.
- Guter Tag für den ersten ***Viehaustrieb auf die Weiden,*** besonders wenn gleichzeitig absteigender Mond herrscht, am besten im Tierkreiszeichen Waage.
- Ungünstig ist heute das Kräutersammeln. Freitags (und auch sonntags) ist die Wirkung von Kräutern anders und weniger hilfreich als an anderen Tagen.
- Verzichten Sie darauf, mittwochs oder freitags Fleisch zu essen. Völlig unabhängig von religiösen Vorschriften wäre es sehr gesund, sich an diese Regel zu halten. Ein weiterer Grund: Tausend Quadratmeter Ackerland mit Getreide ernähren zehn Menschen. Tausend Quadratmeter Viehweide ernähren nur einen einzigen Menschen. Dass wir Fleisch als Eiweißlieferanten brauchen, ist ein Märchen. Zahllose Feldfrüchte enthalten ebensoviel wertvolles Eiweiß.

Fruchtfolge

Die Fruchtfolge im Garten und in der Landwirtschaft – das jährliche Abwechseln der angebauten Pflanzenart – gehört zu den idealen Begleitern einer biologischen Landwirtschaft und Gartenbearbeitung mit Hilfe der Mondrhythmen. Seit alter Zeit gehört sie zu den natürlichsten Methoden von Pflanzenschutz und Bodenerneuerung. Besonders günstig ist eine Fruchtfolge, bei der im jährlichen Wechsel oberirdische und unterirdische Gemüse und Feldfrüchte angebaut werden, so dass eine bestimmte Feldfrucht erst nach *sieben Jahren* wieder an der Reihe ist.

Ein Tipp für den Hobbygärtner: Pflanzen Sie in einem neu angelegten Beet als allererste Pflanze Kartoffeln – sie sind unvergleichlich als Bodenverbesserer und -erneuerer.

Wer die Naturgesetze der Fruchtfolge ignoriert oder nicht kennt, muss früher oder später giftige Chemie einsetzen, um Ernteerfolge zu erzielen – »Erfolge« ist hier aber das falsche Wort, denn es ist in Wahrheit Verrat an der Natur.

Fruchttage

Das sind jene Tage, in denen der Mond die Tierkreiszeichen Widder, Löwe oder Schütze durchwandert. Der Name rührt daher, dass der Mond in diesen Tagen Kräfte anzeigt, die im Pflanzenreich besonders auf den Pflanzenteil Frucht wirken.

Fruchttage im zunehmenden Mond sind beispielsweise ideal zum Säen, Setzen und Pflanzen von Fruchtpflanzen, die oberirdisch gedeihen.

Fruchttage im abnehmenden Mond dagegen eignen sich hervorragend zum Säen, Setzen und Pflanzen von unterir-

disch gedeihenden Garten- und Feldfrüchten. Wenn Sie Obst- oder Safttage einlegen wollen, dann wählen Sie dazu Widder, Löwe und Schütze.

Fruchttage mit absteigender Kraft sind die Tage, in denen der Mond das Tierkreiszeichen Löwe durchwandert. Fruchttage mit aufsteigender Kraft sind die Tage, in denen der Mond das Tierkreiszeichen Widder durchwandert. Schützetage sind ***Knotenpunkte*** zwischen auf- und absteigenden Kräften.

Frühjahrsputz siehe: ***Hausputz***

Fußreflexzonenmassage

Die Fußreflexzonenmassage, eine Methode, die eigentlich in den Bereich der physikalischen Therapie gehört, kann von größtem Nutzen für eine erfolgreiche Entgiftung des

Körpers sein. Viele Heilpraktiker, Masseure und Kosmetiker wissen heute, welch tief greifende Wirkung sie hat. Jede Körperzone, jedes innere Organ, jeder einzelne Knochen kann durch sanfte Massage der Füße direkt zum Guten beeinflusst, ja sogar manchmal geheilt werden.

Und so sieht der Zusammenhang aus: Jedes Körperorgan und jede Körperregion »endet« in einer ganz bestimmten, eng begrenzten Fläche in unseren Füßen. Ähnlich wie bei der Akupressur (Druck auf bestimmte Punkte am ganzen Körper) kann man diese Zonen durch sanften Druck und Reibung gezielt reizen und damit die jeweiligen Organe und Körperbereiche mit Energie durchfluten und zu normaler Funktion anregen.

Diese Form der Massage eignet sich sogar als diagnostisches Instrument: Meist sind genau jene Zonen an den Füßen etwas schmerzhafter oder gar durch eine Hornhautverdickung gekennzeichnet, deren entsprechende Organregion geschwächt ist (mit schlechtem Schuhwerk tun wir also nicht nur unseren Füßen etwas Schlechtes, sondern auch dem ganzen Körper).

Der richtige Zeitpunkt spielt bei der Fußreflexzonenmassage zwar keine allzu große Rolle, doch die Kraft der *Fischetage* unterstützt die gute Wirkung dieser Massageform sehr. An diesen Tagen sollte man allerdings mit besonderer Vorsicht massieren, weil man empfindlicher ist. Wer zum ersten Mal zum Heilpraktiker oder Masseur geht, um diese Massage zu erhalten, ist manchmal gut beraten, wenn er dabei den Fischetagen eher aus dem Weg geht. Fußreflexzonenmassagen zur Anregung entgiftender und ausleitender Organe sind generell bei abnehmendem Mond wirksamer als bei zunehmendem Mond. Gezielte Massagen für die

Körperregion, die gerade geschwächt ist, sind hervorragende Hilfsmittel: Beispielsweise sollte man die Nieren- und Blasenzonen intensiver bearbeiten an Waage und Skorpion, die Kopfzone an den Zehen an Widdertagen usw.

Wir möchten behaupten: Würden die Krankenkassen jedem ihrer Mitglieder einmal im Monat eine Viertelstunde Fußreflexzonenmassage bezahlen, sie könnten sich mindestens ein Viertel ihrer (und damit unserer) Milliardenaufwendungen sparen! Aber es ist nicht immer nötig, einen dazu ausgebildeten Spezialisten aufzusuchen. Liebevolle Berührung ohne Fachausbildung wirkt ebenso intensiv und kraftvoll. Das ist die Medizin der Zukunft: Sie hat begriffen, dass nur die Liebe heilt und nicht irgendeine chemische Formel oder Maschinen.

Massieren Sie also Ihrem Partner oder Ihrem Kind die Füße, vielleicht mit einem Öl aus der Naturkosmetik, und wechseln Sie sich danach ab. Was den Mangel an Wissen über die genaue Position der Fußreflexzonen mehr als wettmacht, ist die Freude am Tun, die Liebe zum Partner. Das Lernen, was gut tut und was nicht, kommt dann ganz von selbst und mühelos; ebenso auch die Erfahrung, welch ein Segen diese Massage bedeutet – nicht nur an Fische.

Manchmal freut man sich, ein zeitlos gutes Buch zu finden, das auch noch in hundert Jahren nichts von seinem Wert einbüßt und auf jeder Seite Informationen von Wert verbreitet – ohne den Leser zu bevormunden. Ein solches Buch zum Thema möchten wir Ihnen ans Herz legen: Es heißt *So spricht die Seele durch die Füße,* ist von Ingeborg Steiner geschrieben und im Peter-Erd-Verlag erschienen. Es befasst sich ausführlich mit den Reflexzonen an Füßen und Händen.

Fußregion – Eingriffe an den Füßen

Haben Sie schon das Stichwort ***Eingriffe, operative*** gelesen? Es wäre sinnvoll, dort kurz nachzusehen, bevor Sie den Termin für den richtigen Zeitpunkt einer Operation eruieren.

Wir möchten Sie erinnern: Vieles entscheidet über den Erfolg eines chirurgischen Eingriffs – von der Kompetenz des Arztes über den allgemeinen Gesundheitszustand des Patienten bis hin zur Verfügbarkeit der nötigen Instrumente. Und nicht zuletzt spielen auch schicksalhafte Umstände eine Rolle. Der Ausgang von Notoperationen beispielsweise gehorcht sicherlich höheren Gesetzmäßigkeiten.

Manche Umstände und Faktoren bei Operationen sind beeinflussbar, manche nicht. Sicher ist aber: Auch Mondstand und Mondphase zum Zeitpunkt chirurgischer Eingriffe beeinflussen deren Erfolg oder Misserfolg.

Die Grundregel ist sehr einfach: Man sollte jeglichen Eingriff im Körper möglichst bei *abnehmendem Mond* vornehmen – je schwieriger und umfassender der Eingriff, desto wichtiger die Befolgung der Regel.

Die Grundregeln für Eingriffe an den Füßen

Gut: Bei abnehmendem Mond, jedoch nicht in Wassermann, Fische und eventuell noch Widder.

Ungünstig: Bei zunehmendem Mond.

Sehr ungünstig: Bei zunehmendem Mond in Wassermann, Fische und Widder sowie drei Tage vor Vollmond bis einschließlich Vollmond, gleichgültig in welchem Zeichen.

Wenn Sie den richtigen Zeitpunkt einhalten: Geringere Blutungsneigung und geringere Narbenbildung. Schnellerer Heilungsverlauf, geringere Gefahr von Komplikationen.

Mögliche Folgen des falschen Zeitpunkts: Komplikationen und Infektionen nach Operationen kommen bei zunehmendem Mond häufiger vor, Heilungs- und Genesungsphasen dauern in der Regel länger. Gegen Vollmond kommt es häufiger zu stärkeren, schwer stillbaren Blutungen. Auch die Vernarbung verläuft nicht ungestört, die Gefahr hässlicher, bleibender Narben ist viel höher. Manchmal sind mehrfach Operationen nötig, um ein einigermaßen befriedigendes Ergebnis zu erzielen. Größere Gefahr von Nerven- und Phantomschmerzen.

Und nicht vergessen: Wichtig ist die Frage, ob der Eingriff überhaupt nötig ist! Bedenken Sie, dass bestimmte, nicht lebensrettende Operationen (an Gallenblase, Blinddarm, Mandeln usw.) bei Ärzten und Rechtsanwälten bis zu 80 Prozent seltener vorgenommen werden als im Durchschnitt an der übrigen Bevölkerung: sicherlich nicht deshalb, weil diese Berufsgruppen gesünder leben. Holen Sie deshalb vor größeren Eingriffen immer eine zweite Meinung ein. Das kann nicht schaden.

Gartenanlage

Ein schöner, gepflegter Garten trägt viel dazu bei, Gesundheit und Wohlbefinden seiner Besitzer zu fördern, besonders auch durch die Möglichkeit, gesundes Gemüse, Kräuter und Früchte zu ernten. Welch großen Gewinn im Garten die Kenntnis der Regeln des richtigen Zeitpunkts bringen kann, davon wissen inzwischen die zahlreichen Leser unseres ersten Buches *Vom richtigen Zeitpunkt.* Manche von ihnen haben an den »unmöglichsten« Orten wahre Paradiese aus dem Boden herangezogen – lebendige Zeugnisse für den Wert des alten Wissens um die Natur- und Mondrhythmen. Hier einige grundlegende Tipps:

- Wenn Sie einen Gemüsegarten neu anlegen wollen: Setzen Sie anfangs ein oder zwei Jahre lang nur Kartoffeln! Nach dieser Zeit erhalten Sie einen wunderbaren Gartenboden, der Ihnen eine Vielfalt verschiedenster Früchte schenkt. Im Rahmen der natürlichen Fruchtfolge sollten Sie auch in späteren Jahren immer wieder einmal Kartoffeln setzen, das erhält Ihren Boden frisch und jung.
- Planen Sie Ihren Kindern zuliebe ein »Nachspeise-Eck« im Garten: mit Erdbeeren, Kirschen, Himbeeren, Brombeeren, Stachelbeeren, Äpfeln. Zu fast allen Jahreszeiten können Ihre Kinder dann die plötzlichen Gelüste auf Süßes gesund stillen und naschen – von Erdbeeren bis zu Lederäpfeln. Pflanzen Sie dabei die Wald- oder Monatserdbeeren, nicht die künstlich gezüchteten großen Erdbeeren. Die kleine Art verbreitet sich schnell und schmeckt bis in den Spätsommer hinein hervorragend. Und solange die Früchte noch nicht reifen, lassen Sie Ihre Kinder lieber Gänseblümchen, Sauerampfer und Löwenzahnköpfe essen statt der künstlichen Süßigkeiten.

Gentechnologie

Eine der fast zwangsläufigen Folgen auf den Verzicht des Mondwissens ist die Gentechnik. Man versucht, mit ihrer Hilfe Ergebnisse zu erzielen, die das Berücksichtigen des richtigen Zeitpunkts ohne Aufwand und auf natürlichem Wege bringen würde.

Dabei ist Genmanipulation nach unserer Einschätzung eines der größten Verbrechen an der Menschheit. Sie dient ausschließlich der Geldvermehrung und dem Sammeln von Orden und Ehrenzeichen. Auf dem Gebiet der Nahrungsmitteltechnologie ist sie nichts weiter als der Versuch, wertlose, krank machende Nahrungs- und »Genuss«-Mittel noch schneller unter die Menschheit zu bringen.

Der Mensch hat noch nicht einmal begonnen, die Natur zu verstehen, geschweige denn alle ihre Geschenke dankbar anzunehmen. Als was muss man dann Gentechnologie und Atomkraft bezeichnen? Ihre Befürworter gleichen Menschen, die aus dem 30. Stockwerk fallen und auf halber Höhe sagen: »Na ja, eigentlich ist bis jetzt fast alles gut gegangen ...«

Noch ist kaum eine gentechnisch veränderte Pflanze im Freien ausgepflanzt, noch existieren noch nicht einmal kurzfristige Studien über mögliche schädliche Auswirkungen, in der Natur wie im menschlichen Organismus – und doch behaupten fast alle beteiligten Wissenschaftler, dass keine Gefahr besteht. Die Situation ist um keinen Deut anders als Anfang der fünfziger Jahre, als man »freiwillige« Soldaten der Strahlung von Atomtests aussetzte, um die Wirkung zu prüfen. Jetzt sind wir die »Freiwilligen«.

Fragen Sie immer nach und geben Sie nicht auf, bis Sie zufrieden sind. Schnell werden Sie feststellen, dass alle Beteiligten nicht wirklich Bescheid wissen, schon gar nicht über die Folgen. Gentechnologie ist ein einziges Experiment, und wir sind die Versuchskaninchen – vom ersten Augenblick an.

Dabei wissen es sogar die Verantwortlichen: Vom ersten bis zum letzten Tag unseres Lebens formen uns Kräfte, für die weder die genetische Information in unseren Zellen noch die Summe der chemischen Veränderungen in den sich entwickelnden Geweben verantwortlich sind. Das Leben jedes Menschen ist ein langer und pausenlos aktiver Prozess. Die genetische Information ist nur ein Startpunkt; aus ihr können sich Zehntausende von Möglichkeiten ergeben: Größe, Gewicht, Profil, Hautstruktur, Fettspeicher, Muskelmasse, Tonus, Kraft, Ausdauer, Gesichtsausdruck, Sehschärfe, Funktionsfähigkeit innerer Organe, Reaktionsfähigkeit, Intellekt und Intelligenz, Selbstbewusstsein und Menschenliebe – all das kann von Person zu Person schwanken, unabhängig von einer gleichartigen genetischen Information. Und es kann zu verschiedenen Zeiten in derselben Person stark schwanken. Diese Elemente sind für die äußere Erscheinung, die Einstellungen und das Verhalten des Individuums von zentraler Bedeutung, sie sind das Ergebnis der Gesamtheit der formgebenden Lebensprozesse und des freien Willens und spielen eine ebenso große Rolle im Leben wie jede in den Genen aufgerollte Möglichkeit.

Es kommt hinzu, dass *allein* Gedanke, Gebet, Meditation, Willenskraft und Wunsch so viel im Leben eines Menschen verändern können, dass die formende Kraft von Genen weit dahinter zurückbleibt.

Gene im Labor zu manipulieren, ob an Mensch, Tier oder Pflanze, bedeutet letztlich, jegliches Vertrauen in eine höhere Weisheit der Natur und Gottes verloren zu haben.

Dieselbe Wissenschaft, die uns Genmanipulation als »Zukunftshoffnung« schmackhaft machen will, hat uns auch vieles über Ernährung eingetrichtert. Obwohl Allergien und Neurodermitis eine »Neuerscheinung« der letzten Jahrzehnte sind, also eine direkte Folge der Haltbarmacher und »modernen« wissenschaftlichen Ernährungsweise, machen wir nicht Schluss mit dem Wahnsinn, sondern verstricken uns noch tiefer in krank machende Methoden.

Erinnern Sie sich: *Sie müssen es nicht zulassen!* Sie müssen nicht resigniert daneben stehen und zuschauen. »Stell dir vor, es ist Krieg, und keiner geht hin«: Dieses »Sprichwort« lebendig werden zu lassen ist nicht so einfach, denn unsere Kriege werden nicht wie früher auf dem Schlachtfeld ausgetragen, sondern in nächster Nähe. Wir führen sie zu Hause, mit unserer Einstellung, mit unserem Verhalten, mit unseren Gedanken und mit unserer Entscheidungskraft. Jeder von uns – ohne eine einzige Ausnahme – kann sein Leben selbst in die Hand nehmen. Was wäre, wenn Wissenschaft und Industrie Genmais, gentechnisch hergestellte Emulgatoren und Fastfood über alle Maßen priesen – und keiner kaufte es?

Warum betreiben wir nicht Pflanzenschutz und Pflanzenzucht wie früher: Ein später Frost fällt ein und lässt viele Pflänzchen erfrieren – mit wenigen Ausnahmen. Warum untersuchen wir nicht diese widerstandsfähigen Pflänzchen? Sie bergen ein wertvolles Geheimnis. Alljährlich wachsen einige Dinkelhalme in einem biologisch gedüngten Feld größer und kräftiger als alle anderen. Warum nicht diese Pflanzen im nächsten Jahr als Saatgut verwenden?

Statt leblose Hybriden zu züchten, die nicht keimfähiges Getreide abgeben, sollten wir zurückkehren zu wirklich lebendigem Getreide, das die Kraft zur Fortpflanzung in sich trägt – und uns dann an die alte Weisheit der Natur erinnern: *Wer Schönes bekommen will, muss Schönes opfern.* Machen Sie es wie die naturverbundenen Gärtner: Sie lassen die kräftigsten und schönsten Radieschen stehen, anstatt gerade sie zu ernten, und warten dann, bis die Samen reif sind. Das ist echte Entwicklung.

Sie glauben, wir könnten mit den althergebrachten Methoden die wachsende Erdbevölkerung nicht ernähren? Be-

Mulla Nasrudin hatte vom Sultan den ehrenvollen Auftrag erhalten, auf Reisen zu gehen. Seine Aufgabe bestand darin, alle weisen Frauen und Männer im Reich aufzusuchen, den inneren Kern ihrer Weisheit zusammenzutragen und dem Sultan zu übermitteln. Nach monatelanger und höchst kostspieliger Reise enthielt der mit großer Spannung erwartete Abschlußbericht nur ein einziges Wort: »Mohrrüben«.
Der Sultan konnte seinen Zorn kaum zügeln und ließ den Mulla recht unsanft vor den Thron schleppen: »Äußere dich zu diesem Schwachsinn, Bube, bevor dich die neunschwänzige Katze verspeist!«
Gelassen erhob Nasrudin seine Stimme:»Nun, mein Gebieter, die Sache mit der Weisheit der Welt verhält sich so: Ihr bester Teil ist vergraben. Und nur wenige Menschen erkennen am Grün oberhalb der Erde das Rot unter der Erde. Wenn man sie nicht sorgsam und liebevoll pflegt und hegt, geht sie zugrunde. Und wahrlich: Zahllosen Eseln begegnet man in ihrer unmittelbaren Nachbarschaft.«
Weil damals Regieren noch eine Frage von gesundem Menschenverstand und Kompetenz war, klatschte der Sultan vor Freude in die Hände, zahlte des Mullas meterlange Spesenrechnung und entließ ihn obendrein noch reich beschenkt. Wahrlich, das ist lange her ... *Mulla Nasrudin*

obachten Sie genau, wer solche Lügen in die Welt setzt und welches Interesse dahintersteckt. 1940 verwendete die Landwirtschaft generell nur geringe Mengen Insektenvertilgungsmittel. Schädlinge zerstörten damals durchschnittlich etwa 4 Prozent der Ernte. Heute wird die *tausendfache* Menge Insektenvertilgungsmittel versprüht. Nutzt es etwas? Ja – den Umsätzen der Chemischen Industrie, uns allen aber kaum: Die Ernteverluste stiegen seither auf heute 12 Prozent.

Dass Gartenbau und Landwirtschaft ohne Verwendung von Giften und ohne den Unsinn gentechnischer Manipulationen möglich sind bei höheren, gleichen oder nur wenig geringeren Erträgen, dafür aber mit viel höherer Qualität der Erntefrüchte, das wissen heute viele Menschen – auch die, die es angeht.

Wenn keine Nachfrage besteht nach gentechnisch veränderten Lebensmitteln, nach verstrahlten, gespritzten, geimpften Produkten, werden alle Industrien der Welt keine Macht haben – denn sie bleiben darauf sitzen. Warum wohl bekämpfen sogar Politiker die Kennzeichnungspflicht von Nahrungsmitteln und Kosmetika so sehr?

Kein Volksbegehren der Welt, keine demokratische Wahl kann so viel Gutes ausrichten wie Ihre persönliche Kaufentscheidung. Wenn Supermärkte mit ihrem wertlosen Angebot nicht angenommen werden, wird im Laufe der Zeit wieder gesundes, wertvolles Gemüse Einzug in die Regale halten. Warum, glauben Sie, gibt es heute auch schon in Supermärkten Biolebensmittel? Einzig den Kunden ist das zu verdanken, nicht der Menschenfreundlichkeit der Industrie.

Unterstützen Sie mit Ihrer Liebe zum Guten diese Richtung. Verlaufen Sie sich dabei nicht und lassen Sie sich nicht in eine fanatische Richtung verführen, sonst sind Sie nicht besser als jene, die versprechen, uns unsterblich machen zu können. Leben Sie Ihr Leben lebenswert, nicht, um unsterblich zu sein um jeden Preis. Es funktioniert sowieso nicht – Gott sei Dank.

Geschlechtsorgane – Eingriffe an den Geschlechtsorganen

Haben Sie schon das Stichwort ***Eingriffe, operative*** gelesen? Es wäre sinnvoll, dort kurz nachzusehen, bevor Sie den Termin für den richtigen Zeitpunkt einer Operation eruieren.

Wir möchten Sie erinnern: Vieles entscheidet über den Erfolg eines chirurgischen Eingriffs – von der Kompetenz des Arztes über den allgemeinen Gesundheitszustand des Patienten bis hin zur Verfügbarkeit der nötigen Instrumente. Und nicht zuletzt spielen auch schicksalhafte Umstände eine Rolle. Der Ausgang von Notoperationen beispielsweise gehorcht sicherlich höheren Gesetzmäßigkeiten.

Manche Umstände und Faktoren bei Operationen sind beeinflussbar, manche nicht. Sicher ist aber: Auch Mondstand und Mondphase zum Zeitpunkt chirurgischer Eingriffe beeinflussen deren Erfolg oder Misserfolg.

Die Grundregel ist sehr einfach: Man sollte jeglichen Eingriff im Körper möglichst bei *abnehmendem Mond* vornehmen – je schwieriger und umfassender der Eingriff, desto wichtiger die Regel.

Die Grundregeln für Eingriffe an den Geschlechtsorganen

Gut: Bei abnehmendem Mond, jedoch nicht in Waage, Skorpion, Schütze.

Ungünstig: Bei zunehmendem Mond.

Sehr ungünstig: Bei zunehmendem Mond in Waage, Skorpion, Schütze sowie drei Tage vor Vollmond und an Vollmond, gleichgültig in welchem Zeichen.

Wenn Sie den richtigen Zeitpunkt einhalten: Geringere Blutungsneigung und geringere Narbenbildung. Schnellerer Heilungsverlauf, geringere Gefahr von Komplikationen.

Mögliche Folgen des falschen Zeitpunkts: Komplikationen und Infektionen nach Operationen kommen bei zunehmendem Mond häufiger vor, Heilungs- und Genesungsphasen dauern in der Regel länger. Gegen Vollmond kommt es häufiger zu stärkeren, schwer stillbaren Blutungen. Auch die Vernarbung verläuft nicht ungestört, die Gefahr hässlicher, bleibender Narben ist viel höher. Manchmal sind mehrfache Operationen nötig, um ein einigermaßen befriedigendes Ergebnis zu erzielen. Größere Gefahr von Nerven- und Phantomschmerzen.

Und nicht vergessen: Wichtig ist die Frage, ob der Eingriff überhaupt nötig ist! Bedenken Sie, dass bestimmte, nicht lebensrettende Operationen (an Gallenblase, Blinddarm, Mandeln usw.) bei Ärzten und Rechtsanwälten bis zu 80 Prozent seltener vorgenommen werden als im Durchschnitt an der übrigen Bevölkerung: sicherlich nicht deshalb, weil diese Berufsgruppen gesünder leben. Gerade die Gebärmutter wird oftmals unnötig »vorbeugend« entfernt (das war einige Jahre lang eine richtige »Modewelle«). Holen Sie deshalb vor größeren Eingriffen immer eine zweite Meinung ein. Das kann nicht schaden.

Gesichtskorrektur, operative

Nach Unfällen sind oft mehrfache Operationen notwendig, um dem Patienten ein ansprechendes Äußeres zurückzugeben. Besonders Jugendliche sind verzweifelt, wenn nach zahlreichen Korrekturen und schmerzhaften Eingriffen immer noch kein befriedigendes Ergebnis erzielt wurde oder die Situation sogar noch schlimmer geworden ist. In einer Welt, die so viel auf Äußerlichkeit gibt, können sichtbare Narben Lebensglück zerstören. Die Beachtung des richtigen Zeitpunkts beim Operieren ist hier von größtem Nutzen.

Die Grundregeln für die operative Gesichtskorrektur

Gut: Bei abnehmendem Mond, jedoch nicht in Fische, Widder und Stier.

Ungünstig: Bei zunehmendem Mond.

Sehr ungünstig: Bei zunehmendem Mond in Fische, Widder und Stier sowie drei Tage vor Vollmond bis einschließlich Vollmond, gleichgültig in welchem Zeichen.

Wenn Sie den richtigen Zeitpunkt einhalten: Geringere Blutungsneigung und geringere Narbenbildung. Schnellerer Heilungsverlauf, geringere Gefahr von Komplikationen.

Mögliche Folgen des falschen Zeitpunkts: Manchmal sind mehrfache Operationen nötig, um ein einigermaßen befriedigendes Ergebnis zu erzielen. Gefahr von stärkerer Narbenbildung, generell von länger andauernden Schmerzen und von Nervenschmerzen.

Besondere Tipps zur operativen Gesichtskorrektur: Zu den Segnungen der Kräuterheilkunde gehört Teebaumöl, das beim Heilungsprozess, äußerlich aufgetragen, sehr gute Dienste leisten kann.

Narben haben übrigens nicht nur Nachteile in Bezug auf die *äußere* Erscheinung: Sie wirken zudem als Störzonen im Körper und können den Organismus schädigen, besonders wenn sie Energiebahnen (Meridiane) kreuzen. Viele Heilpraktiker beherrschen die Kunst, solche Blockaden aufzulösen, etwa mit Akupunktur. Doch es wäre sicherlich ein großer Vorteil, eine starke Narbenbildung durch die Wahl des richtigen Zeitpunkts von vornherein in Grenzen zu halten oder sogar ganz zu verhindern.

Gesichtspackungen

Was eine intensive Körperpflege am Morgen ausmacht, wird oft unterschätzt! Nicht nur, dass der Körper von den Träumen der Nacht befreit, die Haut gereinigt und »entstrahlt« wird, auch der Kreislauf kommt gut in Schwung und damit Ihr Unternehmungsgeist und Optimismus.

Sie brauchen nur 30 Minuten täglich der Körperpflege zu gönnen – für sich selbst, als Ausdruck der Tatsache, dass Sie sich selbst schätzen und achten. Das ist *eine* Grundlage für wahre Schönheit bis ins hohe Alter – nicht weil Sie so Ihr gutes Aussehen »konservieren« können und mit 70 noch aussehen wie Miss World oder Mister Universum: Versprechungen dieser Art sollten Sie allmählich müde sein. Nein, weil es eine bestimmte Ausstrahlung mit sich bringt. Es bedeutet, sich selbst zu lieben. Sie entwickeln damit die fröhlichste Ausstrahlung, mit der Sie zum Jungbrunnen für Ihre Umgebung werden können.

Welchen Eindruck machen Menschen auf Sie, die stets gepflegt wirken, ohne sich hinter Schminkmasken zu verstecken, deren Gepflegtheit natürlich wirkt und nicht »aufgesetzt«? Wer den Morgen gut beginnt und sich auf die Körperpflege freut, verschafft sich auch den guten Start in einen meistens guten Tag.

Bedenken Sie dabei, dass Rituale manchmal eher fesseln als Sinn machen. Ein allzu starres Morgenritual ist nicht gut. Wir möchten Ihnen empfehlen, im Rhythmus des Mondka-

Alle Fehler, die man hat, sind verzeihlicher als die Mittel, welche man anwendet, um sie zu verbergen.
François von La Rochefoucauld

lenders die jeweils regierte Körperzone (siehe Tabelle 3, Seite 422) besonders zu verwöhnen: bei Widder also beispielsweise eine Gesichtspackung oder vor der Haarwäsche einmal ein gutes Haaröl in die Kopfhaut einmassieren oder eine ausgedehnte Augengymnastik einlegen. Oder bei Schütze eine besonders intensive Massage der Oberschenkel, bei Fische eine Fußmassage.

Erstarren Sie nicht in Ihrem Ritual, aber gönnen Sie sich die 30 Minuten täglich. In allen Dingen eingefahren zu sein, tötet jeden Spaß, und auch positive Eigenschaften müssen Wandlungen erleben. Wenn Ihnen Ihre Gesundheit und Lebensfreude nicht 30 Minuten täglich wert ist, ist Ihnen schlechte Laune und Krankheit mehr wert.

Lassen Sie sich vom Mond bei der Körperpflege helfen, beispielsweise bei der Gesichtspackung, die, einmal alle vier Wochen angewandt, eine große Wohltat darstellt:

Die Grundregeln für Gesichtspackungen

Sehr gut: Bei zunehmendem Mond an Widder und an Lichttagen (Zwillinge, Waage, Wassermann).

Gut: Generell bei zunehmendem Mond.

Neutral: Bei abnehmendem Mond.

Wenn Sie den richtigen Zeitpunkt einhalten: Die Packung zieht besonders gut ein, die Haut nimmt optimal auf, was man ihr zuführt.

Mögliche Folgen des neutralen Zeitpunkts: Die Haut

wirkt gereizt und unruhig. Ein Erfolg ist kaum erkennbar. Ausgesprochen ungünstige Zeitpunkte gibt es bei Gesichtspackungen nicht.

Besondere Tipps zu Gesichtspackungen: Wenn Sie noch nie Gesichtspackungen angewendet haben, eignet sich der richtige Zeitpunkt besonders gut für den Start. Es sollte selbstverständlich sein, dass Sie für die Gesichtspackung nur Naturkosmetikprodukte verwenden.

Gespür

Mit unseren Büchern und Vorträgen verfolgen wir nicht nur das Ziel und die Aufgabe, das Wissen um die Mondrhythmen den Menschen wieder nahe zu bringen. Wir arbeiten auch dafür, dass es lebendig bleibt und wieder zu einem selbstverständlichen Teil unseres Lebens wird – so, wie es jahrtausendelang war. Wir hätten nämlich keine Zukunft ohne dieses Wissen.

Was nützte es schon, wenn wir in Büchern einfach nur die Regeln des Mondwissens aufschrieben, ohne mitzuhelfen, dass sie dem Leser nach und nach in Fleisch und Blut übergehen? Das Mondwissen ist ungeheuer einfach und kommt ohne jede komplizierte Berechnung, ohne Astrologie, ohne Geheimnistuerei aus. Das haben Millionen unserer Leser erfahren. Letztlich brauchen Sie zu seiner Anwendung nur ein kleines Blatt mit dem Mondjahreskalender, einige Informationen und ein wenig Mut zur persönlichen Erfahrung.

Und darum geht es uns letztlich: Vertrauen Sie Ihrem persönlichen Gespür! An dieses unfehlbare Gespür möchten wir Sie an dieser Stelle noch einmal erinnern.

Bei Ihnen den Mut und den Wunsch zu wecken, Ihrem

eigenen inneren *Gespür* zu vertrauen, nach Ihrem persönlichen Gefühl und Ihrer Intuition zu leben – das ist auch unsere Absicht und das Geburtsrecht und die Geburtspflicht aller Menschen.

Im Sprachgebrauch des Alltags kennen wir Gespür unter den verschiedensten Namen: innere Stimme, Intuition, Herz, Wahrnehmung, Gefühl, Ahnung, Gewissen, Schutzengel, Instinkt, »Riecher«, oft auch »sechster Sinn«. Die Wahrnehmungskraft, der sich diese innere Stimme bedient, weiß, was Ihrem Wachstum – innerlich und äußerlich – zu jedem Zeitpunkt wahrhaftig und wirklich förderlich ist, und sie kennt die Ursachen von Problemen und Krankheiten genau. Die Stimme sagt, was zu tun ist, um zu heilen – ob zur Selbstheilung die Hilfe eines Freundes der Menschen nötig ist, oder ob man es allein schafft. Sie sagt, wann man mit, wann man gegen den Strom schwimmen soll, sagt, was einem hilft, was einem schadet – oft im Widerspruch zu unserem Denken, unseren Ängsten und Hoffnungen. Als kleine Kinder waren wir vertraut mit ihr wie mit einem besten Freund und Schutzengel, und sie hat uns in dieser kurzen Lebensspanne nur selten »im Stich gelassen«. Zu erkennen, dass der »Kaiser keine Kleider« trägt, war damals kein Problem.

Wir haben uns – allerdings nicht erst in moderner Zeit – dazu verführen lassen oder gar unbewusst entschlossen, diese leise Stimme zu ignorieren, die uns von all diesen Dingen erzählt. Warum nur haben wir zugelassen, dass die Stimme so leise geworden ist?

Weil sie unparteiisch ist. Weil sie die Wahrheit sagt, ohne Ansehen von Rang, Namen und Folgen, die sich aus der Wahrheit ergeben, von der jene Stimme kündet. Weil sie nicht beeinflussbar, manipulierbar ist. Weil sie nicht positiv, nicht negativ denkt. Weil sie uns einen unbestechlichen, blank polierten Spiegel vorhält. Weil sie die Dinge sieht, wie sie sind.

Wer heute einen Gedanken sät, der erntet morgen die Tat, übermorgen die Gewohnheit, danach den Charakter und endlich sein Schicksal. Darum muß er bedenken, was er heute sät, und muß wissen, dass ihm sein Schicksal einmal in die Hand gegeben ist: heute!
Gottfried Keller

Wo unsere Sinnesorgane versagen, weist die Stimme den richtigen Weg. Sie war es, die einem Menschen den Gedanken eingab, doch einmal die Gesundheitsschädlichkeit von Asbest zu untersuchen. Sie ist es, die einen Menschen dazu bringt, blitzartig und ohne jedes Zögern ins Wasser zu springen und ertrinkende Kinder zu retten – gegen die eigene Furcht, gegen alles Nachdenken.

Welche Politik, welche Wirtschaft eines Landes, welche Werbefirma, welche Ideologie könnte heutzutage bestehen im Licht, im heilenden Kraftfeld dieser Stimme der Wahrheit? Wir haben uns so sehr daran gewöhnt, Meinung mit Wissen zu verwechseln und mit der Lüge zu leben, mit den Purzelbäumen des Intellekts, mit dem pausenlosen, die Wahrheit übertönenden Gebrüll der Gedanken, dass die leise Stimme in uns kaum eine Chance auf Gehör bekommt. Wir haben uns daran gewöhnt, die geistige Wirkung aller möglichen Betäubungsmittel zu akzeptieren und uns in sie zu flüchten – Fernsehen, Tageszeitungen, der Stil unserer »Nachrichten« usw. sind Beispiele dafür.

Doch bei all der fruchtlosen Kraftanstrengung, die Wahrheit in ihr Gegenteil zu verkehren, übersehen wir, wie sich der Körper allmählich aushöhlt und auszehrt – und das ist der beste Nährboden für jede Art von gesundheitlicher Störung und Krankheit.

So verloren wir allmählich das Vertrauen in diese Stimme

und ließen uns allzu oft hinters Licht führen von anderen, fremden Stimmen, von eigenen, lärmenden Stimmen und von »Experten«-Stimmen. Im wahrsten Sinne des Wortes hinters Licht führen: in den Schatten des Lebens.

Wir wollen Ihnen helfen, zu bremsen, langsamer und leiser zu werden und in der Stille innezuhalten, um diese Stimme wieder zu hören und ihre Weisheit zu beherzigen. Hilfe ist dazu manchmal nötig, weil die Stimme sich von allen anderen Regungen in uns unterscheidet: Sie ist kein Gefühl im Sinne von Emotion, Sentimentalität oder Trieb, sie ist kein Gedanke im Sinne von Kalkulieren, Planen oder Hoffen. Wer sie kennt, weiß, dass sie manchmal kommt und geht, blitzartig, wie ein kurzer Musikakkord in der Ferne oder ein scharfer elektrischer Schlag. Dann wieder führt sie wie eine Taschenlampe durch stockdunkle Nacht – mit unerschöpflichen Batterien. Zudem können Sie Gespür nicht erlernen, wie man etwa ein Handwerk erlernt: Manchmal ist einfach eine längere Zeit des Ausprobierens nötig, mit Versuch und Irrtum in mannigfaltiger Form, um die innere Stimme von Luftschlössern, Wunschvorstellungen und Selbsttäuschungen zu unterscheiden und auf sie zu hören.

Aber eine Gewissheit möchten wir Ihnen geben: Wenn Sie überzeugt sind, das unfehlbare Gespür nicht zu besitzen, dann nur deshalb, weil Ihnen der Mut fehlt, es zu bejahen und ihm zu vertrauen. Es ist ausschließlich eine Frage der Courage – und der Selbstliebe.

Der Zugang zu diesem Mut, zur Selbstliebe und zum Gespür führt über die bedingungslose Übernahme der Verantwortung für Ihr Leben, für jeden einzelnen Schritt – für jeden Ihrer Gedanken, für Ihre Worte, Ihre Taten, heute und in Zukunft. Erkennen Sie, dass niemand »schuld« ist an dem, was Sie tun und lassen. Dann wird der Erfolg nicht ausbleiben. Das Abflauen des Sturms in Ihrem Herzen und die Stille danach schärft Ihr Gehör für die Stimme des Herzens.

Vergessen Sie nie: Es sind *Ihr* Körper, *Ihre* Seele und *Ihr* Leben, die auf dem Spiel stehen. Niemand kann und darf Ihr Leben für Sie leben. Was Sie fühlen und was Sie sehen, danach sollen und dürfen Sie leben – auch wenn nicht ein einziger Mensch auf der ganzen Welt Ihr Gespür teilt!

Dieser Stimme zu gehorchen, kann ein Leben von Grund auf verwandeln. Die Tür öffnet sich zu einer Freiheit, die wir heute nur selten finden und vor der wir Angst haben – wahre Freiheit, die nichts mit der »Freiheit der Wahl« zu tun hat. Sie verleiht im Gegenteil Freiheit *von* der Wahl! Sie lässt so schnell und sicher urteilen, dass man keine Wahl mehr hat, weil das richtige Handeln, von Augenblick zu Augenblick, offensichtlich ist. Die Entscheidungen, die man dann trifft, gründen auf so felsenfester Gewissheit, dass es gar keine zweite, geschweige denn mehrere Alternativen gibt. Ein solcher Mensch ist sogar im Rollstuhl oder hinter Gefängnismauern frei. Und nur solche Menschen werden der Menschheit helfen, alle Herausforderungen, die ihr die Zukunft bringt, zu meistern.

Den Mut zu entwickeln, auf das eigene Gespür zu hören, dabei wollen wir Ihnen helfen.

Getreideanbau

Dass Garten- und Landbau ohne Verwendung von Giften und ohne den Unsinn »gentechnischer« Manipulationen bei höheren, gleichen oder nur wenig geringeren Erträgen und viel höherer Qualität der Erntefrüchte möglich ist, wissen heute viele Menschen – auch die, die es angeht. So viele Beweise gibt es: Früchte, die nur die Kraft der Sonne in sich tragen, die sie färbte, Getreide, das schmecken lässt, was Einklang zwischen Himmel und Erde bedeutet, Gemüse, das diese Harmonie in unseren Körper trägt, Erde, die uns bereitwillig jahrhundertelang diese Geschenke machte, ohne Dünger und Gifte und mit wenigen erprobten Techniken, die keine Vergewaltigung der Natur bedeuten.

Gerade beim Getreide hat sich in den letzten Jahren gezeigt, dass Biobauern sogar höhere Erträge mit ihrem Weizen, Dinkel, Roggen usw. erzielen können – trotz aller Versuche von Brüssel, sie in Abhängigkeit zu halten. Für manche dieser Landwirte war der »richtige Zeitpunkt« eine Offenbarung. Natürlich, wenn es an den besten Tagen zum Getreideanbau regnet wie aus Kübeln, wird sich kein Bauer mit seinem Traktor aufs Feld wagen. Gott sei Dank aber ist die Natur so eingerichtet, dass nicht immer alles zusammenpassen muss und dass es Alternativen gibt.

Die Grundregeln für den Getreideanbau

Sehr gut: Widder- und Schützetage, aber auch die Löwetage bei zunehmendem Mond.

Gut: Generell bei zunehmendem Mond.

Ungünstig: Bei abnehmendem Mond.

Sehr ungünstig: Bei abnehmendem Mond bei Fisch, Krebs, und Steinbock.

Wenn Sie den richtigen Zeitpunkt einhalten: Getreide ist widerstandsfähiger gegen Unwetter und Ungeziefer. Gute Lagerfähigkeit.

Mögliche Folgen des falschen Zeitpunkts: Schwache Halme und anfällig gegen Schädlinge. Keine gute Lagerfähigkeit.

Besondere Tipps zum Getreideanbau: Auf sehr trockenen Feldern besteht bei Löwe die Gefahr des Austrocknens. Löwetage eignen sich gut als Sätage, wenn das Feld von vornherein sehr feucht ist. Der Fruchttag Widder ist gleichzeitig auch die beste Zeit zum Einlagern von Getreide.

Haare färben

Wir wurden oft gefragt, ob es auch einen günstigen Mondstand für das Haarefärben gibt. Die Zusammenhänge sind unserer Erfahrung nach recht einfach: Bei zunehmendem Mond hält Haarfarbe länger, die Farbe ist intensiver, kräftiger. Bei abnehmendem Mond wäscht sich Abtönfarbe schneller aus. Probieren Sie es aus, die persönliche Erfahrung wird Ihnen den Weg weisen.

Manche Mondkalender enthalten »genauere« Angaben zum Haarefärben, doch das ist nur Füllmaterial, das jeder Grundlage in der Erfahrung entbehrt: Das Mondwissen wird eben auch als »Modeerscheinung« missbraucht, mit teilweise völlig unnützen und überflüssigen Informationen. Das ist nicht zu verhindern, aber manchmal bedauerlich, weil das alte Wissen viel zu wertvoll ist, um es zu verfälschen.

Haare schneiden und waschen

Dem Naturgesetz, dass der Mondlauf auch Haarwachstum und Haarbeschaffenheit beeinflusst, haben wir viel zu verdanken. Denn der sichtbare Erfolg bei der Anwendung

Was für ein großes Glück – die Verschiedenheit der Menschen! Denn nur deshalb sehen vier Augen mehr als zwei ...
Ron Fischer

dieser Regeln war es, der zahllose Leserinnen und Leser überzeugte und ermutigte, auch alle anderen Regeln nach und nach auszuprobieren, die wir in unseren Büchern vorstellen.

In Tirol gab es früher nur wenige Männer mit Glatzen. Vielleicht liegt das daran, dass schon beim ersten Haarschnitt eines Babys auf den Löwetag geachtet wurde. Werfen Sie einmal generell einen Blick auf Fotos und Gemälde, die älter als achtzig Jahre alt sind. Nirgends werden Sie Glatzen finden, und nicht nur deshalb, weil man viel Perücken trug in früheren Zeiten. Das Wissen um den richtigen Zeitpunkt war jedermann vertraut. Und wie viele blanke Häupter gibt es heute? Nicht, dass eine Glatze schlimm wäre. Doch wenn man darunter leidet, sollte man eine Chance erhalten. Es ist sicherlich kein Zufall, dass dieses Problem früher viel seltener auftauchte. Auch die Ernährungsgewohnheiten waren anders.

Ein Haarschnitt ausschließlich zum richtigen Zeitpunkt ist natürlich kein sicheres Mittel gegen jede Form von Haarausfall, weil uns die Haare oft aufgrund von Medikamentenwirkungen, Hormonumstellungen im Körper und dem begleitenden seelischen Durcheinander verlassen. Besonders nach Schwangerschaften oder in den Wechseljahren kommt ein Haarausfall verstärkt vor, doch er legt sich auch später wieder.

Den richtigen Zeitpunkt als ideales und preiswertes Mittel, zu gesunden und schönen Haaren zu kommen, sollten Sie jedoch unbedingt ausprobieren.

Die Grundregeln für das Haareschneiden und -waschen

Sehr gut: Löwe und Jungfrau, gleichgültig, ob der Mond zu- oder abnimmt.

Gut: Bei zunehmendem Mond mit Ausnahme der Krebs- und Fischetage.

Ungünstig: Bei abnehmendem Mond im Tierkreiszeichen Steinbock.

Sehr ungünstig: In den Krebs- und Fischetagen. Wenn möglich, dann auch auf das Haarewaschen verzichten.

Wenn Sie den richtigen Zeitpunkt einhalten: Sie können sich auf das Ergebnis freuen. Bei Löwe geschnitten, wird das Haar dicht, bei Jungfrau wächst es schneller.

Mögliche Folgen des falschen Zeitpunkts: Dünne Stellen, Haarausfall, Schuppenbildung.

Besondere Tipps zum Haareschneiden und -waschen:

- An Jungfrau geschnitten, bewahren die Haare generell länger Form und Schönheit. Besonders für Dauerwellen eignet sich Jungfrau gut, an Löwetagen wird normales und kräftiges Haar dagegen sehr kraus. Wenn Sie gerades, schweres Haar haben und Dauerwellen partout nicht halten wollen, probieren Sie es dennoch einmal bei Löwe.
- Bei zunehmendem Mond zum richtigen Zeitpunkt geschnittenes Haar wächst gesund und schneller, bei abnehmendem Mond zum richtigen Zeitpunkt geschnittenes Haar wächst langsamer, aber trotzdem dicht und ebenfalls gesund.

- Ohren- und Nasenhaare sollte man bei Fische schneiden, weil sie dann dünner werden und nicht piksen. Die feinen Härchen sind sehr nützlich und dürfen niemals gänzlich entfernt werden, unter den lästigen langen Haaren haben nur die Männer zu leiden. Also nicht ausreißen und schon gar keine chemischen Produkte verwenden. In Nase und Ohr hat Chemie nichts verloren!

Es gibt übrigens Erfahrungen, was das Haareschneiden an den Widder- und Stiertagen betrifft, die Ihnen vielleicht nützlich sein können: Wenn gleichzeitig abnehmender Mond herrscht, dann kann das zu kahlen Stellen führen, wenn Sie zufällig mehrmals hintereinander Widder »erwischen«. Ebenso kann mehrmals hintereinander bei Widder Rasieren zu kahlen Stellen im Gesicht führen. Also Vorsicht!

Horn ist ein lebendiger Stoff, der Umwelteinflüsse speichern kann: Schmutz, Staub – vor allem aber: Strahlungen. Lange Haare beispielsweise können sich im Laufe eines Tages sehr stark aufladen, besonders, wenn man zusätzlich Chemie und Kunststoffe in Form von Haarfestigern, Gels und dergleichen verwendet. Kennen Sie nicht das Bedürfnis, die Haare radikal zu kürzen? Oft bekommt man einen solchen »Anfall«, der aber – merkwürdig, nicht wahr? – nach der nächsten Haarwäsche verschwunden ist. Wenn Sie allerdings oft unter Kopfschmerzen oder Migräne zu leiden haben, probieren Sie es einmal mit einem Kurzhaarschnitt, verzichten Sie auf alle Haarpflegemittel, die im Haar bleiben, und lassen Sie abends kühles Wasser über den Kopf laufen.

Für Frisöre wäre es sinnvoll, an manchen günstigen Tagen länger zu öffnen, dafür an anderen schlechten Tagen früher oder ganz zu schließen. Im süddeutschen Raum und in vielen Regionen Österreichs ist es heute oftmals schon schwierig, an Löwe- und Jungfrautagen ohne rechtzeitige Anmeldung noch einen Termin zu bekommen. An Vollmondnächten zu öffnen ist, was das Mondwissen betrifft, übertrieben, aber sicherlich ein guter Werbegag und richtet keinen Schaden an. An Löwetagen wäre die Aktion sinnvoller.

Halsregion – Eingriffe im Halsbereich (Unterkiefer, Mandeln usw.)

Haben Sie schon das Stichwort ***Eingriffe, operative*** gelesen? Es wäre sinnvoll, dort kurz nachzusehen, bevor Sie den Termin für den richtigen Zeitpunkt einer Operation eruieren.

Wir möchten Sie erinnern: Vieles entscheidet über den Erfolg eines chirurgischen Eingriffs – von der Kompetenz des Arztes über den allgemeinen Gesundheitszustand des Patienten bis hin zur Verfügbarkeit der nötigen Instrumente. Und nicht zuletzt spielen auch schicksalhafte Umstände eine Rolle. Der Ausgang von Notoperationen beispielsweise gehorcht sicherlich höheren Gesetzmäßigkeiten.

Manche Umstände und Faktoren bei Operationen sind beeinflussbar, manche nicht. Sicher ist aber: Auch Mondstand und Mondphase zum Zeitpunkt chirurgischer Eingriffe beeinflussen deren Erfolg oder Misserfolg.

Die Grundregel ist sehr einfach: Man sollte jeden Eingriff im Körper möglichst bei *abnehmendem Mond* vornehmen – je schwieriger und umfassender der Eingriff, desto wichtiger die Regel.

Die Grundregeln für Eingriffe im Halsbereich

Gut: Bei abnehmendem Mond, jedoch nicht in Widder, Stier, Zwillinge.

Ungünstig: Bei zunehmendem Mond.

Sehr ungünstig: Bei zunehmendem Mond in Widder, Stier, Zwillinge sowie drei Tage vor Vollmond und an Vollmond, gleichgültig in welchem Zeichen.

Wenn Sie den richtigen Zeitpunkt einhalten: Geringere Blutungsneigung und geringere Narbenbildung. Schnellerer Heilungsverlauf, geringere Gefahr von Komplikationen. Besonders bei Kropf- und Mandeloperationen ist der Heilungserfolg größer.

Mögliche Folgen des falschen Zeitpunkts: Komplikationen und Infektionen nach Operationen kommen bei zunehmendem Mond häufiger vor, Heilungs- und Genesungsphasen dauern in der Regel länger. Gegen Vollmond kommt es häufiger zu stärkeren, schwer stillbaren Blutungen. Auch die Vernarbung verläuft nicht ungestört, die Gefahr hässlicher, bleibender Narben ist viel höher. Manchmal sind mehrfache Operationen nötig, um ein einigermaßen befriedigendes Ergebnis zu erzielen. Größere Gefahr von Nerven- und Phantomschmerzen. Kropfoperationen müssen oftmals später wiederholt werden, weil der Kropf zurückkommt.

Und nicht vergessen: Wichtig ist die Frage, ob der Eingriff überhaupt nötig ist! Bedenken Sie, dass bestimmte, nicht lebensrettende Operationen (an Gallenblase, Blinddarm, Mandeln usw.) bei Ärzten und Rechtsanwälten bis zu

80 Prozent seltener vorgenommen werden als im Durchschnitt an der übrigen Bevölkerung: sicherlich nicht deshalb, weil diese Berufsgruppen gesünder leben. Holen Sie deshalb vor größeren Eingriffen immer eine zweite Meinung ein. Das kann nicht schaden.

Hausbau nach dem Mond

Mit der Wahl biologischer und aus Naturrohstoffen gewonnener Baumaterialien und Werkstoffe (Holz, Kalk, Leinöl, Schafwolle, Ton, Lärchenharz usw.) können wir viel dazu beitragen, dass sich unsere Kinder und Enkel nicht mehr in demselben Maße wie viele von uns mit Krankheiten und Allergien aller Art plagen müssen. Und wir helfen, eine Vielzahl weiterer tiefgreifender Gesundheits- und Umweltschäden zu verhindern.

Jede einzelne Tätigkeit im Bereich Hausbau, Heimwerken und Holzverarbeitung kann entweder dazu beitragen, Ihre Gesundheit und Ihr Wohlbefinden zu fördern, oder sie kann kurz- und langfristig Ihre Gesundheit untergraben und schädigen. Ob Sie massives Holz verwenden, nach den Mondphasen geerntet, verarbeitet und mit natürlichen Mitteln behandelt und verschönert, ob Sie jahrzehntelang die giftigen Ausgasungen von Spanplattenmöbeln und chemischen Holzschutzmitteln einatmen oder ob Sie sich mit verstrahltem Holz umgeben wollen – Sie haben die Wahl: Bei Ihnen liegt die Entscheidung.

In erster Linie sind wir es selbst, die mit unserer Einstellung zum Leben, mit Liebe oder Angst unsere Wohnstätten mit Leben und Glück oder mit Zwietracht und Erschöpfung erfüllen. Aber wenn Unkenntnis, Fahrlässigkeit und Gewinnsucht unsere Häuser und Wohnungen zu Störzonen und Schadstoffquellen machen, dann ist die beste Lebenseinstellung manchmal machtlos. Die zahlreichen Giftstoffe, mit denen vielfach gebaut wird, mit denen wir einrichten, malen, lackieren, versiegeln, kleben und isolieren, verwandeln viele unserer Heim- und Ruhestätten in Orte der langsam schleichenden Schwächung und Ermüdung, bis hin zu ernsthaften körperlichen Schädigungen.

Biologische Produkte hätten eine viel größere Chance auf dem Markt, wenn bei der Gewinnung, Herstellung und vor allem bei der Anwendung wieder auf den richtigen Zeitpunkt geachtet würde. Wo der gute Wille biologisch und menschenfreundlich bauen will, verzweifelt er oft nach Jahren, weil ihm diese Kunst unbekannt ist und viele Anstrengungen so zunichte gemacht werden. Der Versuch einer Neubelebung ist eines unserer wichtigsten Anliegen, denn die Abkehr von den industriellen Baumethoden der letzten Jahrzehnte (mit Kunststoffen, Beton, Stahl, Pressspan) zurück zu Methoden, die uns am Leben lassen, ist eine wichtige Aufgabe für die Zukunft.

Die Zeichen einer Wende zum Besseren mehren sich indes: Viele Verbraucher, Bauherren, Schreiner, Maler, Tapezierer und Heimwerker haben mit dem Umdenken begonnen und achten vermehrt auf Prädikate wie »umweltschonend«, »ungiftig«, »biologisch abbaubar« und dergleichen mehr. Im Einzelfall stellt sich zwar immer wieder heraus, dass solche Aussagen nichts weiter waren als werbewirksame Augenwischerei und dass uns wohl noch einige vermeintlich »grüne« Produkte verkauft werden, deren Schädlichkeit und Giftwirkung erst langfristig zutage treten wird. Dennoch spürt man überall, dass der Einzelne allmählich aufwacht und sich von Industrie und Politik nicht mehr für

dumm verkaufen lässt. Noch sind es wenige, die sich für natürliche und meist etwas teurere Produkte entscheiden – aber wie teuer erkauft sind erst die »billigen« Industrieprodukte?

Haltbar, resistent, unverwüstlich, dauerhaft, langlebig – jede dieser werbewirksamen Eigenschaften eines Produkts sollte die Frage aufwerfen: Lässt sich das Produkt ohne Aufwand in den Kreislauf der Natur zurückführen? Oder sollen Archäologen in tausend Jahren unsere Unvernunft am Inhalt unserer Müllhalden und am Giftgehalt unserer Knochen messen?

Warum kann sich dieser widernatürliche Zustand so lange halten? Weil die Industrie die Mittel hat, uns weiszumachen,

> Wir leben in einem gefährlichen Zeitalter: Der Mensch beherrscht die Natur, bevor er gelernt hat, sich selbst zu beherrschen.
> *Albert Schweitzer*

das alles sei notwendig, weil sie vom Verkauf der Gifte und ihrer Entsorgung gut lebt. Deshalb wird auch so viel für Wiederverwertung geworben und so wenig für Gift- und Müllvermeidung. Wer noch Zweifel hat, sollte einmal ein Museumsdorf besuchen und sich die teilweise 600 Jahre alten Bauernhäuser ansehen, deren Holz ohne jede Chemie überdauert hat.

Der Hausbau nach dem Mond von der Grundbegehung bis zum Zaunbau ist möglich und sinnvoll. Vielleicht können unsere Worte und Tabelle 7 auf Seite 427 Sie dazu inspirieren (siehe auch: ***Beton und Estrich gießen, Drainieren, Erde ausheben beim Hausbau, Fenster verglasen und einsetzen, Holz und Mond, Holzdecken und Holzböden verlegen und pflegen, Holztreppen und Dachstühle fertigen und aufrichten, Malerarbeiten, Quellenfassen und Brunnenbohren, Verputzen und Ausbessern, Zäune, Pflaster und Naturwege anlegen***).

Hausputz

Das Frühjahr ist der beste Nährboden für eine bestimmte »Bazillusart« – eine merkwürdige Unruhe greift um sich, die länger werdenden Tage bringen es ans Licht: Frühjahrsputz tut Not! Speicher und Speisekammer, Keller und Garage warten darauf, gründlich durchstöbert, gelüftet und gereinigt zu werden. Die Natur hat es so eingerichtet, dass die besten Tage für diese Arbeit tatsächlich ins Frühjahr fallen (allerdings mit fast gleichwertigen Alternativen während des ganzen Jahres).

Die Grundregeln für den Hausputz

Sehr gut: Bei abnehmendem Mond an Zwillinge, Waage, Wassermann fürs Putzen und Verräumen. Bei abnehmendem Mond an Krebs, Skorpion, Fische für gründliches und hartnäckiges Reinigen.

Gut: Bei abnehmendem Mond.

Ungünstig: Bei zunehmendem Mond.

Sehr ungünstig: Bei Vollmond.

Wenn Sie den richtigen Zeitpunkt einhalten: Alles geht leicht von der Hand, die Arbeit ist langfristig erfolgreich. Schnell trocken, auch wenn viel Wasser verwendet wird.

Mögliche Folgen des falschen Zeitpunkts: Man bekommt schnell das Gefühl, eine wahre Sisyphus-Arbeit zu leisten. Nach kurzer Zeit sind Fenster, Türen, Böden wieder unansehnlich. Verräumte Kleidung kann modrigen Geruch annehmen (Winterkleidung, Faschingskostüme, Schwimmzeug usw.).

Besondere Tipps zum Hausputz: Auch für Malerarbeiten ist die Zeit des abnehmenden Mondes gut geeignet, Farben und Untergrund trocknen gut ab (nicht jedoch an den Wassertagen Krebs, Skorpion und Fische. Auch nicht an Löwe: An Löwe trocknet alles zu stark aus und lässt die Farben gern splittern).

Hautoperationen

Siehe auch: ***Knieregion***. Das Tierkreiszeichen Steinbock, »zuständig« für die Knieregion, regiert auch über unser größtes Organ, die Haut. Deshalb sind die Ausführungen und Regeln zu Operationen am Knie ebenso gültig für alle Eingriffe an der Haut (etwa Transplantationen oder Entfernung von Muttermalen usw.).

Hautpilz

Bei hartnäckigem Haut- und Fußpilz bedarf es ärztlichen Rates; unterstützend wirken aber Salzbäder und -waschungen, allerdings nur bei abnehmendem Mond. An den Fischetagen wirken sie noch intensiver. Einreibungen mit Alkohol, Teebaumöl oder Schwedenkräutern leisten dagegen auch bei zunehmendem Mond gute Dienste.

Bei Nagelpilz ist das Schneiden oder Feilen freitags nach Sonnenuntergang besonders wichtig. Zur Abheilung tränken Sie ein Wattestäbchen mit Schwedenbitter, Teebaumöl oder Obstler und befeuchten das Nagelbett und den Streifen zwischen Nagelkante und Zehenhaut. Schwedenbitter färbt allerdings die befeuchteten Stellen braun. Eine gute Idee ist es, anschließend eine Handcreme aufzutragen.

Hauttiefenreinigung

Die unterschiedliche Wirkung von Tiefenbehandlungen ist zwar jedem bekannt, der Hauptgrund dafür aber nicht. Zwar ist nicht der Mond allein dafür verantwortlich, aber eine wesentliche Rolle spielt er sicherlich.

An Steinbocktagen herrscht ein ganz besonderer Einfluss, was die Wirkung auf die Haut als Ganzes betrifft. Zwar sollte man die Hautpflege niemals vernachlässigen, aber ganz besonders nicht an Steinbocktagen: Gerade die Hauttiefenreinigung ist dann begünstigt und sollte nicht versäumt werden.

Wenn Sie allerdings hochwertige, natürliche Pflegemittel

verwenden (beispielsweise Reinigungsmilch aus unserem Sortiment, siehe Seite 413), die schonend mit Ihrer Haut umgehen, genügt eine tägliche Reinigung. Eine eigene Tiefenreinigung ist dann eigentlich nicht nötig.

Die Grundregeln für die Hauttiefenreinigung

Sehr gut: Bei abnehmendem Mond an Widder oder Steinbock.

Gut: Bei abnehmendem Mond.

Ungünstig: Bei zunehmendem Mond.

Sehr ungünstig: Bei zunehmendem Mond in Löwe oder an Vollmond.

Besondere Tipps zur Hauttiefenreinigung: Kleinere Eingriffe durch die Kosmetikerin (Entfernung von Mitessern, Pickeln usw.) sollten niemals bei zunehmendem Mond geschehen, wenn möglich auch nicht bei abnehmendem Mond in Widder und Steinbock.

Heckenschnitt

Hecken als lebendige Zäune sind etwas sehr Schönes und Praktisches. Nicht nur fürs Auge wirkt ihr sattes Grün beruhigend und oftmals sind sie weit und breit das einzige Fleckchen Natur, das die Stadt zu bieten hat. Für vielerlei nützliches Kleingetier sind solche Hecken meist die einzige Möglichkeit, sich anzusiedeln. Wir nehmen dies zur Gelegenheit, daran zu erinnern, wie viele unserer »Schädlinge« auch Nützlinge sind – vielleicht nicht gerade für diejenigen, die den nach Tonnen berechneten Ernteertrag oder die

Wohlgestalt der Erntefrucht zum Maßstab aller Dinge machen. Aber für eine Vielzahl von Vögeln, Nagetieren und anderem Getier, das da kreucht und fleucht, sind »Schädlinge« notwendige Nahrung; jedes Tier aber ist Teil einer endlosen Kette, einer sich langsam in die Zukunft drehenden Spirale, der wir den Namen Evolution gegeben haben. Die Natur kann auf die eine oder andere Pflanzen- und Tierart verzichten, so wie sie es in der Vergangenheit schon mehrfach getan hat und sie aussterben ließ. Wir Menschen können es nicht: Mit jeder vor ihrer Zeit ausgerotteten Tier- und Pflanzenart stirbt ein Stück von uns selbst, von jedem Einzelnen – so lange, bis die Natur auch auf uns verzichtet und wir von vorn beginnen. Eine Hecke ist schon allein deshalb überall wichtig und sollte gepflegt werden.

Die Grundregeln für den Heckenschnitt

Sehr gut: Bei Krebs, Skorpion, Fische im abnehmenden Mond oder Neumond.

Gut: Bei Krebs, Skorpion und Fische.

Ungünstig: Bei Steinbock, Jungfrau, Stier.

Sehr ungünstig: Bei Steinbock, Jungfrau, Stier bei zunehmendem Mond oder bei Vollmond.

Wenn Sie den richtigen Zeitpunkt einhalten: Die Hecke bleibt lebendig und verholzt nicht. Blattwerk wächst schön dicht. Keine Lückenbildung.

Mögliche Folgen des falschen Zeitpunkts: Die Hecke bekommt große Lücken. Empfindlich gegen Sturm.

Besondere Tipps zum Heckenschnitt: Ein kleines Problem, mit dem sich die Heckenbesitzer nach Jahren konfrontiert sehen, ist das Verholzen von unten her. Das Blattwerk dünnt aus, die Stämme werden unten dicker und lichter. Die Hecke kann ihre Funktion als Sicht- oder Windschutz nicht mehr so gut erfüllen. Dagegen gibt es ein fast unfehlbares Rezept: Schneiden Sie in Abständen von etwa einem Meter eine kleine Schneise am Boden aus – nicht zu breit, damit die Hecke keine »Zahnlücken« bekommt, nicht zu tief am Boden, damit hinterher wieder alles schön und jung austreibt. Wenn junges Blattwerk die Lücke geschlossen hat, sollte man genau daneben mit der gleichen Prozedur fortfahren, jedoch immer nur bei abnehmendem Mond und an einem Blatttag (Krebs, Skorpion oder Fische)! Im Laufe von wenigen Monaten erhalten Sie so eine frische junge Hecke, der man ihr ehrwürdiges Alter nicht ansieht. Diese Lücken entstehen später nicht mehr, wenn Sie auf den richtigen Zeitpunkt achten. Auch für Fichtenhecken ist diese »Kur« gut geeignet.

Heilkräuter siehe: ***Kräuter abfüllen und lagern, Kräuter sammeln, Kräuterkissen herstellen***

Herzregion – Eingriffe am Herzen

Haben Sie schon das Stichwort *Eingriffe, operative* gelesen? Es wäre sinnvoll, dort kurz nachzusehen, bevor Sie den Termin für den richtigen Zeitpunkt einer Operation eruieren.

Wir möchten Sie erinnern: Vieles entscheidet über den Erfolg eines chirurgischen Eingriffs – von der Kompetenz des Arztes über den allgemeinen Gesundheitszustand des Patienten bis hin zur Verfügbarkeit der nötigen Instrumente. Und nicht zuletzt spielen auch schicksalhafte Umstände eine Rolle. Der Ausgang von Notoperationen beispielsweise gehorcht sicherlich höheren Gesetzmäßigkeiten.

Manche Umstände und Faktoren bei Operationen sind beeinflussbar, manche nicht. Sicher ist aber: Auch Mondstand und Mondphase zum Zeitpunkt chirurgischer Eingriffe beeinflussen deren Erfolg oder Misserfolg.

Die Grundregel ist sehr einfach: Man sollte jeglichen Eingriff im Körper möglichst bei *abnehmendem Mond* vornehmen – je schwieriger und umfassender der Eingriff, desto wichtiger die Regel.

Die Grundregeln für Eingriffe am Herzen

Gut: Bei abnehmendem Mond, jedoch nicht in Krebs, Löwe, Jungfrau.

Ungünstig: Bei zunehmendem Mond.

Sehr ungünstig: Bei zunehmendem Mond in Krebs, Löwe, Jungfrau sowie drei Tage vor Vollmond und an Vollmond, gleichgültig in welchem Zeichen.

Wenn Sie den richtigen Zeitpunkt einhalten: Geringere Blutungsneigung und geringere Narbenbildung. Schnellerer Heilungsverlauf, geringere Gefahr von Komplikationen.

Mögliche Folgen des falschen Zeitpunkts: Komplikationen und Infektionen nach Operationen kommen bei zunehmendem Mond häufiger vor, Heilungs- und Genesungsphasen dauern in der Regel länger. Gegen Vollmond kommt es häufiger zu stärkeren, schwer stillbaren Blutungen. Auch die Vernarbung verläuft nicht ungestört, die Gefahr hässlicher, bleibender Narben ist viel höher. Manchmal sind mehrfach Operationen nötig, um ein einigermaßen befriedigendes Ergebnis zu erzielen. Größere Gefahr von Nerven- und Phantomschmerzen.

Verurteile keinen Menschen und halte kein Ding für unmöglich, denn es gibt keinen Menschen, der nicht seine Zukunft hätte, und es gibt kein Ding, das nicht seine Stunde bekäme.
Rabindranath Tagore

Und nicht vergessen: Wichtig ist die Frage, ob der Eingriff überhaupt nötig ist! Bedenken Sie, dass bestimmte, nicht lebensrettende Operationen (an Gallenblase, Blinddarm, Mandeln usw.) bei Ärzten und Rechtsanwälten bis zu 80 Prozent seltener vorgenommen werden als im Durchschnitt an der übrigen Bevölkerung: sicherlich nicht deshalb, weil diese Berufsgruppen gesünder leben. Holen Sie deshalb vor größeren Eingriffen immer eine zweite Meinung ein. Das kann nicht schaden.

Heustock ansetzen

Das Ansetzen eines Heustocks erfolgt am besten bei abnehmendem Mond. Das Heu bleibt luftig und trocken, fault nicht, die Selbstentzündungsgefahr ist viel geringer. Bei zunehmendem Mond besteht die Gefahr, dass das Heu grau und schimmelig wird.

Holz und Mond

Bevor Sie sich in einer ruhigen Minute dieses Stichwort durchlesen, suchen Sie sich ein Stück Holz – irgendeinen hölzernen Gegenstand – ob Kochlöffel, Kleiderbügel, Bauklötzchen, ein Holzscheit … was auch immer, nicht lackiert oder lasiert, wenn möglich (muss aber nicht sein). Nehmen

Sie dann das hölzerne Etwas in Ihre Hand und betrachten Sie es von allen Seiten. Fühlen Sie es mit den Augen und mit den Händen. Lassen Sie sich dafür Zeit …

Und nun stellen Sie sich, mit dem Stück Holz in der Hand der Reihe nach und in Ruhe drei Fragen:

- Was bedeutet Holz, was bedeuten Bäume, was bedeutet der Wald für mich?
- Welche Erinnerungen verbinde ich mit Holz, Baum und Wald?
- Was wird Holz, was werden Bäume, was wird der Wald in Zukunft für mich bedeuten?

Meditieren Sie ein wenig über Ihre Antworten. Denken Sie nach. Das sind keine Prüfungsfragen, Sie werden nicht benotet, Sie können sich Monate mit der Antwort Zeit lassen. Wenn Sie nach Sekunden zu dem Ergebnis kommen: »Holz ist nichts Besonderes für mich« – gut! Wenn Sie eine Stunde lang die Erinnerung genießen an fröhliche Nächte in Berghütten, an Wanderungen durch Eichenwälder, an ein romantisches Holzfeuer vor 25 Jahren – auch gut! Wenn Holz für Sie nur ein Baustoff ist – prima!

Wenn Sie Ihre Antworten gefunden haben, möchten wir Ihnen sagen, warum wir dieses Stichwort aufgenommen haben: Wenn Sie nach seiner Lektüre Holz, Baum und Wald mit anderen Augen sehen, haben wir unser Ziel erreicht und freuen uns – mit Ihnen. Die Zeit dafür ist reif.

Wir möchten Sie hier in erster Linie mit der Vorstellung vertraut machen, dass all Ihre ganz persönlichen Gedanken und Gefühle, die Sie um den lebendigen Stoff Holz fließen lassen, darüber mitbestimmen, ob wir eines Tages wieder im Einklang mit unserer Lebensgrundlage, der Natur leben, oder ob wir an unseren hausgemachten Giften zugrunde gehen. Art und Prägung Ihrer Gedanken und Gefühle rund ums Holz entscheiden, ob wir eines unserer Lebenselixiere, die reine Luft, in Zukunft wieder atmen können, oder ob wir am Würgegriff unserer eigenen Hände ersticken.

Ihre Meinung über Holz legt fest, ob das Waldsterben (das eher ein Töten ist) fortschreitet oder ob wir uns wieder daran erinnern, wer uns die Luft zum Atmen schenkt. *Sie* entscheiden, ob der Stoff, aus dem unsere Heimstätten, Möbel, Werkzeuge und Spielzeuge gemacht sind, aus Leben spendendem Holz, aus »festem Licht« oder aus lichtscheuen, den Tiefen der Erde entstammenden Elementen gefertigt sind, die wir niemals so leichtfertig an die Oberfläche hätten holen dürfen.

Ihre Gedanken und Gefühle bestimmen darüber, ob Holz in seinem naturgegebenen lebendigen Zustand in Ihr Leben tritt und es heller macht oder ob es mit Gift versiegelt, »geschützt« oder »verschönert« wird, mit Gift vermischt zur Pressspanplatte wird, mit Gift verleimt als Sondermüll unsere Müllhalden überquellen lässt, im Verbrennen unsere Luft verdunkelt und im Verrotten unsere Erde vergiftet, den sinnreichen Kreisläufen der Natur entrissen. All das liegt in Ihrer Hand.

Jahrtausendelang hat Holz uns Menschen gedient und durch die Meisterschaft kundiger Hände uns eine Vielzahl von Geschenken gemacht:

- *Im Heim:* Unser Dach über dem Kopf, Wände und Böden aus Holz, Schutz vor Frost und Sonnenglut, jahrhundertelang überdauernd, ohne jeglichen Giftstoff zu seinem Schutz.

- *Vom Stuhl bis zum Pfeiler:* Sinnreich entworfene, chemisch unbehandelte Holzmöbel, durch die Maserung und Farben des Holzes ein jedes ein Einzelstück, dauerhaftes, federleichtes Holz für Werkzeuge, Holzbrücken und -pfeiler, die im Wasser stehend jahrhundertelang halten, ohne jede wasservergiftende Imprägnierung.
- *Durch Feuer:* Wärme, die angenehmer und gesünder nicht sein könnte, ausgestrahlt von trockenem Holz, das zu Asche und Rauch wird, nur so viel Kohlendioxid verbrennt, wie es zuvor gespeichert hat, und sofort wieder in den Kreislauf der Natur zurückkehrt.
- *In der Kunst:* Undenkbar die schönste Musik, die jemals an unsere Ohren drang, ohne die wunderbaren Instrumente aus Holz, die sie hervorbrachten. Und die Wohltaten für Augen und Herz in Form der Meisterwerke der Schnitzkunst, versehen mit Naturfarben, die auch nach Jahrhunderten, obwohl verblasst, stärker von innen leuchten als jede chemische Lackfarbe.

Der Erinnerung an Holz, diesem Geschenk des Himmels, ist ein Teil unserer Arbeit gewidmet. Vor allem an eine besondere Gabe möchten wir erinnern, die uns der Wald reicht: das schönste und wichtigste Geschenk von allen – sein *inneres Licht.*

Unsere Vorfahren kannten sie noch, diese wichtigste Gabe des Holzes. Doch ist sie in Vergessenheit geraten bei den meisten – auch bei denen, die heute damit leben und arbeiten –, dass kein Wort in unserer Sprache existiert, um dieses Geschenk, diese Aufgabe, die Holz in unserem Leben erfüllen könnte, zu beschreiben. Diese Holzeigenschaft ist wissenschaftlich nicht erfassbar, sie ist mit Worten nur schwer auszudrücken. Einzig und allein das genaueste Messinstrument, das wir Menschen besitzen – unser inneres ***Gespür*** –, ist geeignet, um diese Eigenschaft zu erfassen. Wir versuchen es dennoch mit Worten, vielleicht, um Ihr Gespür zu wecken:

Lebten Sie schon einmal längere Zeit in einem Holzhaus? Oder verbrachten Sie einen Urlaub darin? Erinnern Sie sich noch an diese Zeit? Mit welchen Gefühlen? Oder leben Sie heute in einem Holzhaus und haben schon einmal längere Zeit in einem Haus aus Beton und Stahl verbracht? Fühlten Sie einen Unterschied?

Verbrennt man Holz, dann enthält die Asche nur weniger als ein Zehntel an Elementen, die der Baum der *Erde* entnommen hat. Fast der gesamte Baum besteht also aus Stoffen, die er über die Blätter aus Licht, Luft und Sonne gewonnen hat. Langsam und schleichend schwächen uns deshalb Behausungen, wenn sie vorwiegend aus Stoffen bestehen, die unterirdisch gewonnen werden. Alle Stoffe, mit denen wir uns kleiden – vom Hemd bis zu Mauer und Dach – sollten aus oberirdisch entstandenen und gewachsenen Elementen bestehen, wenn sie uns Kraft geben statt Kraft kosten sollen.

So genau achteten unsere Vorfahren auf die besondere Kraft, die vom Holz ausgeht, dass sie sogar nur ganz bestimmte Verlege- oder Einbaurichtungen wählten, der jeweiligen Aufgabe des Holzes angepasst. Bei Böden etwa sorgten sie dafür, dass die Baumspitzen abwechselnd nach hinten und nach vorn gerichtet nebeneinander zu liegen kamen. Niemals verlegten sie Bodenbretter quer zum Eingang – es sei denn, sie hätten *jedem* Eintretenden zu verstehen geben wollen, dass er unerwünscht sei. Heute können manche Schreiner am Holzbrett nicht einmal mehr erkennen, wo ursprünglich Wurzel und Wipfel waren …

Mit einem Satz: Es ist, als ob Holz eine Form gerichteter und nährender Kraft besitzt, die uns vor zahllosen negativen Umwelteinflüssen und Strahlungen schützen kann. Es stärkt den Organismus des Menschen – der ein Lebewesen ist, ebenso wie das Lebewesen Baum. Oberirdisch wachsendes Holz ist ein Stoff des Lebens, nicht des Sterbens. Beton, Erdöl, Metall, sogar das unterirdische Wurzelholz nehmen uns Kraft.

Warum verzichten wir seit kurzer Zeit weitgehend und leichten Herzens auf diesen wunderbaren Stoff und ersetzen ihn durch andere, die uns krank machen und manchmal noch nach Jahrtausenden nicht in den Kreislauf der Natur zurückfinden? Mit einem Teil unserer Arbeit wollen wir den Weg ebnen zu einer neuen Einsicht, zur Erinnerung daran, worauf wir verzichten, wenn wir den Wald und seine Geschenke weiterhin so behandeln: entweder wie eine eintönige, verwahrloste Rohstofffabrik auf der Grundlage von Monokulturen oder wie eine alte Ruine, die langsam vor sich hinstirbt, weil niemand sie wirklich braucht und pflegt, oder wie einen Zufluchtsort einer bis zur Unberührbarkeit verklärten Natur, die es um jeden Preis zu schützen gilt – auch um den Preis der Vernunft. Die Wälder der Erde, die Quellen eines fast vergessenen Reichtums, zu schützen und zu pflegen ist eine der wichtigsten Aufgaben unserer Zeit.

Der Umgang mit dem »Lebensmittel« Holz ist heutzutage in fast allen Bereichen kein Kreislauf mehr, wie ihn die Natur eigentlich vorgesehen hatte, sondern eine Einbahnstraße: vom Wald über die industrielle Ausbeutung zur Sondermülldeponie. Kaum eine Verwendungsart, bei der

Holz heute nicht mit den Produkten der Chemie in Berührung kommt, die über Schutz- und Pflegemittel das Holz in Giftmüll verwandeln.

Viele unserer Leser wissen inzwischen: Eine sinnvolle und giftfreie Holzverarbeitung wird erst durchführbar durch die Wahl des richtigen Zeitpunkts bei Holzernte und Verarbeitung. Vielfach macht das Berücksichtigen des Mondstands den Verzicht auf Chemie überhaupt erst möglich, sowohl bei der Waldpflege (Schädlingsbekämpfung, Wildverbiss usw.) als auch bei der Holzverarbeitung. So kann beispielsweise der Wildverbiss von Jungpflanzen allein durch das Pflanzen bei Jungfrau fast gestoppt werden. Schon durch die Wahl des richtigen Zeitpunkts beim Holzfällen und bei der Umwandlung in Bauholz, Brücken, Dachstühle, Fenster, Möbel usw. gewinnt das Holz eine Festigkeit und Beständigkeit, die es Generationen überdauern lässt – ohne jeden Holzschutz. Wer ohne Beweise nicht leben kann: Wir empfehlen ihm den Besuch von Museumsdörfern mit jahrhundertealten Bauernhäusern, die ohne chemischen Holzschutz fortbestehen.

Wir wissen heute schon so viel über die krank machenden Eigenschaften zahlreicher moderner Farben, Baustoffe und Ausbaustoffe. Und selbst wenn wir die Schadwirkung noch nicht »bewiesen« bekamen, dann fühlen wir sie doch. Was tun? Welcher Weg führt aus der Sackgasse? Womit all diese Stoffe ersetzen? Holz kann zumindest *eine* Antwort auf diese Fragen geben. Dass man schon bald überall an Holz, Bauholz oder Möbel gelangt, die giftfrei herangewachsen und verarbeitet sind und deren Haltbarkeit jedem Bedarf gerecht wird, an diesem Ziel wollen wir uns beteiligen. In Österreich haben wir bisher zwar Waldbauern, aber noch keinen *zuverlässigen* Holzhändler oder Sägewerksbesitzer gefunden, der solches Holz zur Verfügung stellt – auch wenn sich manche mit dem Prädikat des »richtigen Zeitpunkts« schmücken. Schreiben Sie uns, wenn Sie eine kleine Liste mit zuverlässigen Holzlieferanten bekommen wollen (siehe Seite 419).

Als Qualitätssiegel haben wir dieses Logo geschaffen, denn auch hier gilt, was beispielsweise für die Mondkalender gilt – *nur wo Paungger/Poppe draufsteht, ist auch Paungger/Poppe drin.*

In Zeiten wie heute, wo umweltbewusster Waldbau, naturgemäßer Hausbau und generell der Schutz von Mensch und Natur bei vielen wieder in den Vordergrund des Denkens und Handelns treten, kann das Wissen um die Mondrhythmen in der Holzgewinnung und -verarbeitung einen großen Beitrag leisten. Es ist einfach undenkbar, dass unsere Vorfahren Häuser, Kirchen, Brücken und Möbel gebaut haben sollen, die – giftfrei errichtet und gepflegt – jahrhundertelang bis heute allen Umwelteinflüssen widerstanden, ohne dass das Wissen vorhanden gewesen wäre, wie man den Wald pflegt, wie man den richtigen Zeitpunkt für die Ernte wählt und wann man welches Holz für welchen Zweck verwendet.

Vielleicht können bald wieder viele Menschen den Unterschied zwischen einer handgefertigten Hausbank und einem industriell hergestellten Möbelstück erkennen. Oder den Unterschied zwischen sommer- und wintergefälltem Holz am Lagerplatz: Das eine wird von Holzwespen umschwirrt und riecht süßlich, das andere bleibt von Schädlingen »verschont« und riecht eher herb-aromatisch. Vielleicht kommen bald wieder die alten Holzverbindungstechniken »in Mode«: Ohne ein einziges Milligramm Metall, Leim, Gift – im ganzen Haus.

Schon Ende Januar beginnen die Bäume aufzuwachen. Die Säfte steigen, auch bei 20 Grad Kälte.
Schon Ende Juni beginnen die Bäume mit dem Rückzug.
Sucht die Schule, die euch von solchen Dingen erzählt ...

Für Sie haben wir dieses Stichwort aufgenommen: für einen Menschen, der noch den Unterschied *fühlt* zwischen einem liebevoll von Hand gefertigten Holzmöbel und dem gleichen Möbel vom Fließband; der fühlt, dass die lebendige Strahlung dieses Möbels noch nach Generationen spürbar ist; der fühlt, dass er mit diesem Stück Holz seine Heimstätte lichter und lebendiger gemacht hat.

Wir alle wissen, dass von unserer Kaufentscheidung abhängt, ob unsere Wälder leben oder sterben. Skrupellose Holzhändler treiben Ausbeutung und Kahlschlag von Kanada bis Sibirien voran und prahlen auch noch damit, zu den reichsten Unternehmen zu gehören. Diese Holzhändler wiederum werden von den großen Möbelfabriken beauftragt. Wo also bekommen Sie Ihr Holz her, wenn Sie sich für dieses oder jenes Möbel entscheiden?

Für Sie haben wir dieses Stichwort aufgenommen: für einen Menschen, dem es nicht gleichgültig ist, ob wir uns weiterhin vergiften, ob wir in Vergessenheit geraten lassen, was uns überhaupt erst eine lebenswerte Zukunft ermöglicht, ob das Holz, das er erwirbt, Raubbau an unserer Natur bedeutet oder sinnerfüllte Arbeit für viele, die heute untätig zu Hause sitzen und deren Talente und Wissen brachliegen.

Für Sie haben wir dieses Stichwort aufgenommen: für einen Menschen, der noch ein Gefühl dafür bewahrt hat, was Leben ist. Der weiß, dass jede Form von Arbeit, Hingabe und Anstrengung nur Sinn ergibt und von Dauer ist, wenn sie mit Liebe erfolgt und nicht unter Zeitdruck oder im Akkord.

Holz, rechtsdrehend und linksdrehend

Bäume wachsen geradelaufend, rechtsdrehend oder linksdrehend (erkennbar an der Rindenoberfläche). Der Unterschied ist leicht herauszufinden: Ein rechtsdrehender Baum etwa schraubt sich nach oben wie ein senkrecht in die Höhe gehaltener Korkenzieher. Auch dieser »Drehsinn« muss bei der jeweiligen Verwendung des Holzes berücksichtigt werden. Schreiner achten sehr genau darauf, unter anderem, weil linksdrehendes Holz nach dem Fällen stärker »arbeitet« als rechtsdrehendes oder geradelaufendes.

Holz und seine Verwendung

So gut wie nirgends steht geschrieben, welche heimische Holzart sich für welchen Zweck am besten eignet und umgekehrt. Die Gleichgültigkeit gegenüber dieser Frage ist manchmal so groß, dass die Käufer eines Bettgestells aus Massivholz nicht einmal nachfragen, welches Holz verwendet wurde – geschweige denn, wie die Oberfläche behandelt ist und woraus der Leim besteht. Hauptsache, es sieht »gut« aus!

Es ist nicht verwunderlich: Die Antwort gehört heutzutage nicht einmal mehr zum Lehrstoff an Schreiner- und Holzfachschulen. Gute Schreiner müssen sich erst durch eigene Erfahrung das nötige Wissen aneignen. Denn es ist alles andere als gleichgültig, welches Holz man für welchen

Zweck verwendet: Tanne beispielsweise ist als Holz für Betten ungeeignet, weil sich der Ruhende darin nicht so leicht erwärmt; manche Menschen frieren damit nur, auch wenn das Bettzeug den Zimmertemperaturen angemessen wäre. Eine Information, die verloren gegangen zu sein scheint, weil man vielerorts Betten aus Tanne findet. Wir haben daher diese kleine Sammlung von Tipps für notwendig gehalten – als Anregung, nicht als »Fachliteratur«.

Wer eine Fußbodenheizung unter einem Holzboden besitzt, wandelt mit Sicherheit auf Hartholz. Aus Hartholz bestehen in unseren Breiten fast alle Laub tragenden Bäume – Buche, Eiche, Ahorn, Esche usw. Natürlich gibt es verschiedene Härtegrade unter Laubgehölzen, auf steinharter Eiche beispielsweise werden Sie Abdrücke von Pfennigabsätzen weniger oft finden als auf einem Eschenboden, während Erlenholz weicher als das »Weichholz« mancher Nadelbäume ist.

Die Fußbodenheizung braucht deshalb einen Hartholzboden (wenn man sich für Holz entscheidet), weil Weichholz viel mehr Luft enthält und zu stark wärmedämmend wirkt. Aus Weichholz bestehen die meisten Nadelbäume in unseren Breiten – Fichte, Tanne, Zirbelkiefer, Lärche, Föhre usw. Der Unterschied zwischen Hart- und Weichhölzern wird am augenfälligsten mit dem Fingernageltest: Was sich mit dem Fingernagel ritzen lässt, gehört zu den Weichhölzern (verzichten Sie jedoch auf Tests im Möbelhaus!).

Fichte

Fichtenholz eignet sich gut als Bauholz unter Dach, wo es keiner direkten Bewitterung ausgesetzt ist – für Dachstühle, Schalungen, Verkleidungen. Obwohl es sich auch sehr gut für Möbel eignet, ist es ein Weichholz. Fichtenmöbel sind nicht kratz- und stoßfest, und es bedarf großer Rücksichtnahme, die sehr schnell anstrengend wird, wenn Sie Kinder haben. Fichte bietet sich auch für Fußböden an, wenn es nicht gerade der Flur oder das Kinderzimmer ist (nicht für Fußbodenheizung geeignet!). Als Brennholz brauchbar, jedoch weniger ergiebig als Laubholz.

Tanne

Alle Anwendungsbereiche der Fichte, jedoch viel wasserfester. Deshalb gut geeignet für den Wasserbau (Brunnen, Brückenpfeiler, Anlegepflöcke). Die Tanne riecht anders als die Fichte, etwas herber. Ideales Saunaholz, da keine Harzgallen vorhanden. Wenn man Tanne für Wasserbauten verwendet, dann sollte man im Tierkreiszeichen Fische ernten und den Stamm möglichst bald einarbeiten. Kein sonderlich gut geeignetes Holz für Betten wegen kühler Ausstrahlung.

Lärche

Das ideale Holz für den Außenbereich: Fensterrahmen, Holzterrassen, Balkone, Zäune, Spielplätze, Brückenstege, Treppen. Auch gut geeignet für Fußböden im Innenbereich, da härter und zäher als Fichtenholz. Dachschindeln sollten immer aus Lärchenholz sein.

Lärchenholz ist sehr wetterbeständig und fault nicht, selbst ohne jede Schutzlasur und Imprägnierung. Unbehandelt verwandelt es sich in ein schönes silbriges Grau, das, je älter, desto schöner wird. Sollten Sie Lärche für Terrasse und Balkon wählen, achten Sie sehr sorgfältig darauf, dass niemals Holzsplitter aufstehen. Kein Holzsplitter schmerzt mehr als einer aus Lärchenholz!

Zirbe (Arve, Zirbelkiefer)
Zirbenholz ist ein sehr kostbares Holz, das meist im Möbelbau verwendet wird. Ein »Holz fürs Leben«, deshalb idealer Werkstoff für den Bau von Lebensmittelbehältern: Die enthaltenen ätherischen Öle wirken für die gesamte Lebensdauer des Behälters schädlingsabweisend. Ein wunderbares Holz für Schüsseln und Schalen aller Art, das auch noch nach Jahrzehnten gut duftet. Zirbelstuben besaßen besonderen Wert und waren früher in fast jedem Landgasthaus zu finden – ohne die zerstörende Lackierung heutiger Tage! Das Holz wirkt unbehandelt rauchabweisend und duftet »heimelig«.

Kiefer
Gut bei allen Anwendungen im Innenbereich – vom Bauholz bis zum Möbelholz. Zum falschen Zeitpunkt gefällte Kiefern und Zirben neigen zum Befall mit Bläuepilz, daher ist hier wie bei allen anderen Holzarten die Ernte nach den Mondrhythmen besonders wichtig: Dann wird das Holz nicht blau (siehe Seite 204).

Eiche
Das dauerhafteste Holz, einfach unverwüstlich. Ideal für Treppen, Böden, Bahnschwellen, Wein- und Cognacfässer und für Möbel. Für Hausschwellen, weil es den Bewohnern besondere Kraft verleiht.

Buche
Steht im Ruf, das unruhigste Holz zu sein. Durch Ernte und Verarbeitung nach den Mondregeln lässt sich dieser Eigenschaft verlässlich entgegenwirken. Hart wie Eiche, je-

doch nicht witterungs- und nässebeständig. Eignet sich für Möbel und Fußböden im Innenbereich. Das ergiebigste Brennholz für große Hitze und lange Brenndauer.

Esche
Sehr gutes Fußbodenholz. Während Buche hart und dicht ist, ist Eschenholz hart und zäh. Bei vielen Sportgeräten, Werkzeugen, Besenstielen usw. ist Zähigkeit und Elastizität gefragt und Esche deshalb das Holz der Wahl. Es eignet sich auch gut als Möbelholz, eventuell auch für Zimmertüren. Manchmal findet man Haustüren in »Esche weiß« – ein schöner Anblick.

Erle
Früher galt das sehr weiche Erlenholz fast ausschließlich als günstiger Rohstoff für Drechselwaren, gemeinsam mit Weidenholz auch als wohlfeiles Holz für Wirtshaustische. Es ist weicher als Kiefernholz, ähnlich weich wie Pappel und Zirbe. Das Holz kam in den letzten Jahren in Mode, heute ist allerdings der heimische Markt leergefegt; es wird daher importiert, vorwiegend aus Amerika. Weil es wurmempfindlich und pilzanfällig ist, wird das importierte Holz (wie fast alle Hölzer aus fernen Ländern) stark mit Pestiziden behandelt – bitte daher genau nach der Herkunft erkundigen. Bei heimischer Erle dagegen gibt es kaum Grund zum Misstrauen.

Ahorn
Ein sehr schönes, helles Hartholz, manchmal fast weiß. Gut geeignet für Tischplatten, Fußböden oder Treppen. Ahornküchen sind besonders hell und fröhlich, und wenn ein

Kind mit seinem Spielzeug dagegen stößt, tut das der Schönheit keinen Abbruch.

Linde
Sehr weiches Laubholz, eignet sich sehr gut für Schnitzarbeiten.

Obstgehölze
Kirsche, Apfel und Birne zählen zu den beliebtesten Obsthölzern. Die Übrigen wie etwa die Zwetschke sind entweder kaum verfügbar oder wenig geeignet. Obsthölzer besitzen eine besondere Maserung, sind auf sympathische Weise »unruhig«. Meist weisen sie eine rötlich-warme Färbung auf. Hölzer für besondere Oberflächen: Fronten, Theken, kleine feine Gegenstände.

Lassen Sie uns schließlich eine klare Empfehlung aussprechen: Verwenden Sie möglichst *heimisches* Holz! Die tieferen Gründe dafür stehen ausführlich in unserem Buch *Aus eigener Kraft,* wo von Bedeutung und Gesundheitswert heimischer Produkte die Rede ist. Heimisches Holz besitzt alle Eigenschaften, um Ihre Wohnung in ein stärkendes Kraftfeld zu verwandeln, während beispielsweise viele Tropenhölzer (besonders Mahagoni) eine für unseren Organismus schwächende Ausstrahlung haben.

Suchen Sie einfach so lange, bis Sie es mit Holzhandelsfirmen oder Sägewerken zu tun bekommen, die wissen, wovon Sie reden. Sie sind in der Mehrzahl, auch wenn viele es auf Anhieb nicht zugeben wollen. Vielleicht wird man versuchen, Ihren Wunsch zu ignorieren und Sie mit dem Satz »Holz ist Holz« abzuspeisen. Entschuldigungen oder Ausreden sollten Sie nicht akzeptieren. Der Beitrag, den die Wiederentdeckung und Befolgung der alten Regeln der Waldpflege und des Holzschlagens zum »Unternehmen gesundes Wohnen« leisten könnte, ist gewaltig. Bleiben Sie hart. Der Kunde hat die Macht: Er ist König!

Holzaschenlauge

Wer Mut gefasst und einen unbehandelten Holzboden aus zum richtigen Zeitpunkt geschlagenem Holz erworben hat, wer in einem Haus mit solchen Böden lebt, für den ist Holzaschenlauge eines der besten Pflegemittel für den wertvollen Boden. Das Rezept dafür ist einfach: Geben Sie etwa zwei Fingerbreit Holzasche aus Buchenholz in einen großen Topf oder Eimer (Mengenverhältnis Wasser zu Asche etwa wie Teewasser zu Teeblättern), füllen Sie den Eimer mit kochendem Wasser und halten Sie ihn zugedeckt. Anfangs ein- bis zweimal umrühren und nach längerem Stehen (ca. 15 Minuten, länger schadet jedoch auch nicht) die Lauge vorsichtig in einen Putzeimer umgießen. Der Aschensatz sollte dabei im ersten Gefäß zurückbleiben und kann auf den Kompost geschüttet werden. Mit dieser Lauge können Sie alles, was aus Holz besteht, putzen, schrubben oder auch nur wischen. Danach mit klarem, lauwarmem oder warmem Wasser nachwischen.

Die Frage, die uns schon viele Leser und sogar Apotheken gestellt haben, ist nun: Woher bekommt man Buchenholzasche (die auch ein gutes Zahnputzmittel ist, wie unsere Leser wissen)? Es gibt sie überall dort, wo Buchenholz im Ofen, Herd oder Kamin brennt. Kennen Sie jemanden, der zu Hause einen offenen Kamin oder Holzherd hat? Wenn Sie einen Gartengrill besitzen, verbrennen Sie einfach statt Holzkohle beim Brennstoffhändler erworbene Buchenscheite und »ernten« Sie dann die Asche.

Holzdecken und Holzböden verlegen und pflegen

Um lebenslang Freude an Holzböden zu haben, die mit natürlichen Mitteln geschützt sind, bedarf es eines Minimums an Pflege und Reinigung. Die Hersteller solcher Mittel geben an, in welchen Abständen und mit welchen Mitteln der beste Erfolg zu erzielen ist: Beispielsweise dürfen keine fettlösenden Reinigungs- und Pflegemittel verwendet werden. Einige wenige Richtlinien sind zu befolgen, dann bleibt die Freude am Naturholzboden lebendig, jeden Tag neu. Die Hersteller verraten allerdings (noch) nicht, wann Sie die Pflege am besten vornehmen: Sie können jederzeit fegen und feucht wischen, sollten aber nach Möglichkeit Krebs, Skorpion und Fische meiden.

Wenn Sie in einem alten Holzhaus wohnen, auf Böden, die völlig unbehandelt und sehr alt sind, können Sie viel tun, um ihre natürliche, wunderbar unregelmäßige Schönheit zu bewahren: Die Böden brauchen nur gekehrt (oder gesaugt) zu werden, weil sie sich selbst regenerieren. In gewissen Abständen sollten sie gründlich geschrubbt werden, bei starker Beanspruchung vierzehntägig, aber nur bei abnehmendem Mond! ***Holzaschenlauge*** (siehe dort) eignet sich für diese Arbeit am besten. Falls Sie bei zunehmendem Mond feucht reinigen müssen, sollten Sie möglichst schnell und gut nachtrocknen. Wenn Sie bei Krebs, Skorpion und Fische im zunehmenden Mond feucht wischen, kann die Feuchtigkeit in die Ritzen dringen, das Holz verzieht sich oder fault gar nach längerer Zeit.

Die Grundregeln für das Verlegen und Pflegen von Holzböden und Holzdecken

Sehr gut: Bei abnehmendem Mond im Tierkreiszeichen Steinbock.

Gut: Bei abnehmendem Mond, mit Ausnahme der Löwe-, Schütze- und Krebstage.

Ungünstig: Generell bei zunehmendem Mond, aber auch bei abnehmendem Mond in Löwe, Schütze und Krebs.

Sehr ungünstig: Bei zunehmendem Mond in Löwe, Schütze und Krebs und bei Vollmond.

Wenn Sie den richtigen Zeitpunkt einhalten: Hohe Festigkeit und Unempfindlichkeit. Das Holz fault nicht und bleibt ansehnlich. Der Boden bleibt ruhig und fest. Auch beim Lüften knacken Decke und Boden nicht ständig.

Mögliche Folgen des falschen Zeitpunkts: Der Boden wird nach Jahren morsch und uneben, Gefahr der Rissbildung, besonders wenn bei Krebs verlegt. Starkes Knarren, besonders bei Wetterumschwüngen und Temperatur- und Feuchteschwankungen. Holzdecken und Verkleidungen knarren, das Holz arbeitet stärker und kann rissig werden.

Besondere Tipps zum Verlegen: Heutzutage sind natürlich behandelte, geölte oder gewachste Naturholzböden sehr pflegeleicht und auch nach langem Gebrauch noch schön.

Kürzlich entdeckten wir eine Werbeanzeige für Teppichböden, in der sich ein Kind auf dem harten Holzfußboden den

Kopf gestoßen hatte. Sinngemäß hieß es: »Mit Teppichboden wäre das nicht passiert.«

Teppichböden sind keine schlechte Sache, wenn sie vollständig aus Naturstoffen bestehen (also auch ohne Kunststoffrücken) und kein Bewohner oder Besucher sich mit Allergien herumschlagen muss. Was Staub, Bakterien und andere Kleinlebewesen betrifft, wird jede noch so starke chemische Ausrüstung des Teppichbodens nicht verhindern, dass er in höchstem Maße unhygienisch ist. Jeder Holzboden ist in diesem Punkt dem Teppichboden um ein Vielfaches überlegen.

Fragen Sie einmal Kinderärzte, wie viele Kinder sie im Laufe der Jahre behandelten wegen Allergien, die von Teppichböden ausgelöst wurden: sei es durch Staub und Bakterien oder durch ihre chemischen Ausrüststoffe oder Reinigungsmittel. Und fragen Sie dann zum Vergleich, wie viele Kinder sich durch den Anprall auf einem Holzfußboden verletzt hatten.

Teppichböden haben sich nicht nur deshalb eingebürgert, weil sich der Geschmack in Sachen Wohnen geändert hat. Zum falschen Zeitpunkt geschlagenes und eingebautes Holz, mit purem Gift versiegelte Parkettböden (Sondermüll!) haben uns die Freude an echtem Holzboden vergällt. Dabei gibt es nichts Schöneres und Umweltfreundlicheres als einen Holzboden, mit natürlichen Mitteln geschützt und gepflegt. Letztlich kostet er so viel wie ein besserer Teppichboden, aber er hält viele Jahre länger. Holzboden oder Kunststoffteppichboden, PVC usw.? Diese Frage stellt sich eigentlich nicht mehr, wenn man das Problem der späteren Entsorgung im Auge behält und damit den Faktor ***Kostenwahrheit*** (siehe dort).

Holzregeln

Nach den Mondphasen geerntetes und verarbeitetes Holz ist ein unschätzbar wertvoller und langlebiger Baustoff für eine Vielfalt von Anwendungsbereichen – vom Möbelstück über Straßenbrücken bis zur Schwimmhalle.

Vielleicht gehören Sie ja zu den zahlreichen Menschen, die ihre ganz persönliche Erfahrung mit der Dauerhaftigkeit von Beton machen durften, etwa wenn in Ihrer Nähe Betonbrücken nach wenigen Jahrzehnten baufällig wurden und monatelange Baustellen für Staus ohne Ende sorgten. Oder wenn einbetonierte Holzpfosten locker wurden – das Holz war noch intakt, aber der Betonsockel zerstört.

Wer noch Zweifel hat, sollte sich die zahlreichen erhaltenen mittelalterlichen Fachwerkbauten in ganz Deutschland ansehen, deren Holz ohne jede Chemie überdauert hat. Nach den Natur- und Mondrhythmen verarbeitet und eingebaut, gibt sich Holz zufrieden und bleibt ruhig, denn es hat Raum. Besondere Schutzmittel sind in Innenräumen ohnehin meist überflüssig. Für die im Außenbereich notwendige Pflege ist Überstreichen mit natürlichen Ölen, Lasuren und Farben im Abstand von fünf Jahren völlig ausreichend. Wenn Sie wissen wollen, wie sich Mondholz im Außenbereich verhält, fahren Sie einmal geruhsam durch den Bregenzerwald in Vorarlberg, Österreich. Und sprechen Sie mit den Menschen, die dort in großer Zahl Häuser und ganze Fabrikhallen mit unbehandeltem Mondholz gebaut haben. Ein wunderbarer Anblick!

Seit Erscheinen unserer Bücher hat sich die Zahl der Sägewerke, Holzhändler und Tischler vervielfacht, die mit zum richtigen Zeitpunkt geschlagenem Holz arbeiten. Auch haben mehrere wissenschaftliche Untersuchungen die Gültigkeit der Regeln bestätigt. Man muss allerdings dem Holz etwa ein Jahr Zeit lassen, bis man es auf eine gewünschte Restfeuchte trocknen kann.

Eine Information für Umweltbewusste: Holz benötigt zur Gewinnung, Verarbeitung und beim Einbau weniger Energie als andere Baustoffe. Das Verhältnis in Energieeinheiten: Bauholz 1, Zement 4, Kunststoff 6, Stahl 24, Aluminium 126 oder anders ausgedrückt: Zur Fertigung eines Holzpfostens benötigt man nur ein Vierundzwanzigstel der Energie, die zur Herstellung einer Stahlprofilsäule erforderlich ist – bei gleicher Tragkraft und viel längerer Lebensdauer des Holzes, wenn es nach den Mondregeln geschlagen und verarbeitet wird. Wie gesagt, der Beitrag, den Sie für unsere Umwelt leisten, wenn Sie sich für Holz und gegen Stahl, Beton und Aluminium entscheiden, ist unschätzbar. Wann ist nun der richtige Zeitpunkt für die Holzernte?

> Der Winter ist fast ausnahmslos die beste Zeit zur Holzgewinnung, besonders die Zeit zwischen dem 21. Dezember und dem 6. Januar. Nach dem 6. Januar sollte Holz im Winter nur noch bei abnehmendem Mond geschlagen werden.

Die Säfte sind im Winter abgestiegen, das Holz arbeitet nach dem Schlagen weniger. Darüber hinaus gibt es eine Vielfalt spezieller Termine, die auf die Holzeigenschaft Einfluss nehmen – teilweise in Zusammenhang mit dem jeweiligen Stand des Mondes, teilweise aber auch nicht. Einige besondere Rhythmen werden Sie auf den folgenden Seiten kennen lernen: Termine, die vom Mondlauf völlig unabhängig sind. Ihre Gültigkeit erfährt nur, wer sie anwendet.

Wie genau sich unsere Vorfahren auskannten, macht das umfassende Regelwerk aus Tirol auf Seite 207 deutlich. Es stammt aus sehr alter Zeit, wie wir nachprüfen konnten. Die vorliegende Abschrift ist auf das Jahr 1912 datiert, aber uns sind auch völlig gleich lautende Texte aus dem 14. Jahrhundert bekannt. Alle Regeln, die dieses alte Dokument angibt, sind nach wie vor gültig.

Hier die teilweise Übersetzung der Regeln, soweit sie für gesundes Wohnen und Bauen sinnvoll sind, sowie einige zusätzliche Hinweise, geordnet nach der jeweils gewünschten Holzqualität.

Nicht faulendes, hartes Holz

Während der letzten beiden Tage im März bei abnehmendem Mond im Fisch geschlagen, bekommt Holz diese Qualität. Allerdings kommt es nicht jedes Jahr vor, dass das Tierkreiszeichen Fische in den abnehmenden Mond fällt.

Es gibt jedoch Alternativtermine: Neujahrstag, 7. Januar, 25. Januar, 31. Januar bis 2. Februar. An diesen sechs Tagen geschlagenes Holz fault und wurmt nicht. An Neujahr und von 31. Januar bis 2. Februar geschlagenes Holz wird zudem im Lauf der Zeit sehr hart.

Nicht entflammbares Holz

Am 1. März geschlagenes Holz, besonders nach Sonnenuntergang, ist nach dem üblichen Ablagern feuerbeständig! Möglicherweise kommt es im Lauf der Zeit zu einer Umwandlung der im Holz enthaltenen Harze. In einer Brandversuchsanstalt erhielt solches Holz die Feuerschutzklasse F 60 und darf somit ohne jede Behandlung im Innenausbau verwendet werden!

Zeichen zum Holzschlagen und Schwenden

Von Ludwig Weinhold, von Michael Ober, Wagnermeister in St. Johann in Tyrol aufgeschrieben, abgeschrieben von Josef Schmutzer am 25. Dezember 1912

1. Schwendtage sind der 3. April, der 30. Juli und am Achazitag[1], besser noch, wenn selbe noch im abnehmenden Mond oder an einem Frauentag. Diese Tage sind auch für Kugeln und Schrotgießen gut.

2. Das Holzschlagen, dass es fest und gleim[2] bleibt, ist gut die ersten acht Tage nach dem Neumond im Dezember, wenn ein weiches Zeichen darauf fällt. Krechtholz[3], bzw. Machlholz[4], Buchen usw. zu schlagen, dass es gleim bleibt und fest wird, soll sein der Neumond und der Skorpion.

3. Holzschlagen, dass es nicht fault, soll sein die zwei letzten Tage im März im abnehmenden Fisch.

4. Holzschlagen, dass es nicht brennt, ist nur ein Tag, der im Monat März, noch besser nach Sonnenuntergang, der 1. März.

5. Holzschlagen, dass es nicht schwind, soll sein der dritte Tag im Herbst. Herbstanfang am 24. September, wenn der Mond drei Tage alt ist und an einem Frauentag, wo der Krebs drauffällt.

6. Brennholz zu arbeiten, dass es gut nachwächst, soll sein im Oktober, im ersten Viertel aufnehmenden Mond.

7. Sägeholz soll geschlagen werden im aufnehmenden Fisch, so werden die Bretter nicht wurmig, ebenso die Hölzer.

8. Zu Brücken und Archen soll man Holz schlagen im abnehmenden Fisch oder Krebs.

9. Holz zu schlagen, dass es gering wird, soll sein im Skorpion und im August. Im Stier geschlagen, so der Mond im August einen Tag abgenommen hat, bleibt es schwer.

10. Holz zu schlagen, dass es nicht kluftig wird, oder aufgeht, soll geschehen vor dem Neumond im November.

11. Holz zu schlagen, dass es nicht zerreißt, den 24. Juni zwischen 11 und 12 Uhr.

12. Krechtholz oder Machlholz soll geschlagen werden den 26. Februar im abnehmenden Mond, noch besser, wenn der Krebs darauf einfällt.

Diese Zeichen sind alle bewiesen und ausprobiert.

1 Achazitag: 22. Juni
2 gleim: Holz wie »geleimt«, also für nicht schwindende Holzverbindungen, die keinen Leim brauchen.
3 Krechtholz: »gerechtes Holz«, das sich nicht verzieht (für Werkzeuge und Arbeitsgeräte).
4 Machlholz: Holz, aus dem etwas »gemacht« bzw. geschaffen wird (Möbel etc.).

Alternativtage sind Neumond in Waage (nur ein- oder zweimal im Jahr; dieses Holz schwindet nicht und kann auch grün, ohne Ablagern verarbeitet werden), der letzte Tag vor dem Dezemberneumond und die letzten 48 Stunden vor dem Märzneumond.

Nicht schwindendes Holz

In vielen Anwendungsbereichen darf Holz nicht schwinden. Solches Holz schlägt man am besten am Thomastag (21. 12.); dieser Tag ist der beste Holzschlagtag überhaupt. Auch geeignet für schwundfreies Holz sind die Februarabende nach Sonnenuntergang im abnehmenden Mond, der 27. September, monatlich die drei Tage nach Neumond, Marienfeiertage (u. a. 15. August und 8. September), wenn sie auf Krebs fallen, oder Neumond im Zeichen Waage. Im Februar nach Sonnenuntergang geschlagenes Holz wird steinhart.

Werkzeug- und Möbelholz

In den ersten acht Tagen nach dem Dezemberneumond in Waage, Löwe oder Jungfrau geschlagenes Holz eignet sich für diesen Zweck. Ebenso der Neumond im Skorpion (meist im November) und der 26. Februar im abnehmenden Mond, besonders wenn gleichzeitig der Mond im Krebs steht.

Bei Skorpion geschlagenes Holz sollte allerdings stets sofort entrindet werden, weil es sonst schnell vom Borkenkäfer befallen wird. Wer ansonsten auf den richtigen Zeitpunkt des Holzschlagens achtet (etwa die Zeit zwischen dem 21. 12. und dem 6. 1.), muss nicht unbedingt sofort entrinden, weil der Käferbefall viel geringer ist oder ganz ausbleibt (selbst wenn in unmittelbarer Nähe befallene Stämme lagern!). Entrinden hat nämlich den Nachteil, dass das Holz bei längerer Sonnenbestrahlung feine Risse bekommt, die es für bestimmte Zwecke unbrauchbar machen.

Brennholz

Bei der Brennholzgewinnung soll alles wieder gut nachwachsen. Am besten eignen sich die ersten sieben Tage des zunehmenden Mondes im Oktober. Generell sollte Brennholz jedoch nach der Wintersonnenwende nur bei abnehmendem Mond gefällt werden (den Wipfel nicht gleich abnehmen und einige Zeit talwärts liegen lassen!).

Bretter-, Säge- und Bauholz

Für Bretter- und Sägeholz eignet sich die Zeit des zunehmenden Mondes im Fisch, weil die Bretter und Hölzer dann nicht von Schädlingen befallen werden. Das Tierkreiszeichen Fische taucht nur von September bis März im zunehmenden Mond auf.

Boden- und Werkzeugholz

Die beste Zeit sind die Skorpiontage im August (sofort entrinden!). Soll das Holz zusätzlich schwer bleiben (etwa für sehr strapazierfähige Böden), wählt man den ersten Tag nach Vollmond im Stier (kommt nicht jedes Jahr vor).

Reißfestes Holz

Solches Holz – etwa für Möbel und Schnitzwerk – wird am besten in den Tagen vor dem Novemberneumond geschlagen. Gleichwertige Alternativen sind der 25. März, der 29. Juni und der 31. Dezember. Holz, das an diesen drei Ta-

Der Mondkalender wäre sinnlos, würde niemand fühlen, was er anzeigt. Er ist ein Wecker für das schlafende Gefühl.

gen geschlagen wird, springt und reißt nicht. Auch hier sollte der Wipfel gegen das Tal fallen und noch einige Zeit liegen bleiben, um restliche Säfte auszuziehen.

Holz, das schnell verbaut werden soll, etwa zum schnellen Wiederaufbau nach einem Brand, darf keinesfalls später reißen. Die beste Schlagzeit ist der Johannitag, der 24. Juni zwischen 11 und 12 Uhr mittags (12 und 13 Uhr Sommerzeit!). Früher war das ein besonderer Tag: Holzknechte rückten in Scharen aus und sägten eine Stunde lang, was das Klingenblatt hergab.

Hölzerne Schindeln für Außenwand und Dach, hölzerne Dachrinnen

Dachschindeln sollten aus geradelaufendem oder leicht nach links drehendem Holz gefertigt werden (siehe ***Holz, rechtsdrehend und linksdrehend***). Bei feuchter Witterung streckt sich nämlich die Schindel und deckt gut ab, bei freundlicher Witterung und in der Sonne dagegen krümmt sie sich leicht und lässt Luft zur Trocknung unter die Oberfläche dringen.

Bei hölzernen Dachrinnen verhält es sich umgekehrt: Das Holz sollte gerade laufen oder etwas nach rechts drehen, weil rechtsdrehendes Holz nach dem Fällen »stehen bleibt« – das heißt, die Drehung setzt sich nicht fort. Linksdrehendes Holz würde die Dachrinne nach und nach verbiegen, das Wasser würde seitlich verschüttet.

Holztreppen und Dachstühle fertigen und aufrichten

Nach den Natur- und Mondrhythmen verarbeitet und eingebaut, gibt sich Holz zufrieden und bleibt ruhig, denn es hat Raum. Besondere Schutzmittel sind in Innenräumen ohnehin meist überflüssig. Für die im Außenbereich notwendige Pflege ist Überstreichen mit natürlichen Ölen, Lasuren und Farben im Abstand von fünf Jahren völlig ausreichend. Wenn Sie solch »zufriedenes« Holz in Ihren Holztreppen und im Dachstuhl wünschen, dann sollten Sie sich an die Grundregel halten.

Die Grundregeln für das Fertigen und Aufrichten von Holztreppen und Dachstühlen

Sehr gut: Bei abnehmendem Mond im Tierkreiszeichen Steinbock.

Gut: Bei abnehmendem Mond, mit Ausnahme der Löwe-, Schütze- und Krebstage.

Ungünstig: Generell bei zunehmendem Mond, aber auch bei abnehmendem Mond in Löwe, Schütze und Krebs.

Sehr ungünstig: Bei zunehmendem Mond in Löwe, Schütze und Krebs und bei Vollmond.

Wenn Sie den richtigen Zeitpunkt einhalten: Der Dachstuhl bleibt ruhig. Kein Reißen oder Heben der Balken und Unterlatten. Holztreppen knarren nicht. Hohe Haltbarkeit.

Mögliche Folgen des falschen Zeitpunkts: Holztreppen

gleiten leichter aus den Fugen, bei Schütze starkes Arbeiten und Knarren. Bei Löwe trocknet das Holz zu schnell, etwa nach hoher Luftfeuchtigkeit, daher springt es leichter. Der Dachstuhl kann sich heben oder verziehen.

Besondere Tipps: Sollten Sie die Möglichkeit haben, ein Schindeldach zu errichten, dann achten Sie auf die Drehrichtung des Lärchenholzes. Es sollte gerade oder leicht nach links laufen. Bei feuchter Witterung streckt sich dann die Schindel, in der Sonne dagegen krümmt sie sich leicht und lässt Luft zur Trocknung unter die Oberfläche dringen.

Holztüren, -fenster und -wintergärten fertigen

Wenn Sie gesund und menschenfreundlich bauen, ausbauen und heimwerken wollen, sollten Sie nicht vergessen, dass Sie das Ergebnis Ihrer Arbeit – vom Möbelstück über den Dachstuhl bis zum Gartenhäuschen – pflegen müssen: nicht als lästige Pflicht, sondern aus Liebe zu den Dingen aus der Natur in Ihrer nächsten Umgebung, die für Sie da sind. Eine Hand wäscht die andere, eine Hand pflegt und schützt die andere. Sie haben ja die Wahl, womit Sie sich umgeben. Auch als Mieter haben Sie die Wahl, womit Sie streichen, lasieren und basteln.

Fensterrahmen, Türen und Wintergärten aus mondphasengeschlagenem Holz, zum richtigen Zeitpunkt verarbeitet, bei abnehmendem Mond mit natürlichen Farben lasiert und zum richtigen Zeitpunkt verglast und eingebaut, bereiten endlose Freude und sind gleichzeitig lebendige, atmende Bestandteile des Hauses.

Hier erfahren Sie, wie Ihnen die Mondregeln helfen können, ohne jedes Gift Fenster, Wintergärten und Türen zu fertigen.

Die Grundregeln für die Fertigung von Holztüren, -fenstern und -wintergärten

Sehr gut: Bei abnehmendem Mond im Tierkreiszeichen Steinbock.

Gut: Bei abnehmendem Mond, mit Ausnahme der Löwe-, Schütze- und Krebstage.

Ungünstig: Generell bei zunehmendem Mond, aber auch bei abnehmendem Mond in Löwe, Schütze und Krebs.

Sehr ungünstig: Bei zunehmendem Mond in Löwe, Schütze und Krebs und bei Vollmond.

Wenn Sie den richtigen Zeitpunkt einhalten: Das Holz bleibt ruhig, verzieht sich nicht. Fensterrahmen und Türblätter bleiben ruhig, schließen dicht. Im Fensterfalz bildet sich keine Feuchtigkeit, die zum Verrotten oder Abblättern von Farbe führen könnte. Nach Regengüssen trocknet alles rasch ab.

Mögliche Folgen des falschen Zeitpunkts: Fenster verziehen sich leichter, die Feuchtigkeit bleibt im Holz, es wird leichter morsch. Türen und Fenster schließen schlechter im Laufe der Zeit.

Besondere Tipps bei der Fertigung von Holztüren, -fenstern und -wintergärten: Asteinschlüsse in Fensterrahmen sollten Sie unbedingt bei abnehmendem Mond ausbessern lassen, weil sie sonst im Laufe der Zeit herausfallen könnten. Wenn möglich, nicht mit Holzkitt, sondern mit Holzdübeln arbeiten. Wenn Sie Fenster intensiv putzen, dann immer allseitig und bei abnehmendem Mond. Sie werden sehen, dass dann beispielsweise ein Wintergarten viel mehr Freude macht, weil seine Glasflächen viel seltener gesäubert werden müssen. Das entkräftet gleichzeitig ein Argument gegen Wintergärten.

Homöopathische Mittel anwenden

Die Homöopathie ist ebenso wie die ihr sehr ähnliche Bach-Blütentherapie uralt: Beide Therapieformen existieren nicht erst seit ihrer Wiederentdeckung durch jene Menschen, deren Namen heute mit ihnen verknüpft sind. Dass man »Ähnliches mit Ähnlichem« kurieren kann, wissen viele Menschen, die das Wort Homöopathie noch nie gehört haben. Feilstaub der eigenen Fingernägel als Heil- und Stärkungsmittel, der eigene Speichel zum Einreiben der Augenlider, der Kniekehle oder kleiner Verletzungen, der eigene Urin bei Hautausschlägen, das nochmalige Verbrennen oder Verbrühen bei kleineren Brandwunden zur sofortigen Ausheilung ohne Blasen und Narben und vieles mehr: All das sind natürliche »Kuren«, die seit Jahrhunderten erfolgreich angewandt werden.

Tief im Meer sind unermeßliche Schätze verborgen. Sicherheit und Garantien verkauft man am Ufer.

Auch die Therapie mit Blüten bei bestimmten Krankheiten oder zur allgemeinen Stärkung ist schon lange bekannt: Die Navajo-Indianer Nordamerikas bogen bei Sonnenlicht Blütenköpfe in eine Schale Wasser, ohne die Pflanzen abzureißen, und tranken dann das Wasser, mit derselben Absicht und Wirkung, die auch wir kennen. Und sicherlich wussten sie um den richtigen Zeitpunkt dieser Tätigkeit.

Die Grundregeln für die Anwendung homöopathischer Heilmittel

- Alle Mittel und Methoden zur Entgiftung und Auflösung sind im abnehmenden Mond, alle Mittel zu Aufbau und Stärkung im zunehmendem Mond erfolgreicher.
- Die günstigen Zeiten für die Einnahme von Globuli sind Montage und Freitage.
- Eigenbluttherapien sollten an Erdtagen (Stier, Jungfrau, Steinbock) stattfinden und dann beendet werden, wenn die Wirkung eintritt. Ein gleichzeitig zunehmender Mond verstärkt die gute Wirkung noch, weil der Körper für die enthaltene Information zugänglicher ist.
- Bach-Blüten dienen fast immer dem Aufbau und der allgemeinen Stärkung, sind deshalb im zunehmenden Mond oftmals wirksamer.

Hornhautentfernung

Starke Hornhaut ist ein immer wiederkehrendes kleines Übel. An den Fußsohlen kann sie mehrere Ursachen haben.

Häufig ist das Schuhwerk der Auslöser – entweder zu langes Tragen derselben Schuhe oder zu langes Stehen selbst in guten Schuhen. Auch wenn Sie nur gute Schuhe besitzen, sollten Sie, wenn möglich, mindestens zwei- oder dreimal am Tag wechseln.

Oft kommt es aber auch zu starker Hornhautbildung an ganz unterschiedlichen Stellen der Fußsohle. Bei der ***Fußreflexzonenmassage*** erkennt ein Fachmann sofort, wo Sie geschwächte oder gar kranke Organe haben. Trotz der Behandlung durch den Masseur ist es manchmal sinnvoll, die Hornhaut zu entfernen oder entfernen zu lassen.

Die Grundregeln für die Hornhautentfernung

Gut: Bei abnehmendem Mond, außer Fische und Steinbock.

Ungünstig: Bei zunehmendem Mond und bei abnehmendem Mond in Fische und Steinbock.

Sehr ungünstig: Bei zunehmendem Mond in Fische und Steinbock und zwei Tage vor Vollmond, gleichgültig in welchem Zeichen.

Wenn Sie den richtigen Zeitpunkt einhalten: Die Haut bleibt lange geschmeidig und weich.

Mögliche Folgen des falschen Zeitpunkts: Bei Steinbock wird die Haut danach noch härter, bei Fische ist sie zu empfindlich.

Besondere Tipps zur Hornhautentfernung: Erfahrene Fußpfleger können auch an Fische ans Werk gehen. Sie wissen in der Regel, dass jedes Zuviel von Übel ist.

Hüftregion – Eingriffe an Hüfte, Nieren, Blase

Haben Sie schon das Stichwort *Eingriffe, operative* gelesen? Es wäre sinnvoll, dort kurz nachzusehen, bevor Sie den Termin für den richtigen Zeitpunkt einer Operation eruieren.

Wir möchten Sie erinnern: Vieles entscheidet über den Erfolg eines chirurgischen Eingriffs – von der Kompetenz des Arztes über den allgemeinen Gesundheitszustand des Patienten bis hin zur Verfügbarkeit der nötigen Instrumente. Und nicht zuletzt spielen auch schicksalhafte Umstände eine Rolle. Der Ausgang von Notoperationen beispielsweise gehorcht sicherlich höheren Gesetzmäßigkeiten.

Manche Umstände und Faktoren bei Operationen sind beeinflussbar, manche nicht. Sicher ist aber: Auch Mondstand und Mondphase zum Zeitpunkt chirurgischer Eingriffe beeinflussen deren Erfolg oder Misserfolg.

Die Grundregel ist sehr einfach: Man sollte jeglichen Eingriff im Körper möglichst bei *abnehmendem Mond* vornehmen – je schwieriger und umfassender der Eingriff, desto wichtiger die Regel.

Die Grundregeln für Eingriffe an Hüfte, Nieren und Blase

Gut: Bei abnehmendem Mond, jedoch nicht in Jungfrau, Waage, Skorpion.

Ungünstig: Bei zunehmendem Mond.

Sehr ungünstig: Bei zunehmendem Mond in Jungfrau, Waage, Skorpion sowie drei Tage vor Vollmond und an Vollmond, gleichgültig in welchem Zeichen.

Wenn Sie den richtigen Zeitpunkt einhalten: Geringere Blutungsneigung und geringere Narbenbildung. Schnellerer Heilungsverlauf, geringere Gefahr von Komplikationen. Gerade bei Hüftoperationen sind gute Erfolge zu vermelden, wenn der Zeitpunkt stimmt.

Mögliche Folgen des falschen Zeitpunkts: Komplikationen und Infektionen nach Operationen kommen bei zunehmendem Mond häufiger vor, Heilungs- und Genesungsphasen dauern in der Regel länger. Gegen Vollmond kommt es häufiger zu stärkeren, schwer stillbaren Blutungen. Auch die Vernarbung verläuft nicht ungestört, die Gefahr hässlicher, bleibender Narben ist viel höher. Manchmal sind mehrfach Operationen nötig, um ein einigermaßen befriedigendes Ergebnis zu erzielen. Größere Gefahr von Nerven- und Phantomschmerzen.

Und nicht vergessen: Wichtig ist die Frage, ob der Eingriff überhaupt nötig ist! Bedenken Sie, dass bestimmte, nicht lebensrettende Operationen (an Gallenblase, Blinddarm, Mandeln usw.) bei Ärzten und Rechtsanwälten bis zu 80 Prozent seltener vorgenommen werden als im Durchschnitt an der übrigen Bevölkerung: sicherlich nicht deshalb, weil diese Berufsgruppen gesünder leben. Holen Sie deshalb vor größeren Eingriffen immer eine zweite Meinung ein. Das kann nicht schaden.

Hühnerzucht

Auch für die Hühnerzucht gibt es eine wichtige und erfolgreiche Mondregel: Werden die Eier von den Hühnern oder in Wärmeöfen so bebrütet, dass die Küken bei Vollmond schlüpfen, so werden daraus die gesündesten Hühner. Die Brutdauer ist ja immer gleich, deshalb kann auch auf größeren Hühnerhöfen dieser Rhythmus ohne Schwierigkeiten berechnet und eingehalten werden.

Wir möchten Sie daran erinnern: Kaufen Sie nur Hühner und Eier aus natürlicher Landwirtschaft von freilaufenden und gesund ernährten Hühnern. Wenn Sie nicht wissen, warum Sie das tun sollen, da doch solche Eier teurer sind, dann empfehlen wir einen Besuch in einer »normalen« Hühnerfarm. Und wenn Sie dort erfahren, dass Besuche unerwünscht sind, so warten Sie, bis im Fernsehen wieder darüber berichtet wird: Dann wissen Sie auch, warum die Hühnerzüchter Besuch nicht wünschen.

Vertraue auf Gott. Aber vergiß nicht, die Luft im Reifen zu prüfen.

Wir alle sind verpflichtet, auf unsere Tiere zu achten und für sie zu sorgen. Mit einer falschen Kaufentscheidung unterstützen Sie direkt die unwürdige und verachtende Massentierhaltung.

Impfen

Wussten Sie, dass bei »angekündigten« Grippewellen aufgrund wahrer »Impforgien« etwa doppelt so viele Menschen erkranken wie bei Epidemien, die aus irgendeinem Grund verschwiegen werden, so dass bei ihnen auch keine Impfhysterie entsteht? Dies und viel mehr zum Thema Impfen hat Simone Delarue in ihrem Buch *Impfungen, der unglaubliche Irrtum** zusammengefasst.

Wenn Sie dennoch sich oder Ihr Kind impfen lassen wollen oder müssen, dann gibt es auch dafür eine Mondregel.

Erfahrungen mit den Folgeerscheinungen von Impfungen haben gezeigt, dass man Impftermine nicht auf die drei Tage vor Vollmond und besonders den Vollmondtag selbst legen sollte. Die Gefahr von allergischen Impfreaktionen ist größer als sonst. Wichtig ist auch, geimpfte Kinder einige Tage lang so zu behandeln, als ob sie krank wären: Keine größeren sportlichen oder sonstigen Belastungen, kein Barfußlaufen auf kalter Erde usw.

* Delarue, Simone: Impfungen, der unglaubliche Irrtum. Hirthammer Verlag, 1998.

Imprägnieren siehe: *Malerarbeiten*

Intimpflege

Auch im Bereich der Intimpflege kann man sich so manche segensreiche Wirkung des Mondstandes zunutze machen. Persönliche Erfahrung ist wie immer wertvoller als jeder Ratschlag. Lassen Sie deshalb einmal den Unterschied zwischen einem Sitzbad an Skorpion und an beliebigen anderen Tagen auf sich wirken. Sie würden schon bald fühlen, was es bedeutet, wenn man davon spricht, dass beispielsweise »Skorpion Geschlechtsorgane und Hüftregion regiert«.

Die Grundregeln für die Intimpflege

- Was Sie in den zwei bis drei Skorpiontagen für den Bereich der Geschlechtsorgane tun, wirkt doppelt wohltuend, vorbeugend und heilend – mit Ausnahme von Eingriffen und Operationen in diesem Bereich.
- Alles, was Geschlechtsorgane und Harnleiter in den Skorpiontagen stärker belastet, wirkt schädlicher als an anderen Tagen.

Aus dieser Regel lässt sich nicht nur die besonders angenehme und vorbeugende Wirkung von ***Sitzbädern*** (siehe dort) an Skorpion ableiten. Lassen Sie uns in diesem Zusammenhang einige Tipps zu dem manchmal heiklen Thema Intimpflege geben. Wie sehr es nötig ist, hier mit offenen Worten zu reden, haben wir oftmals selbst erlebt. Beispielsweise, wenn junge und »moderne« Eltern zu schüchtern sind, ihren Söhnen beizubringen, dass man zur Intimpflege auch die Vorhaut zurückziehen muss. Wir haben erlebt, dass junge Mütter nicht wussten (und nicht einmal im Krankenhaus erfuhren), dass man ein kleines Mädchen beim Wickeln immer von der Scheide in Richtung After säubert. Fragen Sie Hautärzte: Sie können bestätigen, wie es um diese Dinge bestellt ist in unserer »aufgeklärten« Zeit.

Regelmäßige Intimpflege

Sie sollte selbstverständlich von natürlichen Mitteln begleitet und eigentlich eine solche Selbstverständlichkeit sein, dass man nicht einmal auf den Gedanken kommt, »Intimsprays« zu benützen. Diese Sprays sind eine törichte Erfindung der Symptombekämpfungsunkultur. Für die empfindliche Schleimhaut sind sie in allen Fällen eine große Belastung, besonders bei zunehmendem Mond und in den Skorpiontagen.

Slipeinlagen und Tampons

Nichts gegen Tampons, sie sind manchmal recht praktisch, aber denken Sie einmal in Ruhe darüber nach: Was geschieht, wenn der Zahnarzt Ihnen die weißen Rollen in den Mund schiebt, bevor er die Zahnfüllung einbringt? Was geschähe mit Ihrer Mundschleimhaut, wenn Sie diese weißen Walzen ständig im Mund trügen und immer dann austauschten, wenn Sie sich vollgesogen haben? Die Schleimhäute sind nicht dafür gedacht, ständig ausgetrocknet zu werden. Glücklicherweise gibt es viele Frauen und Mädchen, die es akzeptieren, wenn sie sie nicht vertragen, anstatt zu vermuten, dass mit ihnen »etwas nicht stimmt«, wenn sie nicht verkraften, was doch alle so praktisch und unbedenklich finden.

Permanent Slipeinlagen zu tragen ist ebenso schädlich, auch deshalb, weil sich diese empfindsame Körperregion fortwährend mit den chemischen Stoffen auseinander setzen muss, mit denen das Papier behandelt worden ist. Ein Teufelskreis beginnt, weil die Abwehrkräfte der Schleimhäute allmählich sinken.

Unser Rat: Tragen Sie Slipeinlagen nur, wenn Sie bald Ihre Periode bekommen oder auch noch einen Tag danach, wenn Sie sich noch nicht ganz sicher fühlen. Wenn Sie gar nicht darauf verzichten können oder wollen, dann lassen Sie wenigstens nach Möglichkeit die Skorpiontage aus.

Stark parfümierte Chemiebomben zur Intimpflege, der Dauereinsatz von Slipeinlagen, Intimsprays – diese Dinge haben nur dann eine Chance, wenn es der Industrie gelingt, den Kundinnen und Kunden weiter einzureden, der natürliche Eigengeruch eines Menschen sei *von vornherein* etwas Unanständiges, Bekämpfenswertes.

Gelingt das, wäre es sehr schade. Denn ob Sie einen Menschen »riechen« können oder nicht (ob Sie ihn also sympathisch finden oder nicht), diese Information kann Ihnen Ihre Nase dann nicht mehr geben. Im natürlichen Eigengeruch eines Menschen, den auch jeder wirklich gut und natürlich gepflegte Mensch ausströmt, steckt *lebendige Information.* Wenn Ihr ***Gespür*** erwacht ist, könnte Ihnen diese Information sehr viel sagen.

Jungfrautage

Als Jungfrautage bezeichnen wir jene zwei oder drei Tage im Monat, in denen der Mondkalender das Tierkreiszeichen Jungfrau angibt. Auf der Erde machen sich besondere Kräfte bemerkbar, die man sich in fast jedem

Lebensbereich zunutze machen kann. Einige Beispiele und Grundregeln sollen hier als Anhaltspunkt und Anregung dienen:

Was an Jungfrau in der Luft liegt

Jungfraukräfte fördern alles, was mit Planung, Berechnung, kühler Strategie zu tun hat. Der logisch begründbare Zweck heiligt die Mittel. Erst prüfen, dann handeln lautet die Devise: keine Tage für leidenschaftliches Drauflosstürmen.

»Was halten Sie eigentlich von Astrologie?« fragt ein Mann seinen Kollegen. »Eigentlich nichts. Als Jungfrau sehe ich solche Dinge sowieso eher kritisch.«

Mit der Tagesqualität trocken-kühl sind die Jungfrautage *die* Erdtage schlechthin. Ihre ***Meditationsfarbe*** (siehe dort) ist Gelb.

Gesundheit und Körpereinflüsse an Jungfrautagen

Die besondere Kraft der Jungfrautage wirkt auf die Tätigkeit der Verdauungsorgane. Sie beeinflusst Dünn- und Dickdarm, Milz und Bauchspeicheldrüse.

- Was Sie in den zwei bis drei Jungfrautagen für die Verdauung, für Milz und Bauchspeicheldrüse tun, wirkt doppelt wohltuend, vorbeugend und heilend – mit Ausnahme von Eingriffen und Operationen in diesem Bereich.
- Alles, was die Verdauungsorgane an den Jungfrautagen stärker belastet, wirkt schädlicher als an anderen Tagen.
- Wenn Sie den Termin von Eingriffen und Operationen an Magen, Milz und Bauchspeicheldrüse selbst bestimmen können, meiden Sie die Jungfrautage und die Zeit vom 23. August bis 23. September und wählen Sie für den Eingriff die Zeit des abnehmenden Mondes.

Magen- und darmempfindliche Menschen bekommen in diesen Tagen oftmals Probleme mit der Verdauung. Auf schwere, fettreiche Speisen zu verzichten wäre zumindest zu dieser Zeit ein großer Vorteil.

An Jungfrau gesammelte Heilkräuter fördern nicht nur die Verdauungstätigkeit, sondern wirken auch günstig auf Blut, Nerven und Bauchspeicheldrüse. Besonders ein Blutreinigungstee, etwa mit an Jungfrau gesammelten Brennnesseln, verfehlt nicht seine gute Wirkung. Der Wintervorrat sollte erst im September angelegt werden, wenn Jungfrau wieder im abnehmenden Mond auftaucht. Bei einer vergrößerten Bauchspeicheldrüse kann dieser Tee zur normalen Funktion verhelfen.

Die Farbe *Orange* kann Verdauungsprobleme und schlechten Stuhlgang günstig beeinflussen, besonders, wenn Sie sie in den Jungfrautagen tragen. *Violett* dagegen regt die Milz an und damit die Immunkraft (siehe auch ***Farbwirkung im Mondrhythmus***).

Der Mond in Jungfrau in Garten und Landwirtschaft

Jungfrautage sind Wurzeltage mit absteigender Kraft. In Gartenbau und Landwirtschaft spielt dieses Tierkreiszeichen eine ganz besondere Rolle. Es sind die besten Tage für fast alle Arbeiten in Garten, Feld und Wald, die mit Setzen, Umsetzen und Pflanzen zu tun haben.

Sehr günstig an Jungfrautagen:

- Alle Setz- und Pflanzarbeiten: Die Erde lässt alles schön aufgehen
- Pflanzen von Einzelbäumen, die sehr hoch werden sollen

- Pflanzen von Sträuchern und Hecken, die schnell wachsen sollen
- Verpflanzen alter Bäume (Frühjahr oder Herbst)
- Umtopfen und erneutes Einsetzen von Balkon- und Zimmerpflanzen
- Ansäen von Rasen (bei zunehmendem Mond)
- Setzen von Stecklingen.

Günstig an Jungfrautagen:
- Ansetzen eines Mist- oder Komposthaufens (bei abnehmendem Mond)
- Jede Art von Düngung (bei Jungfrau im abnehmendem Mond)
- Bekämpfen von Ungeziefer, das in der Erde vorkommt
- Bei Blumen mit schwacher Wurzelbildung zwischendurch düngen
- Mist ausfahren (bei abnehmendem Mond, also im Herbst).

Ungünstig an Jungfrautagen:
- Kopfsalat pflanzen: Er neigt dann zum Schießen
- Einmachen, Einkochen und Lagern (alles wird schnell schimmelig).

Kältetage

Jene Tage, in denen der Mond die Tierkreiszeichen Stier, Jungfrau oder Steinbock durchwandert; siehe: ***Tagesqualität.***

Kalenderunterschiede

Siehe auch: ***Mondkalender – das einzige Werkzeug.*** »Warum gibt es heutzutage zwischen den vielen Mondkalendern kleinere Unterschiede?« Diese Frage hat so manchen unserer Leser beschäftigt. Nach kurzer Zeit fanden wir die Ursachen und heute wissen wir, dass es für die Kalenderunterschiede in erster Linie drei Gründe gibt:

- Alle Mondkalender wurden fast ausnahmslos nach den gleichen Methoden berechnet, nämlich nach dem *Stand des Mondes im Tierkreis,* nach dem Frühlingspunkt. Zu allen Zeiten nun war es möglich, den Übergang zwischen einem Tierkreiszeichen zum nächsten auf die Minute genau zu berechnen. Nachdem der Mondstand seit Menschengedenken immer nur für ganze Tage angegeben wird, muss man sich entscheiden, welchen »Stich-Augenblick« man wählt. Hier gibt es im Wesentlichen zwei Möglichkeiten: Wähle ich das Tierkreiszeichen, in dem der Mond um Mitternacht oder um 12 Uhr mittags steht? Der Kalender, der unseren Büchern beiliegt, ist nach Mitternacht berechnet. Das ist die Methode, nach der alle Mondkalender im Laufe der Jahrhunderte berechnet waren, wie wir feststellen konnten.
  Hier verbirgt sich also der Hauptgrund für manche Kalenderunterschiede – nämlich in der Wahl der »Stich-Minute« und in der überflüssigen Angabe der Minute des Übergangs. Letztere wirkt, wie wir erfahren haben, auf die meisten »Anwender« eher abschreckend. Das Wissen ist viel zu wertvoll, um es komplizierter zu machen, als es ist. Zum einen erfolgt der Übergang der Wirkkräfte allmählich, niemals von einer Sekunde zur anderen! Die Einflüsse, die der Mondstand im Tierkreis anzeigt, überlappen und vermischen sich, besonders, wenn im Kalender ein Zeichen drei Tage hintereinander angegeben ist. Dann ist meist am ersten oder am dritten Tag die Kraft des benachbarten Zeichens noch oder schon stark zu spüren.

Gott ist keine Krämerseele, die uns zwingt, Tomaten erfolgreich nur bis 10.47 Uhr vormittags zu pflanzen, während um 10.49 gesetzte Tomaten benachteiligt werden.

- Der zweite Grund für die Kalenderunterschiede ist gleichzeitig einer der Hauptgründe dafür, warum das Mondwissen im Laufe der Geschichte immer wieder einmal in Vergessenheit geriet. Zwischen einem Tierkreiszeichen und dem gleichnamigen Sternbild oben am Nachthimmel besteht nämlich ein Unterschied. Die Sternbilder besitzen unterschiedlich große Ausdehnungen, während der gedachte Tierkreis in zwölf genau gleich große »Kuchenstücke« von 30 Grad eingeteilt ist, die mit den Sternbildern nur die Namen gemeinsam haben. So ist beispielsweise das Sternbild Waage nur halb so groß wie das Sternbild Jungfrau.

Hinzu kommt, dass die gültige Berechnung der Tierkreiszeichen immer gleich ist, während der Mond aufgrund der so genannten Präzession wie eine fehlerhafte Uhr etwas »vorgeht«. Das sorgt dafür, dass er im Laufe von 28 000 Jahren einmal durch alle Sternbilder gegangen ist und erst in etwa 25 500 Jahren wieder ziemlich genau die gleiche Position einnimmt wie der Mond im Tierkreis.

Deshalb besteht für das geübte Auge ein heute schon merklicher Unterschied zwischen dem astronomischen Stand des Mondes am Himmel und dem Stand des Mondes im Tierkreis, wie ihn die Mondkalender angeben. Aber das war zu allen Zeiten bekannt: Seit Jahrtausenden hatten die Kalendermacher das Wissen und die Chance, diese Abweichung in die Mondkalender mit einzubeziehen. Unsere Vorfahren waren große Meister in der Berechnung von Gestirnsständen und Umlaufbahnen; aus

Eines Tages verirrte sich eine Ameise auf ein Stück Papier; sie bemerkte dort, wie eine Feder säuberlich schwarze Linien zog.
»Oh, wie wunderschön!« sagte die Ameise. »Dieser bemerkenswerte, mit Leben erfüllte Gegenstand bringt auf dieser wunderbar glatten Fläche Girlanden und Schnörkel hervor, mit solcher Ausdauer und Kraft, dass er alle Anstrengungen aller Ameisen der Welt übertrifft. Welch wundersames Wirken! Die Schnörkel gleichen Ameisen: wie Millionen von Ameisen, die alle gleichzeitig rennen.«
Die Ameise berichtete ihren Brüdern und Schwestern von dieser Entdeckung, und viele von ihnen zeigten großes Interesse. Und einige lobten gar ihre Beobachtungsgabe und ihr analytisches Verständnis. Nach kurzer Zeit jedoch tauchte eine zweite Ameise auf und sagte: »Auf der Basis Eurer Anstrengungen – zugegeben –, habe ich weitere Beobachtungen angestellt. Ich habe den Gegenstand, der Schnörkel produziert, untersucht, und festgestellt, dass er nicht der eigentliche Meister dieses Werkes ist. Ihr habt übersehen, dass dieses Ding – nennen wir es einmal ›Feder‹ – zu anderen Dingen gehört, die sie halten und führen. Sie ist nur ausführendes Organ. Die anderen Dinge sollten als die eigentliche treibende Kraft betrachtet werden, ihnen gebührt die Anerkennung.« Und so entdeckten die Ameisen die Finger. Jahre gingen ins Land. Eines Tages kletterte eine Ameise über die Finger hinaus und machte wieder eine Entdeckung. Ganz nach Art der Ameisen krabbelte sie auf der Hand herum, erforschte sie gründlich, und kehrte dann mit einer großartigen Nachricht, mit einem Durchbruch in den Ameisenwissenschaften, nach Hause zurück:
»Ameisen! Die Finger sind Teil eines größeren Gegenstandes, der sie in Bewegung setzt!« Auch diesen Meilenstein in der Geschichte ließen die Ameisen hinter sich: Sie entdeckten im Laufe von Jahrhunderten zuerst den Arm, der die Hand führt, den Körper, der den Arm führt, die Füße und anderen Teile des Körpers, die scheinbar – so der Stand der Ameisenforschung – zu gar nichts nütze sind. Die Untersuchungen sind bis heute nicht beendet. Inzwischen gibt es gesicherte Erkenntnisse, was die Mechanik der Schnörkelproduktion betrifft bzw. des »Schreibens«, wie es einige Ameisenlexika nennen. Allerdings werden sie mit ihrer bisherigen Untersuchungsmethode niemals den Sinn und die Bedeutung der Schnörkel begreifen. Wie tröstlich es ist, ein Mensch zu sein, und keine Ameise.

gutem Grund jedoch hatten sie keine Veranlassung, die Berechnungsgrundlagen der Mondkalender zu ändern: Denn nicht der Stand des Mondes am Himmel zählt, sondern die Antwort auf die Frage: Wann herrscht auf der Erde die Löwe-Energie, um Getreide in feuchte Böden zu säen? Wann kommt mir die Steinbock-Energie zu Hilfe, um Zaunpfosten zu setzen?

Und *diese* Fragen beantwortet der Mondkalender, wie er unseren Büchern beiliegt, und nicht der Stand des Mondes in den Sternbildern. Die Praktiker des Mondwissens haben zu allen Zeiten diesen Kalender verwendet.

- Der dritte Grund für Kalenderunterschiede liegt darin, dass heute fast jeder Verlag einen Mondkalender herausgibt. Dabei wird natürlich viel abgeschrieben und viel Überflüssiges, Mondmagie, Kochen nach dem Mond usw. hinzufügt und eben auch der Kalender verändert. Solche falschen Informationen können das Mondwissen in Verruf bringen und viel Schaden anrichten.

  Zusammengefasst: Unsere Bücher sind in erster Linie als Anregung für die Leser gedacht, nicht als starre »Gesetzeswerke«, nach denen man sich richten sollte. Wer sich fragt, welcher von zwei unterschiedlichen Mondkalendern denn gültig ist, sollte einfach *beide* ausprobieren!

  Wir haben das in den letzten Jahren immer wieder selbst getan und bis heute keinen Grund gefunden, unseren Büchern einen anderen Kalender beizulegen oder unsere eigenen Kalender zu ändern (siehe Seite 416).

Zum Schluss die Worte einer Leserin, die für uns die Frage nach den Kalenderunterschieden so formuliert hat: »Durch Zufall erfuhr ich, dass manche der vielen Mondkalender anders berechnet sind als Ihr Mondkalender und dass manche deshalb etwas verwirrt sind. Das verstehe ich natürlich, aber ich wende Ihren Kalender nun schon sieben Jahre lang an, mit überraschend großem Erfolg und auch bei zwei schweren Operationen im Verwandtenkreis. Ich würde es so sagen: Sie haben mit Ihren Büchern eine schöne, große Werkstatt erbaut, in der es sich wunderbar leben und arbeiten lässt. Wenn ich sie betrete, kann ich alles erfolgreich machen und alle Aufgaben erfolgreich erfüllen, die ich mir stelle. Das ist meine Erfahrung. Da würde ich doch niemals auf die Idee kommen, dass das Werkzeug, mit dem die Werkstatt errichtet worden ist, nicht von bester Qualität sein könnte.«

Kleidung aufbewahren

Mottenkugeln haben heute zwar ausgedient, doch wer geruchlosem, mit Giften getränkten Antimottenpapier und dergleichen misstrauisch gegenübersteht, für den gibt es ein bewährtes Rezept.

Die Grundregeln für das längere Aufbewahren von Kleidung

Sehr gut: Im Frühling bzw. Herbst an einem Lufttag (Zwillinge, Waage, Wassermann) oder Wärmetag (Widder, Löwe, Schütze) bei abnehmendem Mond.

Gut: Bei abnehmendem Mond, wenn nicht gerade Krebs, Skorpion oder Fische herrschen.

Ungünstig: Generell bei zunehmendem Mond.

Sehr ungünstig: Bei zunehmendem Mond in Krebs, Skorpion, Fische.

Wenn Sie den richtigen Zeitpunkt einhalten: Mottenmittel sind überflüssig. Die Kleidung nimmt keinen fremden oder modrigen Geruch an.

Mögliche Folgen des falschen Zeitpunkts: Eingelagerte Kleidung kann nach einigen Monaten einen etwas »strengen« Geruch annehmen und sogar modern. Bei Wassertagen eingelagert, wird sie feucht.

Besondere Tipps zum Aufbewahren von Kleidung: Sollten Sie nach längerer Zeit einen Teil der Kleidung brauchen, dann versuchen Sie, die Entnahme auf den abnehmenden Mond zu verlegen, ideal an einem Lufttag (Zwillinge, Waage, Wassermann).

Knieregion – Eingriffe an den Knien

Haben Sie schon das Stichwort ***Eingriffe, operative*** gelesen? Es wäre sinnvoll, dort kurz nachzusehen, bevor Sie den Termin für den richtigen Zeitpunkt einer Operation eruieren.

Das Tierkreiszeichen Steinbock, »zuständig« für die Knieregion, regiert auch über das Knochengerüst und unser größtes Organ, die Haut. Deshalb sind die Ausführungen und Regeln zu Operationen am Knie auch in genau gleicher Weise gültig für alle Eingriffe am Knochengerüst und an der Haut (etwa Transplantationen oder Entfernung von Muttermalen usw.).

Wir möchten Sie erinnern: Vieles entscheidet über den Erfolg eines chirurgischen Eingriffs – von der Kompetenz des Arztes über den allgemeinen Gesundheitszustand des Patienten bis hin zur Verfügbarkeit der nötigen Instrumente. Und nicht zuletzt spielen auch schicksalhafte Umstände eine Rolle. Der Ausgang von Notoperationen beispielsweise gehorcht sicherlich höheren Gesetzmäßigkeiten.

Manche Umstände und Faktoren bei Operationen sind beeinflussbar, manche nicht. Sicher ist aber: Auch Mondstand und Mondphase zum Zeitpunkt chirurgischer Eingriffe beeinflussen deren Erfolg oder Misserfolg.

Die Grundregel ist sehr einfach: Man sollte jeglichen Eingriff im Körper möglichst bei *abnehmendem Mond* vornehmen – je schwieriger und umfassender der Eingriff, desto wichtiger die Regel.

Die Grundregeln für Eingriffe an den Knien, für Knochen- und Hautoperationen

Gut: Bei abnehmendem Mond, jedoch nicht in Schütze, Steinbock, Wassermann.

Ungünstig: Bei zunehmendem Mond.

Sehr ungünstig: Bei zunehmendem Mond in Schütze, Steinbock, Wassermann sowie drei Tage vor Vollmond bis einschließlich Vollmond, gleichgültig in welchem Zeichen.

Wenn Sie den richtigen Zeitpunkt einhalten: Geringere Blutungsneigung und geringere Narbenbildung. Schnellerer Heilungsverlauf, geringere Komplikationsgefahr.

Mögliche Folgen des falschen Zeitpunkts: Komplikationen und Infektionen nach Operationen kommen bei zunehmendem Mond häufiger vor, Heilungs- und Genesungsphasen dauern in der Regel länger. Gegen Vollmond kommt es häufiger zu stärkeren, schwer stillbaren Blutungen. Auch die Vernarbung verläuft nicht ungestört, die Gefahr hässlicher, bleibender Narben ist viel höher.

Manchmal sind mehrfach Operationen nötig, um ein einigermaßen befriedigendes Ergebnis zu erzielen. Größere Gefahr von Nerven- und Phantomschmerzen.

Und nicht vergessen: Wichtig ist die Frage, ob der Eingriff überhaupt nötig ist! Bedenken Sie, dass bestimmte, nicht lebensrettende Operationen (an Gallenblase, Blinddarm, Mandeln usw.) bei Ärzten und Rechtsanwälten bis zu 80 Prozent seltener vorgenommen werden als im Durchschnitt an der übrigen Bevölkerung: sicherlich nicht deshalb, weil diese Berufsgruppen gesünder leben. Holen Sie deshalb vor größeren Eingriffen immer eine zweite Meinung ein. Das kann nicht schaden.

Knochenoperationen

Siehe auch: ***Knieregion***. Das Tierkreiszeichen Steinbock, »zuständig« für die Knieregion, regiert auch über das Knochengerüst. Deshalb sind die Ausführungen und Regeln zu Operationen am Knie auch in genau gleicher Wiese gültig für alle Eingriffe am Knochengerüst.

Knotenpunkte

Zwillingetage und Schützetage bilden Knotenpunkte bzw. Wendepunkte, bei denen die Kräfte des auf- und absteigenden Mondes jeweils die Richtung wechseln – ähnlich, wie sich bei Voll- und Neumond die Kräfte neu orientieren. Das ist merkbar an vielen Dingen, beispielsweise auch daran, dass es an diesen Tagen gern zu abrupten Wetterwechseln kommt. Zwillinge und Schütze lassen sich daher manchmal nicht so genau »festnageln«, was die Zuordnung zu den ab- oder aufsteigenden Kräften betrifft (siehe auch: ***aufsteigender Mond*** und ***absteigender Mond***).

Körperregionen und Tierkreiszeichen

Der jeweilige Stand des Mondes in einem Tierkreiszeichen macht sich in jener Körperregion bemerkbar, die vom Tierkreiszeichen regiert wird. So sehen die Beziehungen aus:

Tierkreiszeichen	*regiert*
Widder	Kopf, Augen, Nase, Oberkiefer
Stier	Schilddrüse, Zähne, Unterkiefer, Hals, Mandeln, Ohren
Zwillinge	Schulter, Arme, Hände
Krebs	Brust, Lunge, Magen, Leber, Galle
Löwe	Herz, Rücken, Kreislauf
Jungfrau	Verdauungsorgane, Nerven, Milz, Bauchspeicheldrüse
Waage	Hüfte, Nieren, Blase
Skorpion	Geschlechtsorgane, Harnleiter
Schütze	Oberschenkel, Venen
Steinbock	Knie, Knochen, Gelenke, Haut
Wassermann	Unterschenkel, Venen
Fische	Füße, Zehen

Die Grundregeln lauten:

- Alles, was man für das Wohlergehen jener Körperregionen und Organe tut, die von dem Zeichen regiert werden, das der Mond gerade durchwandert, ist doppelt sinnvoll und wirkt doppelt wohltuend – mit Ausnahme chirurgischer Eingriffe in dieser Körperzone. Beispiel: eine Fußreflexzonenmassage in den Fischetagen oder ein schleimlösender Brusttee in den Krebstagen.
- Alles, was die Körperregion und Organe, die von dem Zeichen regiert werden, das der Mond gerade durch-

schreitet, besonders belastet oder strapaziert, wirkt doppelt ungünstig oder gar schädlich. Beispiel: eine Unterkühlung der Halsregion bei Stier oder übertriebene körperliche Anstrengung bei Löwe. Chirurgische Eingriffe in diesem Bereich sollte man an diesen Tagen, wenn irgend möglich, vermeiden. Beispiel: keine Mandeloperationen an Stier, keine Hüftoperationen an Waage! Notoperationen gehorchen höheren Gesetzmäßigkeiten.

- Nimmt der Mond gerade zu, wenn er das Zeichen durchläuft, sind alle Maßnahmen zur Zuführung aufbauender Stoffe und zur Kräftigung der von dem Zeichen regierten Organbereiche erfolgreicher als bei abnehmendem Mond. Nimmt er gerade ab, sind alle Maßnahmen zum Ausschwemmen und Entgiften der jeweiligen Körperregion erfolgreicher als bei zunehmendem Mond.

Kohlenhydrat-Tage

Die Tierkreiszeichen Krebs, Skorpion und Fische bezeichnet man auch als »Kohlenhydrat-Tage«, weil an diesen Tagen stärkehaltige Speisen (z. B. Mehlspeisen, Salate) entweder besonders gut oder besonders schlecht vertragen werden. Beobachten Sie, ob Ihr Speiseplan auffällig viel oder wenig Kohlenhydrate enthält und wie das auf Sie wirkt. Verzehren Sie etwa besonders gern viel Brot oder sonstige Mehlspeisen und haben Probleme mit Ihrem Gewicht, dann versuchen Sie es an diesen Tagen mit leicht verdaulichem Brot und gehen Speisen mit hohem Kohlenhydratanteil aus dem Weg (siehe auch: ***Nahrungsqualität***).

Wenn Sie mit Ihrer persönlichen Beobachtung erfolgreich waren (das kann Ihnen niemand abnehmen, auch keine Tabelle), dann wissen Sie, was zu tun ist: an Krebs, Skorpion, Fische »Ihre« Kohlenhydrate (Alpha-Typ oder Omega-Typ? Weizen oder Roggen?) entweder besonders bevorzugen oder besonders meiden.

Wenn Sie in diesen Tagen Mehlspeisen besonders zusprechen und sich gleichzeitig mit Gewichtsproblemen herumschlagen, dann richtet sich Ihr Hungergefühl auf das »Falsche«, aus welchen Gründen auch immer. Machen Sie in diesem Fall einen Versuch: Meiden Sie einige Wochen lang an Krebs, Skorpion und Fische alle Speisen mit hohem Kohlenhydratanteil (Getreide, Kartoffeln usw.). Vielleicht genügt diese kleine Umstellung schon.

Zusammengefasst: An Kohlenhydrat-Tagen vertragen und brauchen Sie entweder mehr Kohlenhydrate als sonst oder weniger. Beobachten Sie und ziehen Sie Ihre eigenen Schlüsse.

Kompostieren

Das Kompostieren ist eine der ältesten Formen des Recyclings. Guter, ausgereifter Kompost zählt zum Besten, was der Garten hergibt, nicht nur als guter Dünger. Was man von der Natur geschenkt bekommt oder ihr durch eigene Arbeit abgewinnt, gibt man ihr beim Kompostieren so zurück, dass ihre innere Kraft und Ganzheit erhalten bleibt.

Ausführliche Anleitungen zum Kompostieren finden Sie in vielen Gartenbüchern, daher beschränken wir uns hier auf einige wichtige Tipps zum richtigen Zeitpunkt und zu den Dingen, die vielfach falsch gemacht werden. Guter Kompost hat zwar einen angenehmen Geruch, aber setzen Sie ihn trotzdem nicht direkt neben die Gartenlaube des Nachbarn. Mit einer Hecke oder mit Stangenbohnen ist Ihr

Kompost gut geschützt, sehr schön ist auch das Bepflanzen mit Brunnenkresse.

Wenn Sie die Regeln beachten, können Sie wunderbaren, reifen Kompost »ernten«, der beste Gartenerde und besten Dünger abgibt.

Die Grundregeln für das Kompostieren

- Der richtige Platz für einen Komposthaufen liegt möglichst windgeschützt im Halbschatten, um ein Austrocknen zu vermeiden. Für das Verrotten ist genügend Wärme wichtig, ein allzu schattiger Ort verlangsamt die Umwandlungsprozesse.
- Wenn Sie sich für einen Platz entschieden haben, sollte auf der Fläche des Komposthaufens der Boden etwa 10 Zentimeter tief aufgelockert werden. Als wiederum etwa 10 Zentimeter dicke Unterlage eignet sich trockenes, saugendes Material – etwa trockener Rasenschnitt, klein geschnittene Zweige, Mulch oder Stroh. Der Boden darf

niemals mit Folie bedeckt oder anderweitig abgedichtet sein. Das würde nur zu Fäulnis und Staunässe führen und den Regenwürmern den Weg von unten in den Komposthaufen blockieren. Die Kraft der Erde würde fehlen.

- Der Aufbau des Bretterkastens und das Ansetzen des Komposthaufens sollten bei *abnehmendem Mond* erfolgen, das Feststampfen, wenn notwendig, bei *zunehmendem Mond,* am besten einige Tage vor Vollmond. Die Verrottung erfolgt bei Einhaltung dieser Zeiten wesentlich schneller. Zumindest einer der Impulse sollte Beachtung finden.
- Schichten Sie nun organisches Material und Abfälle locker aufeinander. Geeignet als Kompostmaterial sind alle verrottbaren Stoffe aus pflanzlichen Abfällen, die keine Schadstoffe enthalten. Äste sollten vorher gehäckselt werden, kranke Pflanzenteile und Wurzelunkraut gehören nicht auf den Kompost. Ebenso sind nicht alle Küchenabfälle geeignet. Der Komposthaufen darf nicht als Müllplatz missbraucht werden.

  Ganz wichtig: Speisereste von Gekochtem haben nichts auf dem Komposthaufen zu suchen! Speisereste sind keine Küchenabfälle und locken früher oder später unerwünschtes Ungeziefer oder gar Ratten an. Ebenso niemals Fleischreste auf den Kompost werfen!
- Auf *Erdtage,* besonders Jungfrau (aber auch Stier und Steinbock), sollten Sie achten, wenn Sie biologische Verrottungshilfen (etwa Steinmehl) zugeben. *Kalkzusätze* fördern die Humusbildung und eine gesunde Verrottung.
- Zur Unterstützung des Rottvorgangs können Sie auch halb reifen Kompost oder Gartenerde zwischen die einzelnen Schichten mischen. Immer abwechselnd sperrige

Materialien einfügen und bei *zunehmendem Mond* einige Male festtreten. Grasschnitt sollte nie zu hoch aufgeschüttet werden, weil es sonst zu Fäulnisbildung kommt (5 bis 10 Zentimeter sind genug). Besser ab und zu bei abnehmendem Mond den Rasen mähen und den Rasenschnitt zur Einarbeitung in den Boden liegen lassen (siehe ***Rasen anlegen und mähen***).

- Trockenes Material kann vor dem Aufschichten etwas angefeuchtet werden. Eine Faustregel für das Aufschichten: *Trockenes Material auf feuchtes, grobes Material auf feines.*
- Nach etwa sechs Monaten wird es notwendig, das Oberste zuunterst zu kehren – alles umzuschichten, damit die fertige Erde zutage kommt. Andernfalls, wenn Sie genügend Platz im Garten haben, errichten Sie einen neuen Komposthaufen und lassen den alten noch etwa ein Jahr stehen, bis alles zu Erde geworden ist.

In früheren Zeiten lebten wir weitgehend in einem ausgeglichenen Verhältnis mit der Natur. Geben und Nehmen hielt sich fast im Gleichgewicht. Heute hat sich dieses Gleichgewicht verschoben: Wir entreißen der Natur zu viel, wir verarbeiten, verändern, verwandeln ihre Gaben auch noch so, dass sie unverdaulich und vergiftend zu ihr zurückkehren. Der Ast, auf dem wir sitzen, ist schon angesägt. Vielleicht haben wir deshalb das Wort »Recycling« erfunden, weil uns ein schlechtes Gewissen zwingt, zu vergessen, dass »Zurück in den Kreislauf der Natur führen« und »Wiederverwenden« nichts Neues ist, sondern Ausdruck einer vitalen Notwendigkeit und Element der Menschenwürde. Dieser Notwendigkeit zu gehorchen macht Arbeit, senkt Erträge und

Gewinne und ist »unbequem«. Glücklicherweise haben inzwischen viele Menschen wieder die Erfahrung gemacht, dass sie auch Freude machen kann. Obendrein lässt sich vom Recyceln ganz gut leben.

Allerdings sollte nicht verschwiegen werden: Müllvermeidung ist heute und in alle Zukunft die bessere Lösung und sollte Vorrang genießen vor dem Müll-Erzeugen und Wiederverwerten. Denn wenn ***Kostenwahrheit*** herrschen würde, sähe die Sache anders aus. Müll zu erzeugen (Verpackungen usw.) kostet Geld, Müll wieder zu verwerten kostet Geld. Und stellen Sie sich die Frage: Wie oft kann man Papier, Glas, Plastik wieder verwerten? Welche Gifte stecken in dreimal wieder verwertetem Klopapier?

Kopfregion – Eingriffe im Kopfbereich einschließlich Oberkiefer

Siehe auch: ***Zahnarztbesuch***. Haben Sie schon das Stichwort ***Eingriffe, operative*** gelesen? Es wäre sinnvoll, dort kurz nachzusehen, bevor Sie den Termin für den richtigen Zeitpunkt einer Operation eruieren.

Wir möchten Sie erinnern: Vieles entscheidet über den Erfolg eines chirurgischen Eingriffs – von der Kompetenz des Arztes über den allgemeinen Gesundheitszustand des Patienten bis hin zur Verfügbarkeit der nötigen Instrumente. Und nicht zuletzt spielen auch schicksalhafte Umstände eine Rolle. Der Ausgang von Notoperationen beispielsweise gehorcht sicherlich höheren Gesetzmäßigkeiten.

Manche Umstände und Faktoren bei Operationen sind beeinflussbar, manche nicht. Sicher ist aber: Auch Mondstand und Mondphase zum Zeitpunkt chirurgischer Eingriffe beeinflussen deren Erfolg oder Misserfolg.

Die Grundregel ist sehr einfach: Man sollte jeglichen Eingriff im Körper möglichst bei *abnehmendem Mond* vornehmen – je schwieriger und umfassender der Eingriff, desto wichtiger die Regel.

Die Grundregeln für Eingriffe im Kopfbereich einschließlich Oberkiefer

Gut: Bei abnehmendem Mond, jedoch nicht in Fische, Widder und Stier.

Ungünstig: Bei zunehmendem Mond.

Sehr ungünstig: Bei zunehmendem Mond in Fische, Widder und Stier sowie drei Tage vor Vollmond und an Vollmond, gleichgültig in welchem Zeichen.

Wenn Sie den richtigen Zeitpunkt einhalten: Geringere Blutungsneigung und geringere Narbenbildung. Schnellerer Heilungsverlauf, geringere Komplikationsgefahr.

Mögliche Folgen des falschen Zeitpunkts: Komplikationen und Infektionen nach Operationen kommen bei zunehmendem Mond häufiger vor, Heilungs- und Genesungsphasen dauern in der Regel länger. Gegen Vollmond kommt es häufiger zu stärkeren, schwer stillbaren Blutungen. Auch die Vernarbung verläuft nicht ungestört, die Gefahr hässlicher, bleibender Narben ist viel höher. Manchmal sind mehrfach Operationen nötig, um ein einigermaßen befriedigendes Ergebnis zu erzielen. Größere Gefahr von Nerven- und Phantomschmerzen.

Und nicht vergessen: Wichtig ist die Frage, ob der Eingriff überhaupt nötig ist! Bedenken Sie, dass bestimmte, nicht lebensrettende Operationen (an Gallenblase, Blinddarm, Mandeln usw.) bei Ärzten und Rechtsanwälten bis zu 80 Prozent seltener vorgenommen werden als im Durchschnitt an der übrigen Bevölkerung: sicherlich nicht deshalb, weil diese Berufsgruppen gesünder leben. Holen Sie deshalb vor größeren Eingriffen immer eine zweite Meinung ein. Das kann nicht schaden.

Kostenwahrheit

Kostenwahrheit ist ein Wort, das noch nicht lange zum Sprachgebrauch gehört und wahrscheinlich noch nicht vielen Menschen geläufig ist. Sich diesen Begriff zu merken und ihn hin und wieder zu gebrauchen, ist von entscheidender Bedeutung, wenn unser Weg ein Weg zum echten Miteinander von Mensch und Natur sein soll und wenn unsere Kinder und Enkel den Grad unserer Unvernunft nicht an der Verstrahlung und Vergiftung ihrer Welt messen sollen.

Ein einfaches Beispiel: Nehmen wir an, Sie möchten ein Kilogramm Weizenkörner kaufen und haben die Wahl zwischen »billigem«, großindustriell erwirtschafteten Weizen aus Agrarfabriken in Übersee und einem Kilogramm Biogetreide vom Bauern aus der Umgebung, das in der Umwelt keinen Schaden anrichtet – weder in Anbau, Pflege, Ernte noch Weiterverarbeitung – und ein paar Cent oder Rappen mehr kostet.

Nehmen wir nun den »billigen« Weizen und begeben uns mit ihm zu einer ganz besonderen Kasse, die bis heute leider noch nicht existiert und auf die die gesamte Menschheit sehnlichst wartet, ohne es zu wissen. An dieser Kasse wird zum aufgedruckten Billigpreis noch einiges hinzuaddiert, bis der Endpreis feststeht:

- *Die tatsächlichen Energiekosten bei Anbau, Ernte und Verarbeitung.* Sie wissen, wie umweltschädlich Energie bereitgestellt wird, wenn Kohle, Erdgas, Erdöl und Atomkraft als Basis dienen. Jedes Kilowatt müsste das Vielfache des üblichen Preises kosten, wenn man die verursachten Umwelt- und Gesundheitsschäden auf den Preis aufschlagen würde.
  Das Handels- und Vertriebssystem bewirkt, dass sich frische, heimische Gemüse und Früchte weniger rentieren als von weit her importierte Feldfrüchte und tierische Produkte. Früher brachten die Pferdewagen alles frisch in die Städte. Heute fahren Hunderttausende Transportwagen jährlich Millionen Transportkilometer: Große Spediteure verdienen, die Automobilindustrie verdient. An den kurzen Wegen zum Bauern, der Frische ist wenig verdient.
  Und Sie wissen, wie teuer die Transportkosten wären, wenn verursachte Schäden durch Benzin, LKWs, Flugzeuge im Preis enthalten wären. Der Biobauer in Ihrer Nähe hätte dann sofort eine Chance ...
- *Die Kosten, wenn die Erzeuger angemessene Preise erhalten würden* – was fast nie der Fall ist. »Billige« Waren werden fast immer über die Ausbeutung der Natur und menschlicher Arbeitskraft erzeugt. Überall in der Welt erhalten die Bauern für ihre Produkte vergleichsweise am wenigsten und sind am meisten abhängig von staatlichen Zuwendungen. Im Endpreis in den Regalen stecken die Kosten für Verarbeitung, Transport, Lagerung, Verpackung, Werbung und Großfirmengewinne. Wie schwer und kostspielig es ist, den »gesunden Weg« zu gehen, das haben wir selbst über viele Jahre hinweg erfahren.

- *Die Kosten für die Reinigung der Umwelt von den Giften der Industrie-Landwirtschaft.* Was kosten anteilsmäßig die Umwelt- und Gesundheitsschäden, die von diesem Pestizid oder jenem Düngemittel verursacht werden? Wenn weltweit die Kosten der Zerstörung der Urwälder zur Gewinnung von Weideland in die Preise für Hamburger einfließen würden, dann würde die Bulette ein Vielfaches kosten. Keine Familie könnte sich mehr den Ausflug zum Fastfood-Tempel leisten, glücklicherweise.
- *Die Kosten, die dadurch verursacht werden, dass die großindustrielle Produktion zahllose wertvolle und notwendige Arbeitsplätze auf dem Land zerstört.* Fast überall in der Dritten Welt werden die Kleinbauern ausgehungert und in die Armut an den Rand der Großstädte getrieben. Die Länder verlieren damit die wichtigste Säule der Selbsterhaltung und Unabhängigkeit. Das ist aber gar nicht im Sinne der jeweils herrschenden Politiker: Denn nicht die arbeitsplatzfressende Großindustrie finanziert die Entwicklungshilfe und Arbeitslosenhilfe, sondern der kleine Lohnsteuerzahler, der Kunde. Dieselbe Bewegung gibt es in den industrialisierten Ländern der Erde. Überall wird »Flurbereinigung« betrieben, um des kurzfristigen Gewinns willen, langfristig auf Kosten aller. Glücklicherweise gibt es Lichtstreifen am Horizont, und die Zahl der Biobauern nimmt im deutschsprachigen Raum seit 1990 ständig zu.

Wir addieren all diese Kosten zum Kaufpreis des Weizens. Haben wir alles zusammengezählt, dann müssten wir für diesen Weizen sehr tief in die Tasche greifen: Das Vielfache seines Preises im Supermarkt wäre zu bezahlen. Das ist seine *Kostenwahrheit.* Und viele weitere Faktoren, die den Weizen weiter verteuern würden, sind hier noch nicht einmal genannt! Dieses Beispiel lässt sich auf beinahe jedes andere Produkt übertragen.

Wenn Kostenwahrheit die Preise bestimmt,

- kostet ein Liter Benzin mindestens das Dreifache.
- kostet Atomstrom und Kohlestrom ein Vielfaches von Strom aus Wasserkraft, Sonne und Biomasse.
- erleichtern normaler Lack und Wasserlack Ihren Geldbeutel sehr viel schneller als Naturfarben.
- kostet weißer Zucker das Zehnfache von Rohrzucker oder Ahornsirup.
- müssen für Papier, Computer, Autoreifen, Aluminium, Tropenholz usw. unerschwinglich hohe Preise verlangt werden. Genau genommen werden diese hohen Preise tatsächlich verlangt, nur eben hinten herum, vom leider viel zu naiven Steuerzahler.

Wenn man in großen Zusammenhängen denken und handeln würde, sähe die Welt anders aus. Nur in sehr wenigen Fällen wird vom Hersteller verlangt, den Schaden zu bezahlen, den sein Produkt anrichtet. Und noch kaum jemand hat es unternommen, einem einzelnen Konzern oder Hersteller nachzuweisen, welche Krankheiten und Umweltprobleme seine Produkte *indirekt* auslösen helfen. Das ist auch fast unmöglich, weil sich immer ein Wissenschaftler findet, der die Unschädlichkeit des Produktes nachweisen kann – wie im Fall von Asbest, Formaldehyd, Atomstrom, Holzschutzmitteln usw.

»Die Kunden wollen das nicht«, »Es besteht keine Nachfrage« oder »Den Kunden ist das zu teuer« – diese Sätze be-

Wenn Ihr geliebt werden wollt, so beginnt damit, andere zu lieben, die Eure Liebe brauchen. Wenn Ihr Mitgefühl von anderen erwartet, so zeigt zuerst anderen gegenüber Mitgefühl. Wenn Ihr von anderen respektiert werden wollt, so lernt zuerst, alle anderen Menschen, ob jung oder alt, zu achten. Vergeßt nie, dass Ihr zuerst selbst jene Eigenschaften besitzen müßt, die ihr von anderen erwartet. Dann werdet Ihr feststellen, dass sich andere gegenüber Euch ebenso verhalten.
Paramahansa Yogananda

kommt man manchmal zu hören, wenn man fragt, warum keine umweltneutralen, biologischen Produkte in den Regalen stehen. Wollen die Kunden wirklich nicht? Besteht keine Nachfrage?

Es besteht Nachfrage, zumindest bei Ihnen. Sie kennen das Naturgesetz: Kein Mensch kann gesund werden oder Erfolg haben, kein Problem kann man lösen, keine Krankheit heilen durch das *Bekämpfen* von Problem oder Krankheit. Kein Mensch kann eine dauerhafte Wendung zum Besseren bewirken, wenn er den Beteiligten nicht deutlich macht, dass nur Entscheidungen aus Liebe zu den Menschen und zur Natur von Tragweite sind. Handeln ohne Freude und Liebe führt zu nichts.

Wenn Sie die eingefahrenen Teufelskreise nicht annehmen, nicht an ihnen teilhaben, dann haben Sie Erfolg: für sich selbst und für uns alle. Die Zukunft unserer Welt steht und fällt mit einem einzigen Faktor: mit Ihrer persönlichen, individuellen, unbeeinflussten Einsicht und mit der Kraft Ihres freien Willens, nach dieser Einsicht zu leben. Ihr freier Wille, Ihre Kaufentscheidungen, Ihre alltäglichen kleinen Entschlüsse für oder gegen etwas sind es, die das Geschick der Welt entscheiden, gleichgültig, welcher Partei Sie zuneigen, welches Glaubensbekenntnis Sie pflegen. Unermüdlich werden wir jetzt und in Zukunft dafür arbeiten, dass Ihnen diese große persönliche Kraft und Einflussmöglichkeit auf unser aller Zukunft bewusst wird.

Lassen Sie es uns mit einfachen Worten sagen: Wenn bei allen Produkten Kostenwahrheit herrschen würde, wenn alle unsere freiwilligen Kaufentscheidungen auf Information über Zusammenhänge und Kostenwahrheit beruhen würden, dann gäbe es langfristig kein einziges Umweltproblem und keine Armut in der Welt. Denn alle verantwortungslosen Produzenten wären mit ihrer persönlichen Kostenwahrheit konfrontiert: durch Sie, den Konsumenten, der nicht mehr abnimmt, was sie produzieren.

Sie entscheiden sich für ein Kilo biologischen Weizen vom Biobauern aus Ihrer Heimat anstatt für leblosen Industrieweizen aus fernen Landen? Sie haben die ganze Welt einen gewaltigen Schritt näher an eine schöne Zukunft für uns alle gebracht: Dies ist eine Entscheidung von größerer Tragweite als jede Politikerrede. Sie sind der Meinung, der Einzelne könne ja doch nichts ausrichten? Diese Überzeugung ist ein Alptraum, der Ihr ganzes Leben grau färbt und für jedes einzelne Ihrer Probleme mitverantwortlich ist.

Vielleicht – und das wäre das Allerschönste für uns – inspirieren wir Sie zu dem Mut, sich dieser Tatsache zu stellen. Denn es gehört großer Mut zu der Einsicht, dass jeder Gedanke, jedes gesprochene Wort und jede Handlung weitreichende und tiefgreifende Folgen hat, jetzt, morgen oder in 20 Jahren.

Das Schicksal der Welt liegt in den Händen von Einzelnen – von *allen* Einzelnen. Das Beste daran ist das Abenteuer »persönliche Erfahrung«. Mit eigener Erfahrung können Sie die drückende Last namens Vermutung, Meinung und Überzeugung eintauschen gegen die Flügel Wissen und Wahrheit.

Krampfadern behandeln siehe: *Unterschenkelregion*

Kräuter abfüllen und lagern

Beim Haltbarmachen, Trocknen, Lagern und Aufbewahren von Kräutern sollte besondere Sorgfalt an erster Stelle stehen. Es wäre ein großer Schaden, wenn durch einen Fehler größere Mengen dieser wertvollen Geschenke der Natur verloren gehen würden.

Zum Trocknen gehören die Pflanzen an einen schattigen Ort und sollten öfter gewendet werden. Natürliches, luftdurchlässiges Material ist als Unterlage geeignet. Ideal wäre ein Holzrost, aber auch Papier erfüllt seinen Zweck. Niemals jedoch sollte man Kräuter auf Plastik- oder Metallfolien trocknen!

Länger als ein Jahr sollte nichts aufbewahrt werden – was aber kein Problem ist, weil man ja die Pflanzen alljährlich frisch bekommen kann. Vergessen Sie nicht, dass man nie zu viel sammeln sollte. Maß, Verstand und Gefühl sollten den Ausschlag für die Menge geben.

Die Grundregeln für das Abfüllen und Lagern von Kräutern

Sehr gut: Bei abnehmendem Mond, unabhängig vom Erntetermin, und an Lichttagen (Zwillinge, Waage, Wassermann).

Gut: Bei abnehmendem Mond.

Ungünstig: Generell bei zunehmendem Mond.

Sehr ungünstig: Bei zunehmendem Mond an Wassertagen (Krebs, Skorpion, Fische) oder an Vollmond.

Wenn Sie den richtigen Zeitpunkt einhalten: Die Kräuter bleiben schön trocken und schimmeln nicht. Die Wirkkraft bleibt erhalten.

Mögliche Folgen des falschen Zeitpunkts: Gefahr von Fäulnis. Die Heilkraft lässt schnell nach.

Besondere Tipps zum Aufbewahren von Kräutern: Dunkle Gläser und Papiertüten sind als Lagergefäße am besten geeignet. Das Aroma hält sich lange, die Inhaltsstoffe bleiben erhalten. Zu viel Licht verringert die Wirkkraft.

Beachten Sie auch, dass Pflanzen unterschiedliche Trockenzeiten besitzen. Bei zunehmendem Mond geerntete Kräuter sollten beim Trockenvorgang unbedingt etwas abnehmenden Mond erfahren.

Nicht bei allen Kräutern ist es erforderlich, einzelne Pflanzenteile abzusondern und zu trocknen. Bei vielen Heil- und Küchenkräutern (etwa Majoran, Thymian, Liebstöckel und Petersilie) genügt es, wenn die ganze Pflanze wie ein Blumenstrauß zusammengebunden kopfüber an einen luftigen Ort gehängt wird, bis sie getrocknet ist. Anschließend können Sie sie entweder auf übliche Weise abfüllen oder Sie bröseln einfach nur die benötigten Mengen zwischen den Fingern ab. Diese Methode ist Platz sparend, bietet einen schönen Anblick und das Aroma der trocknenden Pflanzen sorgt für ein angenehmes Raumklima. Schnell trocknende Kräuter sind dazu am besten geeignet, weil das Zusammenbinden keine Fäulnisgefahr heraufbeschwört.

Natürlich kann nicht jeder zum Kräutersammeln in die freie Natur spazieren oder nennt einen Kräutergarten sein Eigen. Auch die Pflanzen aus der Apotheke oder aus dem Kräuterladen besitzen ihren Wert und helfen oft recht gut. Mit der richtigen Einstellung hilft bei einer Erkältung manchmal schon das Kauen einiger Halme Schnittlauch oder einiger Salbeiblätter. Nur bei chronischen, nicht heilenden Krankheiten ist der richtige Sammelzeitpunkt von ganz besonderer Bedeutung und sollte unbedingt Beachtung finden.

Kräuter sammeln

Heilkräuter sind »Kraftwerke« im Miniformat. Es gibt kaum ein körperliches Gebrechen, kaum eine Krankheit, die nicht durch Blätter, Blüten, Früchte oder Wurzeln eines in der Natur vorkommenden Krauts gelindert oder geheilt werden könnten – immer vorausgesetzt, der Kranke begegnet dem Heilmittel und seiner Krankheit mit der richtigen Einstellung.

Wer in seiner Küche weise mit Kräutern umgeht, tut nicht nur viel dafür, um den Geschmack der Speisen zu verbessern, sondern sorgt auch dafür, dass vielen Krankheiten vorgebeugt wird. Immer noch wächst das Staunen über unsere Vorfahren, die mit sicherem Instinkt die bei verschiedenen Krankheiten jeweils wirksame Heilpflanze anwandten.

Viele als »Unkraut« bezeichnete Pflanzen, von der ***Brennnessel*** bis zum Löwenzahn, haben heilkräftige Wirkung. Nichts geht beispielsweise über eine Blutreinigungskur im Frühjahr mit zur rechten Zeit gepflückten Brennnesseln. Und welche Kräfte jungen Blättern oder den geöffneten Blüten des Löwenzahns innewohnen, weiß jeder, dessen Beschwerden durch ihn gelindert oder geheilt wurden.

Oberstes Prinzip beim Sammeln von Kräutern in der Natur und beim Ernten im Garten sollte sein: Nur so viel sammeln, wie gerade unbedingt gebraucht oder voraussichtlich als Wintervorrat benötigt wird! Das sollte die Achtung vor der Natur und die Rücksicht auf den Nächsten gebieten. Die seltenen, unter Naturschutz stehenden Kräuter aber müssen tabu bleiben.

Beschränken Sie sich auf Kräuter, die Sie gut kennen und sicher identifizieren können. Immer sollten noch einige Pflanzen stehen bleiben und nur jener Pflanzenteil gepflückt werden, der zur Behandlung nötig ist. Besonders beim Ausgraben von Wurzeln ist größte Achtsamkeit nötig, weil die Pflanze sonst ausgerottet wird, zumindest am Fundort.

Die Heilkraft der Kräuter ist nicht gleichmäßig über die ganze Pflanze verteilt. Manche Sammelzeiten sind sehr un-

Der Mensch ist für alle seine wahren Bedürfnisse genügend ausgestattet, wenn er seinen Sinnen traut und sie so entwickelt, dass sie seines Vertrauens würdig bleiben.
Johann Wolfgang von Goethe

günstig, weil sich der Wirkstoff gerade im blühenden Kraut befindet, Sie aber für die Anwendung die Wurzel brauchen. Es kann auch passieren, dass Sie gerade Blüten oder Blätter ernten, während der Heilsaft in der Wurzel neue Kräfte sammelt.

Bei der Wahl des richtigen Sammelzeitpunkts sollte an erster Stelle immer *Ihr persönliches Gefühl* und die *Beobachtung des Wetters* stehen.

Die Grundregeln für das Sammeln von Kräutern

- *Die beste Jahreszeit*
  Als grobe Richtlinie gilt: Im Frühling, wenn die Pflanze noch jung ist, besitzt sie die größte Heilkraft. Die Inhaltsstoffe lösen sich bei der jungen Pflanze leicht, bei älteren Pflanzen oft gar nicht mehr (etwa Kieselsäure); sie bleiben unwirksam.
- *Die jeweils beste Tageszeit*
  Wurzeln morgens und abends.
  Blätter am späten Vormittag, wenn der Tau getrocknet ist.
  Blüten bei Sonnenschein. Sie müssen sich voll entfaltet haben und sollten nicht kurz vor dem Verblühen stehen.
  Samen und Früchte können ganztags gesammelt werden, weil sie nicht so empfindlich sind wie andere Pflanzenteile, jedoch sollte man die größte Mittagshitze meiden.
- *Der jeweilige Mondstand im Tierkreis*
  Der Mondstand im Tierkreis spielt beim Sammeln und Anwenden von Heilkräutern eine große Rolle. Die Regel lautet hier:

Ein Heilkraut, gesammelt zur Heilung oder Kräftigung jener Körperregion, die von dem Tierkreiszeichen des Erntetags regiert wird, hilft besonders gut.

An Jungfrautagen beispielsweise gesammelte Kräuter helfen besonders gegen Verdauungsbeschwerden. Aus an Fischetagen gesammelten Heilkräutern ließe sich eine hervorragende Fußsalbe herstellen. Tabelle 6 auf dieser Seite wird Ihnen das Durchschauen der Zusammenhänge erleichtern.

Tierkreiszeichen	*Kräuter sammeln bei…*
Widder	Kopfschmerzen, Augenleiden
Stier	Halsschmerzen, Ohrenleiden
Zwillinge	Verspannungen des Schultergürtels, zur Inhalation bei Lungenleiden
Krebs	Bronchitis, Magen-, Leber- und Gallenbeschwerden, Lungenleiden
Löwe	Herz- und Kreislaufbeschwerden
Jungfrau	Störungen der Verdauungsorgane und der Bauchspeicheldrüse, Nervenleiden
Waage	Hüftbeschwerden, Nieren- und Blasenkrankheiten
Skorpion	Krankheiten der Geschlechts- und ableitenden Organe, guter Sammeltag für alle Kräuter
Schütze	Venenleiden
Steinbock	Knochen- und Gelenkbeschwerden, Hautkrankheiten
Wassermann	Venenleiden
Fische	Fußbeschwerden

Tabelle 6: **Kräutersammelzeitpunkt und Anwendung**

Der richtige Zeitpunkt in Bezug auf die einzelnen Pflanzenteile

- *Wurzeln:* Der richtige Zeitpunkt zum Ausgraben von Wurzeln ist das zeitige Frühjahr, wenn das volle Wachstum der Pflanze noch nicht eingetreten ist, oder der Herbst, wenn sie schon wieder eingezogen hat; der Saft ist dann wieder abgestiegen.
  Wurzeln sollten immer *bei Vollmond oder bei abnehmendem Mond an Wurzeltagen (Stier, Jungfrau, Steinbock)* ausgegraben werden, sie haben dann mehr Kraft. Sie dürfen nicht dem Sonnenlicht ausgesetzt werden, deshalb sind die Nachtstunden – vor Sonnenaufgang oder am späten Abend – am besten geeignet.
- *Blätter:* Sie können fast das ganze Jahr über gesammelt werden, vorausgesetzt, es handelt sich um junge Pflanzen. Stehen sie schon lange im Saft, blühen sie schon oder wurden sie zwischendurch nicht abgemäht, sind sie für Heilzwecke eher ungeeignet. Es ist nicht nötig, dass beim Pflücken die Sonne scheint, doch der Morgentau sollte schon verdunstet sein; also am besten am späten Vormittag sammeln.
  Blätter sollten bei *zunehmendem Mond,* zwischen Neumond und Vollmond gesammelt werden, als Alternative bei *aufsteigendem* Mond (Schütze bis Zwillinge) oder an *Blatttagen* (Krebs, Skorpion, Fische). An *Skorpion* gesammelte Kräuter besitzen stets eine besondere Heilkraft. Sie eignen sich zudem hervorragend zum Trocknen, Haltbarmachen und Lagern. Bei Krebs und Fische gesammelte Blätter sollten besser sofort verwendet werden.
  Die besondere *Ausnahme ist die **Brennnessel**,* ein hervor-

ragendes Blutreinigungsmittel. Sie sollte ausschließlich bei *abnehmendem* Mond gesammelt, ein Brennnesseltee auch nur bei abnehmendem Mond getrunken werden, am besten zwischen 15 und 19 Uhr.

- *Blüten:* Meist sind Frühjahr und Sommer der günstigste Sammelzeitpunkt, wenn die Pflanze in voller Blüte steht, besonders dabei die Mittagszeit. Die Sonne sollte scheinen, zumindest sollte es sehr warm sein, damit die Blüte geöffnet ist und die Heilstoffe in die Blüten gewandert sind. Verblühte Pflanzen eignen sich nicht sonderlich gut.
  Das Sammeln von Blüten sollte bei *zunehmendem Mond an Blütentagen (Zwillinge, Waage, Wassermann) oder an Skorpion* erfolgen, alternativ bei *aufsteigendem Mond* (Schütze bis Zwillinge), wenn das Wetter ein Ernten bei zunehmendem Mond verhinderte.
  Wird für den Wintervorrat gesammelt, eignet sich auch *der abnehmende und aufsteigende Mond,* weil die Blüten dann sicherer trocknen.
- *Früchte und Samen:* Sie sollten beim Sammeln reif sein, also weder grün noch matschig weich. Fast immer ist das erst im Sommer oder im Herbst der Fall. Trockenes Wetter ist wichtiger als die Tageszeit, nur sollten Sie der größten Mittagshitze aus dem Weg gehen.
  Bei *zunehmendem Mond* geerntete Früchte und Samen sind nur für eine sofortige Anwendung geeignet. Zum Lagern und Haltbarmachen ist hier der *aufsteigende Mond* besser (Schütze, Zwillinge) oder der *abnehmende Mond an einem Fruchttag* (Widder, Löwe, Schütze). Am ungünstigsten zum Sammeln von Früchten sind Steinbock, Fische, Krebs und Jungfrau.

Zum Schluss noch ein besonderer Tipp: Am 15. August findet traditionell in vielen Regionen die Kräuterweihe statt. Der 8. bis 15. August ist die beste Zeit zum Sammeln von Heilkräutern, gleichgültig, wie der Mond in dieser Zeit steht.

Kürzlich behauptete ein Wissenschaftler, dass die Arzneimittelindustrie selbstverständlich auf künstlich-chemische Produkte und Genmanipulation angewiesen sei, um den Herausforderungen durch Krebs, Aids usw. zu begegnen. Wörtlich begründete er: »Weil es ja in Wirklichkeit nicht stimmt, dass Gott gegen jede Krankheit ein Kraut wachsen ließ.«

Und nun machen Sie sich einmal den Spaß und nehmen Sie das größte Kräuterlexikon zur Hand, das Sie in der Bücherei finden können. Es mag etwa tausend Wildkräuter aus aller Welt beschreiben. Nicht *ein* Kraut ist dabei, das nicht vielfältig heilkräftige Wirkung hätte und seit Jahrhunderten verwendet würde. Tausend Kräuter stellen nur einen winzigen Bruchteil aller Kräuter mit Heilwirkung dar: Erst etwa ein Zehntel aller Kräuter der Welt sind auf ihre mögliche Heilwirkung untersucht. Was ist also von der Aussage des Wissenschaftlers zu halten? Machen Sie sich Ihr eigenes Bild.

Kräuterkissen herstellen

Mit verschiedensten Kräutern je nach Anwendung gefüllte Kräuterkissen gehören zu den urältesten Heilmitteln mit hoher Wirksamkeit. Bitte verwenden Sie dazu generell keine geschützten Pflanzen.

Die Grundregeln für die Herstellung von Kräuterkissen:
Die Kräuter sollten bei zunehmendem Mond gepflückt und bei abnehmendem Mond in Kissen aus dichtem, natürli-

chem Material (z. B. Leinen) gefüllt und fest zugenäht werden. Wenn Sie sie an Blütentagen (Zwillinge, Waage, Wassermann) gesammelt haben, wird Sie der Duft lange Zeit erfreuen.

Besondere Tipps für die Herstellung von Kräuterkissen: Die Kissen dürfen nie bei feuchtem Wetter oder bei zunehmendem Mond gelüftet werden. Lüften und lockern Sie die aromatischen Kräuterkissen bei trockener Witterung und bei abnehmendem Mond.

Die Wahl der Kräuter hängt davon ab, was das Kissen bewirken soll. Meistens soll es beruhigen und ein angenehmes Aroma abgeben. Ein verbreiteter Anwendungsbereich sind Rheuma und Allergien; Kräuterkissen können hier große Linderung bringen. Früher, als es noch genügend Farnkraut gab, legte man ein ganzes Bett damit aus. Der Farn wurde zwischen zwei Bettlaken eingenäht und besonders Rheumakranken als Bettunterlage gegeben. Ebenso füllte man Kissen mit Bärlapp, wenn der Patient unter nächtlichen Krämpfen litt. Farn ist heute aus guten Gründen geschützt, man kann ihn jedoch kaufen. Verständlicherweise wird dabei nicht auf den Vollmond als bester Sammeltag geachtet.

Kräuterweisheit

Die folgende Information ist durch die direkte Erfahrung aller Menschengenerationen belegt; Sie selbst können sie mühelos nachvollziehen, wenn Sie darauf zu achten beginnen. Unsere Hoffnung ist, dass Sie aus eigener Kraft ihre eigentliche, tiefere Bedeutung entdecken:

Die Natur lässt in der Umgebung eines frei stehenden Hauses stets Heilkräuter in einer ganz bestimmten Menge und Vielfalt wachsen – vorausgesetzt, der Boden ist noch naturbelassen, wird nicht künstlich gedüngt oder gespritzt. Welche Kräuter das sind, richtet sich danach, wer in diesem Haus wohnt und welche Pflanzen seine Bewohner für ihr Wohlergehen, zur Vorbeugung und für die Linderung und Heilung eventuell bestehender Krankheiten brauchen.
Wenn einer der Bewohner eine körperliche Schwachstelle besitzt oder eine bestimmte Krankheit bekommt, taucht gleichzeitig, manchmal auch schon einige Zeit vorher, das entsprechende Heilkraut in der Nähe auf – wie aus heiterem Himmel. Wenn die Bewohner ausziehen und eine andere Familie einzieht, ändert sich auch Art und Zusammensetzung der Kräutervielfalt in der unmittelbaren Umgebung und passt sich den gesundheitlichen Erfordernissen der neuen Bewohner an.

Meditieren Sie ein wenig über diese Information. Sie könnte der Schlüssel werden zu einer neuen Einstellung gegenüber der Natur und der Umwelt.

Krebstage

Als Krebstage bezeichnen wir jene zwei oder drei Tage im Monat, in denen der Mondkalender das Tierkreiszeichen Krebs angibt. Auf der Erde machen sich besondere Kräfte bemerkbar, die man sich in fast jedem Lebensbereich zunutze machen kann. Einige Beispiele und Grundregeln sollen hier als Anhaltspunkt und Anregung dienen.

Was in den Krebstagen in der Luft liegt

Die Krebs-Energie versetzt unser Gesamtbefinden oft in eine leichte Unruhe, weil die Gefühlswelt – wie bei allen Wasserzeichen – an Tiefe und Gewicht gewinnt. Manchmal durchschaut man plötzlich, was sonst hinter Fassaden verschwindet, und bewegt sich dann auf unvertrautem Boden. Die Tagesqualität der Krebstage ist feucht-kühl, die ***Meditationsfarbe*** (siehe dort) ist Grün.

Gesundheit und Körpereinflüsse an Krebstagen

Die Kraft, die während der Krebstage waltet, wirkt auf die Brust, auf Lunge, Magen, Leber und Galle.

- Was Sie in den zwei bis drei Krebstagen für Brust, Lunge, Magen, Leber und Galle tun, wirkt doppelt wohltuend, vorbeugend und heilend – mit Ausnahme von Eingriffen und Operationen an diesen Organen.
- Alles, was Brust, Lunge, Magen, Leber und Galle in den Krebstagen stärker belastet, wirkt schädlicher als an anderen Tagen.
- Wenn Sie den Termin von Eingriffen und Operationen an Brust, Lunge, Magen, Leber und Galle selbst bestimmen können, meiden Sie die Krebstage und die Zeit vom 21. Juni bis 22. Juli und wählen Sie für den Eingriff die Zeit des abnehmenden Mondes.

Oft genügt in den Krebstagen eine durchwachte Nacht, um am nächsten Tag mit tiefen Augenringen aufzustehen und sich völlig gerädert zu fühlen. Die Leber hatte Schwerarbeit zu leisten und konnte sich nicht regenerieren. Wer empfindlich an Leber und Galle, Lunge oder Brust ist, kann die Krebstage nützen, um diesen Organen etwas Gutes zu tun.

Auch der Magen spielt in den Krebstagen gelegentlich verrückt (Aufstoßen, Sodbrennen). Eine leichte Kost ist deshalb jetzt anzuraten.

Wer unter Rheuma leidet, sollte das Bettzeug an Krebs (auch an Skorpion und Fische!) nicht am Fenster oder auf dem Balkon lüften. Die Feuchtigkeit bleibt in den Federn, was sich ungünstig auf die Erkrankung auswirken kann.

Der Mond im Krebs in Garten und Landwirtschaft
Krebstage sind Blatttage mit absteigender Kraft.

Sehr günstig an Krebstagen:
- Setzen und Säen von Blattgemüse (bei abnehmendem Mond gesetzter Salat kopft gut!)
- Bekämpfen von oberirdischen Schädlingen bei abnehmendem Mond
- Beschneiden von Pflanzen und Hecken zum Breitenwachstum

Günstig an Krebstagen:
- Rasen mähen (bei zunehmendem Mond noch besser)
- Gießen von Zimmer- und Balkonpflanzen

Ungünstig an Krebstagen:
- Pflanzen setzen und säen, die in die Höhe wachsen sollen
- Ausschneiden von Obstbäumen und -sträuchern (bei zunehmendem Mond, besonders im Frühjahr; Krebs im Vollmond ist besonders schädlich!)
- Einkellern, lagern und konservieren

Lackieren siehe: ***Malerarbeiten***

Lasieren siehe: *Malerarbeiten*

Laub rechen und mulchen

Leider lässt sich vielerorts, besonders in den Städten, die Unsitte beobachten, dass zusammengerechtes Laub irgendwo anders abgelagert und kompostiert wird. Damit unterbricht man den Kreislauf der Natur, denn die Bäume brauchen die Nährstoffe, die aus der Zersetzung der eigenen Blätter in den Boden wandern würden. Es ist, als ob man Wasser nicht mehr an den natürlichen Kreislauf zurückgäbe, sondern stattdessen teuer bei der chemischen Industrie einkaufte, die es aus Wasserstoff und Sauerstoff hergestellt hat (Ähnliches geschieht durch die Regenwasserabflusskanäle). Ideal wäre es, Laub zum richtigen Zeitpunkt ringförmig unter den Baumkronen zusammenzurechen.

Ähnlich verhält es sich mit dem Mulchen: Mulch (Laub, Rindenstücke usw.) soll sich mit dem Erdreich verbinden können, um übermäßig wuchernden Beikräutern keine Chance zu geben und die Erde feucht zu halten. Gerade an steilen Plätzen sollte man unbedingt auf den richtigen Zeitpunkt achten, sonst schwemmt der erste Regen alles weg.

Die Grundregeln für das Rechen von Laub

Sehr gut: Bei abnehmendem Mond an Erdtagen (Stier, Jungfrau, Steinbock).

Gut: Bei abnehmendem Mond.

Ungünstig: Bei zunehmendem Mond.

Sehr ungünstig: Bei zunehmendem Mond an Wassertagen (Krebs, Skorpion und Fische).

Wenn Sie den richtigen Zeitpunkt einhalten: Die Laubhaufen bleiben als solche intakt, das Laub kann sich organisch zersetzen und neue Erde bilden.

Mögliche Folgen des falschen Zeitpunkts: Bei zunehmendem Mond dagegen verweht das Laub und das Mulchmaterial. Gleichzeitig schädigt man beim Zusammenrechen oftmals andere Kleinpflanzen am Boden, das Laubwerk verfault, Pilzgefahr besteht.

Besondere Tipps zum Rechen von Laub: Erdbeeren bekommen, mit Stroh und bei abnehmendem Mond gemulcht, genügend Sauerstoff und bleiben bei Regen vor aufspritzender Erde geschützt. Einfach einen kleinen Strohring legen oder unterstreuen.

Leserbriefe

Im Laufe der Jahre haben uns aus aller Welt Zehntausende von Briefen erreicht. Für das Vertrauen in unsere Arbeit, die aus diesen Zuschriften spricht, möchten wir uns ganz herzlich bedanken – und gleichzeitig an dieser Stelle um Nachsicht bitten: Jahrelang haben wir jede Zuschrift persönlich beantwortet, weil uns bis heute niemand diese Arbeit abnehmen kann, aber das ist leider nicht mehr möglich. Der Tag müsste mindestens 48 Stunden haben, wenn wir es auch nur versuchen würden. Und dann wäre keine Zeit mehr für das, was wir vorhaben: Nämlich Bücher zu schreiben für Menschen wie Sie und Produkte von hoher Qualität zu entwickeln, die zum richtigen Zeitpunkt und in Harmonie mit den Mondrhythmen hergestellt werden.

Zu den Leserbriefen einige Worte, die vielleicht für Sie von Nutzen sein können und Antwort auf die häufigsten Fragen geben:

> »Du hast eine Chance« aus dem Mund eines Freundes sind unendlich viel wertvollere Worte als »Du bist der Größte!« aus dem Mund von tausend Narren.

- Wir schreiben ausschließlich aus persönlicher Erfahrung, und diese ist begrenzt. Wenn man uns eine Frage stellt, deren Antwort wir nicht wissen, dann nehmen wir uns die Freiheit, die Zuschrift nicht zu beantworten, und bitten dafür herzlich um Verständnis. Das gilt auch und besonders für die Frage nach Herkunft und Behandlung von körperlichen Störungen und Krankheiten: Wir können und dürfen uns nicht anmaßen, zu beurteilen, was im Einzelfall hilft oder schadet.
- Zahlreiche Zuschriften erreichten uns mit der Bitte um Angabe der Adressen von guten Rutengehern oder Heilkundlern, die nach Mond- und Naturrhythmen heilen. Zwar werden es täglich mehr, doch alle, die wir kennen, sind inzwischen hoffnungslos überlastet, weil sie so erfolgreich arbeiten.
  Es ist ganz einfach: Wenn der Arzt Ihrer Wahl nicht auf Ihre Wünsche eingeht, suchen Sie sich einen anderen. Ein wirklich guter Arzt wird immer alles tun, damit Sie gesund werden und auch bleiben.
- Viele Leser fragten uns nach Bezugsquellen für bestimmte Leistungen oder Produkte im Umfeld unserer Arbeit – etwa Holzprodukte, Kräuter oder Kosmetik. Im Laufe der Zeit haben wir verschiedene Partner gefunden, um interessierten Lesern weiterzuhelfen (siehe Anhang Seite 411).

Bei vielen Zuschriften geht es um Probleme, zu deren Lösung man unsere persönliche Hilfe wünscht. Fast immer jedoch steht die Lösung des Problems schon vor der Tür! Sie

> Oh Gott, gib uns die Gelassenheit, anzunehmen, was man nicht ändern kann, gib uns den Mut, zu ändern, was zu ändern ist, und gib uns die Weisheit, das eine vom anderen zu unterscheiden.

wird nur deshalb oftmals nicht eingelassen, weil man sich bei der Suche nach ihr schon in eine bestimmte Richtung verrannt hat und nun zu stolz, zu ängstlich oder zu bequem ist, den eigenen Anteil am Problem zu sehen und einen neuen Weg zu gehen.

Unsere ganze Arbeit jetzt und in Zukunft richtet sich darauf, den Mut zur eigenen Entscheidung und Verantwortung zu wecken: den Mut, Problemen wirklich auf den Grund zu gehen, sie von allen Seiten zu betrachten und die Dinge zu Ende zu denken. Kein anderer Mensch, kein »Experte« wird Ihnen jemals diese Aufgabe abnehmen können – auch wir nicht. Wenn unsere Arbeit den Mut dazu geweckt hat, dann freuen wir uns mit Ihnen von ganzem Herzen.

Lichttage

Das sind jene Tage, in denen der Mond die Tierkreiszeichen Zwillinge, Waage oder Wassermann durchwandert; siehe: ***Tagesqualität.***

Löwetage

Als Löwetage bezeichnen wir jene zwei oder drei Tage im Monat, in denen der Mondkalender das Tierkreiszeichen Löwe angibt. Auf der Erde machen sich besondere Kräfte bemerkbar, die man sich in fast jedem Lebensbereich zunutze machen kann. Einige Beispiele und Grundregeln sollen hier als Anhaltspunkt und Anregung dienen:

Was an Löwe in der Luft liegt

Auch wenn Sie ein notorischer »Stauliebhaber« sind und regelmäßig zum falschen Zeitpunkt zum Ausflug oder in den Kurzurlaub fahren: Nur für sehr gelassene Gemüter ist es heute unbedenklich, sich in die Blechlawine zu begeben. Die Löwekraft wirkt direkt auf den Kreislauf und bewirkt so manchen Zornesausbruch – auch bei nichtigen Anlässen. Also: Lassen Sie im Notfall das Auto daheim und wandeln Sie auf Wegen, die weder Ihren Kreislauf noch Ihr Gemüt belasten.

Die Tagesqualität der Löwetage ist trocken-feurig, die ***Meditationsfarbe*** (siehe dort) ist Grün. Im Sommer der nördlichen Erdhalbkugel, speziell im August, herrschen um Löwe herum oftmals die höchsten Jahrestemperaturen mit manchmal kräftigen Gewittern. Viel trinken ist jetzt sehr wichtig, weil Löwe eine stark austrocknende Wirkung hat.

Gesundheit und Körpereinflüsse an Löwetagen

Die heißblütige, durchgreifende Kraft der Löwetage wirkt auf Herz und Kreislauf sowie auf Rücken und Zwerchfell.

- Was Sie in den zwei bis drei Löwetagen für Herz und Kreislauf tun, wirkt doppelt wohltuend, vorbeugend und heilend – mit Ausnahme von Eingriffen und Operationen.
- Alles, was Herz und Kreislauf in den Löwetagen stärker belastet, wirkt schädlicher als an anderen Tagen.
- Wenn Sie den Termin von Herzoperationen selbst bestimmen können, meiden Sie die Löwetage und die Zeit vom 22. Juli bis 23. August und wählen Sie für den Eingriff die Zeit des abnehmenden Mondes.

> Nur aus Staub und Asche bestehst Du. Um Deinetwillen wurde die Welt erschaffen. Ein Widerspruch? Nein.

Generell bringt der Löwe-Impuls den Kreislauf auf Touren. Der Rücken schmerzt jetzt manchmal stärker, und das Herz spielt oft ein wenig verrückt. Die Kreislaufbelastung und schlaflose Nächte können an Löwe durchaus zu schaffen machen, doch bis zum nächsten Zeichen, dem Erdzeichen Jungfrau, ist meist wieder alles vorbei. Behalten Sie das im Auge, wenn der Löwe das Herz manchmal ins Stolpern bringt. Herzkranke Menschen spüren übrigens manchmal schon in den Krebstagen, dass sich Löwe im Anmarsch befindet.

So mancher ungeübte Radwanderer schnauft sich an Löwe zum Ziel, obwohl er mit Kreislauf oder Herz Probleme hat. Gerade an den Löwetagen sollten Sie sich nicht überanstrengen. Gemeint sind natürlich keinesfalls die normalen körperlichen Betätigungen gesunder Menschen.

Löwe ist ein sehr guter Tag für das Sammeln von Kräutern mit heilender Wirkung auf Herz und Kreislauf. Und wofür Löwe wohl am bekanntesten ist – das können Sie unter dem Stichwort ***Haare schneiden*** erfahren.

Der Mond im Löwe in Garten und Landwirtschaft

Löwetage sind Fruchttage mit absteigender Kraft. Löwe ist das »feurigste«, austrocknendste Zeichen im Tierkreis.

Sehr günstig an Löwetagen:

- Sammeln von herzstärkenden Kräutern
- Ausschneiden von Obstbäumen und -sträuchern (bei abnehmendem Mond, für den Winterschnitt geeignete Tage aussuchen!)

- Bester Tag zum Getreideanbau (bei zunehmendem Mond) auf feuchten Äckern

Günstig an Löwetagen:
- Rasen ansäen (bei zunehmendem Mond)
- Setzen und säen von Früchten, jedoch nichts, was viel Wasser braucht (Tomaten, Kartoffeln)
- Setzen von leicht verderblichem Gemüse
- Veredeln von Obstbäumen (bei zunehmendem Mond im Frühjahr)

Ungünstig an Löwetagen:
- Verwenden von Kunstdünger, aber auch von Naturdünger auf trockenen Böden
- Beikraut jäten
- Sauerkraut einhobeln (trocknet aus).

Lufttage

Lufttage werden von den Tierkreiszeichen Zwillinge, Waage und Wassermann gebildet. Der Name rührt daher, dass diese Tierkreiszeichen dem Element Luft zugeordnet sind; siehe: ***Tagesqualität.***

Malerarbeiten

Jeder Stadtbewohner kennt den Anblick frisch renovierter Häuser, bei denen schon nach zwei, drei Jahren die ersten Farbflächen an der Fassade abblättern. Die Chemie reagiert auf solche Erfahrungen mit immer giftigeren Mixturen, anstatt sich um die wahren Ursachen zu bemühen. Mit ihrem Erkennen würden so manche Umsätze sinken.

Probieren Sie es selbst: Streichen Sie ein Stück Holz mit

Lackfarbe, eine größere Fläche, vielleicht eine Tür samt Türstock. Kaufen Sie dazu zwei gleiche Pinsel und verwenden Sie den gleichen Lack. Tun Sie das einmal kurz vor Vollmond und einmal kurz vor Neumond. Und erfahren Sie den Unterschied: Sie werden keine Lust mehr haben, die Arbeit zum falschen Zeitpunkt zu tun.

Besonders bei Restaurierungsarbeiten würde es sich doppelt auszahlen, auf die Mondregeln zu achten.

Viele gesundheits- und umweltschädliche Farben, Dispersionen, Lacke und Kleber konnten sich nur deshalb gegenüber sanfteren Kalkfarben und natürlich hergestellten Produkten durchsetzen, weil sie die subtilen Einflüsse der Naturrhythmen im wahrsten Sinne des Wortes überrollen und die Beachtung des richtigen Zeitpunkts scheinbar überflüssig machten.

Die Anwendung von Naturprodukten würde auf diesem Gebiet sicherlich leichter fallen, wenn man die Regeln des richtigen Zeitpunkts beachtete. In müheloser Verarbeitung, Wirkung und Langlebigkeit übertreffen sie teilweise schnell wirksame Giftprodukte und sind um vieles gesünder, sowohl für den Verarbeiter als auch für uns alle – ganz abgesehen von der Tatsache, dass schon bei der Herstellung nur eines Kilogramms konventioneller Farbe je nach Farbton und Farbart bis zu 7 Kilogramm hochgiftigen Sondermülls anfallen (bezogen auf die fertige Farbmenge), während der Abfall bei der Herstellung von Naturfarben sogar guten Kompost abgibt!

Kalkfarben beispielsweise lassen den Untergrund atmen und stoppen trotzdem die Feuchtigkeit. Wussten Sie, dass Stalltiere – Schweine, Rinder, Hühner usw. – heutzutage viel stärker unter den verschiedensten Krankheiten zu leiden haben, weil man heute statt Kalkfarben chemische Dispersionsfarben verwendet? Wer generell wieder auf Kalkfarben umsteigt, tut sich selbst und seinen Tieren einen großen Dienst, weil es zu einer viel geringeren Bakterienbildung kommt. Früher wusste man genau um diese Wirkung von Kalk: Eier lassen sich darin einlegen und halten sich dann sehr lange frisch.

Kalkfarben sind der ideale Anstrich in Speisekammern. In Krankenhäusern wären sie ein ideales Mittel, um die geforderte Hygiene herbeizuführen und die Bakterien und Pilze, die in Krankenhäusern schwere Krankheiten auslösen, zu bekämpfen.

Zum Thema Kalkfarben ein Tipp: Wenn Sie viel damit streichen wollen, dann wählen Sie unbedingt den abnehmenden Mond und meiden Sie das Zeichen Jungfrau. Noch ungelöschter Kalk ist lebensgefährlich! Es kann zu Verätzungen und Erblindung kommen, der Umgang damit gehört in kundige Hände, und Kinder müssen fern gehalten werden. Fertig angerührte Kalkfarbe ist jedoch ungefährlich.

Wir wollen es nicht verschweigen: Die Beachtung der Regeln des richtigen Zeitpunkts ist auch bei der Anwendung von chemischen Gift- und lösemittelhaltigen Kunstharzfarben höchst sinnvoll. Bei zum abnehmenden Mond verarbeiteten Farben verbleiben giftige Dämpfe und Staub besser im Produkt und belasten die Atemluft weniger. Das heißt, Produkt und behandelter Gegenstand bleiben so giftig wie zuvor, nur die Ausgasung schädlicher Stoffe ist bei der Verarbeitung etwas geringer.

Bei zunehmendem Mond verstrichene Farben, Lacke und Klebstoffe verbreiten dagegen die Lösemittel und Gifte stärker und über längere Zeiträume. Abschleifen oder ***Abbeizen*** sollte man daher unbedingt nur bei abnehmendem Mond! Erstens geht die Arbeit leichter von der Hand, zweitens nimmt der Körper die Gifte nicht so bereitwillig auf. Gleichzeitig sollte der Mond weder in Krebs und Zwillinge (Lungenbelastung!) noch in Löwe (Herz-Kreislaufbelastung!) stehen.

Die heute so gepriesenen und mit Umweltzeichen versehenen Wasserlacke verdienen generell kein Lob, im besten Fall ein Lob für schlaue Kundenverführung. Lassen Sie sich von einer Umweltorganisation einmal zeigen, wie viele giftige Stoffe in Wasserlacken stecken und welch irrwitzigen Preis wir alle dafür bezahlen, dass viele Kunden Wasserlacke für so umweltfreundlich halten, dass sie sie in den Ausguss schütten. Ein paar Spritzer Wasserlack im Ausguss, etwa beim »umweltfreundlichen« Reinigen der Pinsel unter dem Wasserhahn – und Sie müssten eine Woche lang nachspülen, um die schädliche Wirkung des Lacks im nächsten Klärwerk zu neutralisieren! Die Belastung für unsere Lungen ist zwar etwas gesunken, die Belastung für unser Lebenselixier Wasser, für die Fische und letztlich uns alle aber gestiegen!

Es ist dieselbe Geschichte wie mit den Ersatzstoffen für die Ozonkiller in Kühlschränken und anderswo. Die Ersatzstoffe schädigen die Ozonschicht teilweise noch stärker als die früheren Mittel.

Verwenden Sie daher um Ihrer Gesundheit und der Umwelt willen echte Naturprodukte und halten Sie sich dann aus Gründen der Verarbeitungsfähigkeit, Dauerhaftigkeit und Schönheit an die Mondregeln. Viele unserer Leser haben inzwischen ihre Gültigkeit erfahren.

Die Grundregeln für Malerarbeiten

Sehr gut: Bei abnehmendem Mond an Lichttagen (Zwillinge, Waage, Wassermann).

Gut: Bei abnehmendem Mond mit Ausnahme von Krebs, Skorpion, Fische und Löwe.

Ungünstig: Generell bei zunehmendem Mond, aber auch bei abnehmendem Mond in Krebs und Löwe.

Sehr ungünstig: Bei zunehmendem Mond in Krebs und Löwe oder an Vollmond.

Wenn Sie den richtigen Zeitpunkt einhalten: Gleichmäßiges Annehmen und Aufsaugen durch die Untergründe. Die Pinsel gleiten leichter und hinterlassen nicht so schnell sichtbare Übergänge. Hohe Haltbarkeit, kein Absplittern. Geringerer Materialverbrauch.

Mögliche Folgen des falschen Zeitpunkts: Generell Gefahr des Absplitterns, geringere Haltbarkeit. Übergangsstreifen (die Oberflächen nehmen die Farbe unterschiedlich und manchmal nicht genügend an), der Pinsel »rupft«. Besonders bei Löwe Absplittern von Farben und Kreislaufbelastung durch Dämpfe. Bei Krebs Lungenbelastung durch giftige Dämpfe (bei Holz Fäulnisgefahr).

Besondere Tipps für Malerarbeiten: Grundsätzlich nur im Freien oder in gut gelüfteten Räumen streichen, aber niemals im Freien in praller Sonne. Diese Regel gilt auch für Naturfarben! Starker Wind sollte gemieden werden, besonders aber an Löwe. Leicht trübes, feuchtes Wetter wäre ideal. Ansonsten für Schatten sorgen.

Massagen

Es gibt nur wenige körperliche Krankheiten oder seelische Mangelerscheinungen, die man nicht über liebevolle, sanfte oder weniger sanfte (aber dafür fachkundige) Berührung der Haut lindern oder heilen kann. Massagen wirken entgiftend und stabilisierend auf Herz und Kreislauf und regen die Tätigkeit aller inneren Organe an. Schon eine einzige Massage pro Monat könnte den Gesundheitszustand der gesamten Bevölkerung erheblich verbessern.

Dazu ist aber ein Umdenken ganz besonderer Art nötig, das bisher nicht oder nur zäh stattfindet – aus den verschiedensten Gründen. Ein Hauptgrund ist eine bestimmte Überzeugung, die sehr töricht und sehr weit verbreitet ist, besonders in den westlichen Industrieländern, nämlich: Alles, was dem Körper Lust und Freude bereitet, ist nicht lebensnotwendige Medizin, die ihn gesund und lebensfroh macht, sondern Luxus (und vielleicht sogar ein bisschen beneidenswert).

Was für ein Segen für die betrübte Menschheit wäre es, hier umzudenken und umzufühlen. Kein Medikament der Welt ist wirksamer als Freude, Lust und Liebe. Jeder weiß das, doch nur wenige haben den Mut, zu ihrem Wissen zu stehen.

Was glauben Sie, würde geschehen, wenn Krankenhäuser statt Krankengymnastik dem Patienten aufklärend die Zusammenhänge aufzeigen würden und ihm mit flotter oder meditativer Musik zu gesunder Bewegung verhelfen würden – natürlich mit Berücksichtigung von jeweils angezeigten Einschränkungen der Bewegung und des Kreislaufs? Was würde geschehen, wenn Kinderkrankenstationen alle paar Tage ein Marionettentheater aufführen würden?

Aber im Gegenteil: Chemische Präparate, die dem Körper trügerische Glücksgefühle vorgaukeln, erleben einen ungeheuren Aufschwung, weil Körper- und Lustfeindlichkeit schon von Kindesbeinen an gelehrt wird.

Zudem werden gefährliche und giftige Medikamente und die wissenschaftliche Forschung unterstützt und subventioniert – mit gewaltigen Folgekosten und immer höherer Verschuldung.

Halten Sie sich einen der wichtigsten Gründe für diesen Wahnsinn stets vor Augen: weil die Wissenschaft nicht *fühlen kann!* Weil sie Gefühlskälte sogar zur akzeptierten und angemessenen Methode erklärt hat – obwohl die Wissenschaftler durch ihre Experimente pausenlos den Beweis erhalten, dass sie auf dem Holzweg sind.

Der größte Teil der Wissenschaft versucht nicht die Natur zu erforschen, sondern sie zu vergewaltigen. Solchen Menschen vertrauen dann die Politiker, wenn es darum geht, zukünftige Wege zu planen. Würde man dagegen die Planung eines Krankenhauses einem Team überlassen – bestehend nicht nur aus Fachärzten, sondern auch aus Heilpraktikern, Clowns, Masseuren, Märchenerzählern, Tanzlehrern und anderen fröhlichen Menschen –, dann würde aus dem Krankenhaus schnell ein »Gesundenhaus«. Mit Ihrer Einsicht können Sie sich entscheiden, einen anderen Weg zu gehen.

Merkwürdig auch, dass viele die Überzeugung entwickelt haben, dass, je älter der Mensch werde, er desto weniger Berührung brauche. Was für eine absolute Verarmung! Nichts könnte ferner der Wahrheit sein, und nur wenige Überzeugungen richten auf diesem kleinen Planeten mehr Schaden an als diese. Würde jeder Mensch nur einmal am Tag umarmt und gestreichelt werden, vom ersten Lebenstag an bis

Auch wenn fast alles dagegen spricht, auch wenn fast alle anderer Meinung sind, besonders die »Experten« auf diesem Gebiet: Der Sinn des Lebens besteht ausschließlich darin, die Liebe kennen zu lernen, sie zu geben und zu empfangen und sich daran zu freuen – an der Liebe und am Leben. Der Weg dorthin – anfangs das Wagnis, dann die Einsicht, dann das unmittelbare Erfahren dieser Wahrheit –, dieser Weg ist so wenig sichtbar im Alltag, dass es kein Wunder ist, wenn man an seiner Existenz zweifelt. Nicht an diesen Sinn zu glauben scheint leichter, plausibler und manchmal sogar angenehmer, als an ihm festzuhalten und ihn zum Leitstern des eigenen Lebens zu machen. Das ist die erste große Prüfung auf diesem Weg. Wer erkennt, dass er einen freien Willen besitzt, hat sie fast bestanden.

zu seinem Lebensende – *glauben Sie uns: Es gäbe keine Kriege mehr!*

Fühlen Sie jetzt ein wenig, welch großer Schritt in eine gute Zukunft für uns alle es wäre, wenn Massagen in unserer Welt mehr geschätzt würden – beispielsweise als Säule einer von den Krankenkassen unterstützten Vorsorgemedizin? Es sollte wenigstens so weit kommen, dass das gewünschte Mittel genehmigt und von den Krankenkassen bezahlt wird. Genau betrachtet leben wir, was die Einstellung der Krankenkassen betrifft, im finstersten Mittelalter. Nur dass die mittelalterliche Methode heute hinter modernen Fassaden wütet. Zudem weiß heute fast jeder, dass viele erfolgreiche Methoden für die Vorbeugung und Behandlung sehr viel preisgünstiger wären.

Zur gezielten Behandlung von Organstörungen und Lösung von Blockaden ist es äußerst wirkungsvoll, die Mondrhythmen genauer zu beachten. Das machen sich bereits einige Masseure in ihrer Praxis mit größtem Erfolg zunutze.

Die Grundregeln für Massagen

- Für Massagen, die der Entspannung, Entkrampfung und Entgiftung dienen, ist die Zeit des abnehmenden Mondes gut geeignet. Soll eine Massage vorwiegend regenerierend und kräftigend wirken, etwa mit Hilfe entsprechender Öle, wird sie bei zunehmendem Mond bessere Resultate erzielen.
- Wer auf das Tierkreiszeichen achten möchte: Die ideale Zeit für Massagen sind die Zwillingetage. Oftmals über Jahre bestehende Stauungen und Verspannungen im Körper können sich an Zwillinge lösen. Gerade, was eingeklemmte Nervenbahnen betrifft, gibt es endlose Leidenswege, die nicht selten beim Chirurgen enden, weil der Großteil der Schulmedizin das Einfache und Wirksame ignoriert oder scheut. Hier können Massagen, Lymphdrainagen und Chiropraktik an Zwillinge oft Wunder bewirken.
  Auch an Erdtagen (Stier, Jungfrau, Steinbock) im abnehmenden Mond sind Massagen zur Lösung hartnäckiger Blockaden erfolgreicher als sonst.
- Der abnehmende Mond in einem der Wassertage Krebs, Skorpion oder Fische eignet sich gut für Lymphdrainagen, weil die Körperflüssigkeiten leichter in Bewegung zu setzen sind.

Massageformen und Körperarbeit werden sicherlich in Zukunft wieder den Platz unter den »salonfähigen« und wirksamen Therapieformen einnehmen, den sie verdienen. Wenn wir lernen wollen, den Körper als Quelle der Freude anzunehmen und zu meiden, was Schmerz verursacht oder verstärkt, können Massage und Körperarbeit ein wertvoller

Schlüssel sein. Sie können uns Informationen über uns selbst geben, von einer Tiefe, die weder ärztlicher Ratschlag, Rezept noch Operation vermitteln können – ein unschätzbarer Gewinn.

Meditationsfarben der Tierkreiszeichen

Welch große Wirkung Farben, Farbmuster und Farbharmonie auf die seelische Gestimmtheit und damit direkt auf unser körperliches Wohlbefinden haben, weiß jeder, der mit wachen Augen sich selbst und seine Umwelt wahrnimmt. Dass aber Licht und Farbe als wirksames therapeutisches Mittel eingesetzt werden können (etwa in der Farbakupunktur), ist noch relativ wenig bekannt (siehe auch ***Farbwirkung im Mondrhythmus***).

Bei der Besprechung der Tierkreiszeichen geben wir auch an, welche Meditationsfarben den Tierkreiszeichen zugeordnet sind. Sie können diese Information nutzen, um sich etwa die betroffene Körperregion in die zugehörige Aurafarbe eingehüllt vorzustellen oder ein Kleidungsstück in dieser Farbe zu tragen. Dabei verstärkt sich die gute Wirkung, wenn Sie diese Form des Meditierens auch noch mit dem Mondkalender abstimmen – wenn Sie also beispielsweise an Widdertagen die Kopfregion in die Farbe Indigoblau eingehüllt visualisieren.

Bei Krankheiten aller Art ist übrigens Weiß als Farbe der Bettwäsche und Schlafanzüge immer sinnvoll, weil sich der Körper dann ungehindert die heilenden Schwingungen aus der Umwelt holen kann. Schwarz dagegen wäre Gift, weil es diese Schwingungen abschirmt. Allerdings bedeutet das nicht, dass ein kahl-weißer Raum die beste Idee ist. Das Auge erfreut sich an schönen Dingen.

Hier noch einmal eine kleine Tabelle als Zusammenfassung:

Tierkreiszeichen	*Meditationsfarbe*
Widder	Indigoblau bis bläuliches Weiß
Stier	kräftiges Blau
Zwillinge	helleres Blau
Krebs	Grün
Löwe	Grün
Jungfrau	Gelb
Waage	Orange
Skorpion	Rot
Schütze	Im oberen Oberschenkel Orange, im unteren Oberschenkel Gelb
Steinbock	Grün
Wassermann	Hellblau, kräftigeres Blau an den Knöcheln
Fische	bläuliches Weiß

Milchverarbeitung

Viele Leser haben sich dafür interessiert, ob es auch in der Milchverarbeitung besondere Mondregeln gibt. Hier nur einige wenige, einfache Zusammenhänge, um Ihnen zu erklären, warum manches funktioniert und manches nicht.

Die Grundregeln für die Milchverarbeitung

Sehr gut: Bei Zwillinge, Waage und Wassermann.
Gut: Bei Widder, Löwe und Schütze.
Neutral: Bei Stier, Steinbock.
Ungünstig: Bei Krebs, Skorpion und Fische.

Mögliche Folgen des falschen Zeitpunkts: An Wassertagen kann man rühren und rühren – es wird keine Butter daraus.

Besondere Tipps zur Milchverarbeitung: Bei der Käseherstellung spielt auch die Mondphase eine Rolle, aber es kommt darauf an, welcher Käse daraus werden soll. Soll er langsam reifen, ist der abnehmende Mond besser geeignet. Bei schneller Reifung ist der zunehmende Mond günstiger. Generell sollte man Käse nicht an Jungfrau machen, die Fruchttage (Widder, Löwe und Schütze) sind hier am günstigsten.

Mittwoch im Wochenrhythmus

In unseren Büchern haben wir Sie auch mit ganz besonderen Rhythmen vertraut gemacht: mit Regeln zu den Wochentagen und zu festen Terminen im Jahr (siehe auch ***Holzregeln***), die vom Mondstand völlig unabhängig sind. Wir vertrauen darauf, dass es interessierte und neugierige Leser gibt, die diese Dinge ausprobieren, denn sie sind so gültig wie alle anderen vorgestellten Regeln auch. Hier die Regeln für den Mittwoch.

Die Grundregeln für den Mittwoch

- Günstig: Vormittags Petersilie pflanzen! Wie wäre es mit einem Versuch? Pflanzen oder säen Sie Mittwoch vormittags Petersilie – und dann verwenden Sie dasselbe Saatgut unter den gleichen Bedingungen an einem anderen Wochentag. Und schließlich, wenn Sie zu der Frage gelangt sind, warum es solche Unterschiede gibt, halten Sie inne und meditieren Sie ein wenig über die Tatsache, dass es zwischen Himmel und Erde unendlich viel mehr Dinge gibt, die wir nicht erklären können, als Dinge, für die wir eine Erklärung haben. Das ist eine wunderbare Sache, denn damit gibt es für das Lernen und Entdecken keine Grenzen. Traurig ist nur manchmal, dass es so wenige gute Lehrer und gute Schulen gibt. Für die meisten von uns beginnt das Abenteuer Lebenlernen erst nach der Schulzeit.

- Ungünstig: Fleisch essen. Verzichten Sie darauf, mittwochs oder freitags Fleisch zu essen. Völlig unabhängig von religiösen Vorschriften wäre es sehr gesund, sich an diese Regel zu halten. Ein weiterer Grund: Tausend Quadratmeter Ackerland mit Getreide ernähren zehn Menschen. Tausend Quadratmeter Viehweide ernähren nur einen einzigen Menschen. Dass wir Fleisch als Eiweißlieferanten brauchen, ist ein Märchen. Zahllose Feldfrüchte enthalten viel wertvolles Eiweiß.
- Guter Tag für den ersten Austrieb auf die Weiden, wenn gleichzeitig absteigender Mond, am besten Waage herrscht.
- Guter Tag zum Absetzen von Medikamenten, die Sie über lange Zeit einnehmen mussten: Beginnen Sie drei Tage vor Vollmond und hören Sie dann bei abnehmendem Mond an einem Mittwoch auf. Wenn Sie spontan aufhören können und wollen: Tun Sie es bei abnehmendem Mond an einem Mittwoch.
- Mittwoch ist generell gut, wenn Sie mit etwas aufhören wollen und gleichzeitig einen Neubeginn wagen.

Mondkalender – das einzige Werkzeug

Siehe auch: ***Kalenderunterschiede***. Das Wissen um die Natur- und Mondrhythmen erfordert zu seiner Anwendung als einziges »technisches« Hilfsmittel einen Mondkalender –

einen Kalender, der die Mondphasen und den Stand des Mondes im Tierkreis angibt. Sie finden einen solchen Kalender am Schluss des Buches.

Aus zahllosen Zuschriften aus aller Welt (unsere Bücher wurden bisher in 18 Sprachen übersetzt) wissen wir, was die Leser in Zusammenhang mit diesem Kalender besonders interessiert und welche Erfahrungen sie über viele Jahre mit ihm gemacht haben. Diese Erfahrungen können wir in diesem Buch an Sie weitergeben und damit so manche Frage beantworten, die an uns immer wieder gerichtet wird und vielleicht auch Sie eines Tages bewegt.

Der Mondkalender ist nach dem *Mondstand im Tierkreis* berechnet. Alle guten Erfahrungen aus jedem Lebensbereich, die wir in unseren Büchern vermitteln – von der gesunden Ernährung und der weisen Körperpflege über Heil- und Kräuterkunde bis zu biologischem Bauen, Gartenbau, Land- und Forstwirtschaft –, beruhen auf diesem Mondkalender. Er wird seit Jahrtausenden verwendet (siehe auch Abbildung Seite 282/283).

Wie wir heute wissen, ist der Kalender überall auf der Welt gültig, was den *Stand des Mondes im Tierkreis* betrifft. Wenn der Mond im Tierkreiszeichen Fische steht, dann macht sich die Fische-Energie bemerkbar – in Alaska und Australien, in Zaire und Zypern. Nur die *Mondphasen* (Voll- und Neumond, zu- und abnehmender Mond) unterliegen der Zeitverschiebung, wobei die Zeitangaben im beiliegenden Kalender an den mitteleuropäischen Raum angepasst sind. Anderswo sollte man die Zeitverschiebung berücksichtigen (siehe auch ***Kalenderunterschiede***).

Sämtliche Regeln zu den Mond- und Naturrhythmen besitzen weltweit Gültigkeit – auch auf der Südhalbkugel,

> Wahres Geheimnis aller Problemlösungen, aller guten Geschäftsbeziehungen und aller guten Freundschaften: Zuhören können.
> *Ron Fischer*

von Südamerika über Südafrika bis Australien und Neuseeland. Kleinere »Ausnahmen« beziehen sich in erster Linie auf die Tatsache, dass die Jahreszeiten dort umgekehrt verlaufen. In unserem Winter ist dort Hochsommer, und wenn in gemäßigten Breiten die Blätter fallen, wehen bei uns Frühlingslüfte. Dieser Unterschied ist vor allem in Gartenbau, Land- und Forstwirtschaft von Bedeutung, etwa beim Zeitpunkt des Holzschlagens. Das sollte ja vorwiegend während der Zeit der Saftruhe erfolgen – das ist in gemäßigten oder kalten Regionen der südlichen Erdhalbkugel also meist die Winterzeit zwischen 21. Juni und 6. Juli oder in tropischen Regionen die Zeit der größten Hitze *und* Trockenheit. Mit ein wenig Experimentieren lassen sich alle Richtlinien mühelos auf die Südhalbkugel mit ihrer umgekehrten Reihenfolge der Jahreszeiten übertragen.

Die vielleicht bedeutungsvollste Abweichung jedoch ist die äußere Form des abnehmenden und zunehmenden Mondes am Himmel. Auf der Nordhalbkugel nimmt der Mond von rechts nach links zu, auf der Südhalbkugel von links nach rechts. Weil wohl die meisten Leser dieses Buches auf der Nordhalbkugel leben, haben wir hier und in den beiliegenden Kalendern die Symbole für ab- und zunehmenden Mond so gestaltet, wie er in der nördlichen Hemisphäre am Himmel zu beobachten ist.

Letztlich kommt es auf Ihren gesunden Menschenverstand an: Nehmen Sie die Informationen in diesem Buch in erster Linie als Anregung für die Reise ins Reich der Natur- und Mondrhythmen. Machen Sie dort Ihre eigenen Erfahrungen, experimentieren Sie, probieren Sie. Eigene Erfah-

Schreib-Kalender,

Auf eine besondere Form und Weise, allen Obrigkeiten,
Kauf- und Handelsleuten, auch männiglich zum
täglichen Nutzen also eingerichtet.

Auf das Jahr nach der Geburt JESU Christi

1793.

Welches ein gemeines Jahr von 365 Tagen ist.

Sammt einer kurzen Praktika, darneben auch die fürnehmsten
Jahr-Märkte im Churfürstenthume Ober- und Niederbaiern: anbey auch
zu sehen, wie der Tag alle Monathe des ganzen Jahrs aufsteiget, und
wiederum abnimmt nach münchnerischem Horizonte.

Mit Begnehmigung des Churfürstlichen Bücher-Censur-Collegiums.

Mit Ihro Churfürstl. Durchl. in Baiern Gnad und Privilegio,
nicht nachzudrucken.

München,
druckts und verlegts Franz Hübschmann, nächst den PP. Karmelitern.

Januarius.

Als Jesus 12 Jahre alt war. Luk. 2. Tagsl. 8 St. 33 m.

F 1 Sonntag. ♒ Hilar. B. Godefrid. ☾ in der Erdnähe, verspricht	13	
g Mondtag. ♒ Engelmar. Malachi. ☉ aufg. 7 U. 42 m. ☌♂, schon	14	
a Dienstag. ♓ Maurus. Secundina ☾ ☋, ☌♀, ✱♀ st c. mehr Sonnschein	15	
b Mittwoch. ♓ Honoratus. Marcell. ♀ unt. 7 U. 49 m. Ab. △♃, doch mit	16	
c Donnerstag. ♈ Anton Abt. Priscilla ☾ unt. 10 U. ab. □♀ st. Wolken	17	
d Freytag. ♈ Gamelbert. Prisca. ☉ unt. 4 U. 22 m. abwechselnd	18	
e Samstag. ♉ Fulgenz. Kanut. K. ☉ in ♒ 12 U. 46 m. ☽ 3 U. 19 m. fr.	19	

Münchner Thorsperr vom 16 bis 31 um halb 6 Uhr.

rungen zu machen, ist sicherlich langfristig Gewinn bringender, als jeden einzelnen Schritt von einem Buch vorgezeichnet zu bekommen.

Die Natur lässt sich nicht in ein starres System zwingen und nach handlichen Rezepten »regieren«, auch wenn unsere Bequemlichkeit immer wieder danach verlangt. Wir finden, das ist eine ihrer allerschönsten und Leben spendenden Eigenschaften. Der Mondkalender ist ein wertvolles Hilfsmittel, nicht weniger, aber auch nicht mehr. Er soll Ihre persönliche Wahrnehmung und Erfahrung nicht ersetzen. Im Gegenteil: Er kann als Schlüssel zur Erweiterung Ihrer Wahrnehmung dienen. Aus dieser Erfahrung erwächst eine Kraft, die für Sie in allen Lebensbereichen von Nutzen sein kann.

Mond-Kur

Im Laufe der letzten zehn Jahre haben wir eine ganz einfache Ernährungsumstellung in Harmonie mit dem richtigen Zeitpunkt vorgestellt und diese »Mond-Kur« immer wieder in kleinen Schritten und Zusammenhängen erklärt, bei Vorträgen und in unserem Taschenkalender *Das Mondjahr.* Langsam kam die so einfache und wirksame Ernährungsweise in Umlauf. Immer mehr begeisterte Leser und Zuhörer sind inzwischen auf uns zugekommen und haben sich für den Rat bedankt, weil es bis heute der einzige war, der ihnen mühelos geholfen hat.

Ernährung zum richtigen Zeitpunkt im Rhythmus der Natur und des Mondes ist einfach zu erklären und einfach zu befolgen. Sie ist nach unserer Erfahrung die einzige »Diät«, die langfristigen Erfolg bringt, den Körper sanft entgiftet, die Sinne weckt und nicht gesundheitsschädlich ist. Sie vergewaltigt den Körper nicht, weil sie nicht radikal in seine inneren Abläufe eingreift. Wie er sich nach solchen Eingriffen rächt, weiß jeder, der nach Beendigung einer Diät in kürzester Zeit mehr Gewicht auf die Waage brachte als zuvor oder gar langfristig aufgrund der »Nebenwirkungen« Organschäden davontrug. Wenn ein Mensch sich zu dick fühlt, dann sollte er etwas Sinnvolles tun. Und nicht einer künstlichen naturfernen Schablone namens »XYZ-Diät« folgen, die ihn im Endeffekt noch dicker werden lässt.

Ernähren Sie sich in der Zeit der Mond-Kur nur mit biologischen vollwertigen Frischprodukten, begleitet von Produkten, die von Natur aus lagerfähig sind, ohne ihre Lebenskraft zu verlieren, und wählen Sie als Hauptgetränk Leitungswasser. Nur in manchen Gegenden muss leider Mineralwasser verwendet werden, am besten stilles oder kohlensäurearmes Wasser.

Fertigprodukte kommen nie ohne Konservierungsstoffe aus, ebenso sämtliche Lebensmittel, die lange Wege oder lange Zeit brauchen, um auf unserem Tisch zu landen. Durch die Konservierungsstoffe spart sich die Industrie die Verwendung hochwertiger Rohstoffe. Sie kann verwenden, was sie will, weil ja die Chemotherapie der Haltbarmacher jedes Wachstum stoppt – und damit auch jedes Leben. Also bringen Sie, wenn möglich, alles frisch auf den Tisch – ohne Konservierung –, vor allem vollwertige, biologische Lebensmittel.

Eine weitere wichtige Empfehlung ist, bei Getreide ausschließlich volles Korn zu verwenden! Man könnte sich beispielsweise jahrelang ausschließlich von Dinkel ernähren, ohne Mangelerscheinungen zu entwickeln. Dinkel ist die Königin unter den Getreiden und ein wahres Gottesge-

Selbst wenn sich jemand mit einem Schleier verhüllt, könnt Ihr immer noch sehen, dass er da ist. So ist auch die Natur wie ein riesiger Schleier, hinter dem sich Gottes Gegenwart abzeichnet.
Paramahansa Yogananda

schenk. Gekochtes Getreide verdaut der Körper sehr langsam, was den »kleinen Hunger zwischendurch« gar nicht erst aufkommen lässt.

Beherzigen Sie die wenigen Voraussetzungen für die Mond-Kur, dann können Sie sich mit Hilfe des Mondkalenders nun ohne jede Quälerei langsam dem Wellenschlag der Natur anpassen und dabei sanft entgiften, entschlacken und Ihrem Körper zu dem Gewicht verhelfen, mit dem Sie sich wohl fühlen. *Und vergessen Sie nicht: Bei der Mond-Kur wird nicht gehungert!*

Der Mond nimmt ca. 14 Tage lang ab und dann 14 Tage lang zu. »Mond-Kur« bedeutet, diesen Zyklus optimal zu nutzen und mit ihm mitzuschwingen (auf Seite 439 haben wir die Mond-Kur noch einmal als Tabelle 10 zusammengefasst).

Die Grundregeln für die Mond-Kur

Vollmond

Beginnen Sie die Mond-Kur zwei oder drei Tage vor Vollmond. Der Körper nimmt jetzt sehr gut auf, was man ihm zuführt, und man nimmt deshalb leicht zu, ganz besonders am Vollmondtag selbst. Seien Sie ganz behutsam mit sich selbst und essen Sie in dieser Zeit nur *etwas* weniger als gewohnt. Essen Sie ab 18 Uhr nichts mehr.

Ganz Mutige sollten ein oder zwei Obst-, Saft- oder Fasttage einlegen, was auch immer »Fasten« für Sie bedeutet: Essen Sie für *Ihre persönlichen Verhältnisse* weniger oder gesünder als gewohnt (siehe *Aus eigener Kraft*).

Abnehmender Mond

Während der zwei Wochen des nun folgenden abnehmenden Mondes könnten Sie eigentlich normal essen, wie Sie es gewohnt sind. Der Körper nimmt nicht so gut auf, das Gewicht bleibt meist gleich oder sinkt gar ein wenig. Allerdings wollen wir ja einen oder zwei Monate lang eine »Mond-Kur« betreiben, auch um unser Gespür zu wecken. Deshalb sollten Sie sich während der 14 Tage des abnehmenden Mondes von einem speziellen Tee für die Blutreinigung begleiten lassen. Der abnehmende Mond unterstützt die Entschlackung und reinigt das Blut; auch lässt er das Hungergefühl nicht so stark aufkommen. Im Körper regeneriert sich alles schneller: Das ist der Grund, warum Wunden bei abnehmendem Mond meist schneller und ohne Narben verheilen.

Die letzte Mahlzeit sollte abends je früher, je lieber stattfinden (ca. 16 bis 17 Uhr): Dies wird ohnehin das Essverhalten der Zukunft sein. Probieren Sie es aus – eine Woche lang!

Neumond

Auch an Neumond wäre es – wie an Vollmond – sehr sinnvoll, vorher einen oder zwei Obst-, Saft- oder Fastentage einzulegen; jetzt aber deshalb, weil der Körper sehr stark entgiftet und Sie diesen Prozess durch wenige Stunden der Enthaltsamkeit kräftig unterstützen können. Der Körper zehrt von der (überflüssigen) Substanz.

Auch jetzt würden Sie von einem speziell auf diese Mondphase zugeschnittenen Tee profitieren. Der Tee unterstützt die Entwässerung und sollte bei längeren Autofahrten erst danach getrunken werden, wenn Sie nicht an jeder zweiten Tankstelle halten wollen.

Zunehmender Mond
Diese zwei Wochen fordern Ihnen vielleicht etwas Selbstdisziplin ab, aber auch jetzt müssen Sie nicht hungern (es sei denn, Ihr körperlicher Hunger ist ein Ersatz für den Hunger nach seelischer Nahrung). Generell sollten Sie jetzt mit der Nahrungsaufnahme etwas kürzer treten als gewohnt, weil der Körper alles besser verarbeitet und speichert. Wenn Sie viel und angestrengt arbeiten müssen, können Sie sich von einer eher kräftigenden Teemischung begleiten lassen: Der zunehmende Mond unterstützt alle Maßnahmen, die auf Aufbau und Kräftigung abzielen. Versuchen Sie, insgesamt weniger zu essen, hören Sie etwa fünf Minuten vor dem gewohnten Sattheitsgefühl auf und trinken Sie zwischen 15 und 17 Uhr besonders viel. Nehmen Sie die letzte Mahlzeit des Tages etwa ein bis zwei Stunden früher ein als üblich, spätestens aber um 18 Uhr.

Vielleicht sehen Sie hier einen Widerspruch zu der Empfehlung, bei abnehmendem Mond spätestens um 17 Uhr die letzte Mahlzeit einzunehmen, während man bei zunehmendem Mond leichter zunimmt und dennoch später die letzte Mahlzeit einnehmen soll.

Der Grund für diesen scheinbaren Widerspruch ist: Bei zunehmendem Mond hält man es abends nicht so leicht aus, nichts mehr zu essen, und dann wäre es schade, um 22 Uhr zum Kühlschrank zu schleichen und zu sündigen. Leichter fällt die Disziplin, wenn man schon um 18 Uhr gegessen hat. Bei abnehmendem Mond ist man stabiler im Umgang mit dem nächtlichen Lockruf der Speisekammer, 17 Uhr als letzter Termin fürs Abendessen ist dann leichter zu schaffen.

Bitte machen Sie uns nicht dafür verantwortlich, wenn Ihr Beruf die vorgeschlagenen Rhythmen nicht zulässt. Wir wissen, dass unsere Berufswelt völlig naturfern und gegen unsere Körperrhythmen organisiert ist. Das ändert aber nichts an der Gültigkeit dieser Informationen und an ihrem hohen Wert, wenn es gelingt, sie dennoch umzusetzen.

Eine ganz besondere Unterstützung für die Mond-Kur ist die gleichzeitige Anwendung der hochwertigen Gewebestraff- und Entschlackungsöle und der speziellen Mond-Teemischungen, die wir entwickelt haben. Bei abnehmendem Mond leistet das Entschlackungsöl hervorragende Dienste, weil es die Entgiftung wirksam unterstützt. Bei zunehmendem Mond dagegen hilft das Gewebestrafföl bei Aufbau und Kräftigung von Haut und Bindegewebe. Die größte Angst, die manche Übergewichtige vor dem Abnehmen haben, betrifft die Befürchtung, sie könnten danach nicht so gut aussehen als noch zu den Zeiten, da sich die Haut ansehnlich über die Pfunde spannte. Der große Vorteil des Gewebestrafföls ist, dass Ihr Körper die Gewichtsabnahme mit straffer und geschmeidiger Haut übersteht.

Unsere vier Mond-Teemischungen sind speziell auf die Wirkung der Mondphasen zugeschnitten, sorgfältig ausgesucht und natürlich zum richtigen Zeitpunkt geerntet und abgefüllt. Eine Selbstverständlichkeit ist bei uns kontrolliert biologischer Anbau, frei von Giftmitteln und Bestrahlungen (siehe auch Seite 292).

Dass Flüssigkeit, gleich welcher Art, nicht zu den Mahlzeiten getrunken werden soll, sondern immer vorher oder danach, ist für Sie sicherlich nichts Neues. Über den Tag verteilt sollten es mindestens zwei Liter Tee sein (er schmeckt kalt auch gut, das ist aber nicht jedermanns Sache).

Mondphase

Einer von vier möglichen Zuständen des Mondes: abnehmender Mond, zunehmender Mond, Neumond und Vollmond. Weitere Unterteilungen der Mondphasen sind möglich (etwa die Einteilung in Viertel), aber für unsere Zwecke nicht sinnvoll.

Mondstand

Darunter versteht man die Position des Mondes in einem Zwölftel des Tierkreises.

Montag im Wochenrhythmus

In unseren Büchern haben wir Sie auch mit ganz besonderen Rhythmen vertraut gemacht: mit Regeln zu den Wochentagen und zu festen Terminen im Jahr (siehe auch ***Holzregeln***), die vom Mondstand völlig unabhängig sind. Wir vertrauen darauf, dass es interessierte und neugierige Leser gibt, die diese Dinge ausprobieren, denn sie sind so gültig wie alle anderen vorgestellten Regeln auch. Hier die Regeln für den Montag.

Die Grundregeln für den Montag

- Montag ist generell ein guter Tag für die Einnahme von homöopathischen Globuli.
- Guter Tag für den ersten Viehaustrieb auf die Weiden, besonders wenn gleichzeitig absteigender Mond herrscht, am besten im Tierkreiszeichen Waage.

Nagelpflege

Ein Geheimnis erfolgreicher Körper- und Hautpflege besteht in maßvoller Regelmäßigkeit. Wenn man dann auch noch die Wirkungen des jeweiligen Mondstands kennt, kann der Erfolg nicht ausbleiben. Eine Ausnahme in der Herrschaft eines Tierkreiszeichens über bestimmte Körperregionen betrifft die Zehen- und Fingernägel. Das Zeichen Steinbock regiert diese vier Körperzonen: vielleicht deshalb, weil Steinbock für die Haut zuständig ist und Nägel nichts anderes sind als Umbildungen der Hornschicht der Haut zu Hornplatten.

Eine weitere Merkwürdigkeit birgt die Grundregel zur Nagelpflege.

Die Grundregeln für die Nagelpflege

Sehr gut: Freitags nach Sonnenuntergang, gleichgültig welches Tierkreiszeichen herrscht.

Gut: Immer bei Steinbock.

Sehr ungünstig: Bei Zwillinge, Krebs, Fische und immer samstags, gleichgültig welches Tierkreiszeichen herrscht.

Wenn Sie den richtigen Zeitpunkt einhalten: Finger- und Zehennägel werden hart, widerstandsfähig und brechen nicht mehr so leicht. Gleichzeitig günstige Wirkung auf die Zähne.

Mögliche Folgen des falschen Zeitpunkts: Weiche, leicht brüchige Fingernägel.

Besondere Tipps zur Nagelpflege: Lutschen Sie hin und wieder einmal den Feilstaub (nicht lackierter) Fingernägel ab. Er wirkt als homöopathisches Mittel vorbeugend gegen eine Vielzahl körperlicher Gebrechen.

Chemische Nagelpflegemittel sind überflüssig, weil sie nur das Symptom und nicht die Ursache bekämpfen. Bedenken Sie, dass die Beschaffenheit von Haut, Haaren und Nägeln immer auch Kennzeichen und Symptom des gesamten Gesundheitszustands ist. Die Haut wird von außen und von innen ernährt. Ohne »Schönheit von innen«, ohne gesunde Ernährung sind Maßnahmen zur Körperpflege häufig nur »Make-up« – sie überdecken die wahren Ursachen blasser, fettiger oder unreiner Haut oder brüchiger Nägel.

Die zahlreichen Tipps und Hinweise zur gesunden Ernährung in unserem Buch *Alles erlaubt!* sind eine Hilfe, um von innen für gesunde Haut und kräftige Haare zu arbeiten. Wir haben sie oft erlebt: die wundersame äußerliche Verwandlung von Menschen, die sich *mit Freude* einer gesunden Ernährung zugewandt haben.

Nahrungsqualität

Der Lauf des Mondes durch die Tierkreiszeichen kann wie das Kreisen eines Uhrzeigers betrachtet werden, der in zwei- bis dreitägigem Abstand wechselnde Impulse auf unsere Nahrung und auf die Fähigkeit des Körpers, diese Nahrung zu verwerten, anzeigt. Das in einer Mahlzeit enthaltene Fett verhält sich an einem Öltag auf besondere Weise anders als an den übrigen Tagen, und auch die Fähigkeit unseres Körpers, dieses Öl optimal zu verwerten, verändert sich. Dies gilt gleichermaßen für Kohlenhydrate (Stärke), Salz, Früchte und Eiweiß. Mit anderen Worten: Das harmonische Zusammenspiel zwischen Nahrung und Körper ist auch abhängig vom Zeitpunkt der Mahlzeit (siehe auch: ***Fett- und Öltage, Salztage, Eiweißtage, Kohlenhydrat-Tage***).

- Mancher liebt und verträgt fettreiche Speisen gerade an den Öltagen Zwillinge, Wassermann und Waage, während anderen in diesen Tagen schon der Geruch von Fett missfällt. Achten Sie genau darauf, was Ihnen in dieser Zeit besonders schmeckt und wie es auf Sie wirkt.
- Mancher verdaut Brot beispielsweise besonders gut an den Kohlenhydrat-Tagen Krebs, Skorpion und Fische, dem anderen verschließen dagegen schon zwei Scheiben den Magen. Wenn Sie in diesen Tagen Mehlspeisen besonders zusprechen und sich gleichzeitig mit Gewichtsproblemen herumschlagen, dann richtet sich Ihr Hungergefühl auf das »Falsche«, aus welchen Gründen auch immer.
- Manche genießen Salzhaltiges an den Salztagen Stier, Jungfrau und Steinbock mehr als an allen anderen Tagen, andere lehnen jetzt sogar schwach Gesalzenes ab.
- An den Eiweißtagen Widder, Löwe und Schütze vertragen manche Menschen Früchte oder Eiweißhaltiges besonders gut, andere besonders schlecht. Beobachten Sie, ob Ihr Speiseplan auffällig viel oder wenig Eiweiß oder Früchte enthält und welche Wirkung das auf Sie hat.

Wenn Sie nun noch Ihren ***Ernährungstyp*** herausfinden, dann führen all diese Beobachtungen schließlich zu Ihrem eigenen, unverwechselbaren und vor allem gesunden Nahrungsrhythmus.

Natur

Ein paar Anregungen zum Nachdenken: Der Mensch ist zu keiner Sekunde ein Fremdkörper auf der Erde und im Universum. Die Natur führt keinen Kampf gegen die Menschheit, sondern gibt ihr alles, was sie braucht, wenn jeder Einzelne lernt, in Freundschaft mit sich selbst und mit der Natur zu leben. Diese Freundschaft kann niemals gesetzlich verordnet sein. Sie ist die eigene, persönliche Leistung, die eigene, persönliche Entscheidung. Menschen, Tiere, Pflanzen, Sterne, Planeten, Sonne und Mond, Sie und wir – wir alle sitzen im gleichen Boot. Und unser einziger Lebenssinn besteht darin, einander aufzuwecken und füreinander da zu sein – gleichgültig, wie lange die Menschheit noch braucht, um das einzusehen.

Nein, von Beginn an ist nichts Verkehrtes am Eingriff des Menschen in die Natur: »Füllt die Erde und macht sie Euch untertan und herrscht über des Meeres Fische, die Vögel des Himmels und über alles Getier, das sich auf Erden regt« – so lautete die Aufforderung vor langer Zeit. Über so viele Jahrhunderte hinweg haben viele von uns dieses Gebot missverstanden und die Natur als Sklaven betrachtet, den es auszubeuten gilt. Doch jeder gutwillige Diener kann zum kaltblütigen Rebellen werden, wenn man ihn zum Sklaven herabwürdigt.

Behalten Sie dies im Auge, dann muss Ihnen niemand mehr vorschreiben oder raten, welches der nächste Schritt, welches der richtige Weg und das lohnende Ziel ist.

Neuanfang

Der Lauf des Mondes und der Jahreslauf bieten mehrere Termine, die sich für einen Neuanfang eignen und alle Energien fördern, die in die Anstrengung des Neubeginns fließen.

Ein Neubeginn zum richtigen Zeitpunkt heißt aber nicht, dass Sie gleichsam ein Anrecht auf einen erfolgreichen Ausgang des Vorhabens erworben haben – was auch immer für Sie »Erfolg« bedeutet. Die Kräfte dieser besonderen Tage sorgen einerseits für guten Schwung, andererseits aber auch dafür, dass Sie schneller als zu anderen Zeiten vor Augen geführt bekommen, ob sich etwas zum Guten oder zum Schlechten entwickelt. Auch das ist das Gute an diesen Tagen: Sie gewinnen wertvolle Zeit, um sich richtig zu entscheiden und Kurswechsel einzuleiten.

Die Grundregeln für einen Neuanfang

Sehr gut: Vom Jahresdatum her sind der 2. Februar (Maria Lichtmess) und der 1. September besonders gute Tage. Früher sorgte man dafür, dass beispielsweise ein Arbeitsplatzwechsel an Lichtmess erfolgte, um gleich einen guten Start in die neuen Verhältnisse zu gewinnen. Seit alters her ist auch der 1. September als guter Tag für einen Neubeginn bekannt. Nicht ohne Grund beginnt am 1. September auch das Lehrjahr. Allmonatlich ist der Neumond ein günstiger Termin, wenn Sie Altes hinter sich lassen und einen Neuanfang wagen wollen. Der erste Frühlingsneumond mit dem Wechsel von Fische zu Widder gehört dabei zu den allerbesten Tagen im Jahr.

Eher ungünstig: 1. August. An diesem Tag sollte man beispielsweise keine Weltreise beginnen.

Wenn Sie eine Gewohnheit aufgeben wollen, sehen Sie ihr ruhig und gelassen ins Auge und betrachten Sie sie von allen Seiten. Nehmen Sie dabei keine Rücksicht auf die Meinung

Ihrer Umwelt. Wenn Sie sich entschließen, sie aufzugeben, dann fragen Sie nicht mehr nach dem Warum. Es ist Ihr Wille und damit entschieden. Wählen Sie dann für den Beginn der »neuen Zeit« einen der genannten Zeitpunkte. Er unterstützt sie bei Ihrer Absicht.

Wenn Sie beispielsweise das Rauchen aufgeben wollen, dann spricht an Neumond alles für einen guten Start. Die Entzugserscheinungen dauern nur wenige Tage und alles, was danach kommt, ist eine Frage der Entschlusskraft. Was Sie nirgendwo lesen können: Während der ersten zwei, drei Tage des Entzugs sollten Sie unter keinen Umständen Auto fahren! Sie werden nämlich mehr oder weniger lange Phasen gravierender Konzentrationsstörungen erleben. Wer bereit war, meilenweit für eine Zigarette zu gehen, ist jetzt vielleicht bereit, meilenweit zu gehen, um der oder dem Geliebten Blumen zu kaufen. Mit Selbstliebe und Willenskraft lassen sich zu diesen günstigen Zeitpunkten neue Wege erobern.

Neumond

Bei seinem etwa 28 Tage währenden Umlauf um die Erde wendet der Mond der Erde stets nur eine Seite zu, er dreht sich nicht um sich selbst. Wandert der Mond – von der Erde aus gesehen – genau zwischen Erde und Sonne, dann ist sein Gesicht vollständig in Dunkel getaucht. Er ist dann nicht zu erkennen, weil er ja tagsüber fast neben der Sonne steht. Auf der Erde herrscht Neumond.

Eine wichtige Beobachtung ist, dass der Mond bei Neumond zwei bis drei Tage lang vor demselben Sternenhintergrund und somit im selben Tierkreiszeichen steht wie die

Sonne. Das ist verständlich, wenn man bedenkt, dass der Mond bei Neumond der Sonne am nächsten steht und somit Sonne, Mond und Betrachter auf der Erde fast eine Linie bilden. So befindet sich der Neumond etwa im März immer im Zeichen Fische, im August immer im Zeichen Löwe usw.

Sich diese Regel zu merken ist sinnvoll, wenn man überschlägig berechnen will, in welchem Tierkreiszeichen sich der Mond im Augenblick gerade befindet. Halten Sie sich vor Augen: Der Mond hält sich immer zwei bis drei Tage lang in einem Tierkreiszeichen auf. Der nächste Vollmond nach dem Märzneumond hat also genau die Hälfte des Tierkreises zurückgelegt, ist somit sechs Tierkreiszeichen weitergewandert und muss sich demnach 14 Tage später im Zeichen Jungfrau oder Waage befinden. Das Prinzip lässt sich auf alle anderen Monate des Jahres übertragen.

Hat man das Glück, sich bei Neumond genau in einer Visierlinie mit Sonne und Mond zu befinden, dann bedeckt der Mond die Sonne. Für kurze Zeit und in bestimmten Regionen der Erde tritt eine »Sonnenfinsternis« ein (wie beispielsweise im August 1999 in Österreich und Deutschland).

In Kalendern ist der Mond bei Neumond meist als schwarze Scheibe eingezeichnet. Eine kurze Zeit besonderer Impulse auf Mensch, Tier und Pflanze herrscht: Wer jetzt beispielsweise einen Tag lang fastet, beugt vielen Krankheiten vor, weil die Entgiftungsbereitschaft des Körpers am höchsten ist. Will man schlechte Gewohnheiten über Bord werfen, ist dieser Tag als Startpunkt geeigneter als fast jeder andere Tag (siehe ***Neuanfang***). Kranke Bäume können nach einem Rückschnitt an diesem Tag wieder gesunden. Die Erde beginnt einzuatmen. Die Impulse der Neumondtage sind nicht so stark und unmittelbar zu spüren wie die des Vollmonds, weil die Umpolung und Neuorientierung der Kräfte vom abnehmenden zum zunehmenden Mond nicht so heftig erfolgt wie umgekehrt bei Vollmond.

Neumondzeitpunkt siehe: ***Vollmondzeitpunkt***

Öltage siehe: ***Fett- und Öltage***

Oberschenkelregion – Eingriffe an Oberschenkel und Venen

Haben Sie schon das Stichwort ***Eingriffe, operative*** gelesen? Es wäre sinnvoll, dort kurz nachzusehen, bevor Sie den Termin für den richtigen Zeitpunkt einer Operation eruieren.

Wir möchten Sie erinnern: Vieles entscheidet über den Erfolg eines chirurgischen Eingriffs – von der Kompetenz des Arztes über den allgemeinen Gesundheitszustand des Patienten bis hin zur Verfügbarkeit der nötigen Instrumente. Und nicht zuletzt spielen auch schicksalhafte Umstände eine Rolle. Der Ausgang von Notoperationen beispielsweise gehorcht sicherlich höheren Gesetzmäßigkeiten.

Manche Umstände und Faktoren bei Operationen sind beeinflussbar, manche nicht. Sicher ist aber: Auch Mondstand und Mondphase zum Zeitpunkt chirurgischer Eingriffe beeinflussen deren Erfolg oder Misserfolg.

Die Grundregel ist sehr einfach: Man sollte jeglichen Eingriff im Körper möglichst bei *abnehmendem Mond* vornehmen – je schwieriger und umfassender der Eingriff, desto wichtiger die Regel.

Die Grundregeln für Eingriffe an Oberschenkel und Venen

Gut: Bei abnehmendem Mond, jedoch nicht in Skorpion, Schütze, Steinbock.

Ungünstig: Bei zunehmendem Mond.

Sehr ungünstig: Bei zunehmendem Mond in Skorpion, Schütze, Steinbock sowie drei Tage vor Vollmond und an Vollmond, gleichgültig in welchem Zeichen.

Wenn Sie den richtigen Zeitpunkt einhalten: Geringere Blutungsneigung und geringere Narbenbildung. Schnellerer Heilungsverlauf, geringere Gefahr von Komplikationen.

Mögliche Folgen des falschen Zeitpunkts: Komplikationen und Infektionen nach Operationen kommen bei zunehmendem Mond häufiger vor, Heilungs- und Genesungsphasen dauern in der Regel länger. Gegen Vollmond kommt es häufiger zu stärkeren, schwer stillbaren Blutungen. Auch die Vernarbung verläuft nicht ungestört, die Gefahr hässlicher, bleibender Narben ist viel höher. Manchmal sind mehrfach Operationen nötig, um ein einigermaßen befriedigendes Ergebnis zu erzielen. Größere Gefahr von Nerven- und Phantomschmerzen.

Und nicht vergessen: Wichtig ist die Frage, ob der Eingriff überhaupt nötig ist! Bedenken Sie, dass bestimmte, nicht lebensrettende Operationen (an Gallenblase, Blinddarm, Mandeln usw.) bei Ärzten und Rechtsanwälten bis zu 80 Prozent seltener vorgenommen werden als im Durch-

schnitt an der übrigen Bevölkerung: sicherlich nicht deshalb, weil diese Berufsgruppen gesünder leben. Holen Sie deshalb vor größeren Eingriffen immer eine zweite Meinung ein. Das kann nicht schaden.

Obstbäume schneiden

Eine wichtige, alljährlich wiederkehrende Arbeit in Garten und Landwirtschaft ist das Ausschneiden von Obstbäumen und -sträuchern. Viele Gartenfreunde, aber auch die »Profis« haben damit bisweilen schlechte Erfahrungen gemacht. In manchen Jahren klappt es, in anderen wiederum steckt der Teufel im Detail, das Ernteergebnis bleibt unbefriedigend. Das ist auch kein Wunder, denn bei dieser Arbeit hat der Zeitpunkt im Mondrhythmus gravierende Auswirkungen:

Die Grundregeln für das Schneiden von Obstbäumen

Sehr gut: Bei abnehmendem Mond an Widder, Löwe, oder Schütze.

Gut: Bei abnehmendem Mond, jedoch nicht an Krebs, Skorpion, Fische.

Ungünstig: Bei zunehmendem Mond.

Sehr ungünstig: Bei zunehmendem Mond an Krebs, Skorpion, Fische und an Vollmond.

Wenn Sie den richtigen Zeitpunkt einhalten: Der Baum kann sich regenerieren, seine Kräfte wandern in die Fruchtbildung.

Das Leben ist süß. Warum soll man es sich versalzen, indem man seine Gesundheit vernachlässigt?
Raymond Hull

Mögliche Folgen des falschen Zeitpunkts: Der Baum verliert zu viel Saft, die Fruchtbildung wird gehemmt. Die Obstpflanze geht zwar nicht zugrunde, aber der Ernteertrag sinkt oder bleibt gar manchmal ganz aus. Sollte allerdings beim Schnitt gerade der *Vollmond auf den Krebs* fallen, kann sogar für das Überleben des Baumes nicht mehr garantiert werden!

Besonderer Tipp beim Obstbaumschnitt: Schneiden Sie alle Äste weg, die zur Mitte des Baums hin wachsen. Sie kosten den Baum unnötig viel Kraft.

Obst- und Safttage

Obst- und Safttage als regelmäßige Blutreinigungs- und Entgiftungskuren in Miniformat sind eine feine Sache. Lassen Sie sich dabei von den Mondkräften unterstützen!

Die Grundregeln für Obst- und Safttage

Sehr gut: An den Fruchttagen Widder, Löwe und Schütze.

Gut: Generell kurz vor Neumond und Vollmond.

Besondere Tipps zu Obst- und Safttagen: Kaufen Sie ausschließlich Früchte, die noch duften! Eine Eigenschaft gespritzter Agrarindustrie-Früchte ist, dass sie fast keinen Eigengeruch mehr haben, während Bio-Äpfel duften. Der Supermarkt bietet manchmal zehn verschiedene Apfelsorten an, von denen nicht eine einzige duftet! Dies wird die Industrie früher oder später veranlassen, neben den Pestiziden auch Duftstoffe über die Früchte zu sprühen. Das ist nicht zu verhindern, bis dahin aber ist vielleicht Ihr ***Gespür*** schon so erwacht, dass Sie sich nicht irreführen lassen.

Warum diese Regeln so sinnvoll sind, erfahren Sie ausführlich beim Stichwort ***Mond-Kur.*** Wir möchten hier jedoch noch einige Worte über Obst- und Safttage verlieren, weil oftmals Unklarheit darüber herrscht, was genau eigentlich darunter zu verstehen ist.

Zunächst sind Obstsäfte ebenso wie Milch Nahrungsmittel, keine Getränke! Generell sollten Sie für Obsttage tatsächlich Obst oder Gemüse verwenden, nicht Säfte. Die Frucht in ihrer Ganzheit ist wertvoller als der Saft. Oftmals ist die Verwendung von Säften jedoch bequemer, und bevor Sie ganz auf eine solche Minikur verzichten, sollten Sie auf Säfte zurückgreifen.

Beobachten Sie genau, welches Obst und welche Säfte Sie vertragen und richten Sie sich nach der Beobachtung. Achten Sie besonders auf den Unterschied in der Wirkung zwischen Kern- und Steinobst (siehe auch Tabelle 2 auf Seite 421).

Beobachten Sie auch, ob Sie rohes oder gekochtes Obst besser vertragen: Viele Menschen reagieren auf rohes Obst mit Bauchdrücken, aber auch mit unreiner Haut, Rötungen, Kopfjucken, Brennen an den Füßen usw. Wegen solcher Reaktionen auf Obst zu verzichten, wäre ein gravierender Fehler: Gekochtes Obst ist viel besser als gar kein Obst.

Wenn Sie rohes Obst nicht vertragen, dann greifen Sie keinesfalls zu Vitamintabletten oder zu Obstkonserven, die keinerlei Lebenskraft mehr besitzen. Selbsteingekochtes ohne Haltbarmacher dagegen ist wunderbar. Sie sollten möglichst immer an Fruchttagen einmachen (Widder, Löwe, Schütze). All diese Beobachtungen sind für Sie persönlich sehr wichtig auf dem Weg zur gesunden Ernährung.

Zur Wahl des Obstes: Alles ist gesund, was in Ihrer Nähe wächst. Ein Apfel aus Ihrer Umgebung enthält viel mehr Vitamin C als jede Zitrone, denn Zitronen verlieren fast alle Vitamine bald nach der Ernte. Würden Sie beispielsweise regelmäßig rohes Sauerkraut essen oder Sauerkrautsaft trinken, dann würden sich Grippeviren an Ihnen die Zähne ausbeißen: Sauerkraut ist viel besser als Zitronen, was das betrifft. Zudem ist der Saft ideal geeignet, um nach und nach einen oft schon betäubten Darm auf Vordermann zu bringen.

Sauerkraut und Lederäpfel (Boskop) waren früher im Winter das verbreitetste und selbstverständlichste Mittel gegen Erkältung und Vitamin-C-Mangel. Beide Lebensmittel lagen griffbereit und standen immer zur Verfügung. Im Winter aß man zur Vorbeugung täglich mindestens einen Esslöffel voll rohes Sauerkraut. Für Kinder kann man es geschmacklich verfeinern, beispielsweise mit süßen Früchten, Nüssen und Sahne. Man sollte aus dem Fass immer eine Wochenration holen, damit der Deckel nicht täglich gehoben werden muss. Das wäre schädlich für das Kraut, entweder würde es austrocknen oder zu schnell vergären. Wenn Sie ein solches Fass oder auch nur einen kleinen Steinguttopf zu Hause haben, dann heben Sie den Deckel niemals bei Krebs, Löwe oder Jungfrau. Sauerkraut sollten Sie auch immer aus biologischem Anbau beziehen. Heute glaubt man leider, auf so wertvolle Lebensmittel verzichten zu können. Der daraus entstehende Schaden ist enorm.

Karotten und Karottensaft sollten Sie übrigens immer mit einem kleinen Schuss Öl zu sich nehmen, sonst ist das gebundene Vitamin F nutzlos. Der Körper kann es nur in Kombination mit Fett verwerten.

Ausländische Produkte sollten Sie nur gezielt einsetzen, Ananas etwa eignen sich zur Entwässerung, besitzen aber viel Fruchtzucker und sind nicht jedermanns Sache. Von solchen einseitigen Entwässerungen holt man sich oftmals eine Abneigung gegen sinnvolle Entwässerung im Allgemeinen. Generell sollten Sie auch auf Produkte aus Ländern verzichten, in denen es noch Kinderarbeit gibt.

Ölziehen

Eine alte und wirksame Methode zur Entgiftung und Kräftigung des ganzen Körpers und gleichzeitig zur Entstrahlung der Zähne ist das Ölziehen. Jeder Schritt der Methode ist wichtig und sollte eingehalten werden, um die gute Wirkung zu erzielen.

- Halten Sie morgens vor dem Zähneputzen und Frühstück einen Esslöffel *reines, kaltgepresstes Sonnenblumenöl* bereit. Wir wissen, dass in den gemäßigten Breiten der nördlichen Halbkugel ausschließlich Sonnenblumenöl diese gute Wirkung erzielt. Nur in dieser Pflanze sind jene Kräfte gespeichert, die der Methode zum Erfolg verhelfen.
- Schlürfen Sie nun einen Esslöffel Öl und behalten Sie es im Mund, *ohne zu schlucken!* Ziehen Sie das Öl durch Mundhöhle und Zähne, lassen Sie es rollen und gleiten, pressen Sie es durch die Zahnzwischenräume, langsam,

fast nebenbei, um den Speichelfluss nicht zu stark zu wecken. Tun Sie das 15 Minuten lang. Wenn Sie vorzeitig den unwiderstehlichen Drang verspüren, zu schlucken, dann spucken Sie das Öl unbedingt vorher aus!

- Nach einer Viertelstunde spucken Sie das Öl in ein Waschbecken oder in die Toilette und spülen Sie Waschbecken und Mund gut nach! Das Öl hat sich nun in einen hochgradig giftbeladenen Stoff verwandelt, der sehr gefährlich ist. Wundern Sie sich nicht über die Farbe des Öls: Es ist jetzt weiß geworden.
- Die günstigste Zeit für eine Kur: Bei abnehmendem Mond und mindestens acht, besser 14 Tage lang jeden Morgen.
- Wenn Sie fühlen, dass Sie nach dem Ölziehen keinen Frühstückshunger haben, lassen Sie das Frühstück unbedingt ausfallen. Sie werden sehen, wie gut Ihnen das tut. Das »gute« Frühstück ist für viele Menschen lange nicht so gut wie angepriesen.

Omega-Typ siehe: *Ernährungstyp*

Operationen siehe: ***Körperregionen, Kopfregion, Halsregion, Schulter- und Armregion, Brustregion, Herzregion, Verdauungsorgane, Geschlechtsorgane, Hüftregion, Oberschenkelregion, Knieregion, Unterschenkelregion, Fußregion***

Orangenhaut beseitigen

Bei Problemen mit Orangenhaut an Hüfte und Oberschenkeln braucht man Unterstützung für das tiefer liegende Bindegewebe und generell für den Muskelstoffwechsel. Nur die Symptome zu bekämpfen, ist immer sinnlos.

Für dunkle Stunden wünsche ich dir die Eigenschaften der Sonnenblume, die ihr Gesicht dem Licht zuwendet, damit die Schatten hinter sie fallen.

Das Grundübel bei Orangenhaut ist ein kleiner Teufelskreis, der durchbrochen werden muss: Wenn sich zu viele Giftstoffe im Gewebe ablagern, setzt man leichter Fett an. Fettablagerung wiederum ist ein Hauptverursacher von schwachem Bindegewebe. Schwaches, tief liegendes Bindegewebe führt bei Frauen zu Orangenhaut.

Wenn Sie erfolgreich etwas tun wollen, kann Ihnen der Mond helfen. Setzen Sie jedoch an den Anfang aller Maßnahmen die für Ihren Typ passende, vollwertige Ernährung (siehe ***Ernährungstyp***). Und versuchen Sie gleichzeitig, über einen längeren Zeitraum besonders viel Vitamin E aufzunehmen (aber niemals in Form von Vitaminpräparaten!). Die beste Zeit dafür sind die 14 Tage des zunehmenden Mondes, weil der Körper dann alles Zugeführte besonders gut aufnimmt.

Vitamin E ist vor allem enthalten in Getreidekeimlingen, Weizenkeimöl, Distelöl, Leinöl, Mais, Kresse, Milch, Sahne, Hafer und Vollkornbrot.

Beginnend mit Vollmond, massieren Sie anschließend 14 Tage bei abnehmendem Mond die Problemzonen mit gutem Gewebestrafföl. Die Zufuhr von genügend Vitaminen und Mineralstoffen, besonders Vitamin E, sollte auch später nie unterbleiben, aber die intensive Behandlung der Oberschenkel kann später in größeren Abständen erfolgen; an

Schützetagen sollten Sie sie jedoch nie versäumen. Der Erfolg dieser einfachen und natürlichen Maßnahmen in Harmonie mit den Mondrhythmen wird für sich selbst sprechen.

Übrigens: Nur Frauen bekommen Orangenhaut. Männer hingegen bekommen bei der gleichen Problemstellung von eingelagerten Giftstoffen und Fett eine hohe Stirn oder »Geheimratsecken«, wie man sie auch nennt.

Organuhr siehe: *Tagesrhythmus der Organe*

Peeling

»Peeling« ist ein Wort, das der englischen Sprache entstammt und so viel wie »Schälen«, »Abstreifen« bedeutet. In der Kosmetik ist damit eine Maßnahme gemeint, die darauf abzielt, das Abstoßen der abgestorbenen Hautteilchen nicht dem natürlichen Lauf der Dinge zu überlassen, sondern absichtlich in einem »Arbeitsgang« herbeizuführen. Oft fühlt sich die Haut danach weich und samtig an, die Wirkung hält längere Zeit; manchmal aber rötet sich die Haut stark und fühlt sich schon nach kurzer Zeit wieder hart an und juckt.

Gerade beim Peeling ist das Achten auf den richtigen Zeitpunkt wichtig. Wie auch der Körper bei abnehmendem Mond bereit ist, Überflüssiges und Giftiges, Schlacken usw. herzugeben, so ist auch die Haut bei abnehmendem Mond bereit, abgestorbene Hautzellen und Hornschichten abzugeben. Voraussetzung ist selbstverständlich, dass dazu nur reine Naturprodukte verwendet werden. Alle energetisch hochwertigen Kosmetika sind geeignet für eine Behandlung.

Die Grundregeln für das Peeling

Gut: Bei abnehmendem Mond, nicht jedoch an den Krebs- und Fischetagen.

Ungünstig: Bei zunehmendem Mond und bei Krebs und Fische im abnehmenden Mond.

Sehr ungünstig: Bei zunehmendem Mond in Krebs und Fische.

Wenn Sie den richtigen Zeitpunkt einhalten: Die Haut bleibt länger glatt und geschmeidig.

Mögliche Folgen des falschen Zeitpunkts: Gefahr von starken Hautrötungen oder gar Entzündungen.

Besonderer Tipp zum Peeling: Nicht öfter als einmal im Monat!

Pflanzen siehe: *Säen, setzen und pflanzen*

Pflanzen gießen

Viele Garten- und Feldböden werden heute in regelmäßigen Abständen bewässert, ohne Rücksicht auf natürliche Gegebenheiten und den richtigen Zeitpunkt. Das macht die Pflanzen faul und träge, die Wurzeln wachsen flach, nicht mehr in die Tiefe, Dünger wird fortgeschwemmt, die Qualität der Erntefrüchte ist leblos. Die Anfälligkeit für Krankheiten und Schädlinge ist zudem viel höher.

Achten Sie einmal bewusst darauf, wie verschwenderisch und schön die Natur alles grünen und blühen lässt, wo keines Menschen Hand eingreift – bewässert wird nur mit »zufälligen« Regengüssen, tiefe Wurzeln und der Tau der

Nacht liefern die Nahrung, und wochenlange Trockenheit wird mühelos überstanden. Und diese ganze Pracht nur wenige Meter neben einem künstlich bewässerten Garten, dessen schwächliche Pflanzen Angriffen von Ungeziefer und Schädlingen schutzlos ausgeliefert sind – es sei denn, ihr Besitzer vergiftet Menschen, Vögel, Insekten und Grundwasser durch Pestizide, um die hochgepäppelten »Schwächlinge« zu retten.

Deshalb unser Ratschlag, den sich viele unserer Leser schon zu Herzen genommen haben:

Die Grundregeln für das Gießen von Gartenpflanzen

Sehr gut: Nur das Angießen nach dem Auspflanzen, Setzen oder Säen, etwa zwei bis drei Tage lang.

Gut: Nach langer Trockenheit an Wassertagen (Krebs, Skorpion und Fische).

Ungünstig: Regelmäßig zu willkürlichen Zeiten.

Sehr ungünstig: Ausnahmslos an Zwillinge, Waage und Wassermann.

Besondere Tipps für das Gießen von Gartenpflanzen: Es genügt tatsächlich völlig, wenn das Saat- und Setzgut zu Anfang gut angegossen wird (achten Sie auf den richtigen Zeitpunkt; siehe auch ***Säen, Setzen und Pflanzen***). Sollte gerade eine Trockenperiode herrschen, kann man auch noch ein paar Tage länger wässern, doch dann sollte unbedingt Schluss sein. Zusätzliches Gießen ist in unseren Breiten völlig sinnlos. Viele Millionen Liter Wasser werden hier verschwendet (siehe auch ***Quellenfassen und Brunnenbohren***).

Im natürlichen Rhythmus von Regen und Trockenheit wird die Erde und die Pflanze »wach«. Das Grün reckt und streckt sich, beginnt zu atmen. Die Pflanze weiß dann, dass jeder Tropfen zählt, und holt sich, was sie braucht, vom Himmel und vom Tau der Nacht. Die innere Kraft einer solchen Pflanze ist eine andere, und die ihrer Früchte ebenso. Der Gemüse- und Kräutergarten der Familie der Autorin beispielsweise lag Hunderte von Metern vom Haus entfernt: Niemand wäre auf die Idee gekommen, den Weg dorthin zu machen, nur um zu gießen.

Es wäre allerdings ein Fehler, im Vertrauen auf die Natur und unsere Ratschläge sogleich mit der zusätzlichen Bewässerung aufzuhören. Der Boden muss sich langsam an das Natürliche »zurückgewöhnen« – wie ein Muskel, der durch Nichtgebrauch schlaff geworden ist: Zuerst kommt das Training, dann der Muskelkater, dann die Kraft – in dieser Reihenfolge.

Zimmerpflanzen und Balkonpflanzen dagegen müssen gegossen werden, jedoch auch nicht so oft, wie das häufig geschieht.

Die Grundregeln für das Gießen von Zimmerpflanzen

Sehr gut: An den Wassertagen Krebs, Skorpion und Fische.

Ungünstig: An Zwillinge, Waage und Wassermann.

Wenn Sie den richtigen Zeitpunkt einhalten: Und wenn Sie auch beim Anpflanzen den richtigen Zeitpunkt beachten, sind kräftige, gesunde und schöne Pflanzen Ihr Lohn.

Mögliche Folgen des falschen Zeitpunkts: Auf an Blütentagen (Zwillinge, Waage, Wassermann) gewässerten Pflanzen machen sich oft Schädlinge breit, besonders gern Blattläuse.

Besondere Tipps zum Gießen von Zimmerpflanzen: Zimmerpflanzen gut gemeint ins Freie zu stellen, um sie dem Regen auszusetzen, kann sich ungünstig auswirken, weil die Blätter das direkte Befeuchten oft nicht vertragen. Zimmerpflanzen sollte man am besten mit kalkfreiem Regenwasser oder abgestandenem Wasser gießen.

Vielleicht werden Sie sich über diesen Rat wundern, ja ihn sogar für »grausam« halten, denn Blatttage tauchen ja nur in Abständen von sechs bis acht Tagen auf. Aber selbst wenn wir einmal zwei Wochen lang unterwegs sind, muss bei uns niemand zum Gießen vorbeikommen. Wenn wir sie zum letzten Mal an einem Blatttag ausgiebig gießen, eventuell so, dass im Unterteller noch Wasser steht, halten das alle Pflanzen durch.

Gewöhnen Sie Ihre Pflanzen langsam und nicht radikal an den neuen Rhythmus. Ausnahmen sind manche sehr durstige, exotische Zimmerpflanzen und manche Gartenpflanzen, die ebenfalls häufigeres Gießen brauchen. Kübelpflanzen beispielsweise müssen Sie öfter gießen, weil der Kontakt zur Erdenergie fehlt. Aber selbst unsere eigenen Tomaten haben während der letzten Jahre keinen Tropfen künstliches Nass gesehen: Wir ernteten jeweils fünf Monate lang.

Pflanzengemeinschaft

Seit alter Zeit ist eine der natürlichsten Methoden von Pflanzenschutz und Bodenerneuerung in der Landwirtschaft die Wahl der passenden Pflanzengemeinschaften. Für Gärtner ist das selbstverständlich, Informationen darüber sind in vielen Gartenbüchern enthalten: Pflanzen, die sich gegenseitig fördern und vor Schädlingen schützen, ungünstige Pflanzengemeinschaften und vieles mehr. So sollte man beispielsweise darauf achten, flach wurzelnde Pflanzen neben Tiefwurzler zu setzen. Studentenblümchen (Tagetes), beispielsweise um Kräuterbeete gesetzt, halten viele Schädlinge fern. Da die Erntezeiten verschieden sind, hat das Gemüse mit der längsten Reifezeit zum Schluss am meisten Raum, weil die anderen Gemüse inzwischen abgeerntet wurden. Einen Ausschnitt der vielfältigen Kombinationsmöglichkeiten zeigt Tabelle 9 auf Seite 314.

Ungünstige Kombinationen im Garten und manchmal auch auf dem Teller sind:

- Bohnen neben Zwiebeln
- Petersilie neben Kopfsalat
- Kohl neben Zwiebeln
- Rote Rüben neben Tomaten
- Kartoffeln neben Zwiebeln
- Tomaten neben Erbsen
- Blaukraut neben Tomaten
- Erbsen neben Bohnen.

Pflanzenrückschnitt

Der Pflanzenrückschnitt gehört zu den etwas heikleren Arbeiten im Garten: Nur allzu oft macht man die Erfahrung, dass gleicher Aufwand und Sachkenntnis völlig un-

Gemüse	*günstig neben*
Kartoffeln	Kohlarten, Spinat, Brechbohnen, Kohlrabi, Dill, Tomaten, Fenchel, grünen Bohnen, Rotkraut, Linsen, Paprika, Spargel, Kohlrabi, Brokkoli, Löwenzahn, Bärlauch, Kresse, grünem Salat
Karotten	Zwiebeln, Spinat, Kopfsalat, Auberginen, Fenchel, Kohlrabi
Gurken	Zwiebeln, Stangenbohnen, Sellerie, Rote Rüben, Petersilie, Kopfsalat, Kohlrabi, Kohlarten, Buschbohnen
Erbsen	Sellerie, Kopfsalat
Sellerie	Buschbohnen, Spinat, Zwiebeln, Stangenbohnen, Tomaten, Lauch, Kohlrabi, Blumenkohl, Gurken
Spinat	Tomaten, Stangenbohnen, Kohlrabi, Karotten, Kartoffeln, Kohlarten
Tomaten	Sellerie, Spinat, Zwiebeln, Petersilie, Kohlarten, Kohlrabi, Kopfsalat, Lauch, Buschbohnen, Karotten, Grünkern
Kopfsalat	Zwiebeln, Tomaten, Stangenbohnen, Buschbohnen, Radieschen, Rettich, Dill, Erbsen, Gurken, Erdbeeren, Karotten, Kohlarten, Lauch
Zwiebeln	Tomaten, Erdbeeren, Gurken, Petersilie, Kopfsalat, Kohlrabi
Auberginen	Tomaten, Erdbeeren, Gurken, Petersilie, Kopfsalat, Kohlrabi
Fenchel	Kartoffeln, Karotten, Kürbis, Sellerie, Zucchini, Grünkern, Tomaten
Kohlrabi	Kartoffeln, Karotten, Lauch, Grünkern
Lauch	Kartoffeln, Linsen, Mais, Sellerie, Tomaten, Grünkern

Tabelle 9:
Günstige Pflanzengemeinschaften im Garten und auf dem Teller

terschiedliche Resultate zeitigen. Einmal schießt die Pflanze, dann wieder kümmert sie, wächst in die Breite oder stirbt gar ganz ab. Wie bei vielen anderen Gartenarbeiten spielt auch hier der richtige Zeitpunkt eine große Rolle (siehe auch ***Baumspitzen schneiden*** und ***Obstbäume schneiden***).

> **Die Grundregeln für den Pflanzenrückschnitt**
> *Sehr gut:* Bei abnehmendem Mond, alternativ bei absteigendem Mond (Zwillinge bis Schütze).
> *Ungünstig:* Bei zunehmendem Mond.
> *Sehr ungünstig:* Kurz vor Vollmond.

Wenn Sie den richtigen Zeitpunkt einhalten: Pflanzen und Bäume nehmen bei abnehmendem Mond geschnitten keinen Schaden, weil der Saft nicht austritt. Sie können nach dem Rückschnitt nicht verbluten, die Säfte steigen ab. Die Pflanze erhält zudem einen starken Lebens- und Wachstumsimpuls.

Mögliche Folgen des falschen Zeitpunkts: Die Pflanzen werden stark geschwächt, kümmern, können gar absterben.

Besondere Tipps zum Pflanzenrückschnitt: Die Regel ist auch anwendbar auf alle Pflanzen, die nicht richtig wachsen wollen, auch auf Zier- und Blühpflanzen. Je näher an Neumond, desto besser die Wirkung. Eine lebende Hecke mit viel Grün wird am besten an Blatttagen (Krebs, Skorpion und Fische) zurückgeschnitten, Obststräucher hingegen an Fruchttagen (Widder, Löwe und Schütze).

Pflanzzeit siehe: *Absteigender Mond*

Pfropfen siehe: *Veredeln*

Pikieren

Was ist eigentlich »Pikieren«? werden wir oft gefragt. Wenn eine Pflanzensaat (etwa in speziellen Pflanzkästen) aufgegangen ist, wählt man die stärksten Pflänzchen und setzt sie anderswo in größerem Abstand wieder ein. Diese Arbeit hat manchmal unerwünschte Resultate: Haben Sie beispielsweise schon einmal beobachtet, dass nach dem Pikieren in einem Beet alle Pflänzchen nach kurzer Zeit schlapp am Boden liegen und eingehen? Wassermann ist das Zeichen, das für solche »Schwächeanfälle« verantwortlich sein könnte. Das Pikieren gehört zu den Tätigkeiten, die man an Wassermann unbedingt unterlassen sollte.

Die Grundregeln für das Pikieren

Sehr gut: Bei zunehmendem Mond an Fruchttagen (Widder, Löwe und Schütze) für fruchttragende Pflanzen oder an Blatttagen (Krebs, Skorpion und Fische), wenn reiches Blattwerk gewünscht ist.

Gut: Bei zunehmendem Mond, wenn nicht Wassermann herrscht.

Ungünstig: Bei abnehmendem Mond.

Sehr ungünstig: Bei abnehmendem Mond an Wassermann.

Pyramidenenergie

Wenn Sie einmal einen Blick auf die ägyptischen Pyramiden werfen, sehen Sie sich mit einer der ältesten Methoden des Haltbarmachens konfrontiert. Die besondere Kraft der gleichseitigen Pyramide hat sich der Mensch nicht nur beim Einbalsamieren großer Könige zunutze gemacht, sondern auch beim Haltbarmachen von Lebensmitteln. Wir verwenden sie selbst bei der Herstellung unserer eigenen Kosmetikserie (siehe Anhang). Auch Sie können sich diese Energie ins Haus holen und eine kleine Pyramide (aus Holzstäben, Kupfer, Glas usw.) etwa über Ihre Obstschale stellen. Das hält die Früchte viel länger frisch. Machen Sie einen Versuch: Legen Sie eine Frucht aus demselben Kauf neben die Schale, außerhalb der Reichweite der Pyramide, und beobachten Sie.

Quellenfassen und Brunnenbohren

Das beste und für uns Menschen gedachte Wasser entstammt Oberflächenquellen: Man sollte nur nehmen, was von selbst nach oben will. Das Wasser hat dann den nötigen Reifeprozess hinter sich und ist sauber und lebendig geworden, hat sich selbst gereinigt. Grundwasser dagegen ist noch ein wenig zu früh gezapft, gleichsam eine »Frühgeburt«, das noch nicht alle Lebenskraft enthält, welche der Mensch im Wasser braucht. Die Natur hat es nicht ohne Grund noch nicht freigegeben. Viele Mineralwässer sind sogar regelrecht »tot«, und den eigenen Flüssigkeitsbedarf ausschließlich mit ihnen zu decken, schwächt langfristig unsere Abwehrkräfte, gleichgültig wie viele »gesunde« Stoffe sie enthalten.

Brunnenwasser sollten Sie daher also in erster Linie als *Brauchwasser* betrachten, zum Waschen, Baden, Zimmerpflanzen gießen usw. – in sinnvollem Maße und sparsam. Wie gesagt, es besitzt in den meisten Fällen nicht mehr die Lebendigkeit und Energie, die wir Menschen im Trinkwasser brauchen. Wenn Sie hauseigenes Brunnenwasser als Trinkwasser verwenden, sollten Sie es zumindest einmal jährlich auf Belastungen durch Schadstoffe untersuchen lassen. Wenn in der Nähe gebaut wird, sollten Sie nach Bauende ebenfalls eine Untersuchung machen lassen, weil Neubauten die unterirdischen Wasserläufe stark verändern können. Auch Quellwasser sollte geprüft werden, weil eine intensive Landwirtschaft in der Nähe und andere Faktoren die Selbstreinigungskraft sogar von Quellwasser beeinträchtigen können.

Sie wollen eine Quelle fassen oder einen Brunnen bohren? Der richtige Zeitpunkt und die Mondrhythmen können Ihnen in besonderem Maße helfen, diese Arbeit erfolgreich auszuführen.

Die Grundregeln für das Quellenfassen und Brunnenbohren

Sehr gut: Bei zunehmendem Mond im Tierkreiszeichen Fische (also immer im Herbst).

Gut: Bei zunehmendem Mond in den Tierkreiszeichen Krebs und Skorpion oder an Vollmond (auf genaue Uhrzeit achten!).

Ungünstig: Bei zunehmendem Mond, wenn der Mond gerade nicht in einem Wasserzeichen (Krebs, Skorpion und Fische) steht.

Sehr ungünstig: Generell bei abnehmendem Mond.

Wenn Sie den richtigen Zeitpunkt einhalten: Grundwasser, wenn vorhanden, ist viel leichter aufzuspüren. Die Quellen lassen sich gut fassen und sprudeln ergiebig.

Mögliche Folgen des falschen Zeitpunkts: Obwohl womöglich vorhanden, ist das Wasser schwer zu finden. Vielleicht muss man sehr viel tiefer als eigentlich nötig bohren. Selbst wenn man Wasser findet, besteht die Gefahr, dass das Wasser unregelmäßig fließt oder der Brunnen versandet. Die Quelle unterliegt starken Mengenschwankungen, das Wasser fließt nicht verlässlich. Am falschen Tag bearbeitet, kann das Wasser über kurz oder lang sogar völlig verschwinden, obwohl es vielleicht schon jahrzehntelang an derselben Stelle aus der Erde getreten war: Es sucht sich einen anderen Weg.

Besondere Tipps zum Quellenfassen und Brunnenbohren: Bevor Sie auf der Suche nach Grundwasser eine Bohrung vornehmen lassen, sollten Sie den guten Platz dafür unbedingt von einem *Rutengeher* ausforschen lassen (siehe auch *Aus eigener Kraft*). Viele Brunnenbaufirmen arbeiten inzwischen mit ihnen zusammen, einfach weil sie die Erfahrung gemacht haben, dass sich dann der Erfolg viel schneller einstellt.

Übrigens: Die Redewendung »jemandem das Wasser abgraben« hat ihre Wurzel in dieser Mondregel. Zum falschen Zeitpunkt genügen einige Spatenstiche in der Nähe einer Quelle, um sie zum Versiegen zu bringen. Natürliche Quellen lassen sich nicht einfach in künstliche Bahnen lenken. Die moderne »Flurbereinigung« und »Gewässerregulierung« hat hier viel Schaden angerichtet, den Grundwasserspiegel verändert usw. Wasser darf nicht einfach der Natur entrissen oder verdrängt werden. Es braucht seinen Raum.

Gesegnet ist derjenige, der seinen Bedarf nach sauberem Trinkwasser aus einem hauseigenen Brunnen oder besser noch aus einer hauseigenen Quelle decken kann: Wir hoffen, dass er sich bewusst ist, was es bedeutet, von der Natur sauberes Wasser geschenkt zu bekommen.

Wir selbst waren und sind gezwungen, Trinkwasser von unseren jeweiligen Heimatgemeinden zu beziehen, die es mehr oder weniger stark behandeln müssen. Wir haben uns vorerst mit der Verwendung von Geräten des Naturforschers Johann Grander aus Tirol beholfen, der eine technische Möglichkeit entdeckt hat, dem Wasser die Schwingungskraft und Lebendigkeit von Quellwasser zurückzugeben. Unsere persönliche Erfahrung ist, dass Johann Grander eine für jedermann brauchbare Lösung gefunden hat.

Es gibt jene, die mit Freude geben, und die Freude ist ihr Lohn. Und es gibt jene, die mit Schmerzen geben, und der Schmerz ist ihre Taufe. Und es gibt jene, die geben und keinen Schmerz beim Geben kennen: Weder suchen sie Freude dabei, noch geben sie um der Tugend willen. Sie geben, wie im Tal dort drüben die Myrte ihren Duft verströmt. Durch ihre Hände spricht Gott, und aus ihren Augen lächelt er auf die Erde.
Khalil Gibran

Wir brauchen sauberes und lebendiges Wasser. Woher kommt das Wasser, das aus meinem Wasserhahn fließt? Ist es sauber oder »sauber gemacht«? Wohin fließt Wasser, wenn es in meinem Ausguss abwärts gurgelt, und womit habe ich es gemischt? Wohin fließt das Wasser, das in meinen Regenfallrinnen in die Tiefe rauscht? Was bedeutet der Aufdruck auf meinem Waschmittel: »Zu 99 Prozent biologisch abbaubar«? Was geschieht mit dem restlichen Prozent? Verwandelt es sich in Vitamine?

Denken Sie ein wenig über diese Fragen nach, behalten Sie sie im Auge. Wasser ist Leben, jeder einzelne Tropfen. Nicht ein einziger ist entbehrlich und kann gefahrlos vergiftet werden. Alle gehören zu allen. Wasser ist Leben. Bleiben Sie in Ihren Gedanken am Ball, übernehmen Sie Verantwortung für das Wasser in *Ihrem* Leben und gehen Sie sparsam und verantwortlich damit um. Wenn nur wenige auf unser Wasser achten, lastet eine übermenschliche Verantwortung auf ihnen. Jeder Einzelne von uns muss eine gesunde Einstellung zum Wasser entwickeln, damit sich die Verhältnisse umkehren und wir einen guten Weg in die Zukunft einschlagen können.

Der Mondkalender sagt Ihnen, wann Sie sich am besten auf die Suche nach dem Lebenselixier machen. Wir wollten Ihnen jedoch auch begreiflich machen, dass es von großer Bedeutung für unser aller Zukunft ist, mit welcher Einstellung Sie an diese Arbeit herangehen. Wir würden uns freuen, wenn Sie gemeinsam mit uns und vielen anderen Menschen guten Willens diese Arbeit nun mit etwas anderen Augen sehen. Wenn Sie sorglos und verschwenderisch mit Wasser umgehen, dann ist das schlimmer, als gar kein Wasser zu finden. Schätzen Sie sich doppelt glücklich, wenn genügend Wasser fließt und die Wasserqualität den Genuss zulässt. Sie haben unser aller Lebenselixier angezapft.

Rasen anlegen und mähen

Häuslebauer, Gartenbaubetriebe und Stadtverwaltungen könnten viel Geld sparen, wenn sie beim Anlegen von Grünflächen auf den richtigen Zeitpunkt achten würden. Wenn Sie einen frischen Rasen anlegen möchten, sollten Sie sich also den richtigen Zeitpunkt nicht entgehen lassen.

Die Grundregeln für das Rasenanlegen

Sehr gut: Bei zunehmendem Mond in den Löwetagen.

Gut: Bei zunehmendem Mond an Wassertagen (Krebs, Skorpion und Fische).

Ungünstig: Bei abnehmendem Mond.

Sehr ungünstig: Bei abnehmendem Mond an Lichttagen (Zwillinge, Waage, Wassermann).

Wenn Sie den richtigen Zeitpunkt einhalten: Der Rasen wächst kräftiger und ist widerstandsfähiger. Ein leichtes Eingießen genügt, Nachsäen wird meist überflüssig.

Besondere Tipps zum Rasenanlegen: Streuen Sie die Heublumen- oder Rasensamen Ihrer Wahl auf den Humus, rechen Sie sie ein und walzen Sie leicht darüber. Lassen Sie den Boden nicht austrocknen, bis die Gräser aufgehen. Danach nur noch an Krebs, Skorpion oder Fische gießen, und niemals in praller Sonne! Später dann überhaupt nicht mehr sprengen. Viel besser ist es, während einer Trockenheit das Gras einmal braun werden zu lassen, anstatt es pausenlos mit bestem Trinkwasser zu gießen. Sie schwächen damit das Gras – und auch sich selbst durch die Verschwendung von Wasser.

Die Rasenpflege und das Mähen ist generell erfolgreicher an Blatttagen (Krebs, Skorpion und Fische), weil der Rasen gut nachwächst und schön dicht wird.

Die Grundregeln für das Rasenmähen

Rasenmähen für schnelles Wachstum

Sehr gut: Bei zunehmendem Mond in Krebs und Skorpion.

Rasenmähen für dichtes Wachstum

Sehr gut: Bei abnehmendem Mond in Krebs und Skorpion.

Besondere Tipps zum Rasenmähen: Einen schon angelegten Rasen sollten Sie nicht bei Löwe mähen, weil die Rasenfläche dann austrocknen kann. Mähen Sie lieber zu hoch als zu niedrig und mähen Sie überhaupt entweder morgens oder abends.

Und was tun mit dem Heu? Sicherlich haben Sie schon beobachtet, dass sich der Grasschnitt unterschiedlich verhält. Einmal scheint er nach kurzer Zeit restlos im Boden zu verschwinden, während er ein anderes Mal unschöne, zu Fäulnis neigende Knäuel bildet, die bestenfalls vom Wind verweht werden.

Des Rätsels Lösung: Bei abnehmendem Mond können Sie den Rasenschnitt liegen lassen, er arbeitet sich nach und nach als Dünger in die Erde ein. Bei zunehmendem Mond dagegen sollten Sie ihn zusammenrechen: Die Erde nimmt den Grasschnitt nicht auf, und es besteht Gärungs- und Fäulnisgefahr. Kehren Sie ihn ringförmig um einen Baum (nicht zu hoch) oder verteilen Sie ihn auf kahlen Stellen im Rasen, weil er vor Austrocknung schützt.

Rasieren

Ob es auch zum Thema Rasieren eine Mondregel gibt, wurden wir oft gefragt. Allzu viel wissen wir nicht zu sagen, aber vielleicht ist es für Sie von Interesse.

Leicht nachprüfen lässt sich die Erfahrung, dass der Bartwuchs bei zunehmendem Mond etwas stärker ist als bei abnehmendem Mond – ebenso wie die Haare, bei zunehmendem Mond geschnitten, schneller wachsen.

Ein Tipp noch: Wenn Sie sich nur alle zwei oder drei Tage rasieren, dann verzichten Sie an den Widdertagen darauf. Das kann manchmal zu kahlen Stellen im Bartwuchsbereich führen.

Säen, setzen und pflanzen

Meist beginnt die Hauptarbeit in Garten und Feld im Frühling mit dem Umgraben und anschließend mit dem Setzen, Säen und Pflanzen. Der genaue Termin dieser Arbeiten ist von großer Bedeutung für Wachstum und Reifeprozess der Pflanzen und ihre Widerstandskraft gegen Beikraut und Schädlinge. Die Zukunft wird uns zur Anwendung der Regeln vom richtigen Zeitpunkt zwingen, weil wir auf den Einsatz von Pestiziden und industriellen Düngemitteln eines Tages verzichten müssen. Warum also die ersten Schritte nicht freiwillig tun?

Bei abnehmendem Mond ziehen die Säfte mehr zur Wurzel, die Erde ist aufnahmefähig, sie atmet ein; bei zunehmendem Mond dagegen steigen die Säfte, das oberirdische Wachstum, das Ausatmen herrscht vor.

Die Grundregeln für das Pflanzen, Setzen und Säen nach den Mondphasen

- Oberirdisch wachsende und gedeihende Pflanzen und Gemüse sollten bei zunehmendem oder alternativ bei absteigendem Mond gesetzt oder gesät werden.
- Die Ausnahme von der Regel bilden Kopfsalat und andere Gemüsesorten, die zum »Schießen« neigen. Hier ist der abnehmende Mond an einem Blatttag (Krebs, Skorpion, Fische) die günstige Zeit fürs Setzen. Die Blattbildung wird angeregt, die Pflanzen kopfen schön.
- Gemüse, das unter der Erde wächst, gedeiht gut, wenn auf den abnehmenden Mond als Sä- oder Pflanztag geachtet wird. Wenn das zeitlich nicht möglich ist, kann man auch alternativ einen Termin im absteigenden Mond wählen.

Mit Hilfe des Mondkalenders ist es keine Schwierigkeit, diese Mondphasen auszusuchen und gleichzeitig auf die Tierkreiszeichen zu achten. Was die Wahl des richtigen Tierkreiszeichens betrifft, kommt es darauf an, welche Anforderungen Sie an eine Pflanze stellen, welcher Pflanzenteil die besten Entwicklungschancen erhalten soll.

Die Grundregeln für das Pflanzen, Setzen und Säen nach den Tierkreiszeichen

- Früchte: Tomaten zum Beispiel sind Früchte, nicht Blätter, Wurzeln oder Blüten. Also wählen Sie für das Setzen und Säen von Tomaten einen Fruchttag – Widder, Löwe, Schütze.
- Blattgemüse (Spinat, Lauch usw.) wird am besten gesetzt und gesät, wenn ein Blatttag im Kalender steht – Krebs, Skorpion, Fische. Nicht vergessen: Zum Schießen neigendes Blattgemüse (Salate, Spinat, Weiß- und Rotkohl usw.) sollte bei abnehmendem Mond an Blatttagen gesät und gepflanzt werden. Das gilt auch für Rettich und Blumenkohl (kopfendes Blattgemüse schießt an Jungfrau und Schütze besonders gern).
- Bei Wurzelfrüchten (Sellerie, Karotten, Zwiebeln, Rettich usw.) legt niemand Wert auf schöne Blüten oder ein saftiges, aufschießendes Blattwerk. Sie wählen also einen Fruchttag – Widder, Löwe und Schütze, aber unbedingt im abnehmenden Mond. Wurzeltage können als Alternative dienen: Jungfrau, Stier, Steinbock.

  Kartoffeln bilden eine Ausnahme: Der abnehmende Mond ist zwar der richtige Zeitpunkt zum Setzen, aber idealerweise im Zeichen Fische (besonders, wenn der dritte Tag nach Vollmond darauf fällt).

- Für Blumen und die meisten Heilkräuter eignet sich ein Blütentag gut – Zwillinge, Waage, Wassermann im zunehmenden Mond.

Wenn Sie diese Prinzipien grundsätzlich erfasst haben, ist es nicht mehr schwer, sich einen Jahresgartenplan zu machen. Zeitliche und wetterbedingte Gründe machen es natürlich nicht immer möglich, den richtigen Tag zu treffen. Doch darauf zu achten, dass nicht gerade alle Einflüsse negativ wirken, ist einfach – die Natur lässt fast immer genügend Spielraum. Im Pflanzenreich spielen nämlich neben den Mondphasen auch die unterschiedlichen Kräfte von ***absteigendem Mond*** und ***aufsteigendem Mond*** eine Rolle und können in mancher Weise genutzt werden – oft als Alternative, wenn die günstigste Zeit für eine bestimmte Arbeit in Garten und Feld »ins Wasser« fällt. Eine wichtige Zeit für viele Pflanz- und Setzarbeiten ist die etwa dreizehntägige Zeit des absteigenden Mondes. Vergessen Sie nicht, dass er nichts mit dem abnehmenden Mond zu tun hat. Wenn Sie sich jedoch die Kalender im Anhang genau ansehen, werden Sie feststellen, dass sich die beiden Rhythmen überschneiden und gegenseitig beeinflussen.

Wie gesagt: Für alles gibt es mehrere Möglichkeiten und Alternativen. Der Mondkalender ist eine große Hilfe, keine Fessel, die zum Handeln *zwingt.*

Salztage

Die Tierkreiszeichen Stier, Jungfrau und Steinbock bezeichnet man auch als »Salztage«, weil an diesen Tagen stark Salzhaltiges entweder besonders gut oder besonders schlecht vertragen wird. Beobachten Sie, ob Ihr Speiseplan auffällig viel oder wenig Salz enthält und wie das auf Sie wirkt.

Wenn Sie generell sehr salzarm essen, dann achten Sie besonders auf diese Tage. Wenn es der Arzt verordnet hat, sind diese Tage für manche Patienten oftmals besonders heikel, weil Stier, Jungfrau und Steinbock die Wirkung von Salz verstärken, in diesem Fall schädlich. Später, wenn diese Tage vorbei sind, schadet Salz nicht mehr so sehr. An Stier, Jungfrau und Steinbock – auch Wurzeltage genannt – sollte übrigens in Ihrer Kost die Farbe Rot nicht fehlen, weil sich das besonders günstig auf die Blutbildung auswirkt: also mehr Beeren, Früchte, rote Säfte usw. zu sich nehmen.

Zusammengefasst: An Salztagen vertragen und brauchen Sie entweder mehr Salz als sonst oder weniger. Beobachten Sie und ziehen Sie Ihre eigenen Schlüsse (siehe auch ***Nahrungsqualität***).

Samstag im Wochenrhythmus

In unseren Büchern haben wir Sie auch mit ganz besonderen Rhythmen vertraut gemacht: mit Regeln zu den Wochentagen und zu festen Terminen im Jahr (siehe auch ***Holzregeln***), die vom Mondstand völlig unabhängig sind. Wir vertrauen darauf, dass es interessierte und neugierige Leser gibt, die diese Dinge ausprobieren, denn sie sind so gültig wie alle anderen vorgestellten Regeln auch. Hier die Regeln für den Samstag.

Die Grundregeln für den Samstag

- Guter Tag für den ersten Viehaustrieb auf die Weiden, besonders wenn gleichzeitig absteigender Mond herrscht, am besten im Tierkreiszeichen Waage.

- Ungünstig ist heute die Nagelpflege, besonders vormittags (siehe auch ***Nagelpflege***).

Sauerkraut

Sauerkraut war früher im Winter weit verbreitet als erfolgreiches Mittel gegen Erkältung und Vitamin-C-Mangel. Zur Vorbeugung aß man täglich mindestens einen Esslöffel voll; wir können diese alte Sitte nur wärmstens empfehlen (siehe auch ***Obst- und Safttage***). Für Kinder lässt es sich geschmacklich verfeinern, beispielsweise mit süßen Früchten, Nüssen oder Sahne. Aus dem Fass sollten Sie jedoch immer nur eine Wochenration holen, damit der Deckel meist geschlossen bleibt. Häufiges Öffnen würde das Kraut austrocknen oder zu schnell gären lassen. Auch eine Mondregel gibt es hier: Nicht bei Krebs, Löwe oder Jungfrau Kraut entnehmen. Bei Krebs wächst die Gefahr der Bakterienbildung, bei Löwe trocknet das Kraut zu stark aus.

Auch sollten Sie darauf achten, dass der Innendeckel waagrecht aufliegt und vom Sauerkrautsaft halb bedeckt ist. Am besten mit einem Stein beschweren.

Schädlinge bekämpfen

Für eine Vielzahl von Tieren, von Vögeln, Nagetieren und vielem anderem Getier, das da kreucht und fleucht, sind »Schädlinge« notwendige Nahrung. Wir sollten nicht vergessen, dass jedes Tier Teil einer endlosen Kette, einer sich langsam in die Zukunft drehenden Spirale ist, der wir den Namen Evolution gegeben haben.

So mancher »Gartenliebhaber« gerät beim Anblick von Läusen und Löwenzahn in Panik und holt mit der »chemischen Keule« zum Schlag aus. Diese Einstellung hat dazu beigetragen, dass die Erde von Privat- und Schrebergärten um ein Vielfaches vergifteter ist als landwirtschaftlich genutzter Boden, selbst beim Anbau von Monokulturen.

Von der Pestizidmenge mit ihren zahllosen hochgiftigen Inhaltsstoffen, die alljährlich auf unserer Erde landen (und schließlich in der Erde, im Grundwasser, in unseren Muskeln, der Haut und den Eingeweiden), werden allein Tausende von Tonnen an Klein- und Hobbygärtner verkauft. Dabei geht es ihnen nicht besser als unseren Bauern: Im Jahre 1940 verwendeten die Bauern nur wenig Insektenvertilgungsmittel. Damals zerstörten Schädlinge etwa 3,5 Prozent der Ernte. Heute wird die tausendfache Menge Insektenvertilgungsmittel versprüht, und dennoch stiegen die Ernteverluste um fast das Vierfache auf heute 12 Prozent.

Ein Kilogramm Pflanzengift kostet im Handel höchstens so viel wie die Tankfüllung eines PKW. Dieselbe Menge aus Erde und Grundwasser zu entfernen, erfordert 1000 Kilogramm Aktivkohle im Wert von 5000 Euro, nicht gerechnet die Kosten für die Entsorgung der verseuchten Aktivkohle, die ja auch unschädlich gemacht werden muss; ganz zu schweigen von den Krankheitskosten, die langfristig entstehen.

Müsste jeder Hersteller und Verteiler solcher »Zeitbomben« auch die Kosten für die Reinigung der Umwelt von seinem Gift tragen, sähe die Welt anders aus. Das alte Wissen um die Naturrhythmen wäre nicht verloren gegangen, weil seine Existenz und Anwendung lebensnotwendig geblieben wäre. Die folgenden Hinweise zur Vorbeugung und Beseitigung von Schädlingen und Beikraut kosten Sie nichts – außer etwas Geduld.

Wer die Natur nicht erschlagen, sondern harmonisch mit

ihr zusammenarbeiten möchte, sollte sich beim Anblick von Schädlingen zuerst diese Frage stellen: Sind es auch wirklich Schädlinge? Und wenn Sie die Frage nach der Natur des Schädlings mit Hilfe von gesundem Menschenverstand, mit Maß und Ziel beantwortet haben und zu dem Ergebnis gekommen sind, dass Sie etwas gegen sie unternehmen wollen, erst dann kommt die zweite Frage an die Reihe: Was ist die Ursache des Befalls? Monokultur? Zu viel Dünger, zu viel Gießen? In der Antwort verbirgt sich oft schon die geeignete Maßnahme, um die Plagegeister wieder loszuwerden, zumindest um ihrem Auftreten im nächsten Jahr erfolgreich vorzubeugen.

Die Grundregeln für die Schädlingsvorbeugung

Sehr gut: Die beste Vorbeugung gegen massenhaftes Auftreten von Schädlingen ist das Setzen und Säen zum richtigen Zeitpunkt, unter Berücksichtigung der Einflüsse von Blatt-, Frucht-, Blüten- und Wurzeltagen auf die Blumen und Pflanzen.

Sehr gut: Die Fruchtfolge ist eine gute vorbeugende Maßnahme gegen massenhaften Schädlingsbefall. Oberirdisch wachsende Gemüse sollten unterirdisch wachsenden folgen und umgekehrt.

Sehr gut: Die richtige ***Pflanzengemeinschaft*** (siehe dort) trägt viel dazu bei, Schädlinge von vornherein abzuwehren. Heute nennt man das »Mischkultur«. Es ist ein ungeheurer Vorteil, wenn sich Pflanzen gegenseitig helfen können, die Schädlinge im Schach zu halten.

Sind Pflanz- und Pflegezeiten berücksichtigt worden und treten trotzdem Schädlinge in Massen auf, dann haben wir einige Hinweise darauf, wie Sie bei der Bekämpfung den Mondstand für sich arbeiten lassen können.

Die Grundregeln für die Schädlingsbekämpfung

- Mit einigen Ausnahmen kann als Faustregel gelten: Für alle Maßnahmen zur Ungezieferbekämpfung ist der abnehmende Mond geeignet.
- Ungeziefer, das in der Erde haust, geht man am besten an einem Wurzeltag (Stier, Jungfrau, Steinbock) an.
- Besonders gut wirkt die Bekämpfung oberirdischer Schädlinge, wenn der abnehmende Mond im Krebs steht, aber auch Zwillinge und Schütze eignen sich gut.

Für detaillierte Hinweise, welche Maßnahmen zur *unmittelbaren* Bekämpfung von Schädlingen am besten geeignet sind (wenn also die Pflanze schon befallen ist), ist hier leider nicht der Platz: Zum einen wirken ganz unterschiedliche Mittel bei verschiedenen Pflanzen und Schädlingsarten – es würde zu weit führen, sie hier alle aufzuzählen, und Patentrezepte gibt es nicht; ausführlicher steht es in unserem Buch *Vom richtigen Zeitpunkt.*

Zum anderen ist Geduld die beste »Schädlingsbekämpfung«: Mit unseren Büchern wollen wir auch mithelfen, dass ein allmähliches Umdenken einkehrt, weg von der »Holzhammermethode« hin zur Vorbeugung und zum Handeln mit Maß und Ziel und gesundem Menschenverstand. Kein Mittel kann jemals ein Problem lösen, weder bei Ihrer Topfpflanze noch in Familie, Beruf und Alltag, wenn das Denken und Fühlen, das zu dem »Mittel« greift, nicht im Einklang mit den Naturgesetzen steht, wenn es nicht von Liebe und Vernunft geleitet wird. Wir wollen Ihnen keinen Weg zur Vollkommenheit weisen, sondern zu ein wenig mehr Heiterkeit und Gelassenheit angesichts der Unvollkommenheit.

Was Ihre Pflanzen betrifft: Richten Sie sich einfach nach den Tipps und achten Sie im nächsten Jahr auf die richtige Pflanzennachbarschaft, dann werden Sie meist gar nicht in die Verlegenheit kommen, zu Giften greifen zu müssen.

Schlachten

Es versteht sich von selbst, dass die folgende Regel für die Metzgerarbeit nur sinnvoll ist, wenn auf artgerechte Tierhaltung und natürliche Aufzucht geachtet worden ist. Die heute übliche Massentierhaltung ist grauenvoll und sollte nicht auch noch durch den unkritischen Konsumenten unterstützt werden.

Immer mehr Menschen kommen zur Vernunft und achten auf artgerechte und würdige Tierhaltung. Wer sich einmal durch ein phantasievolles vegetarisches Kochbuch »durchgegessen« hat und gleichzeitig mit den heutigen Methoden der Tierhaltung und -transporte vertraut ist, wird nicht mehr das Gefühl haben, auf etwas zu verzichten, wenn er Nein zu Fleisch sagt.

Dennoch seien einige gute Tipps für alle Biobauern und Biometzger aufgeführt, deren Arbeit Achtung verdient.

Die Grundregeln fürs Schlachten

Sehr gut: Kurz vor oder an Vollmond.

Wenn Sie den richtigen Zeitpunkt einhalten: Das Fleisch ist dann viel saftiger und aromatischer. Die Weiterverarbeitung fällt dann in den abnehmenden Mond, was sich günstig auf die Haltbarkeit auswirkt.

Besondere Tipps: Schweinefett bei Vollmond ausgelassen ist viel haltbarer und eignet sich ideal als Salbengrundlage, etwa für Ringelblumensalben. Solche Salben können sogar chronische Bronchitis heilend unterstützen.

Schnecken bekämpfen

Ein bewährtes Mittel gegen Schnecken sind die Schalen roher Eier, die Sie ab sofort sammeln sollten, wenn Sie Probleme mit Schnecken im Garten haben. Hier das Verfahren:

- Zerstampfen Sie die gesammelten Schalen bei abnehmendem Mond. Bei zunehmendem Mond zerdrückt werden sie nicht scharfkantig genug und lassen sich nicht voneinander trennen. Die Eihaut ist dann nicht spröde, sondern eher elastisch und reißt nicht so gut.
- Bei Skorpion und diesmal bei zunehmendem Mond streuen Sie die zersplitterten Schalen um die Beete herum, die Sie schützen wollen, etwa Ihre Salatbeete. Vorher müssen allerdings die Schnecken, die schon im Beet untergekrochen sind, aufgesammelt werden. Die scharfen Kanten der Schalensplitter sind eine wirksame Abschreckung für die zarthäutigen Tiere.

  Die Natur hat es glücklicherweise so eingerichtet, dass der Skorpion gerade dann im zunehmenden Mond steht, wenn die Schnecken im Frühjahr »zum Angriff blasen«. Der zunehmende Mond beim Ausstreuen ist ganz wichtig, weil die Schalen bei abnehmendem Mond nach dem ersten Regen im Erdboden verschwinden.

Laßt vergehen, was vergeht!
Es vergeht um wiederzukehren,
es altert, um sich zu verjüngen,
es trennt sich, um sich inniger zu vereinigen,
es stirbt, um lebendiger zu werden.
Friedrich Hölderlin

Diese Methode hat einen klaren Vorteil: Chemische Schneckenvertilgungsmittel vergiften nicht Magen und Körper der Menschen, die Ihren Salat und Ihr Gemüse essen – sei es direkt aufgrund der Gifte oder Veränderungen, die das »geschützte« Gemüse im Wachstumsprozess durchmacht. Natürlich sind viele der heutigen Unkrautvertilgungsmittel und Pestizide in den Feldfrüchten nicht mehr nachweisbar, aber die Pflanzen selbst haben Veränderungen durchgemacht, die allen möglichen unserer »Kultur«-Krankheiten den Boden bereiten.

Bei den Schneckeninvasionen der letzten Jahre hat allerdings auch dieses sonst so wirksame Mittel versagt. Da half nur Einsammeln im Regen, wenn die Schnecken herauskommen – kein Grund jedoch, Ihnen diese wertvollen Tipps vorzuenthalten. Bei großer Schneckengefahr wiederholen Sie die Maßnahme im nächsten Monat bei Skorpion.

Weitere gute Schneckenmittel sind: Holzasche und Sägemehl zum Ausstreuen, Zwiebeln, Knoblauch, Salbei und Kapuzinerkresse als Pflanzengemeinschaft – um nur einige Beispiele zu nennen. Schnecken sind zudem wahre Leckerbissen für einige ihrer natürlichen Feinde, in erster Linie Kröten, Frösche und Enten. Diese Tiere fühlen sich aber nur in giftfreien Gärten wohl und können deshalb nicht einfach ausgesetzt werden. Behagt ihnen das Umfeld, etwa ein kleiner künstlicher Teich, so kommen sie manchmal sogar in der Stadt von selbst. Auf dem Land genügt ihnen ja oft schon eine immerfeuchte Wiese oder ein kleiner Bach.

Auch der Igel ist ein natürlicher Feind der Schnecken, er

frisst sie in großen Mengen. Ein natürlicher Garten mit herbstlichen Reisighaufen ist für jeden der stacheligen Kameraden eine verlockende Sache. Den Reisighaufen tragen Sie am besten bei abnehmendem Mond zusammen, er bleibt dann schön trocken. Das soll nicht heißen, dass Regentropfen einen Umweg um den Haufen nehmen, sondern dass die Igelbehausung darunter trockener bleibt. Auch zusammengerechtes Herbstlaub ist für den Igel wichtig, um den Winter schadlos überstehen zu können. Das Laub sollte ebenfalls bei abnehmendem Mond zusammengerecht werden, wobei ein trockenes Zeichen (also nicht Krebs, Skorpion oder Fische) vorzuziehen ist.

Schützetage

Als Schützetage bezeichnen wir jene zwei oder drei Tage im Monat, in denen der Mondkalender das Tierkreiszeichen Schütze angibt. Auf der Erde machen sich besondere Kräfte bemerkbar, die man sich in fast jedem Lebensbereich zunutze machen kann. Einige Beispiele und Grundregeln sollen hier als Anregung dienen.

Was an Schütze in der Luft liegt

Die Schütze-Energie macht großzügig und lädt zu großen, manchmal unbedachten Schritten ein. Ihre ***Meditationsfarbe*** (siehe dort) ist im oberen Oberschenkel Orange, im unteren Oberschenkel Gelb. Die Tagesqualität ist trockenwarm, manchmal sind Schützetage schöne, durstmachende Ausflugstage – mit Einschränkungen allerdings: Ausgerechnet an Schützetagen melden sich Ischiasnerv, Venen und Oberschenkel besonders häufig. Oft schmerzt auch noch das Kreuz bis zu den Oberschenkeln, weil an Schütze, ähnlich wie an Zwillinge, zudem das Wetter gern umschlägt.

Gesundheit und Körpereinflüsse an Schützetagen

Die Schützetage wirken auf die verlängerte Wirbelsäule und die Oberschenkel.

- Was Sie in den zwei bis drei Schützetagen für die Oberschenkel tun, wirkt doppelt wohltuend, vorbeugend und heilend – mit Ausnahme von Eingriffen und Operationen in diesem Bereich.
- Alles, was die Oberschenkel in den Schützetagen besonders belastet, wirkt schädlicher als an anderen Tagen.
- Wenn Sie den Termin von Eingriffen und Operationen am Oberschenkel selbst bestimmen können, meiden Sie die Schützetage und die Zeit vom 22. November bis zum 21. Dezember und wählen Sie für den Eingriff die Zeit des abnehmenden Mondes.

Also an Schütze nicht übertreiben und untrainiert keine langen Wanderungen unternehmen. Wer seine Kinder ausgerechnet an Schütze erstmals zu einer größeren Bergwanderung mitnimmt, vielleicht sogar dazu zwingt, kann den Kindern die Freude daran für lange Zeit austreiben. Massagen tun an Schütze besonders gut und lockern verkrampfte Muskeln. Wenn Sie ***Orangenhaut*** gezielt beseitigen wollen, massieren Sie immer an Schütze die Oberschenkel mit einem hochwertigen Gewebestrafföl.

Der Mond im Schütze in Garten und Landwirtschaft

Schützetage sind Fruchttage und Knotenpunkt zwischen auf- und absteigender Kraft.

Sehr günstig an Schützetagen:

- Setzen und Säen von allen Früchten und hoch wachsendem Gemüse (Stangenbohnen, Hopfen usw.), auch von allein stehenden Bäumen, die schnell wachsen dürfen.

Günstig an Schützetagen:

- Ausschneiden von Obstbäumen und -sträuchern (bei abnehmendem Mond im Frühjahr)
- Getreideanbau
- Düngen von Getreide, Gemüse und Obst im Frühjahr (unbedingt bei abnehmendem Mond oder Vollmond!)
- Bekämpfen oberirdischer Schädlinge

Ungünstig an Schützetagen:

- Hacken und Jäten (Beikraut schießt gern)
- Salat setzen (schießt ebenfalls leicht)

Schuhe kaufen und pflegen

Haben wir nicht fast alle ein Paar Schuhe im Schrank, die vom ersten Tag an nach dem Kauf drücken, obwohl im Laden scheinbar alles in Ordnung war? Wenn Sie die Möglichkeit haben, das Kaufdatum mit dem Mondkalender zu vergleichen, entdecken Sie vielleicht, dass beim Erwerb gerade ein besonderer Mondstand herrschte.

Die Grundregeln für den Schuhkauf
Ungünstig: An Steinbock und Wassermann.

Mögliche Folgen des falschen Zeitpunkts: Bei Steinbock gekaufte Schuhe bleiben immer hart und geben nicht nach. An Wassermann gekaufte Schuhe neigen dazu, sich stärker zu weiten als an anderen Tagen (oftmals zu weit).

Besonderer Tipp zum Schuhkauf: Eine mögliche Abhilfe für drückendes Schuhwerk kann es sein, es für einige Zeit ausschließlich an Wassermanntagen zu tragen.

Auch für die Pflege gibt es den richtigen Zeitpunkt: Bei abnehmendem Mond geputzt, bleibt jedes Schuhwerk länger sauber, das Leder wird nicht so angegriffen und ist haltbarer. Schuhe nur bei abnehmendem Mond zu putzen ist natürlich nicht möglich, doch hartnäckiger Schmutz lässt sich dann leichter entfernen. Besonders, wenn Winterstiefel im Frühling im Schrank verstaut werden, sollten Sie sie vorher bei abnehmendem Mond reinigen und eincremen. Eine Erstimprägnierung nagelneuer Schuhe bei abnehmendem Mond hält fast das ganze Schuhleben lang!

Skepsis

Wer wie so viele unserer Leser Vertrauen zum alten Wissen um die Natur- und Mondrhythmen gefasst hat, den bewegte sicher zu irgendeinem Zeitpunkt die Frage: Wie bringe ich einen Arzt, Frisör, Handwerker, eine Baufirma usw. dazu, auf meine Terminvorstellungen für das jeweilige Vorhaben einzugehen?

Wenn Sie die Antwort noch nicht gefunden haben, möchten wir Sie an dieser Stelle bitten, eine Tatsache nicht aus den Augen zu verlieren: nämlich dass sich Naturgesetze nicht ändern, nur weil wir sie ignorieren, weil wir es »bequem« haben wollen, weil es der Industrie so genehm ist oder weil sich die Schulmedizin mit ihnen nicht anfreunden kann usw.

Sie glauben, im Leben gibt es »Glück«, »Pech« und »Zufall«? Nein, es gibt nur Säen und Ernten, auch wenn es manchmal kaum erträglich scheint, das zu akzeptieren. Was Ihnen geschieht, ist immer Ernte dessen, was Sie gesät haben, oder Prüfung. Bemühen Sie sich stets um gutes Saatgut und um die Gelassenheit, Prüfungen anzunehmen. Sie werden sie bestehen – wenn nicht dieses Mal, dann nächstes Mal...

Naturgesetze ändern sich nicht: Warum sollte man sie dann nicht nützen, sich nicht mit ihnen in Einklang bringen? Was könnte einfacher sein? Sie sind der Kunde, Sie geben den Ton an, Ihre Gesundheit und Ihr Geldbeutel stehen schließlich auf dem Spiel. Wappnen Sie sich mit Geduld und Nachsicht bei der Suche nach Mitstreitern, nach Ärzten, nach Firmen, die in den Mondrhythmen ein wertvolles Wissen, eine Bereicherung ihres Lebens sehen. Akzeptieren Sie niemals ein »Unmöglich! Das geht nicht«. Suchen Sie einfach weiter.

Versuchen Sie nicht, andere zu überzeugen, aber suchen Sie so lange nach einem Heilkundigen, Frisör, Bioladen, Zahnarzt oder wem auch immer, bis Ihre Wünsche Gehör finden.

Seit Jahrtausenden sind die Kräfte der Mondrhythmen ein bewährtes Mittel, das heute wieder all denen zur Verfügung steht, die es annehmen wollen. Es werden täglich mehr.

Schulter- und Armregion – Eingriffe an Schultergürtel und Armen

Haben Sie schon das Stichwort ***Eingriffe, operative*** gelesen? Es wäre sinnvoll, dort kurz nachzusehen, bevor Sie den Termin für den richtigen Zeitpunkt einer Operation eruieren.

Wir möchten Sie erinnern: Vieles entscheidet über den Erfolg eines chirurgischen Eingriffs – von der Kompetenz des Arztes über den allgemeinen Gesundheitszustand des Patienten bis hin zur Verfügbarkeit der nötigen Instrumente. Und nicht zuletzt spielen auch schicksalhafte Umstände eine Rolle. Der Ausgang von Notoperationen beispielsweise gehorcht sicherlich höheren Gesetzmäßigkeiten.

Manche Umstände und Faktoren bei Operationen sind beeinflussbar, manche nicht. Sicher ist aber: Auch Mondstand und Mondphase zum Zeitpunkt chirurgischer Eingriffe beeinflussen deren Erfolg oder Misserfolg.

Die Grundregel ist sehr einfach: Man sollte jeglichen Eingriff im Körper möglichst bei *abnehmendem Mond* vornehmen – je schwieriger und umfassender der Eingriff, desto wichtiger die Regel.

Die Grundregeln für Eingriffe im Bereich des Schultergürtels und der Arme

Gut: Bei abnehmendem Mond, jedoch nicht in Stier, Zwillinge, Krebs.

Ungünstig: Bei zunehmendem Mond.

Sehr ungünstig: Bei zunehmendem Mond in Stier, Zwillinge, Krebs sowie drei Tage vor Vollmond bis einschließlich Vollmond, gleichgültig in welchem Zeichen.

Wenn Sie den richtigen Zeitpunkt einhalten: Geringere Blutungsneigung und geringere Narbenbildung. Schnellerer Heilungsverlauf, geringere Gefahr von Komplikationen.

Mögliche Folgen des falschen Zeitpunkts: Komplikationen und Infektionen nach Operationen kommen bei zunehmendem Mond häufiger vor, Heilungs- und Genesungsphasen dauern in der Regel länger. Gegen Vollmond kommt es häufiger zu stärkeren, schwer stillbaren Blutungen. Auch die Vernarbung verläuft nicht ungestört, die Gefahr hässlicher, bleibender Narben ist viel höher. Manchmal sind mehrfach Operationen nötig, um ein einigermaßen befriedigendes Ergebnis zu erzielen. Größere Gefahr von Nerven- und Phantomschmerzen.

Und nicht vergessen: Wichtig ist die Frage, ob der Eingriff überhaupt nötig ist! Bedenken Sie, dass bestimmte, nicht lebensrettende Operationen (an Gallenblase, Blinddarm, Mandeln usw.) bei Ärzten und Rechtsanwälten bis zu 80 Prozent seltener vorgenommen werden als im Durchschnitt an der übrigen Bevölkerung: sicherlich nicht deshalb, weil diese Berufsgruppen gesünder leben. Holen Sie deshalb vor größeren Eingriffen immer eine zweite Meinung ein. Das kann nicht schaden.

Schulterschmerzen können sehr viele Ursachen haben, aber viel zu oft wird vernachlässigt, dass gerade auf dem Schulterbereich viel »Last« ruht. Wenn Ihnen kein Heilpraktiker helfen kann, versuchen Sie einmal, aufrichtig mit sich selbst zu sein und Ihre Gedanken zu ordnen. Was lastet auf Ihnen?

Schwangerschaftsstreifen vorbeugen

Bindegewebsrisse, auch als »Schwangerschaftsstreifen« bekannt, entwickeln sich als rötliche Streifen, die nach einiger Zeit weiß werden und es auch bleiben, selbst wenn die Sonne die übrige Haut gebräunt hat. Für viele ist es deshalb ärgerlich, wenn die Haut – meist in der Bauch- und Hüftregion – in dieser Weise Schaden nimmt. Die Streifen lassen sich leider nicht mehr beseitigen, aber ihnen wirkungsvoll vorzubeugen ist durchaus machbar.

Die Hauptursachen von Bindegewebsschwäche zu kennen ist der erste Schritt: Vitamin-E-Mangel und Bewegungsmangel. Vitamin E ist maßgeblich an der Entgiftung des Körpers beteiligt: Funktioniert diese nicht gut, so lagern sich Giftstoffe im Bindegewebe ein und schwächen es. Pflanzenöl, Getreidekeimlinge und Kresse enthalten besonders viel Vitamin E. Mit anderen Worten: Vollwertige Ernährung ist die beste Vorbeugung gegen Schwangerschaftsstreifen.

An den Waagetagen sollte man zusätzlich alle gefährdeten Stellen gut massieren, am besten mit einem natürlichen Gewebestrafföl. Bürsten Sie an Waagetagen immer mit einem rauen Handschuh im Uhrzeigersinn die Problemzonen und massieren Sie hinterher mit Gewebestrafföl. Sehr sinnvoll wäre es, durch diese Prozedur gleich die gesamten 14 Tage des zunehmenden Mondes zu nutzen.

Wenn Sie etwa durch Vererbung stärker gefährdet sind, dann wenden Sie bei abnehmendem Mond ein Entschlackungsöl und bei zunehmendem Mond ein Gewebestrafföl an. Wenn Sie ein Baby erwarten, dann verwenden Sie am besten während der Schwangerschaft ausschließlich Entschlackungsöl und nach der Entbindung ausschließlich Gewebestrafföl, unabhängig von Tierkreiszeichen und Mondphase.

Zu den besten Kräutern gegen Bindegewebsschwäche zählt Zinnkraut: beispielsweise an Waagetagen (Hüfte!) pflücken, zu einem Brei zerstampfen und frisch auf die Problemzonen auflegen. Die zweite Hauptursache der Bindegewebsschwäche, nämlich Bewegungsmangel, lässt sich allerdings durch bloßes Einmassieren von Ölen und Auflegen von Kräutern nicht ausgleichen. Vielleicht können wir Sie aber durch unsere Ausführungen zum Thema »Bewegung als Mittel weiser Körperpflege« inspirieren (siehe auch *Aus eigener Kraft*)?

Sexualität, Fruchtbarkeit und Mond

Wir wollen hier die Gelegenheit ergreifen, darüber zu sprechen, warum wir bisher fast nichts über den Mond und seine Wirkung im Reich der Sexualität geschrieben haben – eine Frage, die uns oft gestellt wird. Der Grund dafür ist einfach: Das Bild, das heute einem jungen Menschen, der seine Sexualität entdecken will, vermittelt wird, ist ein völlig verkehrtes Bild. Es weist den Weg in ein Geschlechtsleben der Verkrampfung, der Angst und des Leistungszwangs: Es ist im Grunde nicht um einen Deut besser als vor 50 oder 500 Jahren. Falsche Vorbilder, falsche Moral und falsche Freiheit verleugnen alles Natürliche, Schöne und im wahren Sinne des Wortes Befreiende und vergiften diese Quelle der Gesundheit und Freude.

Jeder Mann und jede Frau hat das Recht, Sexualität ohne künstliche Normen und Regeln zu erleben – solange das, was geschieht, Ausdruck von Miteinander und Einverständnis ist. Der Mond hat da nichts verloren, außer vielleicht als sanfter Verstärker romantischer Gefühle. Wir wünschen jedem Menschen von Herzen, dass er den Mut aufbringt, Sexualität zu entdecken und zu erleben, ohne dass ein Funke Erwartung, Druck und heuchlerische »Norm« die echte Gemeinsamkeit stört. Alles Messen, Abwägen und Vergleichen ist kalt und unmenschlich, es hat mit Liebe nichts zu tun. Und wenn Druck und Erwartung vom Partner ausgehen, stellen Sie sich selbst im Stillen die Frage: »Wo ist dann die Liebe?« Ohne Liebe kein Leben – so viel steht fest.

Der Einfluss des Mondes auf die Fruchtbarkeit bei Mensch und Tier ist acht Tage nach dem Augustvollmond am höchsten. Vielleicht ist diese Information für kinderlose Ehepaare von Bedeutung, die sich sehnlich ein Kind wünschen.

Viele Tierarten in aller Welt leben instinktiv danach. Weder können sie sich etwas einreden lassen noch haben sie einen Kalender an der Wand: Von der Weisheit frei lebender Tiere könnten wir also sehr viel lernen. Niemand sollte jedoch diesen Rat mit Erwartungen geschweige denn mit Garantien verbinden; viel eher schon mit Humor und besonders viel Liebe. Letztlich haben wir Menschen nicht allein das Sagen auf dieser Erde – glücklicherweise.

Sitzbäder

Viele Frauen, aber auch Männer haben die vorbeugende und heilende Wirkung von Sitzbädern erfahren. Gerade in den Wintermonaten sind sie eine wunderbare Sache, die Sie sich gönnen sollten, sooft Sie es wünschen.

Und was den Einfluss des Mondes betrifft: Persönliche Erfahrung ist wie immer wertvoller als jeder Ratschlag von außen. Lassen Sie einmal den Unterschied zwischen einem Sitzbad an Skorpion und an beliebigen anderen Tagen auf sich wirken. Sie würden schon bald fühlen, was es bedeutet, wenn man davon spricht, dass Skorpion Geschlechtsorgane und Hüftregion »regiert«.

In unseren Breiten eignen sich für Sitzbäder am besten die folgenden Kräuter: Schafgarbe wirkt stärkend und för-

Mulla Nasrudin suchte eines Abends im Schein einer Straßenlaterne den Boden vor seinem Haus ab. Ein paar Freunde kamen zufällig vorbei und fragten neugierig: »He, Mulla, was suchst du da?«
»Meinen Schlüssel.«
Die Freunde beugten sich ebenfalls nieder und halfen suchen. Nach einer halben Stunde sagte einer von ihnen: »Mulla, bist du sicher, dass du deinen Schlüssel hier draußen verloren hast?« – »Hier draußen? Nein, ich habe ihn im Haus verloren. Aber hier draußen ist mehr Licht.«

dert generell das Wohlbefinden. Frauenmantel ist grundsätzlich bei allen Frauenleiden die beste Pflanze. Kamille wirkt in erster Linie entzündungshemmend, Hirtentäschel besonders gut bei Frauenleiden und bei zu starken Regelblutungen. Im besten Fall haben Sie diese Kräuter frisch geerntet und einen kleinen Vorrat davon für den Winter angelegt. Aber auch im Reformhaus oder in der Apotheke erworbene Pflanzen tun ihre Wirkung; leider wird dann aber nicht auf die Erntezeit geachtet.

Die Rezeptur für ein Sitzbad: Überbrühen Sie 2 Handvoll Kräuter mit ca. 2 bis 3 Liter Wasser. Haben Sie Vertrauen bei der Mengenangabe; exakte Mengenangaben betäuben nur Ihr Gefühl für das, was Sie persönlich brauchen. Lassen Sie die Kräuter länger ziehen als bei Tees, nämlich ca. 15 Minuten lang, und in der Zwischenzeit lassen Sie Badewasser einlaufen (vorher die Wanne heiß ausspülen): Beim Sitzbad sollte der Wasserspiegel bis zur Hüfte reichen, nicht bis zum Bauch hinauf; dann den abgeseihten Sud hinzuschütten. Sollten Sie sich im Wasser sehr wohl fühlen, und das Wasser kühlt für Ihren Geschmack zu sehr ab, dann lassen Sie heißes Wasser nachlaufen. Ob Sie nach diesem Genuss duschen oder nicht, bleibt wieder Ihrem Gefühl überlassen; notwendig ist es nicht. Viel Vergnügen!

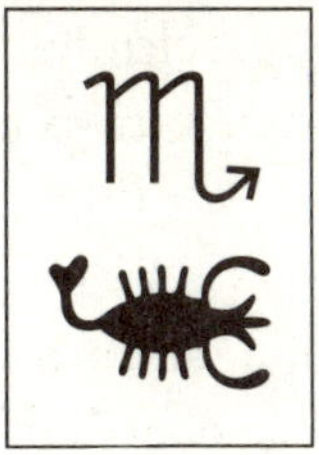

Skorpiontage

Als Skorpiontage bezeichnen wir jene zwei oder drei Tage im Monat, in denen der Mondkalender das Tierkreiszeichen Skorpion angibt. Auf der Erde machen sich besondere Kräfte bemerkbar, die man sich in fast jedem Lebensbereich zunutze machen kann. Einige Beispiele und Grundregeln sollen hier als Anhaltspunkt und Anregung dienen.

Was an Skorpion in der Luft liegt

Die Tagesqualität ist feucht-kühl und besonders an Skorpion manchmal nicht leicht zu verkraften. Ihre ***Meditationsfarbe*** (siehe dort) ist Rot. Die geistigen und seelischen Energien gehen eher in die Tiefe, wecken seltsame Ahnungen und lenken Gefühle in bisher verborgene Richtungen. Manche Menschen erfahren die Kraft der Skorpiontage als etwas Bedrohliches und Unkontrollierbares.

Gesundheit und Körpereinflüsse an Skorpiontagen

Kein Tierkreiszeichen wirkt so stark auf Geschlechtsorgane und Harnwege wie der Skorpion.

- Was Sie in den zwei bis drei Skorpiontagen für den Bereich der Geschlechtsorgane tun, wirkt doppelt wohltuend, vorbeugend und heilend – mit Ausnahme von Eingriffen und Operationen in diesem Bereich.
- Alles, was Geschlechtsorgane und Harnleiter in den Skorpiontagen stärker belastet, wirkt schädlicher als an anderen Tagen.
- Wenn Sie den Termin von Eingriffen und Operationen an den Geschlechtsorganen selbst bestimmen können, mei-

den Sie die Skorpiontage und die Zeit vom 23. Oktober bis zum 22. November und wählen Sie für den Eingriff die Zeit des abnehmenden Mondes.

Werdende Mütter sollten sich an Skorpion vor jeder Anstrengung schützen, weil es an diesen Tagen leichter zu Fehlgeburten kommt, besonders bei zunehmendem Mond. Auch der Harnleiter ist an Skorpion besonders empfindlich und für positiven Einfluss dankbar. Kalte Füße und eine schlecht durchwärmte Becken- und Nierengegend können in diesen Tagen leicht zu Entzündungen von Blase und Niere führen. Wer unter Rheuma leidet, sollte an Skorpion (Wasserzeichen) sein Bettzeug nicht draußen am Fensterbrett oder am Balkon lüften: Die Feuchtigkeit bleibt dann in den Federn.

Vorbeugende Sitzbäder mit Schafgarbe können jetzt so manchem Frauenleiden abhelfen. Interessant ist, dass *alle* an Skorpion gesammelten Heilkräuter besonders gut wirken, gleichgültig für welchen Zweck. Sie sollten sie bei zunehmendem Mond oder Vollmond sammeln, bei abnehmendem Mond lagern (in Tüten, Gläser usw. füllen) und dunkel aufbewahren. Das macht sie viel haltbarer.

Der Mond im Skorpion in Garten und Landwirtschaft

Skorpiontage sind Blatttage mit absteigender Kraft.

Sehr günstig an Skorpiontagen:

- Säen, Setzen, auch Ernten und Trocknen von jeder Art von Heilkräutern
- Bekämpfen von Schnecken (bei zunehmendem Mond)

Günstig:
- Setzen und Säen von Blattgemüse
- Rasen mähen
- Zimmer- und Balkonpflanzen gießen
- Düngen von Blumen und Wiesen (nicht so gut für Gemüse)

Ungünstig:
- Ausschneiden von Obstbäumen und -sträuchern (bei zunehmendem Mond, besonders im Frühjahr)
- Bäume fällen (Borkenkäfergefahr!)

Sonnenbaden

Wenn wir Freundschaft mit der Sonne schließen, sie lieben und aufsuchen – in dem Bewusstsein, dass es nicht ihre Schuld ist, wenn wir uns des Ozonschutzes berauben, uns ihren heilenden und Leben spendenden Strahlen so lange aussetzen, bis die Haut revoltiert –, wenn wir der Haut nicht mit Chemie zu Leibe rücken und lernen, tiefe Bräune nicht automatisch als »gesund« zu bezeichnen: Wenn wir all das beherzigen, wird die Sonne unser Freund.

Längere Sonnenbäder in regungslosem Zustand der Bräune wegen sind für jeden Hauttyp von Übel. Aber das ist Ihnen sicher längst nichts Neues mehr. Der Teufelskreis ist sehr einfach zu beschreiben: Die Haut besitzt eine natürliche Schutzfunktion gegen intensive Sonnenstrahlen, wenn man sie durch die Dauer der Bestrahlung nicht überlastet. Sonnenschutzmittel unterstützen diesen Eigenschutz nicht, sie *ersetzen* ihn! Das wiederum sorgt dafür, dass alle Hautbereiche, die normalerweise ohnehin der Sonnenbestrahlung ausgesetzt sind (Hals, Arme, Gesicht, Beine, Dekolletee), noch empfindlicher werden und schneller altern. Haben Sie schon einmal die Haut am *Rücken* eines achtzigjährigen Menschen berührt? Sie fühlt sich an wie die Haut eines Kindes.

Noch etwas spricht gegen die bedenkenlose Verwendung von Sonnenschutzmitteln: Überall dort nimmt die Hautkrebsrate zu, wo die Ozonschicht geschädigt ist; merkwürdig aber, dass bei Mitgliedern aller Berufsgruppen, die vorwiegend unter freiem Himmel arbeiten – Bauarbeiter, Landwirte, Förster usw. –, die Hautkrebsrate vergleichsweise langsamer ansteigt. Tatsache ist, dass die meisten von ihnen aus unterschiedlichen Gründen auf die üblichen Lichtschutzkosmetika *verzichten.* Zum einen ist eine erklärte Zielsetzung dieser Mittel für sie belanglos: die schnelle und tiefe Bräunung. Zum anderen bedienen sie sich meist weit besserer Sonnenschutzmaßnahmen, nämlich Kleidung und breitkrempiger Hüte; drittens wissen sie meist, wann es Zeit ist, sich zu bedecken: Sonnenschutzmittel hatten bei ihnen keine Gelegenheit, das natürliche Gespür der Haut für ihre Grenzen zu betäuben.

Endlich hat sich auch erwiesen, was Menschen mit gesundem Menschenverstand schon längst wussten: Die heute weit verbreiteten »Sonnenallergien« sind in erster Linie auf Sonnenschutzmittel zurückzuführen, ausgelöst durch die Veränderung der enthaltenen chemischen Fettstoffe unter Hitzeeinwirkung.

Wir sind sicher, Sie können aus diesen Zusammenhängen Ihre eigenen Schlüsse ziehen und sind über die folgenden Regeln nicht mehr erstaunt.

Die Grundregeln für das Sonnenbaden

Günstig: Generell höchstens 15 Minuten lang.

Neutral: Bei abnehmendem Mond, nicht in Steinbock, Löwe oder Krebs.

Ungünstig: Immer bei Krebs, bei abnehmendem Mond in Steinbock oder Löwe und bei zunehmendem Mond.

Sehr ungünstig: Immer bei Krebs, bei zunehmendem Mond in Steinbock oder Löwe, Schütze und Widder.

Mögliche Folgen des falschen Zeitpunkts: Die Haut trocknet stark aus, der Alterungsprozess wird beschleunigt. Sonnenbrand hinterlässt teilweise bleibende Schäden.

Besondere Tipps zum Sonnenbaden:

- Bei abnehmendem Mond erzielt man generell eine eher dauerhafte Bräune, bei zunehmendem Mond dagegen kommt es leichter zum Sonnenbrand.
- Von großem Schaden ist das Einschlafen in praller Sonne: Eine Viertelstunde Schlaf ist hier schlimmer als eine ganze Stunde im Wachzustand.

Sonntag im Wochenrhythmus

In unseren Büchern haben wir Sie auch mit ganz besonderen Rhythmen vertraut gemacht: mit Regeln zu den Wochentagen und zu festen Terminen im Jahr (siehe auch ***Holzregeln***), die vom Mondstand völlig unabhängig sind. Wir vertrauen darauf, dass es interessierte und neugierige Leser gibt, die diese Dinge ausprobieren, denn sie sind so

Eine der ältesten Fragen, die die Menschheit bewegt, lautet, warum Gott in der Welt soviel Leid zulässt. Die Antwort eines unbekannten Weisen aus unserer Zeit:
»Alles Leiden entsteht durch Missbrauch des freien Willens. Gott hat uns die Fähigkeit verliehen, Ihn anzunehmen oder abzuweisen. Es liegt nicht in Seinem Willen, dass wir Schmerzen leiden; doch Er greift nicht ein, wenn wir uns zu einem Handeln entschließen, das uns Leid bringt.
Die Menschen beachten den weisen Rat der Heiligen nicht, erwarten aber, durch ungewöhnliche Umstände oder irgendein Wunder errettet zu werden, wenn sie in Not sind. Der Herr kann alles vollbringen; doch Er weiß, daß die Liebe und das richtige Verhalten des Menschen nicht mit Wundern erkauft werden kann. Gott hat uns als Seine Kinder ausgesandt, und als solche müssen wir wieder zu Ihm zurückkehren. Es gibt nur eine Möglichkeit, sich wieder mit ihm zu vereinigen: seinen eigenen Willen zu gebrauchen. Keine andere Kraft auf Erden oder im Himmel kann dies für uns tun. Wenn ihr aber aus tiefstem Herzen nach Gott ruft, schickt Er euch einen Lehrer, der euch aus der Einöde der Schmerzen ins Haus Seiner ewigen Freude heimführt.
Der Herr hat euch freien Willen verliehen und kann deshalb nicht wie ein Diktator handeln. Obwohl Er Allmacht besitzt, befreit Er euch nicht einfach von eurem Leid, wenn ihr den Weg falschen Handelns gewählt habt.
Ist es recht zu erwarten, dass Er euch von aller Last befreit, wenn ihr mit euren Gedanken und Handlungen ständig gegen seine Gesetze verstoßt? Befolgt seine Grundsätze, wie sein Sohn sie in der Bergpredigt niedergelegt hat; darin besteht das Geheimnis des Glücks.«

gültig wie alle anderen vorgestellten Regeln auch. Hier die Regeln für den Sonntag.

Die Grundregeln für den Sonntag

- Ungünstig ist heute das Kräutersammeln. Freitags und sonntags ist die Wirkung von Kräutern anders und weniger hilfreich als an anderen Tagen.

- Dieser Wochentag ist generell schlecht geeignet, um Tiere an andere Orte zu bringen oder nach dem Kauf heimzuholen. Die Tiere bleiben unruhig, fühlen sich nicht heimisch und entwickeln sich manchmal nicht gut.

Steinbocktage

Als Steinbocktage bezeichnen wir jene zwei oder drei Tage im Monat, in denen der Mondkalender das Tierkreiszeichen Steinbock angibt. Auf der Erde machen sich besondere Kräfte bemerkbar, die man sich in fast jedem Lebensbereich zunutze machen kann. Einige Beispiele und Grundregeln sollen hier als Anhaltspunkt und Anregung dienen.

Was an Steinbock in der Luft liegt

Die Tagesqualität ist erdig-kühl, selbst an sehr warmen Sommertagen im Steinbock wird die Hitze oftmals als nicht unangenehm empfunden, und im Schatten kühlt man schneller ab. Die ***Meditationsfarbe*** ist Grün, die Energie dieser Tage lädt zu beharrlicher, ernsthafter Arbeit bei klarem Kopf ein. Der Erfolg der Arbeit ist dauerhaft und durchschlagend.

Gesundheit und Körpereinflüsse an Steinbocktagen

Die Kraft der Steinbocktage beeinflusst das Knochengerüst, besonders die Knie, sowie unser »Tor zur Welt«, die Haut.

- Was Sie in den zwei bis drei Steinbocktagen für die Knie, für die Haut und das Knochengerüst tun, wirkt doppelt wohltuend, vorbeugend und heilend – mit Ausnahme von Eingriffen und Operationen in diesem Bereich.

- Alles, was Knochengerüst, Knie und Haut in den Steinbocktagen stärker belastet, wirkt schädlicher als an anderen Tagen.
- Wenn Sie den Termin von Eingriffen und Operationen an Knochen (besonders an den Knien) und Haut selbst bestimmen können, meiden Sie die Steinbocktage und die Zeit vom 21. Dezember bis 20. Januar und wählen Sie für den Eingriff die Zeit des abnehmenden Mondes.

Starke Belastungen des Knochengerüsts allgemein und der Knie im Besonderen können sich in den Steinbocktagen besonders spürbar auswirken. Bei jeder Bewegung sind die Knie stark gefordert. Wer etwa an Steinbock viele Treppen steigen muss, wird sicherlich den Abend herbeisehnen. Ähnlich wie an Schütze sollten Sie untrainiert oder als Anfänger keine größeren Bergtouren oder dergleichen unternehmen. Besonders Sportler mit einem angegriffenen Meniskus sollten keinesfalls übertreiben. Knieumschläge oder Einreibungen zur Vorbeugung oder Heilung wirken sich dagegen in diesen zwei oder drei Tagen besonders günstig aus. Auch für alle anderen Knochen und Gelenke kann man jetzt etwas Gutes tun – etwa durch sanfte Dehnungsübungen, die bei keiner täglichen Gymnastik fehlen sollten. Ein Aderlass am 23. Tag nach Neumond wirkt sich besonders günstig auf das Knochengerüst aus und eignet sich als begleitende therapeutische Maßname bei jeder Form von Knochen- und Gelenkserkrankung wie Rheuma, multiple Sklerose, Arthrose usw. Die Steinbocktage sind zudem für jede Form der Hautpflege und zur gezielten Therapie von Hautkrankheiten geeignet. Zahlreiche innere Störungen und Ungleichgewichte spiegeln sich auch am Zustand der Haut.

Der Mond im Steinbock in Garten und Landwirtschaft
Steinbocktage sind Wurzeltage mit aufsteigender Kraft.

Sehr günstig an Steinbock:

- Beikraut jäten (bei abnehmendem Mond)
- Gartenwege anlegen und Zäune setzen (bei abnehmendem Mond)

Günstig an Steinbock:

- Pflanzen, Setzen und Säen von Wurzel- und Wintergemüse, wenn an Fruchttagen (Widder, Löwe und Schütze) dazu keine Zeit war.
- Roden, Auslichten von Pflanzen, Waldrändern, Hecken (bei abnehmendem Mond)
- Ansetzen eines Mist- oder Komposthaufens (bei abnehmendem Mond)
- Bekämpfen von Ungeziefer, das in der Erde vorkommt
- Zwischendurch Düngen von Blumen mit schwacher Wurzelbildung
- Konservieren und Einkellern von Wurzelgemüse (etwa Sauerkraut bei abnehmendem Mond einhobeln; bei zunehmendem Mond verläuft der Gärungsprozess zu schnell)

Stiertage

Als Stiertage bezeichnen wir jene zwei oder drei Tage im Monat, in denen der Mondkalender das Tierkreiszeichen Stier angibt. Auf der Erde machen sich besondere Kräfte bemerkbar, die man sich in fast jedem Lebensbereich zunutze machen kann. Einige Beispiele und Grundregeln sollen hier als Anhaltspunkt und Anregung dienen.

Was an Stier in der Luft liegt

Stier ist ein Erdzeichen, die Tagesqualität ist kühl, erdverbunden und »realistisch«, die ***Meditationsfarbe*** ist ein kräftiges Blau. Wer sonst nicht sonderlich um seine materielle Sicherheit besorgt ist, könnte in den Stiertagen schon eher einmal inspiriert sein, an einem soliden, materiellen Lebensfundament zu bauen. Gedanken und Reaktionen werden schwerfälliger, beharrlich zu sein gelingt etwas leichter.

Gesundheit und Körpereinflüsse an Stiertagen

Der Mond im Tierkreiszeichen Stier beeinflusst den Körperbereich Kiefer und Hals. Zu dieser Region gehören Zähne und Kiefer, die Ohren, Kehlkopf und Sprachorgane, Hals und Nacken, nicht zuletzt auch die Schilddrüse.

- Was Sie in den zwei bis drei Stiertagen für den Kiefer- und Halsbereich, für Zähne, Mandeln, Ohren tun, wirkt doppelt wohltuend, vorbeugend und heilend – mit Ausnahme von Eingriffen und Operationen in diesem Bereich.
- Alles, was die Halsregion in den Stiertagen stärker belastet, wirkt schädlicher als an anderen Tagen – etwa eine starke Belastung der Stimmbänder.
- Wenn Sie den Termin von Eingriffen und Operationen im Halsbereich selbst bestimmen können, meiden Sie die Stiertage und die Zeit vom 20. April bis 21. Mai und wählen Sie für den Eingriff die Zeit des abnehmenden Mondes.

An Stier sollte man immer etwas wärmer gekleidet aus dem Haus gehen, als es dem Thermometer nach geboten erscheint. Zugluft in der Halsregion ist in diesen Tagen der schnellste Weg zum steifen Hals. Andererseits ist eine Massage der Hals-, Nacken- und Schulterpartien an Stiertagen eine wahre Wohltat.

Obwohl Halsentzündungen und Erkältungen nicht ansteckend sind, könnte man auf diesen Gedanken kommen, weil der Stier gerade im Frühjahr und Herbst viele Menschen mit krächzender Stimme reden und mit Halstüchern herumlaufen lässt. Eine Rede, an Stiertagen gehalten, kann für Ungeübte zur Qual werden und in heiserem Gekrächze enden. Wie wirksam dagegen selbst ein einfacher Tee gegen Heiserkeit oder Mandelentzündungen sein kann, erfährt jeder, der sich an Stiertagen damit etwas Gutes tut. Auch andere Medikamente gegen Halsentzündungen sind an diesen Tagen besonders wirksam.

Die Ohren sollten besonders an kalten Stiertagen nicht ungeschützt bleiben. Sie sind jetzt empfindlicher gegen Zugluft und Lärm. An Stiertagen ab und zu einen Tropfen gutes Johannisöl ins Ohr geträufelt, beugt manchem Ohrenleiden vor.

Der Mond im Stier in Garten und Landwirtschaft

Stiertage sind Wurzeltage mit aufsteigender Kraft.

Günstig an Stiertagen:

- Säen und Pflanzen von Bäumen, Büschen und Hecken; von Wurzelgemüse, wenn an Fruchttagen (Widder, Löwe und Schütze) dazu keine Zeit war; alles wächst langsam, wird dauerhaft, Erntefrüchte sind besonders zur Vorratshaltung geeignet

Günstig an Stiertagen:

- Ansetzen eines Mist- oder Komposthaufens (bei abnehmendem Mond, Mai bis Oktober)

- Bekämpfen von Ungeziefer, das in der Erde vorkommt
- Blumen mit schwacher Wurzelbildung zwischendurch düngen
- Konservieren und Einkellern von Wurzelgemüse, z. B. Kartoffeln, Karotten usw.

Ungünstig an Stiertagen ist im Gartenbereich eigentlich nichts. Nur wächst alles langsamer als sonst.

Strohdächer errichten

Der Aufbau und die Reparatur von Strohdächern gehören zu den vielen Tätigkeiten, die ganz besonders vom »richtigen Zeitpunkt« profitieren können. Anders ausgedrückt: Funktion und Lebensdauer von Strohdächern sind geradezu abhängig von der Kunst, den richtigen Zeitpunkt im Mondrhythmus zu wählen. Der Unterschied ist so groß und fühlbar, dass es fast ein Wunder ist, heute noch strohgedeckte Hütten und Häuser zu finden. Für die Handwerker, Restauratoren und Hausbesitzer könnten die folgenden Regeln zur Offenbarung werden.

Die Grundregeln für das Errichten von Strohdächern

Gut: Strohernte bei zunehmendem Mond, Eindecken bei abnehmendem Mond, wenn nicht in einem Feuerzeichen (Widder, Löwe und Schütze).

Ungünstig: Strohernte bei abnehmendem Mond, Eindecken bei zunehmendem Mond, besonders ungünstig bei Löwe, Widder und Schütze.

Wenn Sie den richtigen Zeitpunkt einhalten: Das Stroh bleibt füllig und gleichzeitig fest beieinander (wie bei einem Federbett!). Die Brandgefahr ist niedriger.
Mögliche Folgen des falschen Zeitpunkts: Zu lockeres und brüchiges Stroh mit höherer Entzündungsgefahr wegen zu starker Austrocknung.
Besondere Tipps zur Pflege von Strohdächern: Das Ausbessern von Strohdächern sollte ausschließlich bei abnehmendem Mond erfolgen. Ideal ist der abnehmende Mond in Steinbock.

Tagesqualität

Die besonderen Energien, die der Mondstand im Tierkreis Tag für Tag anzeigt, machen sich auch in der Tagesqualität bemerkbar.

Widder, Löwe und Schütze – Wärmetage

Wärmetage herrschen, wenn der Mond in den Tierkreiszeichen Widder, Löwe und Schütze steht (siehe Mondkalender). Oftmals sind das schöne Ausflugstage, die auch dann als warm empfunden werden, wenn der Himmel bewölkt ist. Sie wirken austrocknend, besonders an Löwe: An solchen Tagen sollten Sie also besonders darauf achten, genug zu trinken. An Löwe besteht manchmal im Sommer die Gefahr schnell heraufziehender Gewitter, die besonders nach längeren Hitzeperioden schlimme Folgen haben können (Hagelschlag!).

Zwillinge, Waage, Wassermann – Lichttage/Lufttage

Licht- oder Lufttage herrschen, wenn der Mond in Zwillinge, Waage oder Wassermann steht. Die Erde und die Pflanzen holen sich in dieser Zeit mehr Licht als sonst, auf uns Menschen wirken diese Tage meist angenehm. Besonders als Autofahrer verspürt man manchmal das Bedürfnis, selbst bei bewölktem Himmel eine Sonnenbrille aufzusetzen. An diesen Tagen hat Sonnenlicht eine stärker bleichende Wirkung als sonst.

Stier, Jungfrau, Steinbock – Kältetage

Kältetage bringen Stier, Jungfrau und Steinbock. Auch wenn das Thermometer höhere Temperaturen anzeigt, fühlt sich die Erde kühl an, und manchmal bekommt man schon bei der kleinsten Schäfchenwolke vor der Sonne eine Gänsehaut. Besonders bei bedecktem Himmel wirkt der Boden kühl, die Gefahr von Erkältungen und Blasenentzündungen ist größer.

Krebs, Skorpion und Fische – Feuchtetage/Wassertage

Die Feuchte- oder Wassertage Krebs, Skorpion, Fische lassen die Erde selten ganz austrocknen. Auch die Neigung zu Niederschlägen ist größer. Wenn Sie vorhaben, sich etwa zum Picknick auf der Erde niederzulassen, gehen Sie nicht ohne Decke aus dem Haus und vergessen Sie auch nicht Regenkleidung oder Regenschirm. Beobachten Sie einmal, wie sich an diesen Tagen die Fenster beschlagen.

Tagesrhythmus der Organe

Allmählich nehmen sogar Ärzte und Krankenhäuser Rücksicht darauf, dass jedes Körperorgan im Lauf von 24 Stunden einem besonderen Rhythmus unterworfen ist – dem Tagesrhythmus der Organe. Er sieht so aus: Jedes Organ durchläuft eine Hochphase, in der es zwei Stunden lang besonders gut und effizient arbeitet, um gleich darauf zwei Stunden lang eine »schöpferische Pause« einzulegen, wie aus Tabelle 11 (Seite 363) ersichtlich ist.

Wer immer nur mit beiden Beinen fest auf der Erde steht, wird nie über seinen Schatten springen.
Guido Hildebrandt

So manches rätselhafte Geschehnis findet im Organrhythmus eine einleuchtende Erklärung. Wenn Sie etwa wissen, dass die Müdigkeit zwischen 13 und 15 Uhr mittags ein gesundes, körperlich bedingtes Signal ist, müssen Sie sich (oder anderen Menschen) kein schlechtes Gewissen einreden, nur weil Sie gerade ein Anfall von »Trägheit« heimsucht. Besonders Eltern können aus den folgenden Informationen großen Gewinn ziehen, weil es ihnen leichter fallen wird, so manche Verhaltensweise ihrer Schützlinge besser zu verstehen.

Von 7 Uhr bis 9 Uhr: Magen

Der Magen arbeitet auf Hochtouren und ist bereit für Energienachschub. Aber welche Energie? Beginnen Sie Ihren Tag so, dass der Magen Sie mit Schwung und Optimismus in den Tag entlässt? Darüber entscheiden nicht die Zusammensetzung Ihres Frühstücks oder ob Sie überhaupt frühstücken, sondern das Gefühl und die Gedanken, mit denen Sie Bett und Haus verlassen. Sie haben immer die Wahl, mit welcher geistigen und körperlichen Nahrung Sie morgens Ihren aufnahmebereiten Magen (und Ihren Geist) belasten oder beschenken. Stehen Sie zeitig auf, um ein gemächliches Tempo vorlegen zu können, duschen Sie in Ruhe, essen und trinken Sie behaglich, was Ihnen schmeckt und Befriedigung gibt. Verzichten Sie auf die Zeitung, wenn Sie ihr Inhalt regelmäßig deprimiert oder ärgert. Niemand wird als

Morgenmuffel geboren. Wir werden dazu oder lassen uns dazu machen – von schlechten Schlafstätten, schlechten Nachrichten, schlechten Gedanken, was auch immer. Wie wünschen Sie sich Ihren Morgen? Was wollen Sie morgens zu verdauen haben? Was hindert Sie daran, morgens glücklich aufzustehen? Finden Sie die Antwort und schreiten Sie zur Tat.

Von 9 Uhr bis 11 Uhr: Milz/Bauchspeicheldrüse

Milz und Bauchspeicheldrüse (Pankreas) arbeiten nun mit »Volldampf«, der Magen rastet. Ein schweres Frühstück wirkt deshalb nach 9 Uhr morgens belastend. Wenn man zwischen 9 und 11 in der Frühe Süßes zu sich nimmt, steigt der Blutzuckerspiegel, der Pankreas muss schwer arbeiten, um ihn zu senken. Das sorgt nach kurzer Zeit für einen Leistungsabfall, der oftmals künstlich mit Kaffee überwunden wird – ein recht belastender Kreislauf. Verzichten Sie auf alles Süße und stark Zuckerhaltige, auch wenn es schwer fällt, zumindest während dieser zwei Stunden.

Von 11 Uhr bis 13 Uhr: Herz

Belasten Sie sich in der Hochphase der Herztätigkeit nicht mit Sattessen, sondern essen Sie nur, bis der Hunger gestillt ist. Der Körper braucht etwa 5 Minuten, um zu signalisieren, dass er die Grenze zum Sattsein überschritten hat. Wenn Sie also schon während der Mahlzeit satt sind, haben Sie zu viel gegessen! Sie fragen vielleicht: Woher soll ich wissen, dass ich in 5 Minuten satt bin? Es ist wie beim Autofahren: Sie erinnern sich vielleicht noch an Ihre ersten Fahrstunden; wissen Sie noch, wie sich langsam das Gefühl entwickelte, wann genau Sie mit dem Bremsen beginnen

Organ	*Hochphase*	*Tiefphase*
Magen	7–9 Uhr	9–11 Uhr
Milz und Bauchspeicheldrüse	9–11 Uhr	11–13 Uhr
Herz	11–13 Uhr	13–15 Uhr
Dünndarm	13–15 Uhr	15–17 Uhr
Harnblase	15–17 Uhr	17–19 Uhr
Nieren	17–19 Uhr	19–21 Uhr
Kreislauf	19–21 Uhr	21–23 Uhr
Allgemeine Energiesammlung	21–23 Uhr	23–1 Uhr
Gallenblase	23–1 Uhr	1–3 Uhr
Leber	1–3 Uhr	3–5 Uhr
Lunge	3–5 Uhr	5–7 Uhr
Dickdarm	5–7 Uhr	7–9 Uhr

Tabelle 11: **Der Tagesrhythmus der Organe**

müssen, damit Sie auch tatsächlich am Haltestreifen vor der Ampel stehen bleiben? Heute würden Sie die Frage, woher Sie wissen, wann genau Sie mit dem Bremsen beginnen müssen, auch beantworten mit: »Das hat man im Lauf der Zeit im Gefühl.« Das »In-fünf-Minuten-bin-ich-satt«-Gefühl entwickelt sich in derselben Weise. Sie müssen nur Ihren Körper kennen lernen *wollen* …

Von 13 Uhr bis 15 Uhr: Dünndarm

Gegen 13 Uhr kommt es oft zu plötzlicher Müdigkeit und Leistungsabfall. Herztätigkeit und Kreislauf sacken ab, der Dünndarm, der bei vielen Verdauungsprozessen die Hauptlast trägt, fordert sein Recht ein, arbeitet besonders gut und wünscht sich vom übrigen Körper eine Pause. Die beschauliche Siesta der südlichen Länder ist deshalb eine höchst sinnvolle Einrichtung. Dass sie sich bei uns noch nicht durchgesetzt hat, liegt an der wirren, kurzsichtigen Arbeitsmoral hierzulande, die lebensnotwendige Muße und Rast mit Faulheit verwechselt. Dass das Arbeiten zu genau festgelegten Anfangs- und Schlusszeiten erst in unserem Jahrhundert eingeführt wurde, haben wir vergessen. Zumindest längere Mittagspausen könnten Krankenstand und Krankheitskosten unserer Firmen und Institutionen drastisch verringern.

Von 15 Uhr bis 17 Uhr: Blase

Die Harnblase, ein wichtiges Entgiftungsorgan, arbeitet von 15 bis 17 Uhr nachmittags besonders gut. Alle Tees zur Blutreinigung wirken, bei abnehmendem Mond zwischen 15 und 19 Uhr getrunken, am besten. Es ist generell eine gute Sache, in diesen vier Stunden viel zu trinken.

Von 17 Uhr bis 19 Uhr: Nieren

In diesen beiden Stunden arbeiten die Nieren am besten. Wenn Sie beispielsweise die Möglichkeit haben, nach 17 Uhr einen Termin zur Fußreflexzonenmassage zu bekommen, nützen Sie die Chance: Gerade für belastete Nieren, und damit für den ganzen Körper, kann die Behandlung äußerst wirkungsvoll sein. Sollten Sie während der Behandlung zur Toilette müssen, freuen Sie sich. Unterbrechen Sie, da es sonst mit der Entspannung ein Ende hat. Nach 19 Uhr sollte möglichst nicht mehr viel getrunken werden, besonders nicht vor dem Schlafengehen. Speziell Kakao oder Milch belastet die Nieren, weil Milch nicht mehr gut verarbeitet wird.

Von 19 Uhr bis 21 Uhr: Kreislauf

Viele Eltern dürfen täglich die Erfahrung machen: Wenn es ihnen gelingt, die Kinder vor 19 Uhr zu Bett zu bringen, schlafen sie oft unproblematisch ein. Nach diesem Zeitpunkt artet das Zubettgehen oftmals in einen kleinen Kampf aus. Nicht ohne Grund: Von 19 bis 21 Uhr arbeitet der Kreislauf am besten. In dieser Zeit haben Körper und Geist meist ganz andere Dinge im Sinn als Schlaf.

Von 21 Uhr bis 23 Uhr: Allgemeine Energiesammlung

Auch in diesen beiden Stunden kommt bei vielen Menschen die Energie erst so richtig in Schwung; besonders markant bei jungen Menschen, die jetzt kaum das Ausruhen vor einem neuen Tag im Kopf haben. Vielleicht hätten sich auch viele ältere Menschen dieses Gespür bewahrt, wenn ihnen nicht über Jahre erfolgreich eingetrichtert worden wäre: »Ab ins Bett, sonst bist du morgens nicht ausgeschlafen.«

Haben Sie jemals einen wirklich schönen Abend, eine schöne Nacht bereut? Es muss ja kein Dauerzustand werden, aber lassen Sie sich nicht die Lebensunlust einreden, sonst kommt sie auch.

Von 23 Uhr bis 1 Uhr nachts: Galle

Die Gallenblase, das Organ, das mit seinen Sekreten zur Verarbeitung der Nahrung im Dünndarm beiträgt, und die Leber, das große Entgiftungsorgan, haben zwischen 23 und 3 Uhr nachts ihre große Zeit. Wer in dieser Zeit regelmäßig aufwacht, hat Grund, auf die Funktion von Galle und Leber zu achten. Verzichten Sie generell abends auf fette Speisen. Fettreiche Abendmahlzeiten belasten diese Organe zusätzlich und hindern sie an optimaler Funktion.

Von 1 Uhr bis 3 Uhr nachts: Leber

Dass Ruhe für die Leber gut ist, dass sogar Schlafkuren für ihre Erholung verschrieben werden, hängt sicherlich damit zusammen, dass sich die Leber nur im Schlaf regenerieren und ihre lebenswichtige Entgiftungsarbeit leisten kann. Wird also die Leber zwischen 2 und 3 Uhr nachts stark belastet (etwa durch Alkohol oder Schlafmangel), dann ist das besonders nachteilig. Keine unwesentliche Rolle bei der Erholung spielt eine gute Durchwärmung des Körpers (die ja im Bett meist gegeben ist).

Von 3 Uhr bis 5 Uhr früh: Lunge

Bergsteiger und Tourengeher haben die Erfahrung gemacht, dass der Start um 3 Uhr früh allgemein viel mehr in Schwung bringt als etwa um 5 Uhr morgens: Die Hoch-Zeit der Lungen währt nämlich von 3 Uhr bis 5 Uhr früh. Der gute Start lässt sie den Kräfteabfall nach 5 Uhr früh viel besser überbrücken – man hat sich eingelaufen. Der Hustenreiz am Morgen, den Raucher manchmal erleben, hängt damit zusammen. Die Lunge hat in der Nacht ganze Arbeit geleistet, um nach außen zu transportieren, was nicht hineingehört.

Von 5 Uhr bis 7 Uhr früh: Dickdarm

Etwa zwei Stunden lang hält sich die Nahrung im Dünndarm auf, etwa 20 Stunden im Dickdarm. Zwischen 5 und 7 Uhr morgens kann man die entgiftende Arbeit des Dickdarms wirksam unterstützen, wenn man etwa ein Glas lauwarmes Wasser trinkt. Einige Schlucke genügen schon, das fördert die Verdauung enorm.

Wenn Sie nach und nach mit dem Rhythmus der Organe vertraut geworden sind, können Sie zahlreiche dem Wohlbefinden und der Gesundheit dienende Maßnahmen auch tagsüber, unabhängig vom Mondstand, zum richtigen Zeitpunkt vornehmen und damit ihre Wirkung noch erhöhen – etwa das Zuführen von Heilmitteln oder das Ausschwemmen von Giften.

Das, worauf es ankommt, können wir nicht vorausberechnen. Die schönste Freude erlebt man immer da, wo man sie am wenigsten erwartet.
Antoine de Saint-Exupéry

Tanzen

Schwingen Sie Tanzbein und Hüften, wann immer es geht! Eine echte und erfolgreiche Körperpflege und Gesundheitsvorbeugung ist ohne Bewegung und Gymnastik nicht möglich. Aber vielleicht lassen Sie sich von uns inspirieren. Warum wirken Menschen, die viel tanzen, so unglaublich gesund? Tanzen – ob klassisch oder modern – gehört zu den wirksamsten und erfolgreichsten Heilmitteln dieser Welt! Also auf zum Tanz!

Die Grundregeln für das Tanzen

Sehr gut: Fast immer.

Gut: Fast immer.

Neutral: Selten.

Ungünstig: Selten.

Sehr ungünstig: Nur, wenn Sie fiebrig oder fußkrank sind, und dann können Sie immer noch mit den Fingern schnippen und mitsingen!

Besondere Tipps zum Tanzen: Tanzen Sie im Uhrzeigersinn! Dadurch können Sie sich erst richtig entgiften und entstrahlen. Linksdrehungen zwischendurch sind in Ordnung, sie wirken jedoch auf Dauer stauend und machen aggressiv und launisch. Würden die Ärzte jedem Patienten verschreiben, mindestens einmal wöchentlich zum Tanzen zu gehen, so könnte manches kleine Leiden kuriert werden.

Tanzen gehört übrigens zu den besten Heilmitteln gegen Depressionen. Eine ganze Nacht wach bleiben, durchtanzen, vielleicht eine Vollmond-Party feiern: Die Erfahrung wird für sich selbst sprechen.

Tierpflege und -haltung

An dieser Stelle möchten wir Sie daran erinnern, dass alle Mondregeln auf dem Gebiet der Heilkunde und Gesundheitsvorsorge auch für Tiere Gültigkeit besitzen. Ihr Hausgenosse spricht ebenso gut auf Operationen zum richtigen Zeitpunkt an, wie es Menschen tun. Und ein wenig kürzer treten mit der Nahrungsaufnahme an Neu- und Vollmond würde einem übergewichtigen Haustier ebenso viel nützen wie uns Menschen.

Was das Decken betrifft: Unserer Erfahrung nach funktioniert das Decken am besten bei zunehmendem Mond. Je näher der Vollmond rückt, desto besser; wenn gleichzeitig auch noch der Mond im Löwen steht, herrschen ideale Bedingungen. Auch gut ist generell das Tierkreiszeichen Skorpion, gleichgültig, ob der Mond zu- oder abnimmt.

Alle übrigen Regeln, Tiere betreffend, finden Sie unter den jeweiligen Stichworten.

Alles Gute auf der Welt kommt direkt aus unserer Seele. Alles Böse auf der Welt kommt aus dem Nebel, der sich über unsere Seele gelegt hat. Wandern Sie durch den Nebel, bis es licht wird. Hören Sie nicht auf, zu wandern. Sie kommen ans Ziel. Ob es eine Abkürzung gibt? Ja, die gibt es. Es ist die Einsicht, dass wir selbst den Nebel erzeugen.

Übergehender Mond (auch: »über sich gehender Mond«) siehe: ***Absteigender Mond***

Umtopfen, Umsetzen und Umpflanzen

Gerade bei älteren Pflanzen und vor allem bei alten Bäumen ist es wichtig, auf den Zeitpunkt des Verpflanzens zu achten. »Einen alten Baum verpflanzt man nicht«, sagt ein altes Sprichwort. Was echte Bäume betrifft, so stimmt das nicht:

Wenn Sie den richtigen Zeitpunkt nutzen, dann wird auch eine ältere Pflanze und ein alter Baum wieder anwachsen. Ob Balkonpflanzen, junge und alte Bäume, Sträucher, Alleen, Hecken, Setzlinge usw. – was immer Sie umpflanzen, gedeiht, wenn der Zeitpunkt stimmt.

Die Grundregeln für das Umtopfen, umsetzen und umpflanzen

Sehr gut: Bei Jungfrau.

Gut: Bei zunehmendem Mond mit Ausnahme von Wassermann und bei Vollmond.

Ungünstig: Bei Wassermann in zunehmendem Mond und bei abnehmendem Mond.

Sehr ungünstig: Bei Wassermann im abnehmenden Mond und bei Neumond.

Wenn Sie den richtigen Zeitpunkt einhalten: Die Chancen, dass alles wieder gesund anwächst und Wurzeln bildet, stehen bestens.

Mögliche Folgen des falschen Zeitpunkts: Je älter die Pflanzen, desto größer die Gefahr, dass sie die Aktion nur geschwächt oder gar nicht überdauern.

Besondere Tipps zum Umtopfen und Umsetzen: Achten Sie auf die Jahreszeit: Dass das Verpflanzen im Frühjahr oder Herbst geschehen soll, versteht sich fast von selbst. Bei Bäumen die Grube vorher gut einschwemmen und darauf achten, dass die Wurzeln so wenig wie möglich dem Licht ausgesetzt sind! Also am besten abends arbeiten.

Für Stecklinge ist die Zeit des zunehmenden und absteigenden Mondes ebenfalls gut geeignet. Sie wachsen rasch an und bilden in kurzer Zeit neue Feinwurzeln. Die Jungfrautage eignen sich wieder am besten.

Unkraut entfernen siehe: ***Beikräuter regulieren***

Untergehender Mond (auch »Unter sich gehender Mond«) siehe: ***Aufsteigender Mond***

Unterschenkelregion – Eingriffe an Unterschenkel und Venen

Haben Sie schon das Stichwort ***Eingriffe, operative*** gelesen? Es wäre sinnvoll, dort kurz nachzusehen, bevor Sie den Termin für den richtigen Zeitpunkt einer Operation eruieren.

Wir möchten Sie erinnern: Vieles entscheidet über den Erfolg eines chirurgischen Eingriffs – von der Kompetenz des Arztes über den allgemeinen Gesundheitszustand des Patienten bis hin zur Verfügbarkeit der nötigen Instrumente. Und nicht zuletzt spielen auch schicksalhafte Umstände eine Rolle. Der Ausgang von Notoperationen beispielsweise gehorcht sicherlich höheren Gesetzmäßigkeiten.

Manche Umstände und Faktoren bei Operationen sind beeinflussbar, manche nicht. Sicher ist aber: Auch Mondstand und Mondphase zum Zeitpunkt chirurgischer Eingriffe beeinflussen deren Erfolg oder Misserfolg.

Die Grundregel ist sehr einfach: Man sollte jeglichen Eingriff im Körper möglichst bei *abnehmendem Mond* vornehmen – je schwieriger und umfassender der Eingriff, desto wichtiger die Regel.

Die Grundregeln für Eingriffe an den Unterschenkeln und Venen

Gut: Bei abnehmendem Mond, jedoch nicht in Steinbock, Wassermann, Fische.

Ungünstig: Bei zunehmendem Mond.

Sehr ungünstig: Bei zunehmendem Mond in Steinbock, Wassermann, Fische sowie drei Tage vor Vollmond bis einschließlich Vollmond, gleichgültig in welchem Zeichen.

Wenn Sie den richtigen Zeitpunkt einhalten: Geringere Blutungsneigung und geringere Narbenbildung. Schnellerer Heilungsverlauf, geringere Gefahr von Komplikationen.

Mögliche Folgen des falschen Zeitpunkts: Komplikationen und Infektionen nach Operationen kommen bei zunehmendem Mond häufiger vor, Heilungs- und Genesungsphasen dauern in der Regel länger. Gegen Vollmond kommt es häufiger zu stärkeren, schwer stillbaren Blutungen. Auch die Vernarbung verläuft nicht ungestört, die Gefahr hässlicher, bleibender Narben ist viel höher. Manchmal sind mehrfache Operationen nötig, um ein einigermaßen befriedigendes Ergebnis zu erzielen. Größere Gefahr von Nerven- und Phantomschmerzen.

Und nicht vergessen: Wichtig ist die Frage, ob der Eingriff überhaupt nötig ist! Bedenken Sie, dass bestimmte, nicht lebensrettende Operationen (an Gallenblase, Blinddarm, Mandeln usw.) bei Ärzten und Rechtsanwälten bis zu 80 Prozent seltener vorgenommen werden als im Durch-

schnitt an der übrigen Bevölkerung: sicherlich nicht deshalb, weil diese Berufsgruppen gesünder leben. Holen Sie deshalb vor größeren Eingriffen immer eine zweite Meinung ein. Das kann nicht schaden.

Besonders der Eingriff gegen Krampfadern unterliegt dem Einfluss des Wassermanns. Niemals sollten an Wassermann Krampfadern operiert werden, sie würden wieder kommen.

Verdauungsorgane – Eingriffe an den Verdauungsorganen

Haben Sie schon das Stichwort ***Eingriffe, operative*** gelesen? Es wäre sinnvoll, dort kurz nachzusehen, bevor Sie den Termin für den richtigen Zeitpunkt einer Operation eruieren.

Wir möchten Sie erinnern: Vieles entscheidet über den Erfolg eines chirurgischen Eingriffs – von der Kompetenz des Arztes über den allgemeinen Gesundheitszustand des Patienten bis hin zur Verfügbarkeit der nötigen Instrumente. Und nicht zuletzt spielen auch schicksalhafte Umstände eine Rolle. Der Ausgang von Notoperationen beispielsweise gehorcht sicherlich höheren Gesetzmäßigkeiten.

Manche Umstände und Faktoren bei Operationen sind beeinflussbar, manche nicht. Sicher ist aber: Auch Mondstand und Mondphase zum Zeitpunkt chirurgischer Eingriffe beeinflussen deren Erfolg oder Misserfolg.

Die Grundregel ist sehr einfach: Man sollte jeglichen Eingriff im Körper möglichst bei *abnehmendem Mond* vornehmen – je schwieriger und umfassender der Eingriff, desto wichtiger die Regel.

Die Grundregeln für Eingriffe an den Verdauungsorganen

Gut: Bei abnehmendem Mond, jedoch nicht in Löwe, Jungfrau, Waage.

Ungünstig: Bei zunehmendem Mond

Sehr ungünstig: Bei zunehmendem Mond in Löwe, Jungfrau, Waage sowie drei Tage vor Vollmond bis einschließlich Vollmond, gleichgültig in welchem Zeichen.

Wenn Sie den richtigen Zeitpunkt einhalten: Geringere Blutungsneigung und geringere Narbenbildung. Schnellerer Heilungsverlauf, geringere Gefahr von Komplikationen.

Mögliche Folgen des falschen Zeitpunkts: Komplikationen und Infektionen nach Operationen kommen bei zunehmendem Mond häufiger vor, Heilungs- und Genesungsphasen dauern in der Regel länger. Gegen Vollmond kommt es häufiger zu stärkeren, schwer stillbaren Blutungen. Auch die Vernarbung verläuft nicht ungestört, die Gefahr hässlicher, bleibender Narben ist viel höher. Manchmal sind mehrfach Operationen nötig, um ein einigermaßen befriedigendes Ergebnis zu erzielen. Größere Gefahr von Nerven- und Phantomschmerzen.

Und nicht vergessen: Wichtig ist die Frage, ob der Eingriff überhaupt nötig ist! Bedenken Sie, dass bestimmte, nicht lebensrettende Operationen (an Gallenblase, Blinddarm, Mandeln usw.) bei Ärzten und Rechtsanwälten bis zu 80 Prozent seltener vorgenommen werden als im Durch-

schnitt an der übrigen Bevölkerung: sicherlich nicht deshalb, weil diese Berufsgruppen gesünder leben. Holen Sie deshalb vor größeren Eingriffen immer eine zweite Meinung ein. Das kann nicht schaden.

Magen- und Darmoperationen können Wunder wirken oder Schaden anrichten. Achten Sie deshalb immer auf den richtigen Zeitpunkt, auch bei Darmspiegelungen oder ähnlichen Eingriffen!

Veredeln (Pfropfen)

Zu den diffizilen Arbeiten im Garten gehört das Veredeln (auch: Okulieren, Pfropfen usw.) von Obstbäumen. Veredeln bedeutet das Verbinden eines Edelfrüchte oder -blüten tragenden Reises mit einer unedlen, aber wuchskräftigen Basispflanze und verfolgt meist den Zweck, ein gesundes und kraftvolles Wachstum gekoppelt mit größerer Widerstandskraft zu erzielen. Meist wagen sich nur erfahrene Gärtner an diese Aufgabe. Bei Beachtung der einfachen Regeln vom richtigen Zeitpunkt kann sie jedoch jedem gelingen.

Die Grundregeln für das Veredeln

Sehr gut: Kurz vor Vollmond, wenn Widder, Löwe, oder Schütze herrscht (kommt nicht allzu oft vor).

Gut: Bei zunehmendem Mond an Widder, Löwe und Schütze.

Ungünstig: Bei abnehmendem Mond.

Sehr ungünstig: Bei abnehmendem Mond an Krebs, Skorpion oder Fische.

Wenn Sie den richtigen Zeitpunkt einhalten: Das Reis verbindet sich problemlos mit dem Untergrund und wächst kräftig heran.

Mögliche Folgen des falschen Zeitpunkts: Das Reis wird möglicherweise abgestoßen, die Schnittflächen trocknen zu schnell, bevor sich die Lebenskräfte verbinden können.

Besondere Tipps zum Veredeln: Versuchen Sie, nahe am Vollmond zu veredeln. Wie viele Tage vor Vollmond Sie arbeiten, so viele Jahre braucht die Pflanze bis zum Fruchttragen. Schneiden Sie Reiser zum Veredeln nach Möglichkeit nicht vor dem 21. Januar und immer bei zunehmendem Mond!

Verputzen und Ausbessern

Verputzen und Ausbessern sind zwei Tätigkeiten, mit denen sich viele Hände beschäftigen. Es gibt ungeheuer viel zu tun, besonders auf dem Gebiet der Erhaltung von denkmalgeschützten Gebäuden. Gerade bei alten Schlössern, Kirchen und Kapellen könnte man sich Unsummen sparen, wenn man bei der Renovierung auf den richtigen Zeitpunkt achtete. Wir kennen inzwischen einige Beamte, die den Mut haben, in ihrem Zuständigkeitsbereich nach den Mondregeln zu arbeiten – im Gartenbau, bei der Wildbachverbauung und auch beim Renovieren –, aber in der Regel ist es immer noch von Nachteil, wenn der Staat für solche Dinge zuständig ist. Dabei hätte gerade er die Möglichkeit, Firmen anzuweisen, auf den richtigen Zeitpunkt zu achten.

Selbst an Neubauten lassen sich außen und innen oftmals Risse im Putz beobachten, manchmal fallen gar schon nach kurzer Zeit ganze Putzscheiben aus der Mauer. Die Gründe dafür werden meist in der Qualität der verwendeten Baustoffe, in den Wetterverhältnissen oder in starken Temperatur- und Luftfeuchteschwankungen gesucht, selten jedoch im falschen Zeitpunkt der Arbeit, der Hauptursache. Solchen unerwünschten Folgeerscheinungen können Sie aus dem Weg gehen.

Die Grundregeln für das Verputzen und Ausbessern

Sehr gut: Bei abnehmendem Mond in Steinbock.

Gut: Bei abnehmendem Mond, jedoch nicht in Krebs, Skorpion und Fische.

Ungünstig: Generell bei zunehmendem Mond, aber auch bei abnehmendem Mond im Krebs und bei Vollmond.

Sehr ungünstig: Generell bei zunehmendem Mond in Krebs und Löwe und besonders bei Vollmond in Krebs oder Löwe.

Wenn Sie den richtigen Zeitpunkt einhalten: Der Putz bleibt fest und dauerhaft. Die Ausbesserungsarbeit hält viel länger. Die Übergänge zwischen neuem und altem Putz sind viel schöner. Sie können auf biologische Lösungen zurückgreifen.

Mögliche Folgen des falschen Zeitpunkts: Putz kann Risse bilden und sich schon nach kurzer Zeit wieder lösen. Bei Krebs haftet der Putz schlecht, Mauerwerk wird feucht. Löwe ist ungünstig, weil die Trocknung zu rasch verläuft – der Putz verbindet sich dadurch nicht gut mit der Unterlage und bröckelt später wieder ab.

Besondere Tipps zum Verputzen: Wenn Sie dann den Putz anstreichen, sollten Sie es bei abnehmendem Mond in einem Luft- oder Feuerzeichen tun. Feuchte Keller sind bei abnehmendem Mond in Löwe zu streichen.

Viehaustrieb auf die Weide

Entscheidend für das Verhalten der Tiere auf der Weide ist der Tag des ersten Austriebs. Wenn man den absteigenden Mond (besonders die Waagetage) wählt, bleiben die Tiere gern auf der Weide und drängen nicht heim, bevor sie satt sind. Es sollte jedoch gleichzeitig ein Montag, Mittwoch, Freitag oder Samstag sein.

Niemals sollte man an Dienstagen oder Donnerstagen das Vieh zum ersten Mal auf die Weide treiben! Besonders beim Almauf- und -abtrieb wird heute noch auf diese Regel geachtet. Auch sind diese Tage ungeeignet, um Vieh an andere Orte zu bringen oder nach dem Kauf heimzuholen. Sie sind nicht so freigebig mit ihrer Milch und werden später oft nicht trächtig.

Vermeiden sollte man auch Löwe- und Krebstage. Der Austrieb an Löwetagen macht die Tiere wild, sie sind dann nicht leicht zu bändigen. Bei Krebs kommen sie immer wieder zur Stalltür, gerade das Almvieh.

Im Herbst sollte das Vieh bei zunehmendem Mond zum letzten Mal auf die Weide gelassen werden.

Vollmond

Bei seinem etwa 28 Tage währenden Umlauf um die Erde wendet der Mond der Erde stets nur eine Seite zu, er dreht sich nicht um sich selbst. Wandert der Mond – von der Erde aus gesehen – genau hinter die Erde, mit Sonne, Erde und Mond fast auf einer Linie, dann ist sein Gesicht gänzlich von der Sonne beschienen. Auf der Erde herrscht nun für kurze Zeit Vollmond. In Kalendern ist der Vollmond als weiße Scheibe eingezeichnet.

Steht die Erde *ganz genau* zwischen Sonne und Mond, dann bedeckt der Erdschatten die Mondoberfläche: Bei klarem Wetter kann man von der Nachtseite der Erde aus eine längere »totale Mondfinsternis« beobachten, wenn man sich genau in diesem Schatten befindet.

In den wenigen Stunden des Vollmonds macht sich auf der Erde bei Mensch, Tier und Pflanze eine deutlich spürbare Kraft bemerkbar, wobei der Richtungswechsel der Mondimpulse von zunehmend zu abnehmend stärker empfunden wird als der Kraftwechsel bei Neumond. Im Wesentlichen ist es dieselbe Kraftwirkung wie bei ***zunehmendem Mond*** (siehe dort), jedoch ist sie bei Vollmond am stärksten ausgeprägt: »Mondsüchtige« Menschen wandeln im Schlaf, Wunden bluten stärker als sonst, an diesem Tag gesammelte Heilkräuter entfalten größere Kräfte, jetzt beschnittene Bäume könnten absterben, Polizeireviere verzeichnen oftmals eine Zunahme von Gewalttaten und Unfällen, Hebammen haben viel zu tun.

Bei Vollmond einen Tag lang zu fasten ist von Vorteil, weil der Körper alle Stoffe sehr gut aufnimmt – auch die zahlreichen künstlichen Zusatzstoffe, die unsere Nahrungsmittel vielfach aufweisen. Wasser sammelt sich an diesem Tag schneller in den Geweben, das Bindegewebe wird weich. Der Heilungsverlauf nach Operationen ist an diesem Tag am ungünstigsten, Wunden bluten stärker als sonst. Es kommt häufiger zu Überschwemmungen.

Vollmondzeitpunkt

Manche Leser haben uns gefragt, wann *genau* eigentlich der Vollmondtag ist, wann *genau* Neumond herrscht – etwa als Reaktion auf die Anregung, an Voll- und Neumond einen Fastentag einzulegen. Wie so oft hängt die Antwort davon ab, um welche Tätigkeit es sich handelt, die vom richtigen Zeitpunkt profitiert. Sie müssen Ihr Gespür walten lassen, wenn Sie sich entscheiden, welchen Tag Sie zum Neu- und Vollmondtag erklären. Und bei Operationen ist es sinnvoll, auf die Uhrzeit zu achten.

Wenn beispielsweise der Vollmond zwischen 12 Uhr mittags und 23.59 Uhr abends eintritt, dann würden wir persönlich diesen Tag als Vollmondtag bezeichnen und nur Tätigkeiten ausführen, die vom zunehmenden Mond oder Vollmond begünstigt sind. Steht jedoch bei Vollmond 3.20 Uhr früh im Kalender, dann ist der ganze Tag schon vom abnehmenden Mond beeinflusst, und wir würden uns danach richten, obwohl dieser Tag vielfach als »Vollmondtag« bezeichnet wird. Letztlich liegt aber die Entscheidung bei Ihnen.

Vom richtigen Zeitpunkt

Vom richtigen Zeitpunkt heißt unser Klassiker, mit dem alles anfing; er steht seit 1994 in den Bestsellerlisten und ist bis heute in 18 Sprachen übersetzt worden.

Sie erfahren darin die Grundregeln des Mondwissens in allen Lebensbereichen – von der Heilkunde über Gartenbau, Land- und Forstwirtschaft bis zur Haushaltsführung mit leichter Hand.

Ein besonderes Anliegen war es uns, Möglichkeiten zu zeigen, wie man im eigenen Garten mit einfachen, natürlichen Methoden und mit Hilfe des richtigen Zeitpunkts auf jede Chemie und jedes Düngemittel verzichten kann. Schrebergärten und Eigenheimgärten sind heutzutage vielfach wahre Giftmüllhalden: Wussten Sie, dass der größte Teil der Schädigung unserer Böden und unseres Grundwassers von Privat- und Schrebergärten ausgeht?

Ein Tipp deshalb: Gehen Sie öfter in halbwegs unberührter Natur spazieren, in Flussauen, im Mittelgebirge, auf Bergalmen, und beobachten Sie einmal, was die Natur von sich aus tut, wo der Mensch nicht eingreift. Schauen Sie, wie alles wächst und harmoniert und zusammenpasst und gedeiht, wo nicht gepflanzt und gedüngt und gegossen wird. Was Sie sehen, ist Perfektion. Lernen Sie von dieser Vollkommenheit und erkennen Sie, wie mühelos Sie aus Ihrem Garten im nächsten Jahr ein kleines Paradies machen können.

Der schönste Garten in unserer Nachbarschaft entstand, weil sein Besitzer *nichts* gepflanzt hatte. Er wartete nur, was Flugsamen vorbeibrachten, was von selbst aufging, und beseitigte immer nur bei abnehmendem Mond, woran er keine Freude hatte. Der Ort ist eine wahre Oase der Erholung und Freude, die kein Gramm Dünger erfordert und keinen Tropfen Trinkwasser. Natürlich wollen wir damit nicht anregen, im Garten gar nichts mehr zu tun: Die Gartenarbeit ist ja für viele Menschen das allerschönste Hobby, was wir nur zu gut verstehen können. Aber noch schöner, noch befriedigender kann es werden, wenn wir in Harmonie mit der Natur leben lernen, anstatt ihr unseren Willen aufzwingen zu wollen. Mit *Vom richtigen Zeitpunkt* haben wir unseren Teil dazu beitragen wollen, dass dieses Gefühl wieder überall wächst.

Vorratskauf siehe: ***Ernte, Einkauf auf Vorrat und Lagern***

Waagetage

Als Waagetage bezeichnen wir jene zwei oder drei Tage im Monat, in denen der Mondkalender das Tierkreiszeichen Waage angibt. Auf der Erde machen sich besondere Kräfte bemerkbar, die man sich in fast jedem Lebensbereich zunutze machen kann. Einige Beispiele und Grundregeln sollen hier als Anregung dienen.

Was an Waage in der Luft liegt

Die Waagetage veranlassen oft zu der Frage »Welches Zeichen herrscht eigentlich heute?« – auch bei Menschen, deren Gespür für die zwölf Mondimpulse gut entwickelt ist. Die Waage-Energie ist so neutral ausgleichend und manchmal federleicht, dass sie eben kein deutliches Zeichen von sich gibt. An solchen Tagen kann es wirklich problematisch werden, Entscheidungen treffen zu müssen. Die ***Meditationsfarbe*** (siehe dort) der Waagetage ist Orange.

Gesundheit und Körpereinflüsse an Waagetagen

Die eher neutrale Kraft der Waagetage berührt besonders den Hüftbereich sowie Blase und Nieren.

- Was Sie in den zwei bis drei Waagetagen für die Hüfte sowie für Nieren und Blase tun, wirkt doppelt wohltuend, vorbeugend und heilend – mit Ausnahme von Eingriffen und Operationen in diesem Bereich.
- Alles, was Hüfte, Nieren und Blase in den Waagetagen stärker belastet, wirkt schädlicher als an anderen Tagen.

- Wenn Sie den Termin von Eingriffen und Operationen an der Hüfte sowie an Nieren und Blase selbst bestimmen können, meiden Sie die Waagetage und die Zeit vom 23. September bis 23. Oktober und wählen Sie für den Eingriff die Zeit des abnehmenden Mondes.

Die Tagesqualität ist zwar hell-luftig, doch zu Blasen- und Nierenentzündungen kommt es an diesen Tagen leichter, weil schon eine feuchte Badehose die Nieren- und Beckenregion belastet. Achten Sie deshalb besonders auf eine gute Durchwärmung dieser Körperzone. Eine vorbeugende Maßnahme ist, nachmittags zwischen 15 und 19 Uhr viel zu trinken, um Blasen und Nieren gut durchzuspülen. Sammeln Sie in diesen Stunden weiße Taubnesseln, deren Blüten sich zu einem hervorragenden Blasentee verarbeiten lassen. Gezielte Gymnastik für den Beckenbereich tut ebenfalls besonders gut. Die beste uns bekannte Vorbeugung gegen Cellulitis ist es, an Waagetagen Hüfte, Beckenbereich und Oberschenkel mit einem guten Gewebestrafföl einzumassieren.

Der Mond in Waage in Garten und Landwirtschaft
Waagetage sind Blütentage mit absteigender Kraft. Es ist ein neutrales Zeichen, fast keine Arbeit im Garten wirkt sich an diesem Tag besonders ungünstig oder besonders gut aus. Günstig ist höchstens das Säen und Setzen von Blumen und Blütenheilkräutern.

Wärmetage

Das sind jene Tage, in denen der Mond die Tierkreiszeichen Widder, Löwe oder Schütze durchwandert; siehe: ***Tagesqualität.***

Wäsche waschen

Machen Sie doch einmal einen einfachen Test, der mehr sagt als tausend Worte: Legen Sie bei abnehmendem Mond kurz vor Neumond ein normal verschmutztes Wäschestück ins Waschbecken mit lauwarmem Wasser und fügen Sie wenig Waschmittel oder Schmierseife hinzu. Tun Sie dasselbe bei zunehmendem Mond kurz vor Vollmond und bei gleichen Bedingungen und vergleichen Sie, was nach ein bis zwei Stunden geschehen ist.

Das Ergebnis wird Sie überraschen: Bei zunehmendem Mond bleibt die Lauge sauber und die Wäsche schmutzig. Bei abnehmendem Mond löst sich der Schmutz; schon an der Lauge erkennt man, wohin der Schmutz gewandert ist.

Vielleicht haben Sie ja auch schon die Erfahrung gemacht, dass manchmal alles besonders frisch und luftig riecht, obwohl Waschgang und Waschmittelmenge so wie immer waren. Ob eine Arbeit gut oder schlecht von der Hand geht, ob der Raum oder die Wäsche zufriedenstellend sauber werden, hängt viel vom Zeitpunkt der Arbeit ab.

Die Grundregeln für das Wäsche waschen

Sehr gut: Bei abnehmendem Mond an Krebs, Skorpion, Fische.

Gut: Bei abnehmendem Mond.

Ungünstig: Bei zunehmendem Mond.

Sehr ungünstig: Bei Vollmond.

Wenn Sie den richtigen Zeitpunkt einhalten: Sie sparen viel Waschpulver, das Gewebe wird geschont und bleibt haltbarer, hartnäckige Flecken lassen sich leichter entfernen. Das Waschmittel löst sich gänzlich aus der Wäsche.

Mögliche Folgen des falschen Zeitpunkts: Wäsche wird nicht so sauber, stärkere Schaumbildung; mehr Waschmittel bleibt in der Wäsche und kann Allergien auslösen.

Besondere Tipps zum Wäschewaschen: Schmutzwäsche, die nicht gleich gewaschen wird, nicht irgendwo zusammengeknüllt und fern von frischer Luft lagern – die Gefahr der Bildung von Stockflecken ist an Wassertagen im zunehmenden Mond größer. Wenn zunehmender Mond herrscht, dann frisch gewaschene Wäsche sofort aus der Maschine nehmen und zum Trocknen aufhängen, sonst entwickelt sie modrigen Geruch und muss schlimmstenfalls noch einmal gewaschen werden.

Ein Tipp für Fettflecken (besonders Wagenschmiere oder Fahrradölflecken): Bei abnehmendem Mond an einem Wassertag mit etwas Schmalz einreiben. Anschließend »normal« waschen.

Verwenden Sie möglichst keine Waschmittel-Tabletten. Damit ist Ihnen die Kontrolle über die Menge aus der Hand genommen – Sie können die Tatsache nicht nützen, dass Sie bei abnehmendem Mond weniger Waschmittel brauchen.

Zur Körperpflege gehört übrigens auch, dass man den Körper nicht pausenlos jenen giftigen Stoffen aussetzt, mit denen heutzutage sehr viele Kleidungsstücke versetzt sind. Farbstoffe, Pflanzenschutzmittel, Schwermetalle, etwa 3000 verschiedene Zusatzchemikalien und nicht zuletzt Waschmittelreste wirken vielfach als Allergieauslöser. Achten Sie auf Biosiegel bei Kleidungsstücken, fragen Sie nach und vor allem: Machen Sie es sich zur festen Gewohnheit, jedes neu gekaufte Kleidungsstück, das direkt auf der Haut getragen wird, vor dem ersten Tragen gründlich zu waschen, am besten bei abnehmendem Mond.

Gerade in vielköpfigen Familien ist es natürlich unmöglich, alle Wäsche, die im Haushalt anfällt, nur bei abnehmendem Mond zu waschen. Wir vertrauen jedoch Ihrem Erfindungsreichtum, zumindest den Versuch zu unternehmen, das Hauptgewicht der Arbeit auf den abnehmenden Mond zu verlegen. Die Ergebnisse dieser Umstellung werden für sich selbst sprechen und die Inspiration wecken, weitere Änderungen in Ihren Arbeitsabläufen vorzunehmen.

Warzenbehandlung

Der Erfolg der Behandlung von Warzen ist in ganz besonderer Weise von den Mondrhythmen abhängig. So sehr, dass die Behandlung zum falschen Zeitpunkt ein geradezu »ideales« Mittel ist, um das Wachstum der Warzen zu fördern – ähnlich wie bei der Krampfaderbehandlung. Diese besondere Mondabhängigkeit der Warzen ist es auch, die schon viele Pferdenarren zu überzeugten Anwendern des Mondwissens werden ließ. Pferde leiden besonders häufig unter Warzenbildung und profitieren von der Behandlung zum richtigen Zeitpunkt.

Die Grundregeln für die Warzenbehandlung

Gut: Von Vollmond bis Neumond (genau auf den Zeitpunkt achten!).

Sehr ungünstig: Generell bei zunehmendem Mond.

Die Grundregeln für die Warzenentfernung

Gut: Bei abnehmendem Mond, jedoch nicht in Krebs und Steinbock und nicht in dem Tierkreiszeichen, das die Körperzone regiert, in welcher sich die Warze befindet (siehe ***Körperregionen und Tierkreiszeichen*** mit Tabelle auf Seite 422).

Ungünstig: Generell bei zunehmendem Mond und bei abnehmendem Mond in Krebs und Steinbock.

Sehr ungünstig: Bei zunehmendem Mond in Krebs und Steinbock sowie drei Tage vor Vollmond bis einschließlich Vollmond.

Wenn Sie den richtigen Zeitpunkt einhalten: Die Chance, dass die Warzen verschwinden, ist größer.

Mögliche Folgen des falschen Zeitpunkts: Bei zunehmendem Mond behandelte Warzen kommen wieder oder vermehren sich. Besonders Operationen bei zunehmendem Mond können sich sehr ungünstig auswirken!

Besondere Tipps für die Warzenbehandlung:

- Unbedingt bei Neumond mit jeder Form der Warzenbehandlung aufhören! Hier ist sogar die genaue Tageszeit des Neumondes wichtig. Wenn die Behandlung bei Neumond noch nicht erfolgreich abgeschlossen ist, hören Sie trotzdem unbedingt damit auf und beginnen Sie erst wieder beim nächsten Vollmond!
- Der Saft des Schöllkrauts (wächst fast überall, auch in Städten) ist ein hochwirksames und bewährtes Warzenmittel. Beginnen Sie mit der Behandlung am Vollmondtag und streichen Sie die Warzen jeden Tag mit frischem

Schöllkrautsaft ein. Es genügt, ein Blatt abzubrechen; der Saft ist orangefarben und tritt aus dem abgebrochenen Stiel aus. Führen Sie die Behandlung bis Neumond fort, auch wenn die Warze schon vorher verschwunden ist. Achten Sie auf Ihre Kleidung, Flecken durch Schöllkrautsaft sind nur sehr schwer zu entfernen. Auch das Einreiben der Warzen morgens auf nüchternen Magen mit dem eigenen Speichel ist ein gutes Mittel, jedoch nicht so schnell wirksam wie Schöllkrautsaft.

- Mit Knoblauch und bei abnehmendem Mond lassen sich die besonders schmerzhaften Dornwarzen an den Fußsohlen gut entfernen. Schneiden Sie dazu abends in ein Pflaster ein Loch und heften Sie es auf die Warze, so dass sie frei bleibt. Halbieren Sie eine frische Knoblauchzehe, fixieren Sie sie mit einem weiteren Pflaster auf der Warze und tragen Sie dieses »Kombipflaster« die ganze Nacht. Morgens, wenn möglich erst nach dem Duschen, entfernen Sie das Ganze, wiederholen es abends mit einer frischen Knoblauchzehe und hören *bei Neumond* auf. Nach und nach färbt sich die Warze schwarz und kann schließlich ganz einfach herausgehoben werden.

Wassermanntage

Als Wassermanntage bezeichnen wir jene zwei oder drei Tage im Monat, in denen der Mondkalender das Tierkreiszeichen Wassermann angibt. Auf der Erde machen sich besondere Kräfte bemerkbar, die man sich in fast jedem Lebensbereich zunutze machen kann. Einige Beispiele und Grundregeln sollen hier als Anhaltspunkt und Anregung dienen.

Was an Wassermann in der Luft liegt

Die Tagesqualität der Wassermanntage ist luftig-hell, der Geist bewegt sich ein wenig sprunghaft. Intuitive Gedanken kommen besser zum Zug, jede Form der Abhängigkeit wird weniger bereitwillig geduldet als sonst. Die ***Meditationsfarbe*** (siehe dort) ist Hellblau, Dunkelblau an den Knöcheln.

Gesundheit und Körpereinflüsse an Wassermanntagen

Die Energie der Wassermanntage wirkt auf die Unterschenkel und die Sprunggelenke – eine Kraft, die besonders Menschen zu spüren bekommen, die viel Zeit im Stehen verbringen müssen.

- Was Sie in den zwei bis drei Wassermanntagen für die Unterschenkel tun, wirkt doppelt wohltuend, vorbeugend und heilend – mit Ausnahme von Eingriffen und Operationen in diesem Bereich.
- Alles, was die Unterschenkel in den Wassermanntagen stärker belastet, wirkt schädlicher als an anderen Tagen.
- Wenn Sie den Termin von Eingriffen und Operationen an den Unterschenkeln selbst bestimmen können, meiden Sie die Steinbock-, Wassermann- und Fischetage und die Zeit vom 20. Januar bis zum 18. Februar und wählen Sie für den Eingriff die Zeit des abnehmenden Mondes.

Venenentzündungen an Wassermann sind keine Seltenheit. Wenn es Ihre Zeit erlaubt, sollten Sie die Füße hochlegen und ihnen mit einer leicht einmassierten Salbe (Beinwell usw.) etwas Gutes tun. Wer zu Krampfadern neigt, sollte an diesen Tagen langes Stehen vermeiden – schon ein längerer Stadtbummel kann an Wassermann den ganzen Spaß verderben.

Der Mond im Wassermann in Garten und Landwirtschaft

Wassermanntage sind Blütentage mit aufsteigender Kraft. Sie sind allerdings für fast alle Gartenarbeiten eher ungeeignet. Man sollte sich auf das Notwendigste beschränken. Wassermann ist in Garten, Feld und Wald ein eher unfruchtbares Zeichen. Günstig ist nur das Aufhacken zum Jäten, wobei Beikraut zur Verrottung liegen bleiben kann. Sehr ungünstig ist das ***Pikieren,*** weil die umgesetzten Pflänzchen nicht anwurzeln und umfallen!

Wassertage

Das sind die Tage in den Tierkreiszeichen Krebs, Skorpion und Fische. Der Name rührt daher, dass diese Tierkreiszeichen dem Element Wasser zugeordnet werden; siehe: ***Tagesqualität.***

Weinbau

Sämtliche Regeln für den Pflanzenbau zum richtigen Zeitpunkt gelten mit wenigen Ausnahmen auch für den Anbau von Wein. Hier noch einmal die wichtigsten Regeln als Gedächtnisstütze:

- *Pflanzen und Setzen von Weinstöcken:* Bei zunehmendem oder absteigendem Mond (Zwillinge bis Schütze) an den Fruchttagen Widder, Löwe oder Schütze.
- *Rebenschnitt:* Bei abnehmendem Mond an Fruchttagen. *Ausnahme:* Junge Weinreben sollten drei Jahre lang bei zunehmendem Mond geschnitten werden, damit keine Saftstockung eintritt (sonst kann sich »schwarzer Saft« bilden).
- *Bewässern:* Nicht an Blütentagen (Zwillinge, Waage, Was-

sermann) wegen Gefahr des Ungezieferbefalls! Einige der besten Trauben der Welt wachsen in Regionen, in denen nur selten Regen fällt; sie werden auch kaum künstlich bewässert.

- *Beikraut- und Schädlingsbekämpfung:* Immer bei abnehmendem Mond. Beikraut bei Steinbock, Erd-Ungeziefer an den Wurzeltagen (Stier, Jungfrau, Steinbock) und

Die echte, tiefe Armut eines Menschen entsteht nicht durch einen Mangel an irgendwelchen materiellen Dingen, sondern durch seinen Wunsch nach Perfektion – worin auch immer die Perfektion gesucht wird, in großem materiellen Reichtum, in einer »perfekten« Leistung, in Anerkennung von »allerhöchster Stelle«, in einem »guten Ruf« usw. In solchen Zielen, in der erträumten und gewünschten Vollkommenheit, vermutet er den Reichtum. Und genau daher rührt diese tiefste Armut, weil wir ja schon von Vollkommenheit und Reichtum umgeben sind. Unsere Sinne sind zu betäubt, um sie zu erkennen. Alle wirklich genialen und schöpferischen Menschen – vom großen Künstler über den großen Heiler bis zum großen Erfinder – wissen genau, daß niemals sie selbst etwas geschaffen haben. Sie haben nur aufgedeckt und für jedermann sichtbar gemacht, was ist. Sie waren nur Werkzeuge für Kräfte, die schon immer da waren und sind – für jeden, der sie annimmt.

oberirdische Schädlinge bei Krebs, aber auch bei Zwillinge und Schütze. *Rückschnitt zur Gesundung:* Unbedingt bei abnehmendem Mond kurz vor Neumond oder direkt bei Neumond. Auch im Weinbau ist die beste Vorbeugung gegen das massenhafte Auftreten von Schädlingen das Setzen und Säen zum richtigen Zeitpunkt.

- *Düngen:* Immer bei abnehmendem Mond, am besten an Fruchttagen (Widder, Schütze). Weniger gut eignet sich Löwe, weil dann der Boden stark austrocknet.
- *Traubenernte:* Bei aufsteigendem Mond (Schütze bis Zwillinge). Ausnahme Fischetage: zum sofortigen Verbrauch bestimmt.
- *Einkeltern:* Bei zunehmendem Mond, weil die Gärung dann schneller verläuft.
- *Abziehen:* Bei abnehmendem Mond abgezogen, bleibt der Wein haltbarer.

Auch der Weinbau ist ohne die Verwendung von Giften und Kunstdünger möglich, und das bei gleichen Erträgen und viel höherer Qualität der Trauben und des Weins. Die Umstellung auf ökologischen Weinanbau erfordert Geduld, aber sie lohnt sich.

Beantworten Sie für sich selbst nur eine Frage: Was glauben Sie, würden ein Kilogramm Trauben und ein Liter Wein kosten, wenn man die Kosten für die Entgiftung unserer Umwelt von den Pestiziden und Düngemitteln auf den Preis aufschlagen würde (siehe ***Kostenwahrheit***)?

Wendepunkte siehe: ***Knotenpunkte***

Widdertage

Als Widdertage bezeichnen wir jene zwei oder drei Tage im Monat, in denen der Mondkalender das Tierkreiszeichen Widder angibt. Auf der Erde machen sich besondere Kräfte bemerkbar, die man sich in fast jedem Lebensbereich zunutze machen kann. Einige Beispiele und Grundregeln sollen hier als Anhaltspunkt und Anregung dienen.

Was an Widder in der Luft liegt

Die Widderkraft macht zuweilen ungeduldig, mit dem Kopf durch die Wand zu wollen erscheint an Widder manchmal der »vernünftigere« Weg. Unsichtbare Ketten werden weniger bereitwillig geduldet. Dass es jetzt öfter zu Kopfschmerzen und Migräne kommt, liegt an der kopflastigen, ungeduldigen Widder-Energie. Manchmal hat man an den Tagen davor Pflichten vernachlässigt oder manches schleifen lassen und will ausgerechnet heute alles auf einmal erledigen. Widdertage sind Wärmetage, ihre Tagesqualität ist trockenwarm. Ihre ***Meditationsfarbe*** (siehe dort) ist Indigoblau bis Weiß-Bläulich.

Gesundheit und Körpereinflüsse an Widdertagen

Im menschlichen Körper beeinflussen die Kräfte der Widdertage den Kopfbereich bis unterhalb der Nase. Viele Menschen empfinden den Übergang von Fische zu Widder ähnlich stark wie den Kräftewechsel bei Vollmond. Die Kräfte lösen das Wasserzeichen Fische (mit der Wirkung auf den Fußbereich) ab und wechseln zum trockenen Feuerzeichen Widder, das mit seinem Einfluss wieder oben, in der Kopfregion, beginnt.

- Was Sie in den zwei bis drei Widdertagen für Kopf, Augen- und Nasenregion tun, wirkt doppelt wohltuend, vorbeugend und heilend – mit Ausnahme von Eingriffen und Operationen in diesem Bereich.
- Alles, was Kopf, Augen und Nasenregion in den Widdertagen stärker belastet, wirkt schädlicher als an anderen Tagen.
- Wenn Sie den Termin von Eingriffen und Operationen an Kopf, Augen- und Nasenbereich selbst bestimmen können, meiden Sie die Widdertage und die Zeit vom 20. März bis 20. April und wählen Sie für den Eingriff die Zeit des abnehmenden Mondes.

Heilkräuter, die für ihre gute Wirkung bei Kopfschmerzen, Augenbeschwerden (Augentrost) und Problemen mit Nase, Stirn- und Nasennebenhöhlen (Heublumen) bekannt sind, entfalten, an Widdertagen gesammelt, größere Kraft.

Bei ständig wiederkehrenden Störungen ist das Achten auf den Zeitpunkt des Kräutersammelns besonders wichtig. Auf Vorrat sollte man bei zunehmendem Mond kurz vor Vollmond pflücken und *nach* Vollmond trocknen und lagern, gleichgültig, ob gerade Widder herrscht.

Besonders an Widder würde eine Massage der Zehen- und Fingerkuppen vorbeugend gute Dienste leisten, wenn Sie zu Kopfschmerzen und Migräne neigen: Dabei sollten Sie so viel Druck ausüben, dass es gerade ein bisschen wehtut. Viel Leitungswasser zu trinken ist jedoch eines der besten vorbeugenden Mittel (siehe auch ***Zahnarztbesuch***).

Denkst du, du kannst das Universum in die Hand nehmen und es vollkommen machen?
Ich glaube nicht, daß sich dies tun lässt.
Das Universum ist heilig.
Vollkommener machen kannst du es nicht.
Wenn du es verändern willst, wirst du es zugrunde richten.
Wenn du es festhalten willst, wird es dir entgleiten.
So sind die Dinge manchmal voraus, manchmal zurück;
manchmal fällt das Atmen schwer, manchmal geschieht es mühelos;
manchmal ist Kraft da und manchmal Schwäche;
manchmal wird man nach oben getragen, manchmal nach unten gedrückt.
Daher meidet der Weise Übertreibung, Maßlosigkeit und Selbstzufriedenheit.
Lao Tse

Der Mond im Widder in Garten und Landwirtschaft
Widdertage sind Fruchttage mit aufsteigender Kraft.

Sehr günstig an Widdertagen:

- Säen und Pflanzen von allem, was schnell wachsen soll und zur sofortigen Verwendung bestimmt ist
- Veredeln von Obstbäumen (bei zunehmendem Mond)
- Ernten und Einlagern von Getreide

Günstig an Widdertagen:

- Setzen und Säen von Früchten
- Anbau von Getreide (bei zunehmendem Mond)
- Düngen von Getreide, Gemüse und Obst (nur bei abnehmendem Mond oder Vollmond, April bis September)
- Ausschneiden von Obstbäumen und -sträuchern (bei abnehmendem Mond)

Wollverarbeitung

Zum Thema »natürliche Wollverarbeitung« erreichten uns einige Anfragen. In der Tat wäre es sehr sinnvoll, auch in diesem Bereich den richtigen Zeitpunkt zu beachten. »Wollallergien« existieren nämlich nicht: Allergisch sind wir nicht auf die Wolle selbst, sondern auf die zahlreichen Zusatzstoffe, mit denen sie in den Handel kommt.

Die Grundregeln für die Wollverarbeitung

- Das Waschen sollte nur bei abnehmendem Mond erfolgen, ohne chemische Mittel!
- Schafe sollten vor Vollmond geschoren werden. Am besten in der Woche vor Vollmond, ideal einen Tag vor Vollmond. Aber nicht eine Minute *nach* Vollmond!
- Beim »Zerreißen« (dabei wird die gewaschene, verklumpte Wolle spinnfähig gemacht) ist der Zeitpunkt gleichgültig, aber der zunehmende Mond ist etwas besser.
- Gesponnen werden kann bei abnehmendem und bei zunehmendem Mond. Das Zusammendrehen der einzelnen Fäden ist dauerhafter bei abnehmendem Mond. An den Wassertagen Krebs, Skorpion und Fische sollte nach Möglichkeit nicht gesponnen werden, die Wolle fühlt sich sonst feucht an.

Wurzeltage

Das sind jene Tage, in denen der Mond die Tierkreiszeichen Stier, Jungfrau oder Steinbock durchwandert. Der Name rührt daher, dass der Mond in diesen Tagen Kräfte anzeigt, die im Pflanzenreich besonders auf den Pflanzenteil Wurzel wirken. Wer beispielsweise in diesen Tagen düngt, fördert damit die Wurzelentwicklung.

Wurzeltage mit absteigender Kraft sind die Tage, in denen der Mond das Tierkreiszeichen Jungfrau durchwandert. Wurzeltage mit aufsteigender Kraft sind die Tage, in denen der Mond die Tierkreiszeichen Stier und Steinbock durchwandert, siehe auch ***aufsteigender Mond*** und ***absteigender Mond.***

Zäune, Pflaster und Naturwege anlegen

Viele Architekten, Bauherren und Heimwerker mussten schon erleben, dass im Außenbereich verlegte Bodenplatten nach kurzer Zeit wackeln (besonders, wenn sie direkt auf die Erde verlegt sind), mit Natursteinen verlegte Pfade »Wellen schlagen«, nach kurzer Zeit neu angelegte Feldwege auswaschen oder Schlaglöcher aufweisen – trotz aller Sorgfalt und Sachkenntnis. Ein anderes Mal hält alles wie fest betoniert, auch auf Naturboden, und die Anlage und Ausbesserung von Feldwegen hat langfristigen Erfolg, so dass kein Mensch auf die Idee kommt, den Weg zu teeren.

Manchmal spaziert man auf dem Land an Zaunpfosten aus rohem Holz vorbei, die seit vierzig und mehr Jahren fest in der Erde stehen, während vielleicht schon auf der anderen Seite des Weges völlig verrottete, mit Gift und Dampfdruck imprägnierte Holzzäune stehen, die kaum mehr als ein paar Jahre »Dienst« hinter sich haben.

Wanderer haben schon oft beobachtet: Alte Holzbrücken und Wanderstege haben viel über das Thema Haltbarkeit und Fäulnis zu erzählen. Manche müssen nur ab und zu repariert werden, obwohl Wind, Wasser und Sonne ihnen genauso zusetzen wie anderen fast neuen Stegen, die von Gemeinden und Bergwacht in kürzesten Abständen erneuert werden müssen.

Und schließlich Steinmauern, die früher zur Felderbegrenzung dienten, wie etwa in Südtirol: Aus *lose* aufgerichteten Brocken überdauern sie teilweise schon Jahrhunderte. Und bei so mancher erst in jüngster Zeit ausgebesserter Stelle liegen die Steine verrutscht und über den Weg verstreut, obwohl sie sogar einbetoniert worden waren. Warum? Was erklärt all diese Unterschiede? Sammeln Sie Ihre Erfahrungen mit den folgenden Regeln und dem Mondkalender, und Sie werden die Antwort selbst herausfinden.

Die Grundregeln für das Anlegen von Zäunen, Pflastern und Naturwegen

Sehr gut: Bei abnehmendem Mond im Tierkreiszeichen Steinbock, ideal bei Neumond in Steinbock.

Gut: Bei abnehmendem Mond, mit Ausnahme der Krebs- und Schützetage; je näher an Neumond, desto besser.

Ungünstig: Generell bei zunehmendem Mond, aber auch bei abnehmendem Mond in Krebs und Schütze.

Sehr ungünstig: Generell bei zunehmendem Mond in Krebs und Schütze und bei Vollmond.

Wenn Sie den richtigen Zeitpunkt einhalten: Eingeschlagene Pfosten werden von selbst immer fester, Nägel bleiben im Holz. Platten wachsen selbst auf Naturboden fest ein. Wege werden nicht ausgespült, der Boden wird immer härter und belastbarer, Ausbesserungen halten viel länger.

Mögliche Folgen des falschen Zeitpunkts: Zaunpfosten lockern sich von selbst, besonders an Krebstagen gesetzte Pfosten verfaulen auch schneller. Platten und Fliesen lockern sich, werden uneben, brechen leichter.

Wege und Feldstraßen waschen leichter aus, besonders, wenn sie bei Krebs angelegt wurden. Alljährlich kommt es zu Frostschäden.

Besondere Tipps: Sind Holzzäune und -pfosten starken Belastungen ausgesetzt – durch Schneelast, weil sich Tiere ständig daran scheuern oder Kinder darüber klettern –, dann lohnt es sich, nicht nur auf den abnehmenden Mond, sondern auch auf das Zeichen Steinbock zu achten. Besonders bei Kinderspielplätzen, Klettergerüsten und Streichelgehegen im Zoo würden so lange Zeit keine Reparaturen mehr anfallen.

Aus Steinen, die in den Weg gelegt werden, kann man Schönes bauen.
Johann Wolfgang von Goethe

Können Sie sich vorstellen, dass vor 40 Jahren jemand auf die Idee gekommen wäre, mit einem Topf Imprägnierungsmittel im Rucksack auf den Berg zu gehen, um Ausbesserungsarbeiten an Stegen, Brücken und Zäunen vorzunehmen? Im Rucksack befanden sich vielmehr Brotzeit, Nägel, Hammer, Beißzange und ein Fläschchen Obstler; immer aber wurden die Arbeiten bei abnehmendem Mond ausgeführt. Und es sind genau diese Stege und Zäune, die heute noch stehen – und nicht die modernen und teuren mit Imprägnierung.

Zahnarztbesuch

Viele Menschen in vielen Berufsgruppen könnten sich gleichsam über Nacht von der Wirkung der Mondrhythmen im Alltag überzeugen: Sie könnten ihren Einfluss mühelos nachprüfen, wenn sie in Akten, Karteien und Tagebüchern Ereignisse der Vergangenheit nachprüfen, die in irgendeiner Weise einen unregelmäßigen, überraschenden Verlauf genommen haben. So kann beispielsweise ein Zahnarzt seine Patientenkartei nach all jenen Fällen durchforsten, in denen Zahnkronen oder Brücken ihre normale Lebensdauer weit unterschritten, indem sie etwa nach einigen

Monaten wieder herausfielen. Oder er kann verfolgen, wann etwa das Ziehen von Weisheitszähnen problematisch oder ohne Komplikationen verlief. Ein Vergleich von Einsetzdatum und Mondphasenkalender würde vermutlich alle folgenden Regeln bestätigen.

Die Grundregeln für das Einsetzen von Plomben, Zahnkronen und Brücken

Gut: Bei abnehmendem Mond, je näher an Neumond, desto besser, jedoch nicht an Widder und Stier.

Ungünstig: Bei zunehmendem Mond, besonders in Widder und Stier.

Sehr ungünstig: Bei Vollmond.

Die Grundregeln für das Zahnziehen und für Kieferoperationen

Sehr gut: In der Woche vor Neumond, wenn nicht gerade Widder, Stier, Krebs oder ein Luftzeichen (Zwillinge, Waage, Wassermann) herrscht.

Gut: Bei abnehmendem Mond, aber nicht bei Widder, Stier, Krebs.

Ungünstig: Bei zunehmendem Mond generell und bei einem Luftzeichen (Zwillinge, Waage, Wassermann).

Sehr ungünstig: Immer an Widder, Stier und Krebs und immer drei Tage vor bis einschließlich Vollmond, gleichgültig in welchem Zeichen.

Die Grundregeln für die Zahnsteinentfernung
Sehr gut: Bei abnehmendem Mond in Steinbock.
Gut: Bei abnehmendem Mond, je näher an Neumond, desto besser.
Ungünstig: Bei zunehmendem Mond.

Wenn Sie den richtigen Zeitpunkt einhalten: Geringere Blutungsneigung und geringere Narbenbildung. Schnellerer Heilungsverlauf, geringere Gefahr von Komplikationen. Speziell Weisheitszähne machen zum richtigen Zeitpunkt gezogen viel weniger Probleme. Implantate verheilen besser und halten länger.

Mögliche Folgen des falschen Zeitpunkts: Komplikationen und Infektionen nach Operationen kommen bei zunehmendem Mond häufiger vor, Heilungs- und Genesungsphasen dauern in der Regel länger. Gegen Vollmond kommt es häufiger zu stärkeren, schwer stillbaren Blutungen. Auch die Vernarbung verläuft nicht ungestört, die Gefahr hässlicher, bleibender Narben ist viel höher. Manchmal sind mehrfach Operationen nötig, um ein einigermaßen befriedigendes Ergebnis zu erzielen. Größere Gefahr von Nerven- und Phantomschmerzen.

Und nicht vergessen: Wichtig ist die Frage, ob der Eingriff überhaupt nötig ist! Holen Sie vor größeren Operationen immer eine zweite Meinung ein. Das kann nicht schaden.

Zeitpunkt der Berührung

Der Augenblick der »Berührung« ist bei der Anwendung des Wissens um die Mondrhythmen der entscheidende Faktor. Mit etwas in Kontakt treten, etwas anfassen, sich auf etwas konzentrieren, über etwas nachdenken, etwas anpacken ist dabei gleichbedeutend mit Berühren. Mit anderen Worten: Berührt man einen Gegenstand oder ein Lebewesen zu einem bestimmten Zeitpunkt – sei es mit Händen, Werkzeugen oder auch nur gedanklich aus der Ferne –, dann überträgt man in diesem Augenblick von einer Absicht geleitete Energien. Diese Absicht des Handelns, das letzte Ziel, das man mit Händen oder Gedanken verfolgt – ob positiv oder negativ –, wird eines Tages sichtbar werden, heute, morgen oder in zehn Jahren. Die Kräfte nun, die den jeweiligen Zeitpunkt gleichsam umgeben – darunter auch Mondphase und Mondstand im Tierkreis –, wirken dabei entweder wie ein Brennglas – sie bündeln also die Absicht und erzielen einen größeren Erfolg als ungebündelt – oder wirken umgekehrt und zerstreuen und verwässern die jeweilige Absicht.

Was ich nicht gebrauche
und pflege, das verkommt.
Holz, das ich nicht pflege,
und sei es nur durch gute
Gedanken, verrottet.
Meine fünf Sinne, die ich
nicht pflege durch Gebrauch und Schärfung,
machen mich blind, taub
und stumm.
Liebe, die ich nicht pflege
durch Zeigen und Schenken
und Bedingungslosigkeit,
macht mich einsam und
lässt mich absterben.

Das bedeutet aber auch, dass die negative Energie einer zum falschen Zeitpunkt ausgeführten Handlung (etwa das Einlagern von Früchten bei zunehmendem Mond) durch Handeln zum richtigen Zeitpunkt teilweise ausgeglichen werden kann (etwa durch Umschichten der Früchte an einem Fruchttag bei abnehmendem Mond).

Zucker

»Zucker ist kein schnell wirksames Gift – diese Tatsache hat viele Gräber gefüllt.« Dieser Satz stammt nicht etwa aus einem Gesundheitsratgeber unserer Tage, sondern ist schon viele hundert Jahre alt und steht in dem orientalischen Gedichtband *Der glücklichste Mensch* von Idries Shah. Zu allen Zeiten haben Heilkundige erkannt, wie sinnlos und schädlich Süßigkeiten sind. Und wenn man die heute geltenden Maßstäbe für die Qualität und Wirksamkeit von Medikamenten auf weißen Zucker anwenden würde, dann gäbe es ihn – wenn überhaupt – nur auf Rezept und unter ständiger ärztlicher Kontrolle. Dass das nicht so ist, hat denselben Grund, warum Alkohol nicht rezeptpflichtig oder verboten ist: Zu viele Menschen können sich ein Leben ohne Süßes nicht vorstellen. Mit anderen Worten: Sie sind süchtig danach.

Das ist allgemein bekannt, und wir wollen uns auch nicht lange damit aufhalten. Dieses Stichwort haben wir nur deshalb eingefügt, weil weißer Zucker in der Ernährung nach den Mondrhythmen keine Rolle spielen sollte und weil eine der vielen schädlichen Wirkungen von weißem Zucker weithin noch zu wenig beachtet wird: vielleicht, weil Zucker dann tatsächlich den schlechten Ruf bekommt, der ihm ansteht.

Überlegen Sie einmal in Ruhe: Was ist schlimmer? Ein Nahrungsmittel, das langsam das Immunsystem schwächt und schließlich zugrunde richtet, aber sonst keine seelischen Folgen zeitigt, oder ein Nahrungsmittel, das einen fröhlichen, gelassenen jungen Menschen in eine mehr oder weniger fortwährende Gereiztheit, Hyperaktivität und Aggressionsbereitschaft stürzt?

Zucker tut beides. Heute wie zu jenen Zeiten, als er in industriellen Mengen herstellbar wurde und breite Bevölkerungsschichten ihn sich endlich leisten konnten, war und ist weißer Zucker verantwortlich für einen hohen Prozentsatz an Nervosität, Aggressivität, Konzentrationsschwäche, Hyperaktivität bei Kindern und Jugendlichen – besonders in Verbindung mit den zahlreichen künstlichen Farb-, Aroma- und Konservierungsstoffen, die in Süßigkeiten stecken.

Beobachten Sie einmal Kinder, die eben noch einigermaßen guter Laune waren und gemeinsam spielten. Und beobachten Sie, was passiert, etwa eine halbe Stunde, nachdem sie Süßigkeiten gegessen haben. Erinnern Sie sich an Ihre eigenen Erfahrungen, beobachten Sie, wie Süßes auf Sie selbst wirkt.

Die nötigen Schlüsse daraus zu ziehen – dazu wünschen wir Ihnen Mut und Selbstliebe. Wie schwer das ist, wissen wir aus eigener Erfahrung. Es wird nicht mehr lange dauern, bis sich die ersten Selbsthilfegruppen bilden.

Zunehmender Mond

Bei seinem etwa 28 Tage währenden Umlauf um die Erde wendet der Mond der Erde stets nur eine Seite zu, er dreht sich nicht um sich selbst. Wandert der Mond – von der Erde aus gesehen – genau zwischen Erde und Sonne, dann ist sein Gesicht vollständig in Dunkel getaucht. Er ist dann nicht zu erkennen, weil er ja tagsüber fast neben der Sonne steht. Auf der Erde herrscht Neumond.

Nur wenige Stunden nach Neumond kommt – auf der Mondoberfläche von links nach rechts wandernd – die der Sonne zugewandte Seite des Mondes zum Vorschein, eine feine Sichel zeigt sich, der zunehmende Mond mit seinen besonderen Einflüssen macht sich auf den Weg. Die etwa sechstägige Reise bis zum Halbmond wird auch I. Viertel des Mondes genannt, die Wanderung bis zum Vollmond nach etwa 13 Tagen II. Viertel.

Generell herrscht auch bei zunehmendem Mond eine Kraftwirkung, die bestimmte Absichten, vorbeugende und heilende Maßnahmen unterstützt, andere dagegen eher bremst und ungünstig beeinflusst. Der Merksatz lautet:

Der zunehmende Mond führt zu, plant, nimmt auf, baut auf, atmet ein, speichert Energie, hindert die Erde an der Wasseraufnahme, sammelt Kraft, fordert zur Schonung und Erholung auf. Je näher an Vollmond, desto mehr verstärkt sich diese Kraftwirkung.

Alles, was dem Körper zugeführt werden soll, was ihn aufbaut und stärkt, wirkt zwei Wochen lang doppelt gut. Alle Mangelerscheinungen lassen sich bei zunehmendem Mond leichter beheben als bei abnehmendem Mond, besonders Mineralstoffe und Vitamine werden viel leichter aufgenommen. Magnesium-, Kalzium- und Eisenpräparate wirken viel besser.

Der Körper ist aufnahmebereit, er nimmt jetzt – bei gleich bleibenden Essensmengen – auch leichter zu. Allerdings sollten Sie beachten: Aufbauende und stärkende Mittel und Methoden sind um Vieles erfolgreicher, wenn der Körper zuvor entgiftet worden ist. Sonst kann es Ihnen passieren, dass Sie »neues Öl auf altes gießen«.

Je weiter der Mond zunimmt, desto ungünstiger kann die Heilung von Verletzungen und Operationen verlaufen, die

Narbenbildung ist stärker; je näher an Vollmond, desto stärker die Kraftwirkung.

Wasseransammlungen im Körper und in den Beinen sind bei zunehmendem Mond viel häufiger, und es ist schwerer, sie mit harntreibenden Medikamenten auszuschwemmen. Sämtliche Vergiftungserscheinungen, vom Wespenstich bis zur Pilzvergiftung, haben in dieser Zeit eine stärkere Wirkung. Allerdings nimmt der Körper bei zunehmendem Mond auch sämtliche Heilsalben viel besser auf.

Übrigens: Auch im Haushalt macht sich der zunehmende Mond bemerkbar. Wäsche beispielsweise wird bei gleicher Waschmittelmenge nicht mehr so sauber wie bei abnehmendem Mond.

Zwillingetage

Als Zwillingetage bezeichnen wir jene zwei oder drei Tage im Monat, in denen der Mondkalender das Tierkreiszeichen Zwillinge angibt. Auf der Erde machen sich besondere Kräfte bemerkbar, die man sich in fast jedem Lebensbereich zunutze machen kann. Einige Beispiele und Grundregeln sollen hier als Anhaltspunkt und Anregung dienen.

Was an Zwillinge in der Luft liegt

Zwillingetage besitzen eine besondere Energie, die für manche Menschen richtig lästig werden kann, besonders für die ordnungsliebenden unter uns. Der Geist wird rege und vielseitig, bewegt sich in Sprüngen. Ein Windhauch kann ihn vom Kurs abbringen. Man weiß morgens nie so ganz genau, wie der Tag verlaufen wird, fix Geplantes und Erwartetes entwickelt sich manchmal ganz anders. Das Wetter wird anders, als es vorhergesagt wurde. Man neigt dazu, vieles anzufangen, ist aber unbefriedigt, weil man nichts zu Ende bringt. Hausfrauen kochen mit Hingabe – und hinterher mault die Familie, dass sie auf etwas ganz anderes Appetit gehabt hätte. Mit anderen Worten: Gut vorbereitet ist halb gewonnen. Wenn Sie vorher wissen, was Zwillinge anrichten kann, rüsten Sie sich mit Gelassenheit und nehmen Sie die Dinge, wie sie kommen. Die Tagesqualität an Zwillinge ist hell-luftig, auch bei wolkenverhangenem Himmel empfindet man manchmal das Licht als stechend. Die ***Meditationsfarbe*** (siehe dort) ist ein helleres Blau.

Gesundheit und Körpereinflüsse an Zwillingetagen

Der Zwillinge-Impuls berührt im Körper Schultern, Arme, Hände und teilweise auch schon die Lungentätigkeit.

- Was Sie in den zwei bis drei Zwillingetagen für die Schultern, Arme und Hände tun, wirkt doppelt wohltuend, vorbeugend und heilend – mit Ausnahme von Eingriffen und Operationen in diesem Bereich.
- Alles, was Schultern, Arme und Hände in den Zwillingetagen stärker belastet, wirkt schädlicher als an anderen Tagen.
- Wenn Sie den Termin von Eingriffen und Operationen an Schultern, Armen und Händen selbst bestimmen können, meiden Sie die Zwillingetage und die Zeit vom 21. Mai bis 21. Juni und wählen Sie für den Eingriff die Zeit des abnehmenden Mondes.

Die Zwillingetage eignen sich immer gut, um dem Schultergürtel Gutes zu tun; gezielte Gymnastik und Massage kann jetzt Wunder wirken. Ein späterer Muskelkater wäre ein gutes Zeichen, weil der Körper damit signalisiert, dass er mit dem Entgiften beschäftigt ist. Rheumatische Beschwerden im Schulterbereich sprechen jetzt besonders gut auf geeignete Salben an, die eventuell mit Kräutern hergestellt und bei Zwillinge oder Stier und bei zunehmendem Mond gesammelt wurden. Zu leichte Kleidung bei kühlem Wetter oder Autofahren mit starkem Gebläse dagegen wirken jetzt belastender.

Die Straße sei unter den wärmenden Strahlen der Sonne, der Baum wie ein grünendes Dach, das den Rastenden Schatten spendet, sanft sei der Wind, der den Rücken stärkt, hell der Horizont, der zum Weiterwandern ermutigt.
Und ein Haus liege am Weg, das Herberge gibt und Geborgenheit auf der weiten Reise – schützend wie die Hand des Herrn, die uns hält.
Segensspruch aus dem alten Irland

Rheumakranke haben manchmal an Zwillingetagen Beschwerden, doch der Grund dafür liegt oft in einem Wetterumschwung, der gern an Zwillinge stattfindet. Weil auch die Lungen schon etwas beeinflusst sind, könnten methodische Atemübungen jetzt sehr von Nutzen sein.

Der Mond im Zwillinge in Garten und Landwirtschaft

Zwillingetage sind Blütentage und Knotenpunkte zwischen auf- und absteigender Kraft.

Sehr günstig an Zwillingetagen:

- Setzen, Pflanzen und Säen von allem, was ranken soll (bei zunehmendem Mond)

Günstig an Zwillingetagen:

- Setzen und Säen von Blumen
- Bekämpfen von Schädlingen

Zum guten Schluss: Neues aus der Paungger/Poppe-Werkstatt!

Viel Neues aus unserer Werkstatt gibt es, wenn Sie dieses Buch in Händen halten! Gleichsam als ideale Begleiter für unsere Bücher ist es uns endlich gelungen, die richtigen Partner für Herstellung und Vertrieb einer außergewöhnlichen Reihe von Produkten zu finden, die in Harmonie mit Mond- und Naturrhythmen hergestellt werden, nämlich

- eine besondere Körperpflege- und Kosmetikserie
- ein umfangreiches Sortiment von Heil- und Gewürzkräutern.

Was das bedeutet, haben viele unserer Leser erfahren: Produkte, die zum richtigen Zeitpunkt hergestellt sind, können auf chemische Konservierungsstoffe gänzlich verzichten, stehen Frischprodukten in nichts nach, können in erster Linie aus unverfälschten Naturstoffen bestehen und besitzen eine besondere innere Kraft, die durch den richtigen Zeitpunkt und durch uralte Verarbeitungsgeheimnisse übertragen wird.

Unseren Lesern haben wir es zu verdanken, dass wir die langen Jahre der Suche und Pionierarbeit abwarten und überstehen konnten, bis es mit dem Abenteuer »Produkte zum richtigen Zeitpunkt« so weit war. Wir können Ihnen nun das Vertrauen zurückgeben, das Sie uns all die Jahre entgegengebracht haben – in Form von Produkten, die weltweit einzigartig sind.

Kosmetik in Harmonie mit Mond- und Naturrhythmen

Kosmetik herzustellen, die alle Funktionen der Haut unterstützt und sie nicht lahm legt, nicht ihre Aufgaben für kurze Zeit übernimmt und sie dann im Stich lässt – das war unser Traum. Heute, nach vielen Jahren, unterstützt durch das Wissen von gesunder Konservierung, Farbenergie und der jahrtausendealten Pyramidenenergie, können wir uns dieser Kosmetik erfreuen.

Und so stellen wir die Kosmetik her:

- Wir bereiten nur nach Bestellung und zum richtigen Zeitpunkt zu, gemischt wird von Hand. Mit anderen Worten: Wir bieten Ihnen Frischkosmetik!
- Wir verwenden *lebendiges Wasser* und fast ausschließlich hochwertige, natürliche Grundstoffe.
- Selbstverständlich verzichten wir auf künstliche Konservierungsstoffe, Farbstoffe, Duftzusätze und Tierversuche.
- Der richtige Zeitpunkt im Mondrhythmus wird bei der Herstellung genauestens eingehalten.
- Danach kommen zur Anwendung: Farbenergie für Wirkkraft und Lebendigkeit der Produkte und Pyramidenenergie, die jahrtausendealte Form des Haltbarmachens.
- Nicht zuletzt kommen uralte Verarbeitungsgeheimnisse zum Zug – und vielleicht das Wichtigste von allem: die Freude an der Herstellung.

All das zusammen ergibt unsere weltweit einzigartige Kosmetikserie. Sie belebt die Haut und kräftigt sie in all ihren wichtigen Funktionen, anstatt ihr die Arbeit abzunehmen und sie schlafen zu legen. Es ist eine Kosmetik mit innerer Kraft ohnegleichen: Ihre Anwendung erst erschließt, was wir mit Worten nur andeuten können.

Ein kurzes Wort zu Tierversuchen: Dass Sie generell keine Produkte verwenden sollten, die der Tierversuch als »menschentauglich« erwiesen hat, versteht sich eigentlich von selbst. Wir glauben, dass solche Produkte heutzutage keine Chance mehr hätten, wenn der Verbraucher besser über die Brutalität solcher Versuche aufgeklärt wäre. Tragen Sie mit an der Verantwortung, die wir alle haben, und lassen Sie an Ihre Haut nur Kosmetika, die ohne Tierversuche, mit Naturstoffen und unschädlicher Chemie hergestellt wurden (denn ganz ohne Chemie geht es nicht, auch wenn Ihnen das oftmals versprochen wird). Sie haben als Kunde den allergrößten Einfluss.

Halten Sie sich vor Augen, dass Ihre Kaufentscheidung über den Einsatz von Tierversuchen und Haltbarmachern mitbestimmt. Haben Sie ab sofort den Mut, im Laden zu fragen. Dann bewegen Sie mehr Gutes, als tagelang gegen Chemie und Tierversuche auf der Straße zu demonstrieren.

Welche Produkte können wir Ihnen anbieten? Unser Programm umfasst zurzeit einige spezielle Produkte wie etwa die Vollmondserie für trockene Haut, die Neumondserie für fettige Haut, die Energie-Serie für alle Hauttypen und die Young Series für Teenager, jeweils bestehend aus Tages- und Nachtcreme, Gesichtswasser und Reinigungsmilch. Vervollständigt wird das Programm durch etwa 20 weitere Produkte – vom Duschgel über Shampoo, spezielle Handcremes und Produkte für Kinder, Rasierbalsam usw. bis hin zu wunderbaren Massageölen.

Etwas ganz Besonderes sind zwei Öle, die wir als Begleitung der ***Mond-Kur*** entwickelt haben (siehe Seite 284) – das Gewebestrafföl und das Entschlackungsöl. Aus vielen Briefen wissen wir, welche Wohltat ihre Anwendung in Verbindung mit dem richtigen Zeitpunkt und mit unseren Mond-Tees gebracht hat.

Mit welchen Rohstoffen arbeiten wir? Viele Inhaltsstoffe unserer Kosmetik haben lindernde und heilende Kräfte; nachdem aber die Schulmedizin das Monopol des Heilens für sich beansprucht, darf man diese Eigenschaften auf den Produkten nicht angeben. Wir vertrauen darauf, dass Sie im Laufe der Zeit fühlen, was diese Kosmetik für Sie tun kann. Sie können auch jederzeit in unseren Büchern und guten Kräuterbüchern nachlesen, welche Kräfte wir in unsere Hautpflege hineingepackt haben – von »lebendig informiertem« Quellwasser über Extrakte von Eichenrinde, Teebaum, Rosmarin, Lindenblüten usw. bis zu Vitaminen aus natürlichen Quellen.

Besonders wichtig zum Schluss: Alle Produkte können zu jeder Zeit verwendet werden! Das Geheimnis ihrer Kraft und Wirksamkeit beziehen sie aus der Herstellung zum richtigen Zeitpunkt im Mondrhythmus. Diese Kraft ist schon im Produkt enthalten, Sie müssen also nicht auf bestimmte Zeiten warten, um von ihr zu profitieren. Etwas anderes ist dagegen die Anwendung der speziellen Tees, auf die wir noch zu sprechen kommen.

Mit der Vorstellung der Kosmetik *Vom richtigen Zeitpunkt* folgen wir einer Notwendigkeit, denn die Zeit ist reif. Wir sollten allmählich beginnen, unserer Haut mit natürlichen und unschädlichen Produkten zu helfen, weil wir sonst der Vielzahl von Allergien bald nichts mehr entgegensetzen können. Allergien rühren ja nicht von Tomaten oder Schafwolle, von Pollen oder Hausstaubmilben her. Es sind vielmehr die Haltbarmacher in der Nahrung, die »Hilfs«- und Aromastoffe, der Alkohol in Körperpflegeprodukten, die Luftverschmutzung, die schlechte Wasserqualität, die unser Immunsystem schwächen. Vielleicht können wir mit unserer Kosmetik zeigen, dass es doch andere Wege gibt.

Kräuter vom richtigen Zeitpunkt – die idealen Begleiter der Mond-Kur

Auf unsere Kräuter *vom richtigen Zeitpunkt* sind wir besonders stolz. Mindestens sieben Jahre lang darf nämlich die Erde keinen künstlichen Dünger und keine Pestizide mehr aufgenommen haben, bevor jene Kräuter angebaut werden, die Aufnahme in unser Sortiment finden.

Biologischer Anbau und auch Wildsammlung, behutsame Verarbeitung, Trocknung und Lagerung in Harmonie mit Natur- und Mondrhythmen: Dieses Zusammenspiel führt zur Ernte von Kräutern, deren Lebenskraft jenen, die Sie frisch in unberührter Natur pflücken, gleichkommen oder sogar übertreffen.

Neben ausgesuchten Einzelkräutern – von Brennnesseln über Spitzwegerich, Holunderblüten und Johanniskraut bis zu Zinnkraut (teils sogar als Teebeutel-Abfüllung) – bieten wir Ihnen vier besondere Kräutertee-Mischungen, die zu jedem Zeitpunkt wunderbare Wirkung zeigen und die idealen Begleiter für Mond-Kur und natürliche Ernährungsweise bilden: Abnehmender-Mond-Tee, Zunehmender-Mond-Tee, Vollmond-Tee, Neumond-Tee.

In unseren Tees sind die Kräuter so zusammengestellt, dass sie ideal harmonieren – wie ein gutes Team, das erst im

Miteinander alle Kräfte entfaltet. Lassen Sie sich von den vier Spezial-Teemischungen durch die vier großen Mondphasen begleiten. Verbunden mit der Anwendung unserer Gewebestraff- und Entschlackungsöle ist das ein wunderbar leichter Weg, Ihrem Idealgewicht entgegenzugehen oder es mühelos zu halten. In unserem Versand können Sie diese Tees einzeln oder auch im Set bestellen.

Besonders wichtig: Die Tees entfalten ihre beste Wirkung, wenn sie in der Mondphase, deren Namen sie tragen, genossen werden. Ein Beispiel im Vergleich zur Kosmetik: Der Vollmond-Tee ist ideal geeignet für die Zeit etwa drei Tage vor Vollmond bis einschließlich Vollmond. Die Vollmond-Kosmetikserie dagegen kann *immer* verwendet werden, wenn Sie eine eher trockene Haut haben.

Die Original Paungger/Poppe-Mondkalender

In kleinen Schritten erfolgt die Wiederbelebung des Wissens um den richtigen Zeitpunkt, und von Jahr zu Jahr finden unsere Bücher und Mondkalender mehr Freunde – inzwischen in 18 Sprachen.

Damit in der Vielfalt der Publikationen stets auch Information *aus erster Hand* bereitsteht, bieten wir neben unseren Büchern das abgerundete Mondkalenderprogramm *Das Mondjahr* an – neun verschiedene Kalender, für jeden Zweck das passende Format. Wo nicht anders angegeben, sind die Kalender im Goldmann Verlag, München, erschienen.

- *Die Jahresübersichten als Loseblatt-Sammlung:* Die Mondkalender zehn Jahre im Voraus. Das unentbehrliche Werkzeug in seiner einfachsten Form.
- *Vom richtigen Zeitpunkt – Die Jahresübersichten als Streifenkalender:* Gebunden, immer ein Halbjahr auf ei-

nen Blick im handlichen Format 9,6 x 21 cm (Heinrich Hugendubel Verlag, München/Kreuzlingen).

- *Taschenkalender im Format 14,5 x 10,5 cm:* Unser bewährter kleiner Taschenkalender in schwarzweiß, das ideale Büchlein auch für Neueinsteiger. Bei fast jedem Tag im Jahr finden Sie Symbole, die Ihnen auf einen Blick sagen, welche Tätigkeit an diesem Tag besonders begünstigt ist oder welche gerade weniger Erfolg verspricht als sonst. Grundtabellen, Einführungstexte, viel Platz zum Notizenmachen, wie man den Biorhythmus selbst berechnet – das und noch viel mehr finden Sie hier.
- *Taschenkalender farbig 14,5 x 10,5 cm:* Auf vielfachen Wunsch gibt es den *Mondjahr-Taschenkalender* seit dem Jahr 2000 auch in Farbe.
- *Time-Planer:* Das ganze Mondjahr als Päckchen mit Einlegeblättern für Ihren Zeitplaner. Mit allen Symbolen, die auch im Taschenkalender enthalten sind.
  106 Seiten, pro Doppelseite 1 Woche, Format 95 x 171 mm, 6-fach-Lochung 6 mm im Abstand 19/19/51/19/19 mm.
- *Foto-Wandkalender:* Zwölf wunderschöne Landschafts- und Mondfotos verwandeln diesen Monatskalender in eine Zierde für Heim und Büro. Enthält sämtliche Symbole und Texte, die auch im Taschenkalender zu finden sind. Viel Mondwissen auf einen Blick im Format 28 x 32 cm.
- *Wochenkalender:* Zum Aufstellen für den Schreibtisch. Mit allen Symbolen und Texten des Taschenkalenders im Format 32 x 11 cm.
- *Der Original Paungger & Poppe Abreißkalender:* Tag für Tag die Mondregeln für das neue Jahr. Mit vielen Geschichten, die Ihnen das Wirken der Mondrhythmen leicht verständlich nahe bringen, mit zeitlosen Weisheiten

und natürlich den Grundregeln des Mondwissens. Enthält sämtliche Symbole und Texte, die auch im Taschenkalender zu finden sind. Format 13 x 11,5 cm.

- *Büro-Wandplaner für den großen Überblick:* Mit Angabe aller Symbole des Taschenkalenders und genug Platz für Notizen im Jumbo-Format 61 x 88 cm.

Der Mond im Internet
Den Erfolg der Übersetzung in viele Sprachen haben wir zum Anlass genommen, Paungger/Poppe auch eine Adresse im weltumspannenden *Internet* zu geben.

www.paungger-poppe.com

Hier finden Sie uns im Netz der Netze und erhalten Infos, Leseproben und manches mehr.

Der Mond-Versand
Pionierarbeit folgt keiner ausgefeilten Landkarte, und ihre einzelnen Schritte lassen sich nicht vorprogrammieren – weder zeitlich noch in ihrem Ausmaß. Zeit ist Geld? Nicht bei uns. Die »normalen« Kalkulationsgrundlagen zwingen entweder zum Verzicht auf Qualität oder zum astronomischen Preis. Damit sich jeder unsere Kosmetik und Kräuter leisten kann, sind wir bei Herstellung und Vertrieb neue Wege gegangen – ohne kostspielige Werbung. Jetzt gilt es, diese Qualität zu schützen und für die Zukunft zu bewahren. Das können wir nur schaffen, wenn wir im Gegensatz zur Großindustrie nicht gezwungen sind, alle Kraft in die Werbung zu stecken. Deshalb gehen wir auch nicht den üblichen Weg der Werbung, sondern geben die Informationen direkt an Interessierte und an unsere Leser weiter. Dieser

Weg erlaubt es uns, auch langfristig unserem eigenen Anspruch gerecht zu werden.

Lassen Sie sich kostenlos unseren kleinen Versandkatalog schicken:

Johanna Paungger-Poppe & Thomas Poppe
Postfach 107
A-3400 Klosterneuburg
Fax: (0043) 2243 31637
E-Mail: TPoppe@compuserve.com

Sie wollen Kontakt mit uns aufnehmen, haben Fragen oder wünschen sich ein signiertes Exemplar eines unserer Bücher? Auch dafür steht Ihnen die obige Adresse zur Verfügung (bitte erst das Stichwort ***Leserbriefe*** lesen!).

Tabellen

Tag	*Eignung*	*Zwecke*
Tag 1	schlecht	
Tag 2	schlecht	
Tag 3	schlecht	
Tag 4	sehr schlecht	
Tag 5	schlecht	
Tag 6	gut	für die Nierentätigkeit
Tag 7	schlecht	
Tag 8	schlecht	
Tag 9	schlecht	
Tag 10	schlecht	
Tag 11	gut	gegen Magersucht
Tag 12	gut	für den ganzen Körper
Tag 13	schlecht	
Tag 14	schlecht	
Tag 15	gut	gegen Magersucht
Tag 16	sehr schlecht	
Tag 17	sehr gut	diesen Tag genau auszählen!
Tag 18	gut	für den ganzen Körper
Tag 19	schlecht	
Tag 20	schlecht	
Tag 21	gut	für den ganzen Körper
Tag 22	sehr gut	
Tag 23	gut	für das Knochengerüst, bei multipler Sklerose und Rheuma
Tag 24	gut	für die Lunge und bei Asthma
Tag 25	gut	für geistige Tätigkeiten
Tag 26	gut	bei hohem Blutdruck, gegen Fieber
Tag 27	sehr schlecht	
Tag 28	gut	
Tag 29	schlecht	
Tag 30	schlecht	

Tabelle 1: **Gute und schlechte Tage für den Aderlass**
(nach Berechnung des Neumondzeitpunkts)

	vertragen:	*werden geschädigt durch:*
Alpha-Typen	tierisches Fett in Form von Butter, Vollmilch, Sahne, Speck, Milch, Käse usw., Roggenbrot, Roggenmehl, Vollkornnudeln, Dinkelnudeln, gebratenes Fleisch, gebratenen Fisch, Tee (besonders biologischen Grüntee, weniger Schwarztee), Kernobst, Zitrusfrüchte, Gurken und Karotten, scharfe und starke Gewürze, zwei bis drei große Mahlzeiten am Tag, nicht zu kalt trinken, dafür aber viel	pflanzliches Fett und Öl, Weißmehle, Weißbrot, Kuchen, gekochtes Fleisch, gekochten Fisch, Zucker (Dickmacher für den Alpha-Typ), Steinobst, Tomaten und Bananen, Kaffee, süße Säfte, manchmal auch Honig, zu wenig trinken, zu kalt trinken, mehrere Mahlzeiten täglich; **grundsätzlich:** durch ein Zuviel an Kohlenhydraten
Omega-Typen	pflanzliches Fett und Öl (kaltgepresste Öle aus Sonnenblumen, Disteln, Oliven, Mais usw.), pflanzliche Margarine aus dem Reformhaus, säurearme Nahrungsmittel, Vollkorn-Weizenmehl, Weißbrot, Kuchen, Nudeln, gekochtes Fleisch, gekochten Fisch, viel vollwertiges Eiweiß, Magermilch, Magerkäse, Zucker (Rohrzucker, naturreinen Honig usw.), süße Säfte, Kaffee, Steinobst, Tomaten und Bananen, mehrere kleine Mahlzeiten am Tag, milde Gewürze	tierisches Fett, Butter usw. (Dickmacher für den Omega-Typ!), Roggenmehl, Karotten, Kernobst, Zitrusfrüchte, scharfe und starke Gewürze, zu heiße Getränke; **grundsätzlich:** durch ein Zuviel an Fett
Alle Typen	Dinkel und Dinkelprodukte, Gerste, Sesam, Naturreis, Feigen, grüne Salate, Feldsalat	weißen Zucker, polierte Getreide, Weißmehl, zuviel Salz

Tabelle 2:
Nahrungsmittelverträglichkeit von Alpha-Typ und Omega-Typ

Tierkreis-zeichen	*Symbol*	*Körperzone*	*Organsystem*
Widder		Kopf, Gehirn, Augen, Nase	Sinnesorgane
Stier		Kehlkopf, Schilddrüse, Zähne, Kiefer, Mandeln, Ohren	Blutkreislauf
Zwillinge		Schulter, Arme, Hände (Lunge)	Drüsensystem
Krebs		Brust, Lunge, Magen, Leber, Galle	Nervensystem
Löwe		Herz, Rücken, Zwerchfell, Blutkreislauf, Schlagader	Sinnesorgane
Jungfrau		Verdauungsorgane, Nerven, Milz, Bauchspeicheldrüse	Blutkreislauf
Waage		Hüfte, Nieren, Blase	Drüsensystem
Skorpion		Geschlechtsorgane, Harnleiter	Nervensystem
Schütze		Oberschenkel, Venen	Sinnesorgane
Steinbock		Knie, Knochen, Gelenke, Haut	Blutkreislauf
Wassermann		Unterschenkel, Venen	Drüsensystem
Fische		Füße, Zehen	Nervensystem

Tabelle 3:
Grundlegende Einflüsse des Mondstandes im Tierkreis auf Mensch und Natur

Element	*Nahrungsqualität*	*Tagesqualität*	*im abnehmenden Mond*	*im zunehmenden Mond*
Feuer	Eiweiß/ Frucht	Wärmetag	April bis Oktober	Oktober bis April
Erde	Salz	Erdtag	Mai bis November	November bis Mai
Luft	Fett	Lichttag	Juni bis Dezember	Dezember bis Juni
Wasser	Kohlenhydrate	Feuchtetag	Juli bis Januar	Januar bis Juli
Feuer	Eiweiß/ Frucht	Wärmetag	August bis Februar	Februar bis August
Erde	Salz	Erdtag	September bis März	März bis September
Luft	Fett	Lichttag	Oktober bis April	April bis Oktober
Wasser	Kohlenhydrate	Feuchtetag	November bis Mai	Mai bis November
Feuer	Eiweiß/ Frucht	Wärmetag	Dezember bis Juni	Juni bis Dezember
Erde	Salz	Erdtag	Januar bis Juli	Juli bis Januar
Luft	Fett	Lichttag	Februar bis August	August bis Februar
Wasser	Kohlenhydrate	Feuchtetag	März bis September	September bis März

Tierkreis-zeichen	*Körperzone*	*Grund-farbe*	*Kontrafarbe*
Widder	Kopf, Gehirn, Augen, Nase	Rot	Gelb/Blau
Stier	Kehlkopf, Sprachorgane, Zähne, Kiefer, Hals, Mandeln, Ohren	Blau	Rot (Gelb)
Zwillinge	Schulter, Arme, Hände, Lunge	Gelb	Rot/Blau
Krebs	Brust, Lunge, Magen, Leber, Galle	Grün	Violett oder Orange
Löwe	Herz, Rücken, Zwerchfell, Blutkreislauf, Schlagader	Rot	Gelb/Blau
Jungfrau	Verdauungsorgane, Nerven, Milz, Bauchspeicheldrüse	Blau	Rot (Gelb)
Waage	Hüfte, Nieren, Blase	Gelb	Rot/Blau
Skorpion	Geschlechtsorgane, Harnleiter	Grün	Violett oder Orange
Schütze	Oberschenkel, Venen	Rot	Gelb/Blau
Steinbock	Knie, Knochen, Gelenke, Haut	Blau	Rot (Gelb)
Wassermann	Unterschenkel, Venen	Gelb	Rot/Blau
Fische	Füße, Zehen	Grün	Violett oder Orange

Tabelle 4: **Die Farbzuordnung der Tierkreiszeichen**
Zur genauen Anwendung: Das Violett sollte ein bläuliches Rot sein; mit anderen Worten, die Farbe Rot sollte in der Mischung von Blau und Rot überwiegen. Das Orange sollte ein gelbliches Rot sein. Also auch hier sollte in der Mischung von Gelb und Rot das Rot überwiegen.

Farbe	*Eigenschaft*	*Nahrungsmittel*
Rot	durchblutungsfördernd, blutbildend, energieliefernd, ermutigend	Tomaten, rote und schwarze Johannisbeeren, Himbeeren, Erdbeeren, rote und schwarze Kirschen, Rote Bete, rote Paprika, Preiselbeeren, Radieschen, rote Apfelsorten
Blau/ Violett	entzündungshemmend, schmerzstillend, beruhigend, schlaffördernd, ausgleichend	Heidelbeeren, Blaubeeren, Holunderbeeren, schwarze Johannisbeeren, schwarze Kirschen, blaue Weintrauben, Zwetschgen, Pflaumen, Blaukraut, Auberginen
Gelb/ Orange	nervenstärkend, inspirierend, schleimhautaktivierend	gelbe Paprika, Aprikosen (Marillen), Karotten, Äpfel, Birnen, Mais, Kohlrabi, Bananen, gelbe Erbsen, Zwiebeln, Sellerie, Knoblauch, weiße Weintrauben, Zitronen, Orangen, Mandarinen, Grapefruit, Ananas, Pfifferlinge
Grün	beruhigend, ausgleichend, wachstumsfördernd	Spinat, Brennnessel, Bohnen, grüne Erbsen, Lauch, Artischocken, Zucchini, Kräutergewürze wie Liebstöckel, Salbei, Dill, Bärlauch, Schnittlauch, Petersilie u. v. a.

Tabelle 5: **Farbwirkungen und Farben verschiedener Lebensmittel**

Tierkreiszeichen	*Kräuter sammeln bei…*
Widder	Kopfschmerzen, Augenleiden
Stier	Halsschmerzen, Ohrenleiden
Zwillinge	Verspannungen des Schultergürtels, zur Inhalation bei Lungenleiden
Krebs	Bronchitis, Magen-, Leber- und Gallenbeschwerden, Lungenleiden
Löwe	Herz- und Kreislaufbeschwerden
Jungfrau	Störungen der Verdauungsorgane und der Bauchspeicheldrüse, Nervenleiden
Waage	Hüftbeschwerden, Nieren- und Blasenkrankheiten
Skorpion	Krankheiten der Geschlechts- und ableitenden Organe, guter Sammeltag für alle Kräuter
Schütze	Venenleiden
Steinbock	Knochen- und Gelenkbeschwerden, Hautkrankheiten
Wassermann	Venenleiden
Fische	Fußbeschwerden

Tabelle 6: **Kräutersammelzeitpunkt und Anwendung**

Tabelle 7:

Hausbau, Innenausbau und Renovieren in Harmonie mit den Mondrhythmen

Tätigkeit	*sehr gut*	*gut*	*Vorteile des richtigen Zeitpunkts*	*ungünstig*	*sehr ungünstig*	*Nachteile des falschen Zeitpunkts*
Grundbegehung durch Rutengeher	—	bei zunehmendem Mond	erhöhte Strahlenfühligkeit	—	—	—
Erdarbeiten/ Ausheben	bei abnehmendem Mond in Stier, Jungfrau, Steinbock	bei abnehmendem Mond	Grundwasser steigt nicht so stark	bei zunehmendem Mond	bei zunehmendem Mond in Krebs, Skorpion, Fische	Grundwasser bleibt lange in der Baugrube
Fundament	bei abnehmendem Mond in Stier, Jungfrau, Steinbock	bei abnehmendem Mond, nicht Löwe	—	bei zunehmendem Mond in Krebs, Skorpion, Fische	bei Vollmond	Bodenplatte bleibt lange feucht

Tätigkeit	*sehr gut*	*gut*	*Vorteile des richtigen Zeitpunkts*	*ungünstig*	*sehr ungünstig*	*Nachteile des falschen Zeitpunkts*
Keller	bei Zwillinge, Waage, Wasserman, Widder, Löwe, Schütze	evtl. Stier, Jungfrau, Steinbock	die Feuchtigkeit verzieht sich schneller aus dem Mauerwerk, der Keller bleibt trocken	in Krebs, Skorpion, Fische	—	die Feuchtigkeit bleibt länger oder gar ständig im Mauerwerk; erhöhte Gefahr von ständigem Schimmelbefall
Kellerdecke	—	—	—	—	Löwe	reißt leichter nach zu rascher Trocknung
Aufbau	—	(bei abnehmendem Mond)	schnellere Trocknung des Rohbaus und erhöhte Haltbarkeit des Mauerwerks	—	—	—
Geschossdecken	—	—	—	—	Löwe	Decke trocknet oftmals zu schnell, Gefahr der Rissbildung

Tätigkeit	*sehr gut*	*gut*	*Vorteile des richtigen Zeitpunkts*	*ungünstig*	*sehr ungünstig*	*Nachteile des falschen Zeitpunkts*
Dachstuhl errichten	bei abnehmendem Mond im Steinbock	bei abnehmendem Mond, nicht Krebs, Löwe, Schütze	hohe Haltbarkeit und Festigkeit, kein Reißen und Heben der Balken	bei zunehmendem Mond	bei Vollmond	Holz arbeitet unruhig nach, Gefahr des Aufhebens oder Verziehens des gesamten Dachstuhls
Dacheindeckung	bei abnehmendem Mond in Zwillinge, Waage, Wassermann, Widder, Löwe, Schütze	bei abnehmendem Mond	Dachziegel trocknen schneller ab, keine oder minimale Moosbildung	bei zunehmendem Mond	bei zunehmendem Mond in Krebs, Skorpion, Fische	Dach bleibt zu lange feucht, dadurch stärkere Verschmutzung und Moosbildung
Außen- und Innenverputze, Außenwandverkleidungen	—	bei abnehmendem Mond, nur nicht Wassertag	bleiben fest und dauerhaft	bei zunehmendem Mond	bei zunehmendem Mond und Krebs!	Gefahr der Rissbildung und Ablösung; Holz arbeitet stärker

Tätigkeit	*sehr gut*	*gut*	*Vorteile des richtigen Zeitpunkts*	*ungünstig*	*sehr ungünstig*	*Nachteile des falschen Zeitpunkts*
Zwischenwände	—	—	—	—	—	—
Holztreppen	bei abnehmendem Mond in Steinbock	bei abnehmendem Mond, nicht Krebs, Löwe, Schütze	hohe Haltbarkeit, kein Knarren	bei zunehmendem Mond	bei zunehmendem Mond in Krebs, Löwe, Schütze, bei Vollmond	gleitet leichter aus den Fugen, starkes Nacharbeiten und Knarren
Steintreppen	—	—	—	—	—	—
Elektroinstallation	—	—	—	—	—	—
Wasser/ Installation	Krebs, Skorpion, Fische	Krebs, Skorpion, Fische	früher wichtiger, weil keine sorgfältigen Maßnahmen gegen Verstopfung getroffen wurden; weniger Korrosion, frischeres Wasser	Stier, Jungfrau, Steinbock	—	Einsanden oder Verstopfung von außen, stärkere Korrosion

Tätigkeit	*sehr gut*	*gut*	*Vorteile des richtigen Zeitpunkts*	*ungünstig*	*sehr ungünstig*	*Nachteile des falschen Zeitpunkts*
Holzfenster/ Türen	bei abnehmendem Mond in Steinbock	bei abnehmendem Mond, nicht in Krebs, Löwe, Schütze	bleiben fest, schließen gut und trocknen rasch nach heftigem Gewitter	bei zunehmendem Mond	bei zunehmendem Mond in Krebs, Löwe, Schütze	Fenster und Türen verziehen sich leicht, die Feuchte bleibt im Holz; Holz wird morsch
erstes Heizen	bei abnehmendem Mond in Widder, Schütze	—	Kamin zieht immer gut, die Wärme verteilt sich schneller	—	Krebs, Fische	Rauch kommt manchmal zurück, starke Rußbildung im Kamin
Bodenbeläge	—	bei abnehmendem Mond	gleichmäßiges Auflegen, kein Werfen	bei zunehmendem Mond	—	schieben sich manchmal zusammen, Faltenbildung bei Textil- oder Kunststoffböden

Tätigkeit	*sehr gut*	*gut*	*Vorteile des richtigen Zeitpunkts*	*ungünstig*	*sehr ungünstig*	*Nachteile des falschen Zeitpunkts*
Holzböden	bei abnehmendem Mond in Steinbock	bei abnehmendem Mond, nicht Krebs, Löwe, Schütze	hohe Festigkeit und Unempfindlichkeit; Holz fault nicht und bleibt schön	bei zunehmendem Mond	bei zunehmendem Mond in Krebs, Löwe, Schütze	Boden wird nach Jahren morsch und uneben; Gefahr von Kluftbildung; starkes Knarren
Holzdecken, Paneele	bei abnehmendem Mond in Steinbock	bei abnehmendem Mond, nicht Krebs, Löwe, Schütze	keine Lücken, kein Verschieben	bei zunehmendem Mond	bei zunehmendem Mond in Krebs, Löwe, Schütze	Lückenbildung, lautes Knacksen bei Wetterwechsel
Malerarbeiten/ Lackieren/ Imprägnieren/ Kleben	—	bei abnehmendem Mond, nicht Löwe, Krebs, Skorpion, Fische	hohe Haltbarkeit, kein Splittern, leichte Verarbeitung, geringerer Materialverbrauch, gutes gleichmäßiges Eindringen	bei zunehmendem Mond	bei zunehmendem Mond in Löwe, Krebs	bei Löwe Absplittern von Farben, Kreislaufbelastung durch Dämpfe; bei Krebs Lungenbelastung durch giftige Dämpfe, häufiger Feuchtigkeit zwischen Farbe und Holz (Fäulnisgefahr, Ablösen)

Tätigkeit	*sehr gut*	*gut*	*Vorteile des richtigen Zeitpunkts*	*ungünstig*	*sehr ungünstig*	*Nachteile des falschen Zeitpunkts*
Pfosten setzen	Neumond	bei abnehmendem Mond, evtl. Stier, Jungfrau, Steinbock	im Laufe der Zeit immer höhere Festigkeit, höhere Haltbarkeit, geringere Fäulnisbildung	bei zunehmendem Mond	bei zunehmendem Mond in Krebs, Schütze, bei Vollmond	Pfosten werden herausgetrieben, halten nicht und faulen schnell
Platten legen	bei abnehmendem Mond in Stier, Jungfrau, Steinbock	bei abnehmendem Mond	Platten halten von selbst, wachsen auch auf Naturboden fest ein	bei zunehmendem Mond	bei zunehmendem Mond in Krebs, Schütze, bei Vollmond	Platten wackeln und werden lose; von Naturboden heben sie sich immer ab, daruntr Schneckenansammlungen
Wege/ Feldstraßen	bei abnehmendem Mond in Steinbock	bei abnehmendem Mond	kein Ausspülen nach Regenfällen, Boden wird immer härter, Ausbesserungen sind dauerhaft	bei zunehmendem Mond	bei zunehmendem Mond in Krebs, Schütze, bei Vollmond	Ausspülung von Kies, Ausbesserungen sind nur kurzfristig erfolgreich

Tabelle 8: **Kräuter und ihre Wirkungsvielfalt**

Wirkung	*Pflanzen*
Abführend	Sennesblätter, Faulbaumrinde, Kreuzdorn, Erdrauch, Löwenzahnwurzel, Schafgarbe
Bindegewebs-stärkend	Zinnkraut, Vogelknöterich, Spitzwegerich, Beinwell, Heidekraut, Schnittbohne, Odermennig, Brennnessel, Lungenkraut, Gurke, Spinat, Zwiebel, Isländisch Moos, Hirse, Gerste. Viele dieser Pflanzen enthalten Kieselsäure. Sie wirkt entzündungshemmend, sowohl äußerlich wie innerlich, und heilt Stoffwechselstörungen in den Bindegeweben. Nur junge Pflanzen verwenden, aus den älteren löst sich die Kieselsäure kaum noch. Weil die Kieselsäure ja vom Körper aufgenommen werden soll, wirken aus diesen Kräutern bereitete Tees, Umschläge und Auflagen bei zunehmendem Mond besser.
Blutbild-verbessernd	Brennnessel, Schafgarbe, Salbei, Ringelblume, Rhabarber, Sellerie, Liebstöckel, Petersilie, Zinnkraut, schwarze Johannisbeere, Holunder, Karotten, Labkraut, Johanniskraut, Rettich, Thymian, Zwiebel, Storchenschnabel, Kresse, Knoblauch
Blutdruck-senkend	Mistel, Knoblauch, Bärlauch, Zwiebel, Zinnkraut
Blutreinigend	Brennnessel, Löwenzahn, Stiefmütterchen, Fenchel, Schafgarbe
Blutstillend	Hirtentäschel, Schafgarbe, Mistel, Löwenzahn
Blutzucker-senkend	Baldrian, Brennnessel, Holunderblätter, Löwenzahn, Heidelbeerblätter, Zwiebel, Brunnenkresse
Entzündungs-hemmend	Beinwell, Spitzwegerich, Huflattich, Odermennig, Vogelknöterich, Breitwegerich, Kamille

Wirkung	*Pflanzen*
Galletreibend	Löwenzahn, Kamille, Enzian, Ackerwinde, Bitterklee, Rettich, Johanniskraut, Schöllkraut, Pfefferminze, Knoblauch, Odermennig
Kropfhemmend	Salat, Hafer, Karotten, Spinat, Apfel, Brunnenkresse, Knoblauch
Schmerz- und krampflindernd	Baldrian, Pfefferminze, Kamille, Schafgarbe, Johanniskraut, Heidekraut, Bohnenkraut, Birkenblätter, Zinnkraut, Vogelknöterich, Gänsefingerkraut, Melisse, Rosmarin, Salbei, Apfelschalen (Tees möglichst heiß trinken)
Zusammenziehend (für Hautpflege)	Dost, Spitzwegerich, Tausendgüldenkraut, Löwenzahn, Rose, Ehrenpreis, Frauenmantel, Huflattich, Odermennig, Walnuss, Johanniskraut
Blähungen	Kümmel, Anis, Fenchel, Salbei, Pfefferminze, Melisse, Schafgarbe, Kamille
Blasenleiden	Weiße Taubnessel, Schafgarbe, Kamille, Löwenzahn, Brennnessel, Zinnkraut, Rhabarber, Storchenschnabel
Frauenleiden	Frauenmantel, Schafgarbe, Brennnessel, Storchenschnabel, Salbei, Hirtentäschel
schmerzhafte Menstruation	Schafgarbe, Johanniskraut, Kamille, Baldrian, Beifuß, Melisse, Pfefferminze
zu starke Menstruation	Hirtentäschel, Frauenmantel, Zinnkraut, Brennnessel, Weiße Taubnessel, Schafgarbe, Blutwurz, Wiesenknöterich, Wasserpfeffer
ausbleibende Menstruation	Johanniskraut, Ringelblume, Wermut, Petersilie, Fenchel, Melisse, Angelikawurzel
zur Milchbildung	Kümmel, Borretsch, Majoran, Bockshornklee, Kunigundenkraut (Wasserdost), Bibernell, Koriander, Anis, Fenchel
zur Milchrückbildung	Walnussblätter, Hopfenfrüchte, Salbei

Wirkung	*Pflanzen*
Hautprobleme	Wegerich, Schafgarbe, Zwiebel, Salbei, Zinnkraut, Frauenmantel, Huflattich, Johanniskraut, Holunderblüten, Lindenblüten, Ringelblume, Petersilie, Rhabarber, Walnussblätter, Stiefmütterchen, Klettenwurzel
Rheuma und Gicht	Zinnkraut, Brennnessel, Holunderblüten, Birkenblätter, Heidekraut, Arnika, Hagebutte, Petersilienwurzel, Schlüsselblumenwurzel, Hirtentäschel, Wacholderbeeren, Huflattich, Schafgarbe, Rosskastanienrinde, Hopfen
Unterleibsbeschwerden	Frauenmantel, Schafgarbe, Rote Bete, Ringelblume, Storchenschnabel, Weiße Taubnessel, Rhabarber, Mistel, Zinnkraut, Brennnessel, Hirtentäschel, Engelwurz, Salbei, Baldrian
Darm/Dickdarm	Rote Bete, Löwenzahn, Schafgarbe, Frauenmantel, Brennnessel, Beinwell, Kamille, Knoblauch, Ringelblume, Zwiebel, Hirtentäschel, Rhabarber, Zinnkraut, Fenchel
Knochen/ Gelenke	Beinwell, Ringelblume, Salbei, Schafgarbe, Sesam, Sonnenblumen, Zwiebeln, Linsen, Rhabarber, Brennnessel, Kohl, Wegerich, Rettich
Leber/Galle	Löwenzahn, Salbei, Schafgarbe, Schöllkraut, Bärlapp, Zinnkraut, Kamille, Kümmel, Johanniskraut, Brennnessel, Rote Bete
Lunge	Wegerich, Salbei, Gundelrebe, Brunnenkresse, Zinnkraut, Zwiebel, Lungenkraut, Königskerze, Rote Bete, Schafgarbe
Lymphdrüsen	Storchenschnabel, Rote Bete, Rettich, Labkraut, Knoblauch/Bärlauch, Bibernelle, Zinnkraut, Zwiebel, Wegerich
Magen	Tausendgüldenkraut, Schafgarbe, Weiße Taubnessel, Ringelblume, Johanniskraut, Zinnkraut, Mistel, Rote Bete, Salbei, Karotten, Schnittlauch, Rettich

Wirkung	*Pflanzen*
Milz/Bauchspeicheldrüse	Löwenzahn, Rhabarber, Salbei, Schafgarbe, Rote Bete, Zwiebel, Linsen, Mistel, Waldmeister, Zinnkraut
Nieren	Kamille, Johanniskraut, Ringelblume, Rote Bete, Salbei, Weiße Taubnessel, Rhabarber, Labkraut, Goldrute, Frauenmantel, Wegerich, Storchenschnabel, Brennnessel
Prostata und Hoden	Kürbiskerne, Zinnkraut, Knoblauch, Weidenröschen, Storchenschnabel, Salbei, Birke, Schafgarbe, Wegerich, Ringelblume, Kamille
Schilddrüse	Labkraut, Ringelblume, Rote Bete, Schafgarbe, Storchenschnabel, Brennnessel, Zinnkraut, Baldrian, Rhabarber, Brunnenkresse

Gemüse	*günstig neben*
Kartoffeln	Kohlarten, Spinat, Brechbohnen, Kohlrabi, Dill, Tomaten, Fenchel, grünen Bohnen, Rotkraut, Linsen, Paprika, Spargel, Kohlrabi, Brokkoli, Löwenzahn, Bärlauch, Kresse, grünem Salat
Karotten	Zwiebeln, Spinat, Kopfsalat, Auberginen, Fenchel, Kohlrabi
Gurken	Zwiebeln, Stangenbohnen, Sellerie, Rote Rüben, Petersilie, Kopfsalat, Kohlrabi, Kohlarten, Buschbohnen
Erbsen	Sellerie, Kopfsalat
Sellerie	Buschbohnen, Spinat, Zwiebeln, Stangenbohnen, Tomaten, Lauch, Kohlrabi, Blumenkohl, Gurken
Spinat	Tomaten, Stangenbohnen, Kohlrabi, Karotten, Kartoffeln, Kohlarten
Tomaten	Sellerie, Spinat, Zwiebeln, Petersilie, Kohlarten, Kohlrabi, Kopfsalat, Lauch, Buschbohnen, Karotten, Grünkern
Kopfsalat	Zwiebeln, Tomaten, Stangenbohnen, Buschbohnen, Radieschen, Rettich, Dill, Erbsen, Gurken, Erdbeeren, Karotten, Kohlarten, Lauch
Zwiebeln	Tomaten, Erdbeeren, Gurken, Petersilie, Kopfsalat, Kohlrabi
Auberginen	Tomaten, Erdbeeren, Gurken, Petersilie, Kopfsalat, Kohlrabi
Fenchel	Kartoffeln, Karotten, Kürbis, Sellerie, Zucchini, Grünkern, Tomaten
Kohlrabi	Kartoffeln, Karotten, Lauch, Grünkern
Lauch	Kartoffeln, Linsen, Mais, Sellerie, Tomaten, Grünkern

Tabelle 9:

Günstige Pflanzengemeinschaften im Garten und auf dem Teller

Regel Nr. 1	**Kaufen Sie Ihre Lebensmittel so frisch, so vollwertig und naturbelassen, so liebevoll ausgewählt und zubereitet wie nur möglich.**
Regel Nr. 2	**Wählen Sie stets jene Lebensmittel, die Ihrem Typ entsprechen. Scheuen Sie aber Ausnahmen nicht. Als Alpha-Typ konzentrieren Sie sich auf drei Mahlzeiten täglich, als Omega-Typ auf fünf Mahlzeiten täglich.**
Regel Nr. 3	**Essen Sie im Rhythmus des Mondes:**

Mondphase	*Grundregel*	*Förderlich*
Vollmond	Essen Sie schon zwei, drei Tage vorher möglichst wenig und ab 18 Uhr nichts mehr. Fasten Sie am Vollmondtag, wenn es ohne Kreislaufprobleme möglich ist, und trinken Sie an diesem Tag mehr als zwei Liter.	Viel Vollmond-Tee bis etwa 10 Uhr, danach nur noch nach Durstgefühl. Obst-, Saft- oder Fastentage um Vollmond herum.
abnehmender Mond	Essen Sie wie gewohnt, und achten Sie auf die Nahrungsqualität des Tages. Wenn Sie sich wohl fühlen, dann brauchen Sie nicht darauf zu achten: Ihr Gespür ist schon erwacht. Essen Sie nach 17 Uhr nichts mehr.	Abnehmender-Mond-Tee bis etwa 19 Uhr, danach nur nach Durstgefühl. Täglich nach Belieben den ganzen Körper mit Entschlackungsöl *Vom richtigen Zeitpunkt* einmassieren.
Neumond	Essen Sie schon zwei, drei Tage vorher möglichst wenig. Fasten Sie am Neumondtag, wenn es ohne Kreislaufprobleme möglich ist, und trinken Sie an diesem Tag mehr als zwei Liter.	Die Teemischung für den Neumond. Obst-, Saft- oder Fastentage um Neumond herum.
zunehmender Mond	Essen Sie insgesamt weniger, und achten Sie auf die Nahrungsqualität des Tages. Essen Sie nach 18 Uhr nichts mehr. Trinken Sie täglich viel bis ca. 19 Uhr, danach je nach Durstgefühl.	Von der Teemischung für den zunehmenden Mond begleiten lassen, mindestens zwei Liter täglich. Täglich mit Gewebestrafföl *Vom richtigen Zeitpunkt* den ganzen Körper einmassieren.

Tabelle 10: **Grundzüge der Mond-Kur**

Organ	*Hochphase*	*Tiefphase*
Magen	7–9 Uhr	9–11 Uhr
Milz und Bauchspeicheldrüse	9–11 Uhr	11–13 Uhr
Herz	11–13 Uhr	13–15 Uhr
Dünndarm	13–15 Uhr	15–17 Uhr
Harnblase	15–17 Uhr	17–19 Uhr
Nieren	17–19 Uhr	19–21 Uhr
Kreislauf	19–21 Uhr	21–23 Uhr
Allgemeine Energiesammlung	21–23 Uhr	23–1 Uhr
Gallenblase	23–1 Uhr	1–3 Uhr
Leber	1–3 Uhr	3–5 Uhr
Lunge	3–5 Uhr	5–7 Uhr
Dickdarm	5–7 Uhr	7–9 Uhr

Tabelle 11: **Der Tagesrhythmus der Organe**

Literatur

Von den Autoren sind bisher folgende Bücher erschienen (angegeben ist jeweils das Ersterscheinungsjahr):

Vom richtigen Zeitpunkt, München: Heinrich Hugendubel Verlag 1991
Aus eigener Kraft, München: Goldmann Verlag 1993
Vom richtigen Zeitpunkt, CD-ROM für PC, München: Navigo Verlag 1998
Alles erlaubt!, München: Goldmann Verlag 1999